Dr. Joshua David Stone
und
Rev. Gloria Excelsias

Die universellen Gesetze Gottes

Lippert-Verlag

Titel der amerikanischen Originalausgabe:
"The Universal Laws of God".
Erschienen bei: Dr. Joshua David Stone.

Übersetzung: Waltraud Reiß
Überarbeitung: Renate Lippert
Gestaltung: Renate und Rudolf Lippert
Titelbild: Möckli-Grafik, CH-8263 Buch

Deutsche Erstausgabe Januar 2013

Hartgass 9, D-88639 Wald
Tel. 07578-2229, Fax 07578-933194
www.lippert-verlag.de
info@lippert-verlag.de

In Deutschland gedruckt
ISBN 978-3-933470-33-1

Epigraph

Die Bergpredigt

Aus Matthäus 5-7 und Lukas 6:11

Als Jesus die vielen Menschen sah, stieg er auf einen Berg. Er setzte sich und seine Jünger traten zu ihm. Dann begann er zu reden und lehrte sie.

Er sprach:
Selig, die keine Gewalt anwenden; denn sie werden das Land erben.
Selig, die Barmherzigen; denn sie werden Erbarmen finden.
Selig, die ein reines Herz haben; denn sie werden Gott schauen.
Selig, die Frieden stiften; denn sie werden Kinder Gottes genannt werden.
Selig, die um der Gerechtigkeit willen verfolgt werden; denn ihnen gehört das Himmelreich.

Man zündet auch nicht ein Licht an und stülpt ein Gefäß darüber, sondern man stellt es auf den Leuchter; dann leuchtet es allen im Haus. So soll euer Licht vor den Menschen leuchten, damit sie eure guten Werke sehen und euren Vater im Himmel preisen.

Denkt nicht, ich sei gekommen, um das Gesetz und die Propheten aufzuheben. Ich bin nicht gekommen, um aufzuheben, sondern um zu erfüllen.

Ihr habt gehört, dass gesagt worden ist: 'Du sollst nicht töten'. Aber diejenigen mit mörderischen Gedanken müssen auch getadelt werden. Ihr müsst denjenigen vergeben, die euch wütend machen.

Ihr habt gehört, dass gesagt worden ist: 'Auge um Auge und Zahn um Zahn'. Aber wenn euch jemand auf die rechte Wange schlägt, dann halte ihm auch die linke Wange hin. Es ist leicht, eure Freunde zu lieben, aber es ist ebenso wichtig, eure Feinde zu lieben und zu denen freundlich zu sein, die sich gegen euch wenden.

Ihr solltet niemals mit euren guten Taten prahlen, sondern sie im Verborgenen tun. Ihr könnt nicht beiden – Gott und dem Geld – dienen. Wenn ihr betet, dann macht es nicht in der Öffentlichkeit, wo es jeder sehen kann, sondern alleine in eurer Kammer. Sprecht direkt zu Gott und sagt, was in euren Herzen ist.

So sollt ihr beten: 'Vater unser im Himmel, geheiligt werde dein Name, dein Reich komme, dein Wille geschehe, wie im Himmel so auf Erden. Unser täglich Brot gib uns heute. Und vergib uns unsere Schuld, wie auch wir vergeben unseren Schuldigern. Und führe uns nicht in Versuchung, sondern erlöse uns von dem Bösen. Denn dein ist das Reich und die Kraft und die Herrlichkeit in Ewigkeit. Amen.'

Sorgt euch nicht um euer Leben und darum, dass ihr etwas zu essen habt, noch um euren Leib und darum, dass ihr etwas anzuziehen habt. Seht euch die Vögel des Himmels an: Sie säen nicht, sie ernten nicht und sammeln keine Vorräte in Scheunen; euer himmlischer Vater ernährt sie. Lernt von den Lilien, die auf dem Feld wachsen: Sie arbeiten nicht und spinnen nicht. Doch ich sage euch: Selbst Salomo war in all seiner Pracht nicht gekleidet wie eine von ihnen.

Richtet nicht, damit ihr nicht gerichtet werdet! Denn wie ihr richtet, werdet ihr gerichtet werden. Zieh zuerst den Balken aus deinem Auge, dann kannst du versuchen, den Splitter aus dem Auge deines Bruders herauszuziehen.

Bittet, dann wird euch gegeben; suchet, dann werdet ihr finden.

Hütet euch vor den falschen Propheten; sie kommen zu euch wie harmlose Schafe, in Wirklichkeit aber sind sie reißende Wölfe.

Wer diese meine Worte hört und danach handelt, ist wie ein kluger Mann, der sein Haus auf Fels baute. Als nun ein Wolkenbruch kam und die Wassermassen heranfluteten, als die Stürme tobten und an dem Haus rüttelten, da stürzte es nicht ein; denn es war auf Fels gebaut. Wer aber meine Worte hört und nicht danach handelt, ist wie ein unvernünftiger Mann, der sein Haus auf Sand baute. Als nun ein Wolkenbruch kam und die Wassermassen heranfluteten, als die Stürme tobten und an dem Haus rüttelten, da stürzte es ein und wurde völlig zerstört.

Inhalt

Einführung

Dieses Buch, das du in deinen Händen hältst, birgt das Potenzial, dein Bewusstsein vollkommen zu revolutionieren und dein Leben für immer zu verändern, wenn du Augen hast zum Sehen und Ohren zum Hören! Es enthält die Essenz meiner Publikationen der *Leicht zu lesenden Enzyklopädie des spirituellen Pfades*. Die Kabbala lehrt: „Jede Ursache hat ihre Wirkung; jede Wirkung hat ihre Ursache; alles geschieht nach dem Gesetz; Zufall ist nur ein Name für ein nicht erkanntes Gesetz; es gibt viele Ebenen der Verursachung, aber nichts kann dem Gesetz entrinnen." Jedes Jota des Gesetzes wird erfüllt, wie es Edgar Cayce ausgedrückt hat. Alles in Gottes unendlichem Universum wird durch Gesetze gelenkt, und sobald wir gelernt haben, mit diesen Gesetzen in Harmonie zu leben, wird sich das Leben in unsagbarer, ungesehener und ungedachter Weise verändern. Jeder von uns trägt dazu bei, eine fünfdimensionale Gesellschaft und das siebente Goldene Zeitalter kollektiv zu erschaffen. Wir sind da, um das neue Jerusalem kollektiv zu errichten. Wir sind da, um Gottes Enthüllung an Johannes zu erfüllen, als er sagte: „Ich bin der Anfang und das Ende. Ich werde noch einmal alles neu machen, so dass Gott und die Menschen zusammen leben werden. Es wird keinen Kummer mehr geben, keine Sorge noch Tod, denn all dies wird es nicht mehr geben." Dann nahm ein Engel Johannes mit auf den Gipfel eines hohen Berges und zeigte ihm die heilige Stadt, das neue Jerusalem, dessen Wände aus Jaspis und die Straßen aus Gold gemacht waren. Durch die Stadt floss der Fluss des Lebens, dessen Wasser so klar wie Kristall war. Hier war es nicht nötig, dass die Sonne am Tag noch der Mond in der Nacht schienen, denn in der Stadt wohnten Gott und sein Sohn, und alle, die dorthin kamen, wandelten im Licht ihrer Herrlichkeit! Nelson Mandela sagte in seiner berühmten Rede von 1994: „Wir sind geboren, um die Herrlichkeit Gottes in uns zu offenbaren. Sie ist nicht nur in einigen von uns; sie ist in jedem. Und so wie wir unser Licht leuchten lassen, geben wir unbewusst anderen

Menschen die Erlaubnis, dasselbe zu tun." Wir leben in der aufregendsten Zeit der Geschichte der Erde und die ganze Bühne gehört uns. Es ist für jeden von uns an der Zeit, unser Licht leuchten zu lassen und unseren rechtmäßigen Platz einzunehmen. Wir sind gekommen, um den unmöglichen Traum zu träumen und den unerreichbaren Stern zu erreichen. Lasst dies unsere Suche sein, dem Stern zu folgen! Den universellen Gesetzen Gottes zu folgen, wie innerhalb dieser Seiten in einfacher und praktischer Weise klar dargestellt, werden wir zu einem Leuchtturm für die Welt und wir alle lernen einmal mehr, das Leben mit allen unseren Gedanken, Gefühlen, Worten und Handlungen zu zelebrieren – das Leben in all seiner Herrlichkeit zu leben. Lasst uns damit aufhören, das Leben zu träumen und damit beginnen, unsere Träume zu leben, so dass wir das sehen mögen, „was noch kein Auge gesehen hat," und das hören, „was noch kein Ohr gehört hat," und uns das vorstellen, „was sich noch kein Geist vorgestellt hat", was Gott für diejenigen, die ihn lieben, vorbereitet hat. *„Darum achtet auf die Bestimmungen dieses Bundes, und haltet sie, damit euch alles, was ihr tut, gelingt." (Deuteronomium 29:8)*

1. Das universelle Gesetz der Affirmationen und Visualisierungen

Jeder Gedanke, den wir denken, ob positiv oder negativ, ist eine Affirmation. Jedes Wort, das wir sprechen, ist eine Affirmation. Jede Handlung, die wir vornehmen oder jegliches Verhalten unsererseits ist eine Affirmation. Werden Affirmationen in einem psychologischen Heilungszusammenhang genutzt, dann werden sie speziell dahingehend formuliert, erwünschte Gefühle, Verhaltensweisen oder Gewohnheiten in unser Unterbewusstsein zu programmieren. Der fortlaufende Prozess des Entfernens der negativen Haltungen aus unserem Geist mittels unserer persönlichen Kraft und die Wiederholung neuer, positiver

Affirmationen in unser Unterbewusstsein ist der Hauptschlüssel, um unser Unterbewusstsein umzuprogrammieren und Selbstmeisterung zu bewahren. Affirmationen stellen ein großartiges Werkzeug dar, um jegliche Haltung und jegliches Verhalten eines Menschen im Buddha-/Christus-/Melchizedek-Bewusstsein zu entwickeln. Um gewisse grundlegende Haltungen bezüglich des Selbstkonzeptes und Selbstbildes zu entwickeln, kann auch die Auflistung der Affirmationen meines Buches *Seelenpsychologie* herangezogen werden.

Jeder Gedanke und jedes Gefühl, dem du den Zugang zu deinem Geist erlaubst, wirkt nicht nur als Affirmation und Visualisierung, sondern, wenn einmal in deinem Bewusstsein akzeptiert, werden diese auch automatisch von deinem Unterbewusstsein, ähnlich einem Kassettenrekorder oder Computer, gespeichert. Es wird dies dann anziehen! Das Unterbewusstsein ist immer empfänglich. Es kommt nur darauf an, was du ihm erlaubst aufzunehmen.

Nun stellt sich die Frage, weshalb Affirmationen und Visualisierungen nicht immer die gewünschten Resultate bringen? Erstens, ist es den meisten Menschen nicht bewusst, dass jeder Gedanke, den sie denken, jedes Gefühl, das sie fühlen, jedes Wort, das sie sprechen und jede Handlung, die sie ausführen eine Affirmation ist. Der Mensch erzeugt in jedem Moment seines Lebens Affirmationen und Visualisierungen. Zweitens, sind sich die Menschen der Programmierungen nicht bewusst, die derzeit aus ihrem jetzigen und all ihren vergangenen Leben in ihrem Unterbewusstsein existieren und die derzeit als Affirmationen und Visualisierungen aufgrund der Programmierung in der Vergangenheit wirken. Drittens, haben die Menschen ihre Gedanken, ihre Emotionen, das negative Ego, die niederen Begierden und das innere Kind nicht zu 100 % gemeistert und denken und fühlen nicht fortwährend mit ihrem spirituellen Buddha-/Christus-Geist.

Was geschieht also? Die Lichtarbeiter nutzen positive Affirmationen und Visualisierungen, was gut ist, dabei müssen sie jedoch einer enormen Programmierung entgegenwirken, die schon die ganze Zeit über als Affirmationen und Visualisierungen wirken. Darüber hinaus gibt es das positive oder negative tägliche Selbstgespräch, das als innerer Dialog den ganzen Tag im eigenen Bewusstsein vor sich geht. Positive Affirmationen und Visualisierungen helfen definitiv, aber dazu ist es erforderlich, das Unterbewusstsein und das bewusste Denken zu reinigen und daran zu arbeiten, völlige Kontrolle über das tägliche Denken, Fühlen, Sprechen, das negative Ego, das innere Kind, die niederen Begierden usw. zu erlangen. Verweigere dazuhin jedem Gedanken, der nicht von Gott stammt, den Zutritt zu deinem Geist. Denke darüber nach. Dies ist ein goldener Schlüssel zum Leben!

2. Das universelle Gesetz der angemessenen Antwort im Gegensatz zur unangemessenen Reaktion

Was auch immer im Leben geschieht, du solltest darauf antworten, statt darauf zu reagieren. Eine Antwort ist ein Produkt des Bewusstseins, bei der du entscheidest, wie du mit der ankommenden Energie umgehen möchtest. Eine Reaktion ist ein Produkt des Unterbewusstseins. Wenn dich jemand verurteilt oder angreift und du die ankommende Energie direkt in dein Unterbewusstsein, deinen Solarplexus oder Emotionalkörper einlässt, wirst du dich entweder verletzt fühlen, dich zurückziehen und weinen oder zurückschlagen. Du lässt einen anderen Menschen die Ursache für deine Emotionen sein. Wir sind sehr beeinflussbar, wenn wir nicht selbst entscheiden, wie wir antworten. In Wirklichkeit sind wir alle psychologisch unangreifbar. Dies ist eine grundlegende Feststellung. Unangreifbar zu sein bedeutet, dass wir emotional nicht verletzt werden können – außer wir entscheiden uns, es zu sein! Siehe auch unter *Das universelle Gesetz der Gefühle und*

Emotionen (Nr. 49). Gehe nicht in den Zustand des „Auto-Piloten"! Bleibe bewusst und antworte, statt zu reagieren. Ein integrierter Aufgestiegener Meister antwortet und bleibt in seiner Selbstmeisterung.

3. Das universelle Gesetz des Aufstiegs und des integrierten Aufstiegs

Der Aufstieg beginnt am Anfang der sechsten Einweihung, welche auch als die Aufstiegseinweihung bezeichnet wird. Es geht dabei darum, dass du ungefähr 83% des Lichtquotienten in deinem spirituellen Körper erlangt hast. Alle Einweihungen konzentrieren sich grundlegend auf die Erhöhung des Lichtquotienten, den du gegenwärtig hast. Der erste Schritt besteht darin, diese Einweihung zu durchlaufen, was bedeutet, dass du durch die sieben Unterstufen dieser Einweihung gehen musst, damit du zur sechsten Einweihung und zur Vollendung der siebten Unterstufe gelangst. Dies bedeutet dann die Vollendung deiner sechsten Einweihung, der Aufstiegseinweihung. Sobald du die neunte Einweihung und die siebte Unterstufe nimmst, was hinführt zum Beginn der zehnten Einweihung, führt dies zum Abschluss des planetaren Aufstiegs und zum Beginn deines solaren Aufstiegs. Nach dem solaren Aufstieg folgen der galaktische Aufstieg, der universelle Aufstieg, der multi-universelle Aufstieg und die vollständige Realisierung des kosmischen Aufstiegs. Alle Einweihungen sind nur Stufen oder drücken sich in Prozentsätzen des Lichtquotienten in deinem spirituellen Körper aus. Deshalb sprechen Einweihungen von der Lichtentwicklung in deinem spirituellen Körper, aber das ist alles!

Dies bringt uns zum Thema des integrierten Aufstiegs. Der integrierte Aufstieg besagt, dass es nicht genügt, deine sieben oder neun Stufen der Einweihung zu erlangen und deinen Lichtkörper und Lichtquotienten auszubilden, sondern dass es erforderlich ist, die Einweihungen im Mentalkörper, Emotionalkörper, ätherischen Körper, physischen Körper und im eigenen Leben auf der Erde zu integrieren. Der Aufstieg und die sieben oder weitere Stufen der Einweihung haben nichts mit der psychologischen oder physischen Entwicklung zu tun. Ein vollständig verwirklichter Aufgestiegener Meister auf der planetaren Ebene ist ein Meister der spirituellen, psychologischen und physischen Ebene und in diesen drei Ebenen integriert und ausbalanciert.

Zum Verständnis der Integration der Einweihungen im Vier-Körper-System siehe auch *Das universelle Gesetz der Integration der zwölf Einweihungsstufen im Vier-Körper-System (Nr. 77)*. Es ist auch erforderlich die Einweihungen zu integrieren, um ein integrierter Aufgestiegener Meister zu werden. Und niemandem wird erlaubt, sich in seinen solaren, galaktischen, universellen, multi-universellen oder kosmischen Aufstiegsprozess zu begeben, bevor er dies nicht getan hat. Es gibt für diejenigen, die sich nicht um dieses Thema bemühen, einen Ring, den man während der siebten Einweihung nicht durchschreiten darf. Wenn du die siebte Einweihung erhältst, aber die Integration deiner Aufstiegsarbeit nicht durchgeführt hast, wirst du wieder auf der astralen oder mentalen Ebene inkarnieren müssen, um diese Arbeit abzuschließen - selbst wenn du bereits die Befreiung von der physischen Ebene erlangt hast.

Die siebte Einweihung ist die „Befreiung vom Rad der Wiedergeburt“. Sobald wir unsere sieben und neun Stufen der Einweihung vervollständigt und dies in unserem Vier-Körper-System integriert haben, wird es uns erlaubt sein, mit den kosmischen Aufstiegseinweihungen zu beginnen. Um Gott vollständig zu verwirklichen, müssen wir die 352 Einweihungsstufen durchlaufen. Es ist unmöglich, alle diese Einweihungen in einem physischen Körper zu erlangen. Die erste kosmische Einweihung ist die zehnte, eine solare Erdeinweihung. Dann folgt die elfte, eine galaktische Erdeinweihung. Dann die zwölfte, eine universelle Erdeinweihung. Diese Einweihungen werden so lange fortgesetzt, bis die 352 Einweihungen vollendet sind. Diese kosmischen

Einweihungen sind viel umfassender als die planetaren Einweihungen. Was ist nun mit dem physischen Aufstieg? Der physische Aufstieg ist der Prozess, bei dem der physische Körper vollständig in Licht transformiert wird und zur spirituellen Welt zurückkehrt. Jedoch ist dies nicht erforderlich, um ein vollkommen verwirklichter Aufgestiegener Meister zu werden. Es ist nur eine Möglichkeit und man sollte sich entscheiden. Jedoch ist es erst dann eine realistische Möglichkeit, wenn du deine zwölfte Einweihung komplett abgeschlossen hast. Was den physischen Aufstieg betrifft, kannst du physisch aufsteigen und die Erde verlassen, wenn deine spirituelle Mission vollendet ist oder du kannst physisch aufsteigen und auf der Erde bleiben, um deinen spirituellen Dienst fortzusetzen. Dies erlaubt dir, zwischen der spirituellen und physischen Welt hin und her zu reisen, in dem Sinne, dass du an beiden Orten bewusst simultan lebst.

Nun gibt es auch den so genannten multi-dimensionalen Aufstieg. Es gibt viele Blickwinkel des multi-dimensionalen Aufstiegs. Zunächst gilt es zu wissen, dass nicht du aufsteigst, sondern deine 12 Überseelen, deine mächtige ICH BIN - Gegenwart und deine 143 anderen Seelen oder Seelenausdehnungen, die auch mit dir aufsteigen. Deine gesamte monadische Familie steigt auch mit auf. Aus dieser Betrachtung steigen Gruppen einer immer höheren Stufe zusammen auf. Auf der solaren Stufe gibt es eine Gruppe von Monaden, auf der galaktischen Stufe eine viel größere Gruppe von Monaden, auf der universellen Stufe eine noch größere Gruppe und auf der multi-universellen Stufe eine noch größere Gruppe und auf der kosmischen Stufe oder der 352. Stufe der Gottheit gruppieren sich alle Monaden zusammen. Dazu kommt, dass die Mineral-, Pflanzen- und Tierreiche sich auch in einem Aufstiegsprozess befinden. Die Erde selbst steht im Aufstiegsprozess. Ebenso sind das solare System, die Galaxie, das Universum, das Multi-Universum und das Omniversum oder der Kosmos, was Gott auf allen Stufen und in allen Dimensionen der Realität ausmacht, im Aufstiegsprozess.

Wenn du den multi-universellen Aufstieg aus Gottes Perspektive betrachtest, dann gibt es so etwas wie persönlichen Aufstieg nicht. Es gibt nur Gott, der aufsteigt. Alles aus der Schöpfung ist ein Teil Gottes. Dies ist die höchste multi-dimensionale Perspektive. Wir alle steigen für Gott auf. Wir sind Gott. Das ist die gute Nachricht!

Die andere Nachricht ist, dass die am meisten verbreitete Form des Aufstiegs als nicht integrierter oder unvollständiger Aufstieg bezeichnet werden kann. Viele Lichtarbeiter sind mit ihren spirituellen Körpern viel weiter entwickelt als mit ihrem psychologischen Selbst. Dies zeigt sich oft an Menschen, die nicht wissen, wie sie in ihrer eigenen Kraft verbleiben, sich selbst lieben, ihre Schutzblase aufrechterhalten, ihren Geist, ihre Emotionen und Energien kontrollieren und ihren physischen Körper meistern können. Sie sind oft Opfer statt Ursache ihrer Realität, werden vom Unterbewusstsein und dem inneren Kind gesteuert. Und eines der größten Probleme besteht darin, dass sie den Unterschied zwischen dem spirituellen Buddha-/Christusbewusstsein und dem auf Angst begründeten und trennenden Ego nicht verstehen. Sie erkennen dies nicht und wenden das spirituelle Verständnis nicht zur Gänze an, das besagt, dass die Gedanken die Realität, die Gefühle und das Verhalten erschaffen und das meiste dessen, was wir in unserem Leben anziehen. Das negative Ego richtet bei vielen Lichtarbeitern eine Verwüstung an. Wenn jemand keinen rechten Umgang mit sich selbst hat, wird das Channeln, die psychische Arbeit, das Heilen und das spirituelle Lehren verunreinigt. Die Arbeit erfolgt aus falschen Absichten, persönlichen Anliegen, negativen Gefühlen und Emotionen, Macht, Ruhm, Gier, Ichbezogenheit, falschem Stolz, Lust und niederen Begierden und wird dadurch beschmutzt. Dies ist in der New Age - Bewegung und Religion auf dem Vormarsch. Deshalb ist das Konzept und Ideal des „integrierten Aufstiegs" so wichtig!

Es gibt drei Stufen, die jeder Mensch meistern muss, um ein wirklich flügge gewordener Aufgestiegener Meister zu werden – die physische Ebene, die psychologische Ebene und die spirituelle Ebene. Jede Ebene ist eindeutig und hat ihre eigenen Gesetze und spirituellen Praktiken, denen man folgen muss. Der Schlüssel besteht darin, alle drei Ebenen zu meistern und in diesen stets integriert und balanciert zu bleiben. Beachte hierzu auch *Das universelle Gesetz des integrierten spirituellen Wachstums auf allen drei Ebenen: spirituell, psychologisch und physisch (Nr. 75)*.

Der Aufstieg ist tatsächlich ein Prozess des integrierten und balancierten Verankerns des Höheren Selbst und der mächtigen ICH BIN - Gegenwart im physischen Körper in integrierter und balancierter Weise, um von hier aus deine Einweihungsstufen zu erlangen. Es ist auch der Prozess der Anhebung des Lichtquotienten auf 99 % der planetaren Skala. Es bedeutet auch Selbstmeisterung auf einer spirituellen, psychologischen und physischen Ebene im Dienst an Gott und bedingungslose Liebe. Es ist das Balancieren und Integrieren der sieben Strahlen, der sieben Chakren, der zwölf Archetypen, der zwölf astrologischen Zeichen und der zwölf Sephiroth des Baum des Lebens. Es ist die Erfüllung der spirituellen Mission, des Vertrages, des Puzzleteiles, der persönlichen Blaupause und des göttlichen Planes auf Erden. Es ist die vollständige Verkörperung und Demonstration Gottes und bedingungsloser Liebe auf Erden und führt zu einem Leben, das vollständig dem Dienst an den Nächsten gewidmet ist.

4. Das universelle Gesetz der Heilung der Einstellung

Unsere Gedanken erschaffen unsere Realität und es gibt immer eine Perspektive im Leben, die dir inneren Frieden bringt, wie auch immer deine äußere Situation sein mag. Wenn du mit deinem Christusgeist denkst, dann lebst du in einer Realität, die auf Einheit und Liebe basiert.

Wenn du mit deinem negativen Ego denkst, dann lebst du in einer Realität, die auf Trennung und Angst begründet ist. Unsere Gedanken erschaffen unsere Gefühle. Und es gibt nur zwei Gefühle: Liebe und Angst. Alle anderen Gefühle lassen sich auf diese beiden zurückführen. Gefühle, die auf Angst basieren, sind Ausdruck des negativen Egos. Gefühle, die auf Liebe basieren, sind Ausdruck des Christusgeistes. Das Ego nimmt sich selbst als getrennt wahr und deshalb entsteht Angst beim Versuch, sich selbst zu schützen. Wenn du alles durch deinen Christusgeist wahrnimmst, siehst du alles als eins, dadurch entstehen Gefühle der Liebe. Also du siehst, dass deine Erfahrung des Lebens davon abhängt, ob du das Leben durch dein negatives Ego oder deinen Christusgeist interpretierst. Der Prozess der Heilung der Einstellung ist sehr einfach. Stelle dir vor, dass du von einer goldenen Blase umgeben bist, die dich vor der äußeren Welt und anderen Menschen, aber auch vor deinem eigenen Unterbewusstsein beschützt. Mit anderen Worten, stelle dir vor, dass alle deine Gedanken, Gefühle, Impulse, Begierden und Bilder sich außerhalb deiner goldenen Blase befinden. Der gesamte Inhalt des Bewusstseins befindet sich außerhalb der Blase. Jedes Mal, wenn ein Gedanke, Gefühl oder Impuls aus deinem Unterbewusstsein aufsteigt, stoppst du ihn am Tor zu deiner Blase. Wenn der Gedanke, das Gefühl oder der Impuls positiv, liebend, spirituell, balanciert, auf Christus bezogen und von Gott ist, dann lass ihn durch die Blase in deinen Geist eintreten. Wenn der Gedanke, das Gefühl, der Impuls oder der Wunsch negativ, selbstbezogen, auf Angst begründet und nicht von Gott ist, dann wirf ihn aus deinem Geist hinaus.

Das Buch *Ein Kurs in Wundern* rät: „Verweigere jedem Gedanken, der nicht von Gott stammt, in deinen Geist einzutreten." Man benötigt 21 Tage, um ein neues Verhalten in das Unterbewusstsein einzuprogrammieren. Nach 21 Tagen wirst du automatisch mit deinem Christusgeist denken. Es wird dann einfach und eine Gewohnheit sein. Die Idee dahinter besteht darin, das Unterbewusstsein mit positiven, christusgleichen Gewohnheiten anzufüllen, während man sich vom Verhalten des Egos löst. Diesen Prozess nennt man die Wissenschaft von der Heilung der Einstellung. Sei dir bewusst, dass die meisten Menschen niemals in der Wissenschaft der Heilung der Einstellung trainiert wurden. Die traditionelle Psychologie, die auf der persönlichen Ebene arbeitet und von 90 % der Psychologen, Ehe-, Familien- und Kinderberatern, Sozialarbeitern und Psychiatern praktiziert wird, sagt dir, dass es falsch sei, die negativen Gefühle loszuwerden. Sie glauben, dass es falsch sei, diese zu abzulehnen. Sie halten daran fest, dass man sie anerkennen und dann loslassen soll. Glaubst du, wenn man mit Wut, Abwehr, Verstimmung, Angst, Depression, Angriff, Gewalt und Rache reagiert, angemessen als ein Sohn oder eine Tochter Gottes antwortet? Schau dir die Beispiele der großen Meister an, die diese Erde beehrt haben, wie Jesus, Buddha, Mohammed, Krishna, Gandhi, Mutter Teresa und andere. Lass den Geist, der in Jesus Christus, Meister Buddha, Mohammed, Krishna, Gandhi und Mutter Teresa ist, auch in dir sein und der Friede jenseits jeglichen Verständnisses gehört dir. Kontempliere darüber!

5. Das universelle Gesetz der Balance und Integration

Integration und Balance. Diese Worte haben viel Kraft, aber du kannst keine Kraft erlangen, solange du dich nicht bemühst, diese Ziele im täglichen Leben zu erlangen. Wir müssen lernen, in Balance zu leben und Gottes Weisheit in unser Bewusstsein zu integrieren. Es muss Teil unseres Seins werden, ohne dass wir uns bewusst darum zu kümmern brauchen. Es sollte eine automatische unbewusste Haltung werden. Wie erlangt man Integration und Balance? Wie bleibst du in Balance, wenn alles um dich herum aus der Balance zu sein scheint? Dies ist der Zeitpunkt der Konzentration auf deine Göttlichkeit! Dies ist der Zeitpunkt der Konzentration und des Einstimmens auf Gott. Dies ist der Zeitpunkt, an dem du dich an deine eigene Göttlichkeit erinnern und in deinem Sein wissen solltest, dass sich Gott um alles in seinem göttlichen Plan kümmert. Dies ist gut und schön, aber wie kann ich wirklich lernen, dies zu tun? Wo soll ich beginnen?

Du beginnst bei dir selbst. „Deine Gedanken sind Dinge und so wie du denkst, bist du!" Erkenne, dass deine Gedanken zuerst wirken. Deine Gedanken zu ändern, sollte die erste Priorität in deinem Leben haben, um deine Realität zu ändern. Denn deine Gedanken erzeugen deine Realität. Bleibe so gut und oft du kannst im Christus-/Buddha-/Gottesbewusstsein. So erlangst du Balance in deinem Leben. Auf diese Weise kannst du Liebe und Licht in dein Vier-Körper-System und alle deine Lichtkörper integrieren. Es geht darum, in allen Bereichen deines Lebens auf der Erde Balance zu erlangen. Du solltest in allen Bereichen deines Lebens zu einem Meister werden und im spirituellen Christus-/Buddha-/Gottesbewusstsein leben und dazuhin die mentalen, physischen und psychologischen Aspekte deines Lebens balancieren und integrieren. Es erfordert Hingabe, zu 100 % in deiner persönlichen Kraft zu verbleiben, deinen freien Willen zu nutzen, um deine Gedanken konstant balanciert und integriert zu halten, so dass diese Prinzipien in dein tägliches Leben und dein gesamtes Sein einfließen. Was auch immer in deinem Leben geschieht, konzentriere dich immer auf dein spirituelles Christus-/Buddha-/Gottesbewusstsein. Sobald etwas geschieht, so passe deine Gedanken an und konzentriere dich nur auf dieses Bewusstsein. Dieser einfache Prozess wird dir dabei helfen, ein Leben in Balance und Integration zu führen.

6. Das universelle Gesetz des Balancierens und Integrierens eines jeden neuen Lichtkörpers

Es genügt nicht, nur an einem Aspekt des Aufstiegs zu arbeiten und den Lichtquotienten auszubilden. Jeder Lichtkörper und jede Stufe des Aufstiegs sollte in einer balancierten und integrierten Weise ausgebildet werden. Was bedeutet dies? Jede Stufe des Lichtkörpers ist mit einer sehr spezifischen Lektion verbunden. Diese Lektionen gilt es zu lernen und zu leben, bevor dir erlaubt wird, auf der spirituellen Leiter emporzusteigen. Es genügt nicht, die Meister um die Anhebung des Lichtquotienten zu bitten und zu erwarten, dass sie dies bedingungslos gewähren. Obwohl die Aufgestiegenen Meister bereit und gewillt sind, deine Bitte zu erfüllen, sind sie mehr an der Entwicklung des integrierten Lichtkörpers, statt des einfachen Lichtkörpers interessiert. Der integrierte Lichtkörper bedeutet, dass du in allen Bereichen des Christus-/Buddha-/Gottesbewusstseins balanciert bist. Du bist in den spirituellen, mentalen, emotionalen und physischen Aspekten des Lebens auf der Erde balanciert. Wenn du dich um die Erlangung einer neuen Stufe des Lichtkörpers bemühst, ist es wichtig, dass du dich klar darauf konzentrierst, den neuen Lichtkörper integriert und balanciert zu erlangen. Es geht darum, dich auf die Integration des neuen Lichtkörpers in dein Sein und auf die Balance des neuen Lichtkörpers mit deiner vorhandenen Struktur zu konzentrieren. Was bedeutet dies für dich? So wie sich deine spirituellen Lektionen mit jedem neuen Lichtkörper zeigen, ist es erforderlich, dass du sie aufrichtig und hingebungsvoll erfüllst. „Hingabe ist keine Uniform, die an gewissen Tagen getragen und dann zur Seite gelegt wird." (Sai Baba)

Diese Lektionen sollten in dein Sein integriert und zu einem Teil deines Bewusstseins werden. Es genügt nicht, spirituell zu sein, wenn du keine Kontrolle über deine Emotionen und dein negatives, auf Angst begründetes Denken hast oder du in deiner physischen Existenz ein verletzendes Verhalten zeigst. Wie erlangt man diese Balance? Durch den rechten Gebrauch deines „Willens" und durch den rechten Gebrauch deiner „Kraft". Du hast vollkommene Kontrolle über deine „Willenskraft". Du bist der Meister dieser Gaben. Dies sind deine von Gott gegebenen Gaben des freien Willens. Durch deinen freien Willen entscheidest du, deine Lektionen zu lernen und sie mit Hingabe und

Aufrichtigkeit zu leben. Bei diesem Prozess gibt es keine Abkürzungen. Du wirst dich sicherlich nur selbst zum Narren halten, wenn du denkst, dass es Abkürzungen auf diesem Weg des Aufstiegs und des Bildens der integrierten Lichtkörper gibt. Geh Schritt um Schritt voran und bilde deinen Lichtkörper in einer vollkommen integrierten und balancierten Weise. Kontempliere darüber!

7. Das universelle Gesetz des Balancierens und Integrierens von Himmel und Erde

Die Gottesverwirklichung kann nicht erlangt werden, wenn die beiden Seiten des Selbst - Himmel und Erde - nicht ausgeglichen sind. Manche Lichtarbeiter konzentrieren sich zu sehr auf den Himmel und sind zu wenig geerdet. Andere Menschen auf der Erde konzentrieren sich zu sehr auf das Materielle und die dritte Dimension. Wenn ein Mensch zu sehr mit der Erde verbunden und geerdet ist, wird er blinde Flecken bei der rechten Entwicklung seines spirituellen Lebens haben. Wenn ein Mensch zu sehr mit dem Himmel verbunden ist, wird er blinde Flecken beim effektiven Wirken auf der materiellen Ebene haben. Spirituelle Menschen und Lichtarbeiter müssen lernen, das materielle Universum und die Erde zu lieben und zu schätzen und es als einen von Gottes Himmeln zu sehen. Sie müssen dies als eines von „Gottes vier Antlitzen" erkennen! Die vier Antlitze Gottes sind das spirituelle, mentale, emotionale und materielle Antlitz Gottes. Die Lichtarbeiter übersehen oft das materielle Antlitz Gottes und meinen, dass es weniger wert sei oder den anderen nicht ebenbürtig.

Höre aufmerksam zu! Du kannst nur dann vollkommene Gottesverwirklichung erlangen, wenn du das materielle Antlitz Gottes integrierst. Erinnere dich an die Worte Gottes, als er mit Moses sprach: „Nimm die Schuhe von deinen Füßen, denn der Boden, auf dem du stehst, ist heiliger Boden.“ Die Erde ist heiliger Boden! Deine spirituelle Mission besteht darin, den Himmel auf Erden zu erschaffen. Deine spirituelle Mission besteht darin, die mächtige ICH BIN - Gegenwart auf Erden zu werden. Deine spirituelle Mission besteht darin, deine spirituelle Mission und dein spirituelles Puzzleteil auf der Erde zu manifestieren. Gott ist genauso im Physischen wie im Spirituellen. Du wirst buchstäblich ein Viertel von Gott auslassen, wenn du dies nicht vollkommen verstehst und demonstrierst. Erinnere dich stets daran, dass der Zweck des Lebens darin besteht, Gott und den integrierten Aufstieg auf der physischen Ebene und nicht nur in deinem Geist, deinen Gefühlen oder auf der spirituellen Ebene zu demonstrieren. Es geht darum, Gott in allen deinen Körpern – sowohl im Himmel als auch auf der Erde – zu demonstrieren. Namaste!

8. Das universelle Gesetz des Balancierens und Integrierens der acht spirituellen Quotienten

Die kosmischen und planetaren Meister sind, entgegen der allgemeinen Meinung, nicht beim „Aufstieg“, sondern beim „integrierten Aufstieg“ zugegen. Sie sind nicht im „Christusbewusstsein“, sondern im „integrierten Christusbewusstsein“ zugegen. Der Weg zu wahrer Gottesverwirklichung ist der Weg der Integration, der Balance, der Mäßigung, der Synthese und des Zusammenwirkens aller Aspekte des Selbstes und aller Dinge. Wenn du dich darum bemühst, die folgenden Quotienten mit hoher Prozentzahl zu versehen, dann wirst du auf dem richtigen Weg sein, um ein integrierter Christus zu werden und den integrierten Aufstieg zu erlangen.

Dies sind die acht Quotienten, die das neue Ideal für das Verständnis des Aufstiegs in diesem Jahrtausend sind:

Der Lichtquotient,
der Liebesquotient,
der Weisheitsquotient,
der Melchizedek-/Christus-/Buddha-Quotient,
der Quotient der Überwindung des negativen Egos,
der Quotient des Dienens
der Quotient der spirituellen Führungskraft
der Quotient der Integration und des Gleichgewichtes

Dein Lichtquotient weist das Maß an Licht auf, das du gegenwärtig in deiner Aura oder deinem Zwölf-Körper-System trägst. Manches von diesem Licht wird von deinem eigenen Denken, Fühlen und der Demonstration Gottes in deinem täglichen Leben erschaffen und manches wird dadurch gebildet, dass du Gott und die Meister anrufst, um es in deine Aura zu bringen. Dein Liebesquotient erhöht sich, wenn du Gott und die Meister anrufst, um dich aus der spirituellen Ebene mit dem Liebesquotienten anzufüllen. Bitte um eine Liebesdusche. Dein Liebesquotient wird auf einer psychologischen Ebene gebildet, indem du in deinem täglichen Leben bedingungslose Liebe in allen deinen persönlichen und unpersönlichen Beziehungen demonstrierst. Du kannst Gott nicht ohne diesen Quotienten verwirklichen, unabhängig der Stufe deiner Einweihung.

Die nächste Zutat, um ein „integrierter Christus“ zu werden, liegt in der Entwicklung deines Weisheitsquotienten, der in den psychologischen und den spirituellen unterteilt ist. Deinen spirituellen Weisheitsquotienten zu bilden bedeutet, dass du deine Informationsdatenbank in deinem Unterbewusstsein errichtest. Wenn du channelst, dann verwendest du die Information aus deiner Informationsdatenbank aus diesem und den vergangenen Leben. Deshalb wirst du ein besserer Informationskanal für die Meister sein, wenn du diese anfüllst. Eine andere Art für das Bilden deines Weisheitsquotienten besteht darin, dass du Gott und die Aufgestiegenen Meister der inneren Ebene darum bittest, dass sie „Informations-Lichtpakete“ aus den himmlischen Bereichen aus einigen Ashrams Gottes verankern und aktivieren. Diese Art von Weisheit wird deinen Weisheitsquotienten bilden, jedoch wirst du Gott niemals wahrhaftig verwirklichen, wenn du keine psychologische und psycho-spirituelle Weisheit entwickelst. Dies ist die am meisten fortgeschrittene Form des Weisheitsquotienten und wenn du dies gelernt und gemeistert hast, wird es dir erlaubt sein, die spirituelle Weisheit zu nutzen, die du in einer viel effizienteren Weise angesammelt hast. Ohne Weisheit kannst du keine bedingungslose Liebe aufrechterhalten und ebenso kannst du deine Kraft nicht beständig angemessen nutzen. Es benötigt große Weisheit, um Liebe und Kraft zu balancieren! Ein Teil des Bildens deines Weisheitsquotienten besteht natürlich auch darin, die Weisheit Gottes zu demonstrieren. Im Idealfall bildest du deinen psycho-spirituellen und spirituellen Weisheitsquotienten simultan.

Nachdem wir den Liebes- und Licht-/Weisheitsquotienten Gottes besprochen haben, ist es nun wichtig, die dritte Flamme Gottes zu balancieren und zu integrieren. Dies ist die Kraft. Dieser Quotient besitzt zwei Ebenen: Zum einen in deiner persönlichen Kraft zu sein und zum anderen, dich Gottes Willen zu überlassen. Du kannst keine dauerhafte bedingungslose Liebe im Leben erfahren oder tatsächliche psychologische Weisheit erlangen, wenn du nicht lernst, in deiner persönlichen Kraft zu sein. Wenn du nicht in deiner persönlichen Kraft verbleibst, dann gibst du sie automatisch durch die Gesetze der Energie an andere Menschen, an Situationen im Leben, deinen Geist, deine Gefühle, deinen physischen Körper, dein Unterbewusstsein, deine niederen Begierden, dein inneres Kind, deine Unterpersönlichkeiten und dein negatives Ego ab. Der spirituelle Weg ist der Weg der Selbstmeisterung. Du kannst kein Meister sein, wenn du nicht in deiner persönlichen Kraft stehst. Du kannst nicht die Ursache deiner Realität durch deine Gedanken sein, wenn du nicht in deiner persönlichen Kraft stehst.

Die zweite Ebene des Bildens deines Kraftquotienten auf einer psychologischen Ebene liegt darin, zu lernen, den Willen des negativen Egos loszulassen und sich stattdessen dem Willen Gottes in allen Bereichen zu übergeben. Du kannst Vorzüge haben und dich mit deinem ganzen Herzen darum bemühen, doch dann gib dich Gottes Willen hin. Die dritte Stufe des Bildens deines spirituellen Kraftquotienten liegt in der Verankerung und Aktivierung der Informations-Kraftpakete aus den verschiedenen Ashrams Gottes.

Der vierte und fünfte spirituelle Hauptquotient, um ein „integrierter Christus" zu werden, ist das Überwinden des negativen Egos, um nur noch mit dem Melchizedek-/Christus-/Buddha-Geist zu denken. Diese beiden Quotienten konzentrieren sich auf die freudvolle Wachsamkeit, die du von Moment zu Moment aufrechterhältst, um die Gedanken des negativen Egos daran zu hindern, in dein Bewusstsein einzutreten und diese mit Gedanken der Christusnatur zu ersetzen. Um es mit den Worten von Jesus zu sagen: „Verweigere jedem Gedanken, der nicht von Gott kommt, in deinen Geist einzutreten." Oder wie es im neuen Testament geschrieben steht: „Lass diesen Geist, der in Jesus Christus war, in dir sein."

Der sechste und siebte spirituelle Hauptquotient ist das Dienen und die Entwicklung der spirituellen Führerschaft. Es ist ein natürliches Nebenprodukt des spirituellen Weges, so wie du dich spirituell entwickelst und dich durch deine sieben Stufen der Einweihung und den Aufstiegsprozess bewegst, um ein integrierter Christus/Buddha zu werden. An einem bestimmten Punkt bei dieser Entwicklung beginnst du, deine persönliche Kraft, Liebe und Weisheit und spirituelle Führungskraft vollständig einzufordern und dein spirituelles Puzzleteil in dem göttlichen Plan zu finden, damit du den Dienst an deinen Brüdern und Schwestern in der Welt bestmöglichst leisten kannst. Zuerst musst du eine rechte Beziehung zu dir selbst und zu Gott aufbauen und in dir selbst ganz und vollständig werden. Als nächstes ist es wichtig, deine spirituelle Führungskraft zu beanspruchen. Dienen ist nicht nur ein Job, es geschieht in jedem Moment deines Lebens. Der wesentliche spirituelle Dienst liegt in der Demonstration Gottes in jedem Moment deines Lebens, in jedem Gedanken, Wort und jeder Handlung. Sagte Jesus nicht: „Der Größte unter euch ist der Diener von allen!"

Der achte spirituelle Quotient ist die Integration und Balance und bezieht sich auf alles, was du im Leben über dich selbst und die Welt gelernt hast. Es erfordert das Balancieren deiner drei Bewusstseinsebenen, deiner weiblichen und männlichen Seite und deines himmlischen und irdischen Selbstes. Ebenso dass du eine gute Elternschaft für dein inneres Kind übernimmst, die Integration deiner sieben Strahlen, der zwölf Hauptarchetypen und zu lernen, mit deinem Christus-/Buddha-Geist zu denken, anstatt mit dem negativen Ego. Bemühe dich darum, diese acht Quotienten mit hohen Prozentzahlen zu versehen, dann wirst du auf dem richtigen Weg sein, um ein integrierter Christus zu werden und um den integrierten Aufstieg zu erlangen.

9. Das universelle Gesetz des Balancierens und Integrierens der weiblichen und männlichen Seite

Es ist wichtig, die weiblichen und männlichen Aspekte innerhalb des Selbst auszugleichen. Dies ist eine der Voraussetzungen für den Aufstieg. Die weiblichen und männlichen Energien zu balancieren, ist eine andere Art, sich der Überwindung des negativen Egos anzunähern. Sobald diese beiden komplementären Aspekte des Selbst außer Balance geraten sind, entwickeln sich die Qualitäten des negativen Egos. So wie die Archetypen, Strahlen, Tierkreiszeichen, Häuser und Planeten, hat jede davon einen negativen und einen positiven Ausdruck. Jeder Mann und jede Frau benötigt in sich selbst eine Balance dieser beiden

Energien. Dies nennt man Androgynität. Wenn diese Balance in uns fehlt, suchen wir sie gewöhnlich außerhalb von uns selbst. Folglich haben wir die Vater-Tochter- und Mutter-Sohn-Beziehungen oder Variationen dieses Themas. Wenn ein Mensch zu weiblich und sich zu sehr mit dem Emotionalkörper und der rechten Gehirnhälfte identifiziert, wird er automatisch eine enorme Anzahl blinder Flecken auf der männlichen Seite entwickeln. Er wird ein sehr geringes spirituelles Unterscheidungsvermögen haben. Vermutlich wird er auch nicht sehr erfolgreich im geschäftlichen und mathematischen Bereich sein. Er wird wahrscheinlich eher wie ein Kind sein und blinde Flecken haben bezüglich des Erwachsenseins und des Unpersönlichen. Er wird auch viele blinde Flecken hinsichtlich des negativen Egos haben, denn wenn der Emotionalkörper zu sehr die Kontrolle übernimmt, wird das Negative automatisch zum Programmierer. Es manifestiert sich durch die Gefühle des negativen Egos, statt der christusgleichen Gefühle ein Ungleichgewicht der weiblichen und männlichen Energien.

Das Ungleichgewicht entspricht dem negativen Ego, was einem Mangel an Göttlichkeit in diesem Moment gleicht. In Wahrheit kann man niemals seine Göttlichkeit verlieren, denn dies ist jenseits dessen, was man verlieren kann. Jedoch kann man die Verwirklichung seiner Göttlichkeit in einem gegebenen Moment verlieren, was uns in Glanz, Maya und Illusion fallen lässt - wie in einen bösen Traum. Ist jemand andererseits zu männlich und identifiziert sich zu sehr mit dem Geist, wird er blinde Flecken haben bei der Wertschätzung der Herzens- und Gefühlsenergie sowie beim Gelingen von Beziehungen. Er wird blinde Flecken hinsichtlich seiner eigenen Kritiksucht und der Bewertung anderer haben. Das Thema des Balancierens der weiblichen und männlichen Seite hat sehr viel mit dem Balancieren der vier Körper (physisch, emotional, mental und spirituell) und der Notwendigkeit des Balancierens der drei Bewusstseinsebenen (Bewusstsein, Unterbewusstsein und Überbewusstsein) zu tun. Die Notwendigkeit, die weibliche und männliche Seite zu balancieren, kann in Carl Gustav Jungs Werk *Psychologische Typen* nachgelesen werden, in dem er sagt, dass es vier Menschentypen gibt: den intuitiven, den fühlenden, den denkenden und den empfindenden Typ. Die Menschen neigen zu einem oder zwei Typen in sich selbst, jedoch ist das Ziel eine immerwährende Balance.

In der Astrologie und der chinesischen Medizin geht es darum, die vier Elemente auszubalancieren: Feuer, Wasser, Luft und Erde. In der Natur finden wir diese Balance in den vier Jahreszeiten: Winter, Frühling, Sommer und Herbst. Wir erkennen die Notwendigkeit für einen Ausgleich der linken und rechten Gehirnhälfte. Die eine Gehirnhälfte ist nicht besser als die andere. Man benötigt beide Seiten, um Gott vollkommen zu verwirklichen und das negative Ego zu überwinden. Die männliche Seite liefert die Kraft, die eigenen Energien zu meistern. Die weibliche Seite verleiht die Fähigkeit, auf die intuitive Führung zu hören, die immer in jeder Situation zur Verfügung steht. Dadurch kommt es auch zur Vermischung des ersten und zweiten Strahls, der Kraft und der Liebe mit der Weisheit. Kraft ohne Liebe zeigte sich beispielsweise in Nazi-Deutschland. Liebe ohne Kraft ist eine emotionale Fehlfunktion. Eine Frau liebt einen Mann, der streng, jedoch sensibel und liebend ist. Ein zentrierter Mann möchte eine Frau, die liebend und sensibel ist, jedoch auch streng und kraftvoll sein kann. Diese beiden Seiten von uns selbst, die als die größten Archetypen betrachtet werden können, kommen immer mehr zusammen. Der Schlüssel für die Veränderung unserer Gesellschaft liegt in diesem Zusammenschluss und der Integration, die zuerst in uns selbst geschehen muss. Das höchste Beispiel in unserem Universum stellt hierbei Lord Melchizedek, der Universelle Logos, dar. Es zeigt die Notwendigkeit der Balance der vier Körper und der drei Bewusstseinsebenen sowie eine gute Beziehung zum inneren Kind hinsichtlich Strenge und Liebe. Das sind Kernaspekte und Nüsse und

Bolzen des spirituellen Weges. Es ist ein spirituelles Ideal, psychologisch androgyn zu werden. Für die Erlangung der Gottesverwirklichung ist dies absolut wesentlich. Gottesverwirklichung kann ohne dies nicht erlangt werden.

10. Das universelle Gesetz des Balancierens und Integrierens der vier Antlitze Gottes

Es gibt vier Antlitze Gottes: das spirituelle, das mentale, das emotionale und das physische Antlitz. Menschen öffnen sich zu Beginn des geistigen Weges meistens sehr stark. Wenn jedoch die Psychologie und das Bewusstsein des Menschen dabei nicht berücksichtigt wird, kann es mit der Zeit bei manchen Menschen zu Problemen kommen. Besonders bei denjenigen, die sich dafür öffnen, mit ihren Geistführern zu sprechen. Wenn ihre Psychologie noch sehr auf die Persönlichkeit ausgerichtet ist und von ihrem negativen Ego bestimmt wird und sie sich noch gefühlsmäßig als Opfer betrachten, werden diese Menschen eher Entitäten aus der astralen und mentalen Ebene anziehen als Aufgestiegene Meister. Zu Beginn mögen diese Menschen sehr spirituell ausgerichtet sein, aber mit der Zeit wird ihre Psychologie ihrer Frequenz und inneren Haltung entsprechende Wesen anziehen. Wenn man spirituell entwickelt ist, jedoch die spirituelle Psychologie nicht beherrscht, entstehen Korruption, Verzerrung und Handlungen aufgrund selbstbezogener Motive.

Das Gegenteil tritt ein, wenn Lichtarbeiter sich psychologisch, jedoch nicht spirituell entwickeln. Manche nähern sich dem spirituellen Weg durch das spirituelle Tor und manche durch das psychologische Tor. Diejenigen, die das psychologische Tor wählen, kommen aus der traditionellen Psychologie und verstehen die spirituelle Psychologie nur bruchstückhaft. Warum? Weil die spirituelle Psychologie oder Seelenpsychologie in unserer Welt kaum verstanden wird. Die Theorien der traditionellen Psychologie schneiden die Menschen tatsächlich vom eigenen Höheren Selbst und der mächtigen ICH BIN - Gegenwart ab. Es gibt beispielsweise eine gewisse Anzahl spiritueller Lehrer, die in ihrer Psychologie glauben, dass sie alles balancieren müssten. Balance ist etwas Wunderbares, jedoch gibt es eine Sache im Leben, die wir nicht balancieren wollen und das ist das Bewusstsein des negativen Egos mit dem Christus/Buddha-Bewusstsein. Erinnere dich daran: „Gott = Mensch minus Ego." Sai Baba sagte „minus" Ego und nicht „balanciere" Ego. Es gibt gegensätzliche Philosophien im Leben. Diese beiden zu balancieren wäre so, als ob man versuchen würde, Vergebung und Nachtragen zu balancieren oder bedingungslose Liebe und absichtsvolle Liebe. Diese Menschen würden vielleicht eine wundervolle Arbeit auf der spirituellen Ebene vollbringen, doch ihre Psychologie wird die Arbeit völlig verderben und schließlich jeden Aspekt verunreinigen, denn die Grundlage ist nicht in Ordnung. Wenn diesbezüglich die eigene Haltung und Psychologie nicht stimmt, wird dieses Durcheinander sich in jedem Fall auch in den eigenen Channelings, der Hellsichtigkeit, der Heilungsfähigkeit, den spirituellen Lehren, der spirituellen Wissenschaft und in den eigenen Beziehungen widerspiegeln.

Das mangelnde Verstehen des negativen Egos und der Notwendigkeit, es zu überwinden, erlaubt es dem negativen Ego, im persönlichen, beruflichen und spirituellen Leben die Oberhand zu übernehmen. Die Gefahr für den Menschen, der durch das psychologische Tor kommt besteht darin, dass er in speziellen psychologischen Theorien stecken bleibt, was einen bestimmten Filter erzeugt, durch den er sein Leben betrachtet. Was bei dieser Art von Menschen geschieht, zieht Menschen und Lichtarbeiter einer ähnlich unausgewogenen Psychologie an, die jedoch immer noch spirituell ist. Sie denken, dass sie zuträgliches Feedback von anderen erhalten, aber in Wirklichkeit ziehen sie nur eine kleine Gruppe von Menschen an, die kollektiv ihre psychologische Neurose verstärken. Nur wenn wir das Leben aus dem breit gefächerten Spektrum der Seele und der spirituellen Psychologie sehen und in der Lage sind, die Selbstmeisterung im täglichen Leben zu demonstrieren, kann eine vollständig integrierte Selbstverwirklichung und Gottesverwirklichung stattfinden.

Der dritte Aspekt betrifft die physische Ebene. Manche Lichtarbeiter werden ganz versessen auf die spirituelle Ebene und sind dann zu wenig geerdet und erschaffen physische gesundheitliche Probleme. Sie mögen hoch spirituell sein, jedoch kann es sein, dass sie nicht auf ihre Ernährung achten und keine Übungen machen. Vielleicht trinken sie zu viel Kaffee oder Rauchen, was schließlich von ihrer Gesundheit einen Tribut fordert. Vielleicht essen sie zu viel Zucker oder schlafen zu wenig. All ihre Energie ist in ihren höheren Chakren und nur sehr wenig Energie in ihren niederen Chakren und das fordert einen Tribut von ihren physischen Organen und Drüsen im physischen Körper. Eine andere Art, wie sich dieses Problem zeigen kann, liegt in der Erhöhung der spirituellen Frequenz dieses Menschen in astronomische Höhen und sich der physische Körper jedoch nicht im Verhältnis zur Erhöhung der Frequenz entwickeln kann, dann kann und wird er sehr krank werden.

Man kann auf diese Art eine Krise bereinigen, wenn man die Schwingung und Frequenz des physischen Vehikels mit dem spirituellen Vehikel gleichzieht. Die Frage ist nun, wie man die Frequenz des physischen Körpers anhebt. Dies geschieht, indem man sich gesund ernährt, Körperübungen macht, ausreichend schläft, die spirituelle Energie erdet, eine geeignete spirituelle Psychologie errichtet und diese lebt, sich mit der Natur verbindet, die Gegenwart Gottes auf Erden demonstriert und den Himmel auf Erden im täglichen Leben erschafft. Wenn man sich nicht um den physischen Körper kümmert, kann man chronische physische Gesundheitslektionen entwickeln, was den eigenen spirituellen und psychologischen Fortschritt stark einschränken wird. Das Leben wird dann viel härter, wenn der physische Körper nicht die spirituelle und psychologische Arbeit unterstützt. Kümmere dich daher um deinen physischen Körper, denn du weißt, dass er der Tempel des Gottes ist, der DU bist. Sai Baba sagte, dass unser physischer Körper das Haus ist, das uns Gott geliehen hat. Wir leben so lange in unserem physischen Körper, wie es Gottes Wille ist und wir zahlen Gott die Miete, indem wir Glauben, Hingabe und spirituelle Sadhana oder spirituelle Praxis leben.

Eine Unbalance kann auch im physischen Körper auftreten, wenn die psychologische Stufe nicht berücksichtigt wird. Das Unterbewusstsein beherrscht den physischen Körper; dies kann eindeutig durch Hypnose bewiesen werden. Die meisten Menschen haben ihr Unterbewusstsein, ihre Emotionen und ihr negatives Ego nicht gemeistert. Dies verursacht zu viele negative Gedanken, negative Emotionen und zu viele negative Anweisungen, die dem Unterbewusstsein erteilt werden, was zu allen Arten physischer gesundheitlicher Probleme, Schmerz und Krankheit führen wird. Jeder Gedanke, den du denkst, zeigt sich im physischen Körper. Jede Emotion, die du fühlst, zeigt sich in den Organen und Drüsen deines physischen Körpers. Deine Psychologie beeinflusst dein physisches Immunsystem vollständig. Wenn du kein gesundes psychologisches Immunsystem hast, dann wirst du mit der Zeit ein geschwächtes physisches Immunsystem haben. Menschen sind oft krank, müde, erschöpft und nicht in guter physischer Verfassung durch eine Überidentifizierung mit dem Spirituellen, der falschen Psychologie, der falschen Fürsorge für das physische Gefährt. Und dann leben sie noch in einer Welt, die mit physischen Verunreinigungen angefüllt ist – mit Smog, Petrochemie, chemischen Giften, Drogen, Pestiziden, zerstörten Ozonschichten, verunreinigtem Wasser, verunreinigter Luft und Erde, was durch die unausgewogene psycho-spirituelle Beziehung zur Erde im Massenbewusstsein der Welt verursacht wird. Es ist wirklich erstaunlich, dass unsere Körper trotz dieses Missbrauches noch so gut funktionieren, wie sie es tun. Denke stets daran, dass Gott im physischen und materiellen Universum ebenso wie auf der emotionalen, mentalen und spirituellen Ebene lebt. Es ist absolut wesentlich, dass wir unsere Miete an alle vier Antlitze Gottes in einer ausgewogenen Art bezahlen. Dazu gehört, dass wir für die Erneuerung unserer Gesellschaft und Zivilisation auf Erden genauso sorgen wie für die Erhaltung von Mutter Erde und der Natur. Mit dem neuen Jahrtausend und dem Beginn des siebenten Goldenen Zeitalters ist es nun für die Lichtarbeiter an der Zeit, ihren spirituellen Weg vollständig zu erden und ihr Leben der Transformation unserer Zivilisation in die fünfte Dimension und in eine voll funktionsfähige Gesellschaft auf der Erde zu widmen. Zu lange haben die Lichtarbeiter darauf gewartet, aufzusteigen und der Erde zu entkommen. Dieses neue Jahrtausend, Wassermannzeitalter und siebente Goldene Zeitalter lehrt uns nun genau das Gegenteil. Liebe die Erde, die Natur, unsere Gesellschaft und Zivilisation und lass sie Gott in einer ähnlichen Weise spiegeln, wie seine drei anderen Antlitze auf der spirituellen, mentalen und emotionalen Ebene. Es ist nun an der Zeit, Gott auf der Erde und in unserer Gesellschaft und Zivilisation zu offenbaren. Dies ist nicht die Aufgabe Gottes oder der Aufgestiegenen Meister der inneren Ebene. Es ist unsere spirituelle Aufgabe und Mission, denn wir sind diejenigen, die physische Körper haben. Es ist keine leichte Aufgabe, die Zivilisation auf der Erde in eine Gesellschaft zu transformieren, die in allen Ländern und Institutionen nach spirituellen Prinzipien funktioniert. Wir sind jedoch kollektiv hierher gekommen, um dies zu tun. Lasst uns nun das Schwert von Erzengel Michael in einer balancierten Weise ergreifen und mutig und freudvoll unsere Bestimmung erfüllen und die „großen Seelen“, die wir kollektiv sind, vollständig zum Ausdruck bringen!

11. Das universelle Gesetz des Balancierens und Integrierens des Gottes / der Göttin in uns

Es geht hierbei um ein neues spirituelles Ideal sowie um eine Balance, auf die sich die Lichtarbeiter konzentrieren sollten. Die Energien der Göttlichen Mutter, der weiblichen Meisterinnen, von Mutter Erde und der Göttin wurden in der Geschichte der Erde vernachlässigt. Die patriarchalische Natur unserer Gesellschaft hat sie dazu gebracht, dass sie sich in den Hintergrund zurückziehen. Doch nun ist die Göttin zurückgekehrt! Und jeder von uns spielt eine Rolle dabei, den Gott / die Göttin in sich selbst zu integrieren, egal ob er weiblich oder männlich ist. Niemand wird vollkommene Gottesverwirklichung erlangen, ohne zu lernen, den Gott / die Göttin in sich selbst zu integrieren. Obwohl die Energien der Göttin aus der breit gefächerten Perspektive der Göttlichen Mutter in Wahrheit vollkommen balanciert und integriert sind, beziehen sie sich klassisch auf die richtige Integration von bedingungsloser Liebe, Mitgefühl, der weiblichen Natur, Gefühlen, Mutter Erde, Naturgeistern und dem Königreich der Devas, spiritueller Freude, spiritueller Leidenschaft, spirituellem Enthusiasmus, dem spirituellen Streben und der richtigen Integration des inneren Kindes. Es ist das Verständnis, dass sich auf der rechten Seite und der linken Seite Gottes die Göttliche Mutter und der Göttliche Vater befinden. Sie stellen auch die beiden Seiten des kosmischen Baum des Lebens dar. Die Schöpfung kann weder verstanden noch realisiert werden, wenn Gott / Göttin in uns nicht vollkommen integriert sind. Kontempliere darüber!

12. Das universelle Gesetz des Balancierens und Integrierens der horizontalen und vertikalen Ebene Gottes

Es gibt zwei Ebenen Gottes, die vollständig gemeistert, balanciert und integriert werden müssen, um ein flügge gewordener Aufgestiegener Meister und ein selbstverwirklichtes Wesen zu werden. Es gibt die vertikale und die horizontale Ebene Gottes. Die vertikale Ebene hat mit der direkten Beziehung zu Gott und den Meistern zu tun. Die horizontale Ebene hat mit der Beziehung zu deinen Brüdern und Schwestern auf der Erde und mit dem Leben auf der Erde im Allgemeinen zu tun. Oft geschieht es, dass Lichtarbeiter sich in einer dieser Ebenen mehr entwickeln und die andere etwas vernachlässigen. Es gibt diejenigen, die sehr introvertiert werden und ihr Leben auf Gott und ihren spirituellen Weg konzentrieren und sich jedoch damit selbst von anderen Menschen isolieren. Im anderen Extrem gibt es Menschen auf der Erde, die in das Leben auf der Erde und in jede Art von Beziehung eintauchen, jedoch ein wenig schwach in ihrer vertikalen Entwicklung sind. Vielleicht verbringen sie ihre ganze Zeit in Gesellschaft von Menschen und mit ihrer Arbeit und zu wenig Zeit, um ihre Beziehung zu Gott zu pflegen. In Wahrheit ist beides nicht gut. Es ist leicht, spirituell zu sein, wenn du in einer Höhle lebst. Meister Jesus lehrte die Bedeutung des Lebens auf dem Marktplatz. Oder wie es Sai Baba so treffend ausdrückt: „Hände, die helfen, sind heiliger als Lippen, die beten."

Es ist sehr wichtig, am Erdenleben beteiligt zu sein und zu dienen. Gottes Plan ist es, den Himmel auf Erden zu erschaffen und dies kann nicht getan werden, wenn Lichtarbeiter nicht am Erdenleben beteiligt sind. Wenn du andererseits am Erdenleben beteiligt bist und die vertikale Ebene nicht richtig pflegst, wird deine Demonstration auf Erden nicht so rein und hoch entwickelt sein, wie es gemäß deinem eigenen spirituellen Weg und dem von anderen sein könnte. Manche Tendenzen, eher vertikal oder horizontal zu sein, stammen aus früheren Leben. Wenn du viele Leben als Buddhist, Asket, Hindu oder als Priester hattest, so mag es eine unterbewusste Tendenz geben, eher horizontal zu sein. Wenn die meisten deiner früheren Leben jedoch ins Erdenleben vertieft waren, dann tendierst du in das Gegenteil. Wichtig ist es zu versuchen, in diesem Leben balanciert zu sein. Das wahre Ziel des Lebens liegt darin, ein integrierter und balancierter Meister zu sein!

13. Das universelle Gesetz des Balancierens und Integrierens der sieben Strahlen

Dieses Gesetz betont die Bedeutung des Meisterns und Integrierens der sieben Hauptstrahlen Gottes. Diese sieben Strahlen sind esoterisch auch als die „Persönlichkeit Gottes“ bekannt. Die Persönlichkeit Gottes ist zunächst in drei Bereiche und dann in weitere sieben Teile unterteilt. Gott wird zunächst eingeteilt in die Trinität Gottes - in Gott, Christus und den Heiligen Geist. Gott als der Schöpfer, Christus als das ewige Selbst, das wir als Söhne und Töchter Gottes in Wahrheit sind und dabei sind, dies zu realisieren, und der Heilige Geist, der die Stimme Gottes und die "leise Stimme in uns“ ist, die von Buße oder Einssein spricht. Jeder Mensch wurde von Gott unter der Schirmherrschaft eines dieser sieben Strahlen erschaffen. Dies bedeutet, mit anderen Worten, dass die Monade oder mächtige ICH BIN - Gegenwart unter der Schirmherrschaft einer dieser sieben Strahlen steht. Dieser monadische Strahl verändert sich nicht. Bei jeder Inkarnation verändert sich der Seelenstrahl, der persönliche Strahl, der mentale Strahl, der emotionale Strahl und der Strahl des physischen Körpers, um der inkarnierten Seele zu helfen, neue und andere Aspekte des Selbst zu entwickeln.

Diese Strahlen haben einen enormen Einfluss auf die inkarnierte Seele; mehr als jeder astrologische Einfluss. Die Essenz unseres Strahles sagt uns, wie uns Gott erschaffen hat und womit wir in dieses Leben gekommen sind. Das Ziel ist es, alle Strahlen zu integrieren und zu meistern. Menschen, die sich noch nicht auf dem spirituellen Weg befinden, werden von den Strahlen ihres physischen, emotionalen und mentalen Körpers beherrscht. Wenn ein Mensch in seiner Persönlichkeitsentwicklung voranschreitet, wird der Persönlichkeitsstrahl dominanter, und die drei Strahlen des Körpers (physisch, emotional und mental) werden dem untergeordnet. Wenn wir uns dann weiter entwickeln, wird der Persönlichkeitsstrahl dem Seelenstrahl untergeordnet, der wiederum dem monadischen Strahl untergeordnet wird. Dieser Prozess setzt sich durch die Einweihungsschritte fort, wobei jeder höhere Strahl für den vorherigen beherrschend wird. Diese hierarchische Ordnung schreitet Schritt für Schritt bis zur Gottheit voran. Zu verschiedenen Lebenszeiten verändert sich der physische, emotionale, mentale und der Persönlichkeitsstrahl, um es der inkarnierten Persönlichkeit zu erlauben, eine ganzheitlichere Perspektive zu entwickeln. Wir alle müssen die Qualitäten von jedem der sieben Strahlen ausdrücken. Wir alle benötigen persönliche Kraft, Liebe Aktivität oder Handlungsfähigkeit, künstlerische Sensibilität, wissenschaftliche Entwicklung, Hingabe und Geschäftssinn. Obwohl wir mit einer gewissen Strahlenstruktur inkarnieren, müssen wir alle Strahlen integrieren und meistern. Wenn es uns an einem davon mangelt, gerät unsere gesamte Persönlichkeit aus der Balance. Obwohl jeder Strahl durch eine spezifische Qualität charakterisiert wird, ist er in Wahrheit doch ganz und in sich selbst vollständig und trägt auch die Qualitäten der anderen Strahlen in sich. Und in Zusammensetzung mit den anderen Strahlen wird sogar ein größeres Ganzes erschaffen.

Es gibt acht verschiedene Arten von Aufgestiegenen Meistern, da jeder mit dem Einfluss eines Strahles auf seine Monade oder mächtige ICH BIN - Gegenwart inkarniert. Die ersten sieben Arten sind mit den ersten sieben Strahlen verbunden, während die achte Art der Aufgestiegenen Meister weiß, wie man alle sieben Strahlen meistert und integriert und daher tatsächlich die vollständige Natur Gottes auf Erden demonstriert.

Die Aufgestiegenen Meister des ersten Strahles sind hoch entwickelt in ihrer persönlichen Kraft, im Willen Gottes, in der spirituellen Führungskraft und sie mögen ihre Aufstiegsarbeit auf dem Gebiet der Politik, der Regierung, der internationalen Beziehungen erlangen. Sie wirken auch als Führungskräfte im Geschäftsleben, als Soldaten, Forscher, Pioniere oder als leitende Angestellte.

Die Aufgestiegenen Meister des zweiten Strahles sind hoch entwickelt im Liebe- und Weisheitsaspekt Gottes und sie werden üblicherweise ihren Aufstieg als spiritueller Lehrer oder Pädagoge erlangen. Sie wirken auch durch Schreiben, öffentliches Sprechen, Fernsehen, Radio usw.

Die Aufgestiegenen Meister des dritten Strahles sind hoch entwickelt im Aspekt der aktiven Intelligenz Gottes. Dies ist ein Aspekt von Weisheit und Intelligenz, der sehr aktiv in der physischen Welt ist. Dies könnte im Bereich des Geschäftslebens, der Finanzen, der Wirtschaft stattfinden oder sie könnten als Organisatoren, Diplomaten oder Bankiers dienen.

Die Aufgestiegenen Meister des vierten Strahles sind hoch entwickelt in den Qualitäten von Harmonie und Schönheit. Diese Art von Aufgestiegenen Meistern erlangt ihren Aufstieg oft in den Künsten, als Künstler, Musiker, Komponist, Architekt usw. Jedes Gebiet, das mit den Künsten zu tun hat und mehr Schönheit und Harmonie in die Welt bringt.

Die Aufgestiegenen Meister des fünften Strahles sind hoch entwickelt in der Qualität der konkreten Wissenschaft. Diese Art von Aufgestiegenen Meistern erlangt ihren Aufstieg durch Arbeit in einem der zahlreichen großen wissenschaftlichen Berufe. Vielleicht sind sie ein Arzt, Psychologe, Chemiker, Mathematiker, Metaphysiker, Chirurg, Erfinder, Rechtsanwalt usw.

Die Aufgestiegenen Meister des sechsten Strahles sind hoch entwickelt in der Qualität der Hingabe und des Idealismus. Diese Art erlangt gewöhnlich ihren Aufstieg als Priester oder Pfarrer. Auch in der Philosophie, Philanthropie, in der missionarischen Arbeit oder als Reformer und Heiler sind sie zu finden.

Die Aufgestiegenen Meister des siebten Strahles sind hoch entwickelt in der Qualität der zeremoniellen Ordnung und der Magie. Dies führt zur Entwicklung der Qualitäten von Organisation, Strukturierung, Alchemie,

Anrufung und Freiheit. Diese Art der Aufgestiegenen Meister dient gewöhnlich im Bereich der Neustrukturierung in der Gesellschaft oder im Geschäftsleben und in der Wirtschaft, als Priester, Arzt, Krankenschwester, Bildhauer usw.

Der achte Typ der Aufgestiegenen Meister ist der „integrierte Aufgestiegene Meister", der vielleicht immer noch einen Beruf in einem dieser Bereiche hat, dies aber in vollkommener Meisterung und Integration aller sieben Strahlen ausübt.

Welche Strahlenkonfiguration, welches astrologische Horoskop und welche Numerologie du auch immer hast, du musst alle sieben Strahlen, alle Tierkreiszeichen, alle 22 Zahlen Gottes, alle 12 Archetypen Gottes, alle Karten des Tarot entwickeln sowie Meisterung auf einer spirituellen, psychologischen und physischen Ebene entwickeln. Wenn du dies nicht tust, wirst du blinde Flecken haben und das Leben durch einen begrenzten Filter betrachten.

Nun gibt es planetare, solare, galaktische, universelle, multi-universelle und kosmische Strahlen. Es ist nicht nur möglich die zwölf planetaren Strahlen hervorzurufen und zu nutzen, sondern auch die zehn verlorenen kosmischen Strahlen. Die zwölf planetaren Strahlen bestehen aus den hier besprochenen sieben Strahlen plus den fünf höheren Strahlen, die eine Kombination sind aus den ersten sieben Strahlen mit einem Kontakt des Lichtes der Quelle oder des weißen Lichtes, was ihnen eine strahlende Qualität verleiht. Sie wurden erst kürzlich in Verbindung mit der Entwicklung der Menschheit aktiviert. (Strahl acht: Strahl der Reinigung; reinigt Charakteristika und Qualitäten in einem selbst, die man nicht länger benötigt und aufgeben möchte; grün-violettes Leuchten. Strahl neun: Strahl der Freude; Strahl, der den Lichtkörper anzuziehen beginnt; auch reinigende Funktion; grünlichblaues Leuchten. Strahl zehn: Erleichtert die Erfahrung der Seelenverschmelzung, hilft die göttlichen Muster in den physischen Körper zu integrieren, hilft bei der Verankerung des Lichtkörpers; perlmuttfarbenes Leuchten. Strahl elf: eine tiefer gehende Funktion der Reinigung; Brücke in das Neue Zeitalter; orange-rosafarbenes Leuchten. Strahl zwölf: Strahl des Verankerns des Christusbewusstseins auf Erden; der Gipfel aller höheren Strahlen; eine Kombination aller Strahlen mit Funken von weißem Licht und Christusbewusstsein; golden.)

Ein Teil des Verständnisses dieses *universellen Gesetzes des Balancierens und Integrierens der sieben Strahlen* besteht auch darin, dass jeder Strahl einen höheren und niedrigeren Ausdruck hat. Obwohl die Strahlen von Gott erschaffen wurden, können sie missbraucht werden und durch das negative, auf Angst basierende, trennende Ego korrumpiert werden. Jeder dieser Strahlen kann im Dienst des negativen Ego oder der Seele genutzt werden. Dein Ziel sollte sein, die niedrigeren Aspekte aller Strahlen zu überwinden und zu transzendieren, um das höchste Potenzial von jedem Strahl in deinem Wesen zu manifestieren.

Ruhm und Korruption des ersten Strahles: Entweder man ist zu 100 % in seiner persönlichen Kraft im vollkommenen Dienst an Gott und besitzt bedingungslose Liebe und überlässt sich Gottes Willen oder man setzt seine persönliche Kraft ein, um zu verletzen, zu kontrollieren, andere aus selbstbezogenen Gründen zu manipulieren und überlässt sich nicht dem Willen Gottes und folgt bewusst oder unbewusst dem Willen des negativen Egos. Das negative Ego lässt dich entweder dem Willen Gottes folgen und nicht in deiner persönlichen Kraft sein oder es lässt dich in deiner persönlichen Kraft sein und nicht dem Willen Gottes folgen.

Ruhm und Korruption des zweiten Strahles: Stetige Fähigkeit zur bedingungslosen Liebe sich selbst und anderen gegenüber und die dazugehörige psychologische Weisheit, dies in allen Situationen und mit allen Menschen zu leben. Oder bedingte Liebe, übermäßig liebend sein und kein Rückgrat haben, überidentifiziert sein mit der Rolle des Guru, ein Besserwisser sein, da der zweite Strahl der Strahl der Pädagogik und des Lehrens ist.

Ruhm und Korruption des dritten Strahles: Weisheit aus dem Gottesbewusstsein demonstrieren und Handeln auf und in der Erdenwelt. Oder überintellektuell sein, ein Mangel an richtiger Integration der eigenen Gefühle und Empfindungen, durch den Geist beherrscht werden, anstatt ihn zu meistern.

Ruhm und Korruption des vierten Strahles: Stetiges Erschaffen von Harmonie, Einheit und Einssein mit sich selbst und in Beziehung zu anderen und zu der Welt, Erschaffen der Künste zum Lobpreis Gottes. Oder – auf einer psychologischen Ebene – das negative Ego erschafft Disharmonie und Konflikt in einem selbst, was sich in Konflikten mit anderen zeigt.

Ruhm und Korruption des fünften Strahles: Auf einer psychologischen Ebene der Gebrauch des Geistes in einer wissenschaftlichen Art zum Zweck der Heilung aller Aspekte eines Menschen und unserer Gesellschaft. Oder überintellektuell sein und sich selbst von seinen Gefühlen und der intuitiven Natur abschneiden, Verehrung der Wissenschaft, Ablehnung der Religion, zu sehr ausgerichtet auf den konkreten Geist und sich selbst nicht erlauben, mit dem abstrakten Geist, dem höheren Geist und der intuitiven rechten Gehirnhälfte in Kontakt zu treten.

Ruhm und Korruption des sechsten Strahles: Hingabe, spirituelle Vorliebe, Enthusiasmus, Freude, Idealismus; der Ruhm des sechsten Strahles lässt uns nach dem Höchsten in uns streben und zu jeder Zeit Vortrefflichkeit verfolgen. Oder übertrieben emotional sein, seine Kraft abgeben, zu idealistisch sein bis zu dem Punkt, an dem man negativ perfektionistisch ist, Mangel an spirituellem Unterscheidungsvermögen.

Ruhm und Korruption des siebten Strahles: Die Betonung liegt auf Freiheit, göttlichen Strukturen und Systemen innerhalb des Selbst und der Gesellschaft, was sogar zu noch größerer Freiheit führt innerhalb des Selbst und der Gesellschaft, spirituelle Alchemie, Bewusstsein der Fülle. Oder zu glauben, man sei frei, obwohl man in Wahrheit vom negativen Ego, dem Emotionalkörper, dem inneren Kind, der niederen Begierde und dem Unterbewusstsein beherrscht wird; Missbrauch der Struktur (zu viel oder zu wenig haben), Gebrauch der Magie ohne Spiritualität, Missbrauch von Geld, Armutsbewusstsein. Freiheit sollte nicht dazu dienen, dass das negative Ego, der Emotionalkörper etc. herrscht; dies ist keine Freiheit, sondern macht einen zum Opfer; wahre Freiheit entstammt vollkommener Selbstmeisterung der eigenen Energien im Dienst an Gott.

14. Das universelle Gesetz des Balancierens und Integrierens der zehn Sephiroth

Der Baum des Lebens ist zusammengesetzt aus den zehn Sephiroth oder den spirituellen Zentren. Es gibt ein elftes spirituelles Zentrum, das Daath genannt wird, das auf die verborgene Weisheit hinweist und geöffnet wird, wenn man einen höheren Einweihungsstatus erlangt, und ein zwölfter Sephiroth – der Sephiroth der Synthese. Jeder dieser Sephiroth verkörpert eine bestimmte psycho-spirituelle Qualität. Der Baum des Lebens kann helfen, das negative Ego zu klären. Jeder Sephiroth hat einen höheren und einen niedrigeren Ausdruck. Für den Sephiroth von Daath gibt es keinen niedrigeren Ausdruck, denn dieser manifestiert sich, sobald der höhere Ausdruck ins Spiel gekommen ist. Menschen identifizieren sich oft mit einem dieser zehn Sephiroth, so wie es auch Menschen mit den zwölf Archetypen tun. Die Idee ist, dass man alle zehn Sephiroth in ihrem höheren Ausdruck in einer balancierten und angemessenen Weise integriert und anwendet. Man kann sich den

Baum des Lebens so vorstellen, dass er den physischen Körper sowie den ätherischen Körper überlagert, etwa wie ein Chakrensystem. Wenn ein Sephiroth nicht richtig integriert ist, so wird dies das Prana davon abhalten, korrekt durch den ätherischen Körper zu fließen, was physische und psychologische Symptome erschaffen wird. Wenn ein Mensch in diese Welt eintritt, ist er gewöhnlich vorherrschend in einem Sephiroth. Dies ist die große psychologische Arbeit, die getan werden muss. Bemühe dich darum, alle Sephiroth in ihrem höchsten Ausdruck zu verkörpern.

Kether oder Sephiroth der Krone: Höherer Ausdruck: Für diesen Menschen hat die Spiritualität die höchste Priorität, aber er ist auch in der Lage, das physische Leben in der Balance zu halten. Das himmlische und das weltliche Leben sind gut balanciert. Niedrigerer Ausdruck: Überidentifiziert sich mit himmlischen Energien auf Kosten des physischen Körpers und des Lebens auf der Erde; die psychologische und weltliche Ebene ist nicht richtig integriert aufgrund der unbalancierten Denkweise.

Chokmah oder Sephiroth der Weisheit: Höherer Ausdruck: Ein Mensch mit der angeborenen Verbindung zur göttlichen Weisheit, der sein Potenzial realisiert; emotional balanciert, standhaft und gleichmütig; starke Verbindung zum richtigen Ausgleich von Willen und Weisheit; verbunden mit dem göttlichen Vater und dem männlichen Aspekt der Göttlichkeit; großer Okkultist, Psychologe oder spiritueller Meisterlehrer. Niedrigerer Ausdruck: Schwacher Wille; Weisheit auf der Ebene des konkreten Geistes, anstatt des höheren und abstrakten esoterischen Geistes; zu konservativ, gefangen in gewissen unterbewussten und bewussten Verhaltensmustern; Weisheit eher aus der Persönlichkeit als aus der Seele und Monade.

Binah oder Sephiroth der Intelligenz: Höherer Ausdruck: Bezug zur Göttlichen Mutter; großer Mystiker; Verkörperung von Empfänglichkeit,

Liebe, Mitgefühl und Verständnis mit dem starken Ausdruck des göttlichen Willen. Niedrigerer Ausdruck: Ein Mensch, der sich zu viel aufbürdet; nicht mitfühlend, sondern mitleidend; eine Mutter, die abhängig ist, statt in göttlicher bedingungsloser Liebe losgelöst zu sein; Übermutter, zu selbstlos, weiß nicht, wie man sich um sich selbst kümmert. Kether, Chokmah und Binah bilden ein Dreieck, das die Kabbala „supernale Triade" nennt; sie bilden die monadische Ebene des Baum des Lebens.

Chesed oder Sephiroth der Gnade: Höherer Ausdruck: Hat mit Gefühlen und Emotionen der bedingungslosen Liebe und des Mitgefühls zu tun; Gnade, die in einer sehr balancierten Weise gehandhabt wird; hat auch mit der Christusqualität von Gerechtigkeit und Fairness zu tun. Niedrigerer Ausdruck: Ein Mensch fühlt sich, als wäre er ungerecht oder unfair behandelt worden. Er fühlt sich als Opfer einer unbarmherzigen Welt; oft macht sich solch ein Mensch selbst zum Opfer, auch wenn er meint, dass er anderen gegenüber Barmherzigkeit zeigt.

Geburah oder Sephiroth der Strenge: Höherer Ausdruck: Unterscheidungsvermögen, Selbstkontrolle und göttlicher Wille (in Balance mit Chesed); dieser Mensch ruht in sich und befindet sich auf dem mittleren Weg; er ist in innerem Frieden mit sich selbst und anderen; er ist streng und ein guter Friedensstifter in einem sehr positiven Sinn; gut in politischen Situationen, denn er besitzt die Strenge des Willens, um klar und zentriert zu bleiben; exzellenter Mediator und Schlichter. Niedrigerer Ausdruck: Ein Mensch, der im Leben keine Unterschiede machen kann und Schwierigkeiten hat, Entscheidungen zu fällen; nicht bestimmend; er weiß nicht, wie er seine persönliche Kraft behalten kann; im Wesentlichen ist er aus der Balance geraten und befindet sich stets im Kampf; keine Meisterung der Emotionen, Opfer der äußeren Welt und anderer Menschen; spricht über die Bedeutung, stark zu sein, kann es aber nicht.

Tiphareth oder Sephiroth der Schönheit: Höherer Ausdruck: Ein Mensch, der in allem Schönheit sieht, so wie der Typ des vierten Strahles in seinem höheren Ausdruck; er erschafft Schönheit um sich herum; hat die Kraft der Schönheit in und um sich selbst. Niedrigerer Ausdruck: Eitelkeit; anstatt selbstloses Interesse an Schönheit zu haben, ist es verdorben durch ein selbstbezogenes Interesse an Schönheit jenseits der Qualität der Göttlichkeit; er möchte, dass für ihn alles schön ist, aber nicht als Dienst an Gott und der Menschheit. Chesed, Geburah und Tiphareth haben mit der Seelenebene des Baumes zu tun. Wenn du mit der Triade, die unterhalb dieser liegt, identifiziert bist, identifizierst du dich selbst als Persönlichkeit oder physischer Körper, anstatt als Seele.

Netzach und Sephiroth des Sieges: Höherer Ausdruck: Ein Mensch, der Gerechtigkeit und Triumph sieht; wenn sich ein Mensch nur in diesem Sephiroth befindet, so mag dies sich nur auf einer persönlichen Ebene der Selbstverwirklichung zeigen und nicht notwendigerweise auf der Seelen- oder Monadenebene des Sieges; auf der persönlichen Ebene des Sieges mögen wir große Athleten, Eroberer oder erfolgreiche Psychologen sein; verbunden mit der fühlenden Natur. Niedrigerer Ausdruck: Tyrann oder Diktator; ein Mensch, der immer gewinnen oder immer etwas zu sagen haben muss und extrem konkurrierend ist; er hat es noch nicht gelernt, das Spiel des Überlegenheits- / Minderwertigkeitskomplexes des negativen Egos zu transzendieren; diese Art von Mensch muss immer Recht haben und ist deshalb sehr selbstgerecht; er will auf jeden Fall gewinnen, sei es auf Kosten seiner eigenen Seele; er trifft Fehlentscheidungen aufgrund des negativen Egos, wenn er sich in einer Führungsrolle befindet; er muss immer eine Art von Schwachheit oder Verletzlichkeit verbergen, weil er der Beste sein muss.

Hod oder Sephiroth der Pracht: Höherer Ausdruck: Ein Mensch, der gut organisieren kann; wenn Hod nicht mit anderen Sephiroth vermischt wird, bleibt er mehr auf der Ebene des konkreten Denkens, weil er sich auf die Persönlichkeitsebene konzentriert; das Gegenteil von Netzach;

ist nicht auf den Gefühlszustand konzentriert, sondern auf die logische, denkende und analytische Wahrnehmung der Persönlichkeitsebene. Niedrigerer Ausdruck: Ein Mensch, der nicht organisiert ist; er ist in seiner Perspektive oft sehr begrenzt und sieht das Leben durch eine sehr kleine selbstbezogene Linse und erkennt deshalb nicht das größere Bild; bemüht sich oft um Größe, aber tut dies im Dienste des negativen Egos, anstatt sich um die Größe des Geistes zu bemühen; Erhabenheit; verurteilt sich selbst und andere; Schwachheit der mentalen Funktion erlaubt es dem emotionalen Körper, einen zu großen Einflussbereich zu haben.

Yesod oder Sephiroth des Fundamentes: Höherer Ausdruck: Ein Mensch, der es gelernt hat, sein Unterbewusstsein zu seinem Diener zu machen und die unglaublichen Fähigkeiten des Unterbewusstseins zur Verfügung zu haben und zu nutzen; der Mensch hat starke Überzeugungen und einen festen Glauben und kennt keine Furcht; er kann sich in eine sehr schwierige Situation begeben und sie extrem gut meistern; oft heldenhaft und übernimmt Aufgaben, die sonst niemand tun möchte, weil er so geerdet und stark in seinem Fundament ist; das Fundament jeder fortgeschrittenen spirituellen Arbeit ist eine gesunde Psychologie, die ihre Grundlage in der Beziehung zwischen dem Bewusstsein und Unterbewusstsein des Menschen hat; der Mensch mag sehr medial veranlagt sein, jedoch nicht unbedingt spirituell, es sei denn, er konnte die Verbindung herstellen. Niedrigerer Ausdruck: Der Mensch ist vollständig Opfer seines Unterbewusstseins; er ist im „Autopiloten“ und nicht bewusst und achtsam und hat keine persönliche Kraft, die mit dem bewussten Geist verbunden ist; ist in allen Situationen schwach und ängstlich. Netzach, Hod und Yesod bilden die niedrigere spirituelle Triade; sie haben mit der Persönlichkeitsebene zu tun und sind nur eine Reflektion der Seelenebene der Existenz, genauso wie die Seelenebene eine Reflektion der monadischen Ebene der Existenz ist.

Malkuth oder Sephiroth des Reiches: Gegenstück zu Kether, der Krone. Höherer Ausdruck: Ein Mensch, der wie ein König auf Erden leben kann; wenn man nur in diesem einen Sephiroth entwickelt ist, so ist man physisch sehr stark und gesund und meistert sein irdisches Leben sehr gut; nicht unbedingt auf der Seelen- oder Monadenebene entwickelt; mit einer sehr starken physischen Konstitution geboren; gute physische Fähigkeiten; eine Lektion dieser Art von Menschen besteht darin zu lernen, die Seelenebene und dann schließlich die Monadenebene mit dieser weltlichen Funktion in Einklang zu bringen. Niedrigerer Ausdruck: Ein Mensch, der von seiner Angst vor physischer Krankheit angetrieben wird oder ein Hypochonder ist; ein Mensch, der Angst um Geld und das physische Überleben hat; sehr beschäftigt mit den Belangen des ersten Chakras; oft sehr abergläubisch.

15. Das universelle Gesetz des Balancierens und Integrierens der dreifaltigen Flamme

Jeder Mensch sollte im Leben zu 100 % in seiner persönlichen Kraft stehen, um Gott zu verwirklichen und um in jedem Aspekt des Lebens erfolgreich zu sein. Jeder Mensch sollte stets zu 100 % seine bedingungslose Liebe gegenüber sich selbst, anderen, allen Reichen Gottes und der Erde aufrechterhalten, um Gott vollkommen zu verwirklichen. Jeder Mensch sollte stets zu 100 % seine psychologische und spirituelle Weisheit besitzen, um Gott vollkommen zu verwirklichen. Wenn alle diese drei Flammen zu 100 % funktionieren und perfekt integriert und balanciert sind, kann dieser Aspekt der Gottesverwirklichung erlangt werden. Liebe, Kraft und Weisheit benötigen einander. Jeder von uns, der sich auf dem spirituellen Weg befindet, erkennt sicher die Bedeutung bedingungsloser Liebe. Jedoch ist die Fähigkeit, dies zu leben, leichter gesagt als getan. Der einzige Weg, wie ein Mensch stets bedingungslos lieben kann, liegt in der vollständigen Überwindung des negativen Egos sowie allen Denkens und Fühlens des negativen Egos. Dazuhin sollte man stets aus einer

Melchizedek-/Christus-/Buddha-Haltung heraus denken und seine Realität betrachten. Es gibt keine andere Möglichkeit, um stets bedingungslos zu lieben, als beständig zu 100 % in seiner persönlichen Kraft zu verbleiben und dadurch die Selbstmeisterung aufrechtzuerhalten und gegenüber den Gedanken, Gefühlen, Emotionen und der eigenen Energie achtsam zu sein. Ohne deine persönliche Kraft bist du ein Opfer deines Unterbewusstseins, deines Emotionalkörpers, deines inneren Kindes und deines negativen Egos. Es gibt keine andere Möglichkeit, ein Meister statt eines Opfers oder die Ursache statt der Wirkung im Leben zu sein und auch keine andere Möglichkeit, um das negative Ego zu kontrollieren und im Gottesbewusstsein zu bleiben, als in deiner persönlichen Kraft zu sein. Andererseits wird die persönliche Kraft ohne bedingungslose Liebe ein vollkommener Repräsentant des negativen Egos und zur Korruption ersten Ranges. Diese beiden Christus-/Buddha-Qualitäten sind komplex miteinander verbunden.

Der dritte Aspekt dieser Dreiheit ist Weisheit. Weisheit ist ein wesentlicher Aspekt im Prozess der Selbstverwirklichung und eine wichtige Qualität für ein erfolgreiches Leben. Um die persönliche Kraft in allen Situationen des Lebens stets angemessenen einzusetzen und um in allen Situationen stets bedingungslos liebend zu bleiben, benötigt es enorme Weisheit. Um alle Gedanken, Gefühle, Worte und Handlungen konstant zu beobachten und deine Energien und die dreifaltige Flamme stets angemessen balanciert zu halten, benötigt es enorme spirituelle, psychologische und physische Weisheit. Um freudvoll achtsam gegenüber jedem Gedanken und Impuls zu sein und sich zu vergewissern, dass die eigene Motivation immer aus der höchsten Gesinnung stammt und keine Spur von selbstbezogener Begierde und persönlichen Interessen des negativen Egos beinhaltet, benötigt es enorme Weisheit. Nur wenn diese drei Qualitäten innerhalb des eigenen Selbst und des heiligen Raumes deines eigenen Herzens perfekt balanciert sind, kann Selbstverwirklichung und zunehmender integrierter Aufstieg stattfinden.

16. Das universelle Gesetz des Balancierens und Integrierens der zwölf Archetypen

In William Shakespeares *Wie es euch gefällt* wird gesagt: „Die ganze Welt ist eine Bühne. Und alle Männer und Frauen nur Schauspieler." Archetypen unterliegen den mystischen Themen, die zu allen Zeiten in allen Rassen und Kulturen gefunden werden können. Die Archetypen sind zeitlose Rollen oder Schlüsselstereotypen, die verschiedene Formen des Verhaltens exemplarisch darstellen. Mit anderen Worten, die Archetypen sind universelle Personifizierungen oder immerwährende Themen. Jeder Mensch hat mit einem dieser zwölf Archetypen oder mystischen Themen zu tun. Und wir manifestieren einen oder mehrere dieser Archetypen in jedem Moment unseres Lebens. Es ist sinnvoll mit ihnen vertraut zu werden, denn wenn wir das nicht tun, öffnen wir uns selbst dafür, Opfer ihres unbewussten Ausdrucks zu sein. Die Archetypen werden nach ihrem eigenen Ermessen versuchen, unsere Aufmerksamkeit und unseren Ausdruck zu beherrschen. Es ist sehr wichtig zu verstehen, dass Archetypen nicht vernünftig sind. Das primäre Ziel eines jeden Archetypen ist es, sich selbst auszudrücken. Indem man seine Persönlichkeit unter Kontrolle bringt und der ausführende Direktor wird, kann man sie dazu bringen, mit einem selbst in einer kooperativen Art zu arbeiten. Nun, du bist der Führer, aber du musst in deiner persönlichen Kraft stehen und absolute Meisterung sowie strenge Liebe beibehalten, denn die Archetypen sind wie Kinder. Wenn sie dich nicht ernst nehmen, werden sie dir nicht zuhören. Du solltest daher also wirklich stets bewusst sein und nicht im Autopiloten leben. Wenn wir nicht bewusst sind, dann wird das Massenbewusstsein, die vergangenen Leben, die Programmierung durch die Eltern usw. unseren Ausdruck der Archetypen in jedem Moment bestimmen. Wir müssen uns darum bemühen, nicht die Wirkung sondern die Ursache zu sein!

Das höchste Ziel dieser Wissenschaft besteht darin, dich in die Lage zu versetzen, alle zwölf Archetypen zu integrieren, zusammen mit allen Unterarchetypen und dem Weisen sowie dem Hauptarchetypen deines vergangenen Lebens. Weil die Hauptrolle des Weisen darin besteht, vollkommene Balance zu erlangen, hat er alle Archetypen in sich eingegliedert. Die Idee ist auch, alle von ihnen aus der Perspektive des gerechten Zeugen oder des Beobachters zu integrieren. Der bewusste Geist ist keiner der Archetypen, aber er wählt, welche Rolle du zu einer gegebenen Zeit für den höchsten Ausdruck Gottes und den Dienst benötigst. Wenn du alle Archetypen integrierst, hast du unendliche Möglichkeiten des Ausdrucks und steckst nicht in einer Rolle fest. Alle stehen dir in ihrem positiven Aspekt zur Verfügung, wenn du sie benötigst. Also, du bist keiner der Archetypen. Die Archetypen sind Rollen, die du spielst. Erinnere dich immer daran, dass das wahre „Du“ das beobachtende Selbst ist, das kontrolliert, führt, wählt und verursacht. Du kannst nur das führen und kontrollieren, womit du dich nicht selbst identifizierst. Womit du dich als Bewusstsein oder „Ich“ auch immer identifizierst, dies wird dein Meister sein. Identifiziere dich nur mit dem ewigen Selbst, denn das ist dein wahres Selbst!

Archetypen, Aspekte der vergangenen Leben und Unterpersönlichkeiten sind alle miteinander verbunden. Als Gott uns erschaffen hat, war dieses Potenzial der Archetypen von Beginn an in uns angelegt, wie eine psychische Unterstruktur. Indem wir den Reinkarnationsprozess durchliefen, haben die Aspekte der vergangenen Leben damit begonnen, das in uns anzulegen, wie wir einen oder mehrere dieser Archetypen ausgelebt haben. In unserem gegenwärtigen Leben sind alle unsere Aspekte der vergangenen Leben als Unterpersönlichkeiten vorhanden. So manifestieren sich die vergangenen Leben als Ausdruck der programmierten Unterpersönlichkeit in unserem Unterbewusstsein. Zu Beginn benötigt es etwas Anstrengung, dies umzuprogrammieren, aber nach 21 Tagen wird der alte Ausdruck für uns, anstatt gegen uns arbeiten. So wie jede andere spirituelle Wissenschaft, ist die Wissenschaft der Archetypen eine Methode, um Selbstmeisterung über den Geist, die Gefühle und den Körper im Dienst an der Seele zu erlangen. Tarot mag das bedeutendste System sein, um mit den Archetypen zu arbeiten. Wie immer manifestiert das negative Ego die negative Seite der Archetypen und verzerrt die wahre Absicht eines jeden Archetypus, so wie er von Gott erschaffen wurde. In gewissem Sinne arbeitet das negative Ego durch alle Archetypen, so wie die Seele und Monade es tun. Deshalb hat jeder dieser zwölf Archetypen eine positive und eine negative Seite, wie bei der Astrologie oder bei der Wissenschaft der Strahlen oder bei jeder anderen spirituellen Wissenschaft. Das Ziel ist es nun, das negative Ego und den Ausdruck des niederen Selbst zurückzuweisen und sich immer auf die Seele und den Ausdruck des Höheren Selbst auszurichten. Das höchste Ziel bei deiner letzten Inkarnation auf Erden ist die Integration aller Archetypen und von keinem mehr ein Opfer zu sein. Es ist wichtig, sich daran zu erinnern, dass jeder Archetyp oder jede Rolle ein Gegenteil besitzt. Deshalb kannst du dich in Wahrheit nicht mit einem einzigen Archetypen identifizieren, sondern du solltest sie alle aus der Position des Beobachters annehmen. Um ein integrierter Aufgestiegener Meister höchsten Ranges zu werden, ist es erforderlich, dass du den niedrigeren Ausdruck eines jeden Archetypen überwindest und dich darum bemühst, seinen höheren Ausdruck zu demonstrieren.

Archetyp des Zerstörers: Höherer Ausdruck: Positive Anwendung des ersten Strahles (Kraft), um das Alte zu zerstören und Platz zu machen für das Neue, positive Wut, die für die Zerstörung des negativen Egos in allen seinen Manifestationen genutzt wird und um positive Veränderungen vorzunehmen, heilsamer Gebrauch des Leugnens, sehr eng verbunden mit dem psychologischen Thema des Besitzens der persönlichen Kraft. Niedrigerer Ausdruck: Zerstörung, Gewaltverherrlichung, Missbrauch, Kontrolle, Herrschaft, negative Wut, Kraft im Dienst des Selbst und kriminelles Verhalten.

Archetyp des Narren: Höherer Ausdruck: Geht Risiken ein, Humor, der in einer positiven und aufrichtenden Weise genutzt wird, Überbewusstsein, Erneuerer, wagt den Sprung im Dienst an der Seele als die höchste heilsame Kapitulation in jeglicher gegebenen Situation und Lektion. Niedrigerer Ausdruck: Zerstreuung und Neigung zur negativen Kontrolle und Manipulation, verwegen und blind sein. „Der Narr, der sich für töricht hält, ist aus diesem Grund ein Weiser. Ein Narr, der sich für weise hält, der ist der größte Narr von allen." (Shakyamuni)

Archetyp des Unschuldigen: Höherer Ausdruck: Unschuldige Wahrnehmung, das Leben frei von vergangenen Programmierungen sehen, frisch und unverdorben, positive Seite des Wesens, wie ein Kind, unschuldig sein mit der Weisheit des Archetypen des Weisen, Reinheit, Harmlosigkeit, spirituelles Unterscheidungsvermögen, heilige Begegnung. Niedrigerer Ausdruck: Zu naiv und wie ein Kind sein und Mangel an spirituellem Unterscheidungsvermögen, nicht in der Lage sein, die Dunkelheit in sich selbst und anderen zu sehen.

Archetyp des Magiers: Höherer Ausdruck: Wahre Alchemisten und Transformatoren, magisch in der Art, dass er Veränderung und Transformation im eigenen Vier-Körper-System bewirken kann (er tut dies durch das Verständnis und die Anwendung der universellen Gesetze auf jeder Ebene), Egolosigkeit, wahrer Dienst am Göttlichen, Geschicklichkeit, Selbstvertrauen und Willenskraft. Niedrigerer Ausdruck: Die eigenen magischen Kräfte zum Zweck der Manipulation einzusetzen, andere verführen, einem selbst zu folgen; falsche Gurus, Berater; schwarze Magie.

Archetyp des Märtyrers: Höherer Ausdruck: Heiliger, Gelübde des Bodhisattva, je höher du schreitest, desto mehr realisierst du, dass der Grund für dein Hiersein im Dienen besteht. Niedrigerer Ausdruck: Ein Mensch opfert sich, jedoch um andere zu manipulieren und zu kontrollieren, bringt Opfer als eine Art von Schuldgefühl, realisiert nicht, dass es eine Zeit für Selbstlosigkeit und eine Zeit für spirituelle Selbstbezogenheit gibt.

Archetyp des Matriarchen / Patriarchen: Höherer Ausdruck: Strenge Liebe (Liebe und Festigkeit), richtiger Gebrauch der persönlichen Kraft und der bedingungslosen Liebe, göttlicher Gleichmut in der richtigen Beziehung zum Mitgefühl, gute Eltern sein für das innere Kind. Niedrigerer Ausdruck: Entweder schwacher Vater sein (das innere/äußere Kind nicht beschützen, unklar sein und vom Weiblichen vollkommen kontrolliert werden, was das Weibliche in seinen negativen Aspekt wendet) oder der totalitäre, kontroll-besessene Vater sein (überbeschützend, zu militaristisch und zu kontrolliert vom Männlichen sein); deshalb weibliche / männliche Unausgewogenheit.

Archetyp des Herrschers: Höherer Ausdruck: Göttliche Objektivität, Fairness, Weisheit, Stabilität, jeder von uns beherrscht seine Gedanken, Emotionen, seinen Körper, Unterpersönlichkeiten, Archetypen, Instinkte, Empfindungen und seine Intuition und jeder von uns erhält eine Führungsposition, so wie wir uns entwickeln. Welcher Herrscher möchtest du sein? Niedrigerer Ausdruck: Tyrannischer, dominanter und manipulierender Führer; berauscht von Macht, die sich als Überlegenheitskomplex manifestieren mag.

Archetyp des Verführers: Höherer Ausdruck: Spiritueller Verkäufer, der Gott, Egolosigkeit, Einssein „anpreist", Verkäufer mit reinen Motivationen, positive Selbstkommunikation (muss das innere Kind, das Unterbewusstsein, den emotionalen, mentalen und physischen Körper verführen zum Kooperieren), motivierender Redner und höchster spiritueller Lehrer. Niedrigerer Ausdruck: Negative Manipulation, Bestechung, Belästigung, narzisstische Liebe des Selbst, Nachlässigkeit gegenüber dem Selbst und Korruption; Betrüger, sich einschleichen, der schnelle Redner, der skrupellose Autoverkäufer, der Versucher oder die Versucherin, der unmoralische Geschäftsmensch; Archetypen des negativen Verführers benutzen jeden und alles, um zu manipulieren und die eigenen selbstbezogenen Bedürfnisse zu erfüllen.

Archetyp des Suchenden: Höherer Ausdruck: Abenteuerer, Forscher, Pionier, Wanderer, Suchender des Inneren, anstatt des Äußeren, des Unvergänglichen, anstatt des Vergänglichen. „Trachte zuerst nach dem Reiche Gottes und alles andere wird dir zufallen". Niedrigerer Ausdruck: Ein Mensch, der materielle Ziele verfolgt und erlangt und nicht den Weg des Aufstiegs und der Selbstverwirklichung; auf der physischen Ebene anhäufendes Geld und materielle Dinge; auf der emotionalen Ebene hedonistisches Vergnügen und Erfahrungen suchen; auf der mentalen Ebene intellektuelle Entwicklung des konkreten Verstandes und keine Suche nach dem höheren Geist.

Archetyp des Dieners: Höhere Ausdruck: Diener Gottes, der Meister und der Menschheit, aus der Ganzheit dienen, anstatt aus der Leere, aus der persönlichen Kraft, Selbstliebe, Selbstrealisierung, Egolosigkeit und Einstimmung auf Gott, Gelübde des Bodhisattva. „Gott zu dienen ist reines Vergnügen". Niedrigerer Ausdruck: Diener von anderen aus einem unentwickelten Zustand des Bewusstseins, was sich auf einer äußeren Ebene manifestieren kann (d.h. eine Ehefrau, die den Forderungen eines selbstgerechten Ehemannes aus Furcht, Mangel an Selbstliebe und Selbstwert oder Mangel an persönlicher Kraft und spiritueller Einstimmung dient) und auf einer inneren Ebene (d.h. Sklave von Drogen, Alkohol, schlechten Gewohnheiten, obsessiven Gedanken, Gefühlen, Archetypen, Sexualität, Essen, dem physischen Körper, dem negativen Ego, dem Begierdenkörper, dem konkreten Verstand, dem Kindbewusstsein oder dem Unterbewusstsein); du bist entweder ein Meister oder ein Opfer, ein Diener oder der Bediente.

Archetyp des Kriegers: Höherer Ausdruck: Spiritueller Krieger, für Liebe kämpfen, Einssein, Christusbewusstsein, für das Gute des Ganzen, in deiner Kraft sein, ohne den positiven Aspekt dieses Archetypen zu haben, wirst du im Leben nicht sehr effektiv sein und dich selbst entkräften, die Waffen sind Liebe, Gebet, Gott.... „Das Leben ist ein Schlachtfeld", „Steh auf, lege deine Feigheit ab und kämpfe. Dein Selbstmitleid und deine Nachgiebigkeit stehen einer solch großen Seele, die du bist, nicht zu." (Krishna zu Arjuna). Niedrigerer Ausdruck: Unentwickelte Seele, die vom negativen Ego beherrscht wird und die das Leben als Krieg betrachtet; manifestiert sich im schlimmsten Fall als kriminelles Verhalten; auf emotionaler Ebene durchdrungen von negativer Wut oder beleidigendem Verhalten, das man gegen Menschen, Tiere oder sogar die Umgebung richtet; auf einer inneren Ebene kann es sich als Beleidigung des Selbst manifestieren; auf einer mentalen Ebene als „Angriffsgedanken" gegenüber dem Selbst und anderen.

Archetyp des Weisen: Höherer Ausdruck: Wahrer Lehrer, der sich darum bemüht, seine Schüler zu ermächtigen und sie gleichwertig zu machen; Führer und Lehrer aller anderen Archetypen (erhebt die anderen Archetypen auf die Ebene des auf die Seele gerichteten Ausdrucks), fairer Zeuge oder Beobachter, du trägst die Verantwortung für die Archetypen und nicht umgekehrt, du bist der Direktor und wirst jeden davon als Werkzeug einsetzen. Niedrigerer Ausdruck: Die Weisheit einsetzen, um andere zu kontrollieren, zu manipulieren, zu erniedrigen, Ruhm zu erlangen, für Kraft, Geld, Lob oder besonderen Status.

17. Das universelle Gesetz des Balancierens und Integrierens der zwölf Tierkreiszeichen

Die zwölf Tierkreiszeichen müssen genau wie die zwölf Archetypen und zwölf Strahlen integriert und gemeistert werden. Die Tatsache, dass du unter einem Tierkreiszeichen geboren bist, hat ebenso Einfluss wie die Strahlenkonstellation, jedoch ändert dies nichts an der Tatsache, dass alle Zeichen gemeistert werden müssen. Deshalb inkarnieren wir in vielen Lebenszeiten in allen Sonnenzeichen, damit wir eine möglichst vollständige Sicht des Selbst erlangen. Die Sonnenzeichen können als bedeutende Archetypen betrachtet werden. So wie die Strahlen und Archetypen, hat jedes Sonnenzeichen einen höheren und niedrigeren Ausdruck. Wenn du ein Opfer im Leben bist und nicht in deiner persönlichen Kraft stehst, werden die Sterne die Art der Entscheidung beeinflussen, die du triffst. Wenn es jedoch eine Menge negativer Aspekte in deinem gesamten Horoskop gibt, dann erinnere dich daran, dass du in Wahrheit Gott bist und Gott hat die Sterne erschaffen, die Sterne haben nicht Gott erschaffen. Es gibt im unendlichen Universum keine Kraft, die stärker ist als deine Willenskraft. In dieser Hinsicht bist du der totale Meister der Astrologie. Um Gott zu verwirklichen, musst du alle zwölf Tierkreiszeichen meistern. Der Schlüssel besteht wie immer darin, dass du dich im höheren Aspekt von jedem der zwölf Zeichen entwickelst und die niedrigeren Aspekte transzendierst.

Steinbock – „Ich benutze“: Positive Attribute: Geduldig, hartnäckig, fähig, praktisch, ehrgeizig, hart arbeitend, integer, streng, abgeschieden und alleine, zuverlässig, zielstrebig, führend, bescheiden, zuversichtlich, diszipliniert. Gefährliche Bereiche: An der Vergangenheit und möglicherweise auch an der Mutter hängend, falscher Stolz, Selbstgerechtigkeit, Mangel an Empathie, kalt, selbstbezogen, arrogant, Straßenengel und Hausteufel, materialistisch. Die Schlüssellektion ist Liebe und Dienst.

Wassermann – „Ich weiß“: Positive Attribute: Mentaler Pionier, ausgerichtet auf die Zukunft, kontaktfreudig, engagierte Distanziertheit, unpersönlich freundlich, zuversichtlich, der Geist steht über den Emotionen, ausgerichtet auf die Arbeit, auf das Heim, Individualist, kreativ, einfallsreicher strenger Wille, Führer, Organisator. Gefährliche

Bereiche: Mental kalt, grausam, kritisch, fordernd, Mangel an Liebe oder Erbarmen, Mangel an Selbstkontrolle, zu Zeiten Schwierigkeiten in der Ehe. Die Schlüssellektion ist das Entwickeln des inneren Wissens, das jenseits des Glaubens liegt.

Fische – „Ich glaube": Positive Attribute: Vertrauen, Sensitivität, verinnerlicht, genießt es, alleine zu sein, medial, innerer Frieden, Mitgefühl, Hingabe, musikalisch, starke und tiefe Emotionen. Gefährliche Bereiche: Nachgiebigkeit gegenüber dem Selbst, Minderwertigkeitskomplex, Gefühl der Wertlosigkeit, Workaholic, Begrenzung, launisch, schwer zu verstehen, eine Haltung mitzufließen, sogar wenn der Fluss negativ ist. Die Schlüssellektion besteht darin, zu einer rechten Beziehung mit sich selbst und mit Gott zu kommen im Sinne des eigenen Glaubens.

Widder – „Ich bin": Positive Attribute: selbstbestimmt, durchsetzungsfähig, stark, Pionier, voller Energie und guten Ideen, Führungskraft. Gefährliche Bereiche: Ungeduld, Impulsivität, Arroganz, Egoismus, Tendenz zur Dominanz. Die Schlüssellektion besteht darin, zu einer rechten Beziehung mit sich selbst zu kommen und die eigene wahre Identität zu verstehen.

Stier – „Ich habe": Positive Attribute: Standhaft, liebenswürdig, sanft, achtet sehr auf Besitztümer und materielle Dinge. Gefährliche Bereiche: zu besitzergreifend, eifersüchtig, gierig, Angst vor Verlust, dickköpfig. Die Schlüssellektion besteht darin, zu einer rechten Beziehung zu den Dingen, die du hast oder Besitztümern zu gelangen.

Zwillinge – „Ich denke": Positive Attribute: Logisch, humorvoll, unabhängig, freiheitsliebend, Leichtigkeit in der Kommunikation. Gefährliche Bereiche: Mangel an Konzentration und Beharrlichkeit, extreme Ruhelosigkeit, heuchlerisch, dramatisierend, neurotisch, sorgt sich um das Selbst, flatterhaft. Die erste Schlüssellektion ist das

Entwickeln einer rechten Beziehung zum eigenen Geist. Bist du der Meister deines Geistes oder ist dein Geist dein Meister? Die zweite Schlüssellektion ist das Harmonisieren des spirituellen und weltlichen Lebens.

Krebs – „Ich fühle“: Positive Attribute: Bemutternd, hegend, auf das Haus und Heim ausgerichtet, passiv, empfangend, medial. Gefährliche Bereiche: Zu emotional, besitzergreifend, unsicher, selbstbezogen, träge im Umgang mit der Energie, physisch faul. Die Schlüssellektion ist das Entwickeln einer rechten Beziehung zu den eigenen Gefühlen und Emotionen. Sind deine Gefühle und Emotionen unter deiner Kontrolle oder beherrschen sie dich?

Löwe – „Ich will“: Positive Attribute: Ehrlichkeit, Direktheit, zuverlässig, treu, würdevoll, Selbstrespekt, Integrität, Mut, Energie, Vertrauen, majestätisch. Gefährliche Bereiche: Unfähigkeit, Autorität zu delegieren, Herrschaft über andere und Anhaften an denjenigen, die man liebt. Die Schlüssellektionen sind unpersönliche Liebe, die aus dem Herzen kommt, Distanziertheit, dem spirituellen Selbst statt dem Ego dienen und eine rechte Beziehung zum Gebrauch der Willenskraft oder seiner Kraft im Leben entwickeln. Wird die Kraft in der Art des Chefs für die Herrschaft über andere benutzt oder in einer spirituellen Weise für bedingungslose Liebe, Gleichheit und für das höchste Gute aller Angelegenheiten?

Jungfrau – „Ich analysiere“: Positive Attribute: Idealismus, Gefühl für die Details, Arbeit und Dienst, Konzentration, praktisch, geerdet, häuslich, entwickelt, ganz, sanft. Gefährliche Bereiche: Reizbarkeit, Scheu, nervös, zu vorsichtig, Minderwertigkeitskomplex, Selbstbezogenheit, Schwierigkeit in der Kommunikation mit inneren Gedanken und Gefühlen. Die Schlüssellektion ist das Entwickeln einer rechten Beziehung zum analysierenden Geist; in seinem rechten Gebrauch gibt es die Fähigkeit, die Fakten im spirituellen Sinne zu betrachten, zu verdauen und zusammenzutragen; die Seite des negativen Egos würde analysieren, was sich als urteilsfrei und kritiklos für sich selbst und andere herausstellt.

Waage – „Ich gleiche aus": Positive Attribute: Freundlich, kontaktfreudig, gewissenhaft, genau, möchte Gutes tun, kooperativ, konzentriert sich auf die Ehe, Liebe, Zusammenhalt, Reisen, diplomatisch. Gefährliche Bereiche: Es den Menschen Recht machen und Zustimmung von anderen suchen, nach unten dominieren. Die Schlüssellektion ist das Balancieren der inneren und äußeren Welt; das Zeichen der Waage konzentriert sich auf Beziehungen; es gibt eine Notwendigkeit, sich am Leben zu beteiligen, sich selbst aber nicht in einer Beziehung oder im Leben im Allgemeinen zu verlieren.

Skorpion – „Ich erschaffe": Positive Attribute: Streng, ruhig, nach außen gerichtet, gebietet Respekt, kreativ, einfallsreich, sehr leidenschaftlich, reserviert, strenger Stolz, Emotionen zeigen sich nicht an der Oberfläche, dynamisch, majestätisch. Gefährliche Bereiche: Überkritische Natur, verurteilt andere, starrköpfig, rachsüchtig, eifersüchtig, verbittert, sarkastisch, einsamer Wolf, Schwierigkeiten in Beziehungen. Die Schlüssellektion ist das Entwickeln einer rechten Beziehung zu den eigenen kreativen Energien. Dienen deine kreativen Energien deiner Persönlichkeit oder deinem egoistischen Selbst oder deinem höheren spirituellen Selbst?

Schütze – „Ich nehme wahr": Positive Attribute: Freundlich, kontaktfreudig, optimistisch, extravertiert, sportlich, geht ein Risiko ein, nimmt Veränderungen vor, unabhängig, auf die Zukunft ausgerichtet, Reisen, direkt. Gefährliche Bereiche: Oberflächlich, zögerlich, nervös, taktlos, nicht organisiert, undiszipliniert. Die Schlüssellektion ist das Entwickeln der Intuition und des Verständnisses des höheren Geistes und der spirituellen Aspekte des Lebens.

18. Das universelle Gesetz des Balancierens und Integrierens deiner Chakren

Die Chakren sind wie nicht-körperliche Organe innerhalb des Ätherkörpers, entlang der Wirbelsäule angeordnet, den Punkten des Zentralnervensystems entsprechend und mit gewissen Drüsen und Nervenganglien verbunden. Manchmal mag eines oder mehrere dieser Chakren aus der Balance geraten sein, was entweder körperliche Krankheit oder mentalen oder emotionalen Stress zur Folge hat. Wir haben 330 Chakren, die alle den Weg durch die 352 Stufen zurück zur Quelle gelangen. Sie treten hauptsächlich in einem 7-er Set auf, gemäß dem dimensionalen Gitternetz, mit dem sie verbunden sind:

Das dreidimensionale Chakragitternetz – Chakra 1 bis 7,
das vierdimensionale Chakragitternetz – Chakra 8 bis 15,
das fünfdimensionale Chakragitternetz – Chakra 16 bis 22,
das sechsdimensionale Chakragitternetz – Chakra 23 bis 29,
das siebendimensionale Chakragitternetz – Chakra 30 bis 36,
das achtdimensionale Chakragitternetz – Chakra 37 bis 43,
das neundimensionale Chakragitternetz – Chakra 44 bis 50,

damit du es dir vorstellen kannst. Wir haben 50 planetare Chakren, 50 solare Chakren, 50 galaktische Chakren, 50 universelle Chakren, 50 multi-universelle Chakren und 80 kosmische Chakren. Es ist möglich, diese höhere Chakren in den sieben dreidimensionalen Chakren zu verankern, so dass wir uns aller bewusst sind. Es gibt drei Ebenen des Verständnisses im Prozess des Verankerns der höheren Chakren: Installation, Aktivierung und Nutzung.

Rufe die Aufgestiegenen Meister der inneren Ebene an und bitte sie um Hilfe beim Verankern, Aktivieren und Verschmelzen mit diesen Chakren. Wie aktivierst du die Chakren? Dies geschieht hauptsächlich durch einen von Gott inspirierten Lebensstil. Der nächste Schritt liegt darin, die Chakren zu nutzen, was sich zum Beispiel in der

Materialisierung von Dingen, der Teleportation und Bilokation zeigt. In diesem Prozess geht es unter anderem darum zu bitten, dass alle Räume und Facetten deiner Chakren geöffnet und aktiviert werden. So wie du dich spirituell entwickelst, werden sich deine sieben dreidimensionalen Chakren in deine Beine, Füße und die Erde bewegen und von den höheren Chakragitternetzen ersetzt werden. Nun muss man verstehen, dass jeder Gedanke, den du denkst, in den Chakren gespiegelt wird. Jeder Gedanke des negativen Egos, den du dir in deinem Geist erlaubst, wird sich selbst in den Chakren spiegeln, indem diese entweder zu sehr oder zu wenig aktiv sind. Deshalb haben so viele Menschen zu aktive oder zu wenig aktive Drüsen. Ihr falsches Denken ist die Ursache dafür, dass die Chakren zu aktiv oder zu passiv sind, was wiederum verursacht, dass die Drüsen zu aktiv oder zu passiv sind.

1. Chakra: Keimdrüsen,
2. Chakra: Nebennieren,
3. Chakra: Bauchspeicheldrüse,
4. Chakra: Thymusdrüse,
5. Chakra: Schilddrüse,
6. Chakra: Hirnanhangdrüse,
7. Chakra: Zirbeldrüse.

Nur wenn du das Ziel, ein integrierter Melchizedek/Christus und Buddha zu werden, praktizierst und realisierst, können deine Chakren wirklich balanciert werden. Perfekt balancierte Chakren sind ein Nebenprodukt dessen, ein integrierter Melchizedek/Christus/Buddha zu werden. Nur wenn wir zuerst alle sieben Chakren vollkommen integrieren und balancieren und im Laufe der Reise zurück zur 352. Stufe auch den ganzen Rest, können wir wahre Gottesverwirklichung erlangen.

Es gibt manche auf dem spirituellen Weg, welche die höheren Chakren bevorzugen und denken, dass die ersten drei niedriger oder unbedeutend seien. Alle Chakren sind gleich wichtig! Alle Chakren müssen gleichermaßen balanciert werden. Wenn man die niedrigeren Chakren nicht vollkommen balanciert und integriert, wird man mit dem Selbst keine rechte Beziehung haben, was die Beziehung zu Gott und den Meistern sowie jedes Channeln und einen großen Teil der spirituellen Lehren korrumpieren wird. Wenn du die niedrigeren Chakren vernachlässigst, so wird dein Energielevel stark abnehmen und dies könnte auch zu Unausgeglichenheit in den Drüsen, Hormonen und Organen führen und auch zu anderen physischen gesundheitlichen Problemen. Lerne durch Gnade, anstatt durch Karma und beachte die Weisheit, die hier mit dir geteilt wird. Zusammenfassend sind die Chakren ein anderer großer Schlüssel für das Verständnis der Natur Gottes. Er gab uns sieben Chakren, wovon jedes eine andere Qualität und einen Aspekt des Göttlichen repräsentiert.

Erstes Chakra: Hat mit der Bedeutung des Erdens und Überlebens zu tun und steht in Bezug zu den weltlichen Verantwortlichkeiten sowie dem physischen Körper. Die Auswirkung des negativen Egos im Sinne von zu wenig Aktivität: Zu sehr konzentriert auf Themen des Überlebens, nicht genügend Geld haben, um den Lebensunterhalt zu bestreiten und möglicherweise obdachlos sein. Anstatt in der Lage zu sein, sich auf sein spirituelles Leben und den Dienst auszurichten, konzentriert man sich auf das weltliche Leben und das Überleben.

Die Auswirkung des negativen Egos im Sinne von zu viel Aktivität: Zu materialistisch und zu sehr auf Geld und Geschäft ausgerichtet, ungesunde Ernährung, zu sehr auf das weltliche Leben und weltliche Vergnügungen ausgerichtet, zu sehr auf das Irdische konzentriert, bis zu dem Punkt, an dem man nicht mehr mit dem Geist verbunden ist. Das Ideal liegt darin, diesen weltlichen Aspekt des Lebens geregelt zu bekommen, sich auf höheres spirituelles Wachstum auszurichten, sich um seinen physischen Körper zu kümmern und das Wohlstandsbewusstsein zu meistern.

Zweites Chakra: Bezug zur Sexualität, Fortpflanzung, Kreativität, Beziehungen zu anderen Menschen und zum Emotionalkörper. Die Auswirkung des negativen Egos im Sinne von zu wenig Aktivität: Keine Sexualität kann sich als Energielosigkeit in diesem Chakra manifestieren. Wenn du das Zölibat wählst, was natürlich für manche eine stimmige Entscheidung im Leben ist, dann müssen Anpassungen vorgenommen werden, um Energie in dieses Chakra zu bringen. Körperliche Übungen, Hatha Yoga, Stretching, gewisse Polaritätsübungen - die meisten Übungen, die in einem spirituellen, psychologischen und physischen Sinn integriert sind, werden dies tun. Freundschaften und Beziehungen werden auch dabei helfen, die Energie in diesem Chakra anzufüllen. Auch diejenigen, die ihren Gefühlen und Emotionen zu nah sind, werden in diesem Chakra wenig Energie haben.

Die Auswirkung des negativen Egos im Sinne von zu viel Aktivität: Zu sehr auf die Sexualität fixiert, was eine Schwächung der Bauchspeicheldrüse verursacht und einen Druck auf die Nieren und auf andere Organe ausübt. Auch diejenigen, die zu sehr von ihrem Emotionalkörper beherrscht werden, zu sehr konzentriert sind auf Freundschaften und Beziehungen, zu horizontal ausgerichtet sind auf Kosten des Vertikalen, werden zu viel Energie in diesem Chakra haben. Integration und Balance ist wie immer der Schlüssel.

Drittes Chakra: Hat mit dem Mental- und Emotionalkörper zu tun, den beiden Körpern, die eng miteinander verbunden sind, denn unsere Gedanken erschaffen unsere Gefühle und Emotionen. Das dritte Chakra ist auch mit unserer persönlichen Kraft und Willenskraft verbunden. Es bezieht sich auch auf die richtige Nutzung unseres Geistes und der rechten Integration unserer Gefühle und Emotionen. Verbindung zu den Nebennieren. Die Auswirkung des negativen Egos im Sinne von zu wenig Aktivität: Dies wird durch einen Menschen verursacht, der nicht zu 100 % in seiner persönlichen Kraft steht, seine volle Geisteskraft nicht

nutzt oder seine Realität nicht durch den Einsatz seines Geistes verursacht. Auch indem er nicht erkennt, dass er sein emotionales Leben durch seine Gedanken, welche seine Gefühle verursachen, selbst gestaltet.
Die Auswirkung des negativen Egos im Sinne von zu viel Aktivität: Zu viel Adrenalin im System, was nicht gut ist. Adrenalin bedeutet, Energie nur für den Notfall einzusetzen. Zu viel im System hat einen schwächenden Effekt und verursacht „Adrenalinerschöpfung", weshalb viele Menschen so oft müde sind. Dies verursacht, dass das Energiesystem des Körpers aus anderen Drüsen Energie ziehen muss, was diese mit der Zeit auch schwächen kann. Auch zu starker Einsatz des Willens, der Willenskraft und der persönlichen Kraft wird den Menschen schwächen.

Viertes Chakra: Hat mit der Bedeutung der Öffnung des Herzens und mit bedingungsloser Liebe zu tun. Die Auswirkung des negativen Egos: Das vierte Chakra bleibt in Balance und konzentriert auf bedingungslose Liebe, wenn wir mit unserem spirituellen Geist denken. Wenn wir mit unserem negativen Ego denken, wird das Herzchakra unbalanciert und es wird bedingter Liebe, abhängiger Liebe, Wut, Mangel an Vergebung usw. erlaubt sein, in dein Bewusstsein einzutreten und dies wird dann in deinem Herzchakra gespiegelt. Das Herzchakra ist das Immunsystem. Wenn du das Leben mit deinem spirituellen Geist siehst, wird dein physisches Immunsystem viel perfekter funktionieren. Also ist bedingungslose Liebe der Schlüssel zu perfekter Gesundheit.

Fünftes Chakra: Hat mit der Bedeutung der Kommunikation zu tun. Wenn dieses Chakra balanciert ist, kommunizieren wir mit unserem spirituellen Christus-/Buddha-Bewusstsein. Eine Unbalance würde Klatsch, verurteilend über andere sprechen, schlechte Rede hinter dem Rücken anderer, Vertrauensbruch, in den Rücken fallen usw. manifestieren. Wenn du nichts Nettes zu sagen hast, dann sage gar nichts.

Die Auswirkung des negativen Egos im Sinne von zu wenig Aktivität: Zu wenig Kommunikation, „Es gibt Sünden des Tuns und des Unterlassens". Der Schlüssel besteht darin, zu wissen, wann man sprechen und wann man schweigen sollte. Die Auswirkung des negativen Egos im Sinne von zu viel Aktivität: Zu viel Kommunikation. Überstrapaziert den Abfluss der Schilddrüse. Ein Mensch mag sich mit zu viel beschäftigen oder mit dem Dienst zu sehr identifiziert sein. Redet so viel, dass er nicht weiß, wie man seinen Geist, Gefühle und Emotionen beruhigt oder ist in sich selbst nicht ganz oder weiß nicht, wie man einfach „ist".

Sechstes Chakra: Hat mit der Öffnung unserer spirituellen Vision zu tun (okkulte Vision, mystische Vision und psychologische Vision), ist verbunden mit der Öffnung all der spirituellen Sinne. Siehe auch *Das Universelle Gesetz des Öffnens des Dritten Auges (Nr. 95)* und *Das universelle Gesetz der drei Ebenen des spirituellen Sehens (Nr. 145)*. Die Auswirkung des negativen Egos: Der Schlüssel besteht darin, das Dritte Auge und sechste Chakra weder zu wenig noch zu viel einzusetzen, sondern es vollkommen zu öffnen und in Balance mit dem Rest der Chakren zu halten.

Siebtes Chakra: Hat mit der Öffnung des Kronen-Chakras zu tun, mit der Beziehung zu Gott, Christus, dem Heiligen Geist, unserer mächtigen ICH BIN - Gegenwart, unserem Höheren Selbst, den Aufgestiegenen Meistern der inneren Ebene, den Erzengeln und Engeln, dem Rat der Elohim, den christusbewussten Außerirdischen, dem gesamten Wissen, dem universellen Geist, dem göttlichen Geist, mit Intuition, Vollkommenheit und Gottesverwirklichung.

Die Auswirkung des negativen Egos: Das Kronenchakra zu sehr aktivieren und stimulieren auf Kosten falscher Integration und Balance der anderen Chakren. Könnte in falscher Erdung resultieren, alle Energie des ätherischen Körpers ist in den oberen Chakren und nicht in den niedrigeren. Dies könnte Kopfschmerzen verursachen, den physischen Körper nicht zum Ausdruck bringen, seine spirituelle Mission auf der Erde nicht integrieren, in der himmlischen Welt leben, jedoch ohne die richtige Integration der psychologischen oder physischen Ebene. Wenn das Kronenchakra nicht genügend geöffnet ist, so wird die Epiphyse zu wenig stimuliert und genährt. Wenn das Kronenchakra überaktiv ist, so wird die Epiphyse zu sehr stimuliert und eventuell erschöpft. Jedes Chakra, mit dem man sich zu sehr oder zu wenig identifiziert, wird in spirituellem, psychologischem und physischem Sinn blinde Flecken erschaffen, was im Widerspruch steht zur Gottesverwirklichung.

19. Das universelle Gesetz des Balancierens und Integrierens des Vier-Körper-Systems

Jeder Mensch besitzt vier verschiedene Energiekörper mit unterschiedlicher Ausrichtung: Es gibt den physischen Körper, den Emotionalkörper, den Mentalkörper und den spirituellen Körper (der in Wahrheit aus vielen Körpern besteht). Der physische Körper reagiert instinktiv und spürt. Der Emotionalkörper konzentriert sich darauf, wie wir in einem gegebenen Moment oder in einer Situation fühlen und vermag psychische Eindrücke zu vermitteln. Der Mentalkörper gibt uns eine logische Perspektive darüber, was vor sich geht und der spirituelle Körper verleiht uns Intuition, Gewissen und Gottes Führung. Im Idealfall beachten wir alle vier Körper gleichzeitig und hören ihnen zu. Oft tendieren wir jedoch dazu, uns mit dem einen oder anderen zu sehr zu identifizieren. Manche Mensche fühlen das Leben als ihre Hauptfunktion, andere denken über das Leben nach und haben weniger mit ihren Gefühlen zu tun. Wieder andere sind so sehr mit ihrem spirituellen Körper beschäftigt, dass sie sich nicht um ihren physischen Körper kümmern und auch nicht um ihre Gedanken und Gefühle. Dann gibt es Menschen, die so sehr auf ihren Körper ausgerichtet sind, dass sie komplett von ihrem spirituellen Körper und vielleicht sogar von intellektuellem Streben abgeschnitten sind.

Das spirituelle Ideal und die Balance sind hier einfach. Wir alle müssen in diesen vier Körpern ausgeglichen sein. Der Geist muss mit den Gefühlen balanciert sein. Jeder Mensch sollte erkennen, wie seine Gedanken seine Realität, Gefühle und Emotionen erzeugen und danach leben. Er sollte auch erkennen, dass es exakt zwei Arten des Denkens gibt. Das Denken aus dem spirituellen Geist oder aus dem Geist des negativen Egos. Das Ideal besteht darin, nur mit dem spirituellen Christus-/Buddha-Geist zu denken. Andererseits müssen wir auch unsere Gefühle und Emotionen richtig integrieren. Wir sollten Meister und nicht Opfer im Leben sein und unsere Gefühle und Emotionen verursachen und sie gleichzeitig integrieren. Dies manifestiert sich als bedingungslose Liebe, Freude, Glück, Entzücken, Mitgefühl, spirituelle Leidenschaft und Enthusiasmus usw. Wir müssen auch unseren spirituellen Körper integrieren. Dies ist der spirituelle Körper unseres eigenen Höheren Selbst und unserer mächtigen ICH BIN - Gegenwart.

Der gesamte Aufstiegsprozess besteht darin, das Höhere Selbst zu verankern, sich mit ihm zu verbinden, es zu integrieren und damit eins zu werden und es dann mit der mächtigen ICH BIN - Gegenwart zu verbinden. Der nächste Schritt liegt dann darin, auch das Bewusstsein des spirituellen Körpers in den Mentalkörper, Emotionalkörper, Ätherkörper und in den physischen Körper zu integrieren. Viele verankern dies nur spirituell, jedoch nicht psychologisch oder physisch. Es ist absolut notwendig, dass jeder Mensch spirituelle Meisterung, psychologische Meisterung und physische Meisterung erlangt und dann diese Aspekte des Selbst integriert und balanciert. Dies ist ein wesentliches Prinzip beim Balancieren der vier Körper. Und letztlich muss jeder Mensch den physischen Körper balancieren und integrieren.

Achte auf deine Ernährung, führe körperliche Übungen durch, schlafe und ruhe genügend, geh an die frische Luft, tanke Sonnenschein usw. Es ist viel einfacher, fokussiert zu bleiben und auf allen Ebenen Selbstmeisterung beizubehalten, wenn du dich ausgewogen um deinen physischen Körper kümmerst. Der spirituelle Weg wird etwas härter, wenn der physische Körper nicht ausreichend geliebt und umsorgt wird. Er repräsentiert auch eines der vier Antlitze Gottes. Wie kannst du deine spirituelle Mission erfüllen und auf der Erde als vollständig integrierte ICH BIN - Gegenwart und als integrierter Aufgestiegener Meister wandeln, wenn du deinen physischen Körper nicht ehrst und respektierst und dich um ihn kümmerst? Ein Teil der Lektion des Vier-Körper-Systems besteht darin, dass alle Körper demselben Zweck dienen - dem spirituellen Wachstum und der Gottesverwirklichung. Viele von uns beziehen dies auf den Mentalkörper, wenden es jedoch nicht auf all die anderen Körper an.

20. Das universelle Gesetz des Balancierens und Integrierens der vier Bewusstseinsebenen

Es ist für uns von höchster Bedeutung, die vier Bewusstseinsebenen – Unterbewusstsein, Bewusstsein, Überbewusstsein (Seele, Überseele, Höheres Selbst) und Monade – zu balancieren, zu integrieren und gleichmäßig zu entwickeln. Jede davon ist Teil unseres Denkens. Das Ideal ist, wenn das Unterbewusstsein dem Bewusstsein dient und das Bewusstsein dem Überbewusstsein oder der Seele. Bei der dritten Einweihung geschieht die Seelenverschmelzung und die Monade wird zum Lehrer des Menschen. Bei der siebten Einweihung kommt es zur Monadenverschmelzung. So werden diese Bewusstseinsebenen wie die Glieder einer Kette miteinander verbunden.

Indem man lernt, ein integrierter spiritueller Meister zu sein, werden diese Kettenglieder immer fester miteinander verbunden und integriert, bis diese vier Bewusstseinsebenen wie ein Bewusstsein funktionieren. Mit anderen Worten, unser Bewusstsein wird zum Meister über das Unterbewusstsein, mit der Seele oder dem Höheren Selbst als unserem Meisterlehrer oder Führer. Das Bewusstsein lässt uns vernünftig sein, während das Unterbewusstsein eher auf einer instinktiven Ebene wirkt. Die Seele / Monade wird zum allwissenden Geist. Eine Metapher, die illustriert, wie sie arbeiten, ist sich das Bewusstsein als Gärtner vorzustellen. Der Gärtner bringt den Samen (Gedanken) ein und der Boden (das Unterbewusstsein) lässt all das wachsen, was gesät wurde - sei es Unkraut oder wunderschöne Blumen. Das Unterbewusstsein wird die Anweisungen befolgen, ob sie rational oder irrational sind. Das Unterbewusstsein macht sich darüber keine Gedanken, da es absolut keine Vernunft besitzt. Es hat keine eigene Kraft der Vernunft, jedoch besitzt es eine unglaubliche Anzahl an Fähigkeiten und intelligenten Faktoren. Das beste Bild, um dies zu verstehen, ist der Computer. Ein Computer ist ein verblüffendes Gerät und in der Lage, Millionen an Berechnungen pro Sekunde durchzuführen, jedoch sorgt er sich nicht darum, ob er dafür programmiert ist, das Problem des Welthungers zu lösen oder einen nuklearen Krieg auszulösen. Er hat die Fähigkeit, seine Aufgabe effizient zu tun, aber er besitzt nicht die Vernunft, einen nuklearen Krieg zu verhindern, wenn er dahingehend programmiert wurde.

Im selben Stil wirkt das Unterbewusstsein, wofür auch immer es programmiert wurde. Es besitzt die Intelligenz, vollkommene Gesundheit oder Krebs zu erschaffen. Es wird das erschaffen, wofür es programmiert wurde. Andere Funktionen des Unterbewusstseins beinhalten das Speichern all unserer Gedanken, Gefühle, Emotionen, Vorstellungen, Gewohnheitsmuster, Impulse und Wünsche. Seit unserer Kindheit wurden wir von unseren Eltern, Großeltern, Verwandten, Lehrern, Pfarrern und erweiterten Familie, das Fernsehen nicht zu vergessen, programmiert. All dieser Austausch an Information wurde in unserem Unterbewusstsein gespeichert. Der Schlüssel besteht nun darin, unser Unterbewusstsein bewusst neu zu programmieren. Methoden der Neuprogrammierung unseres Unterbewusstseins beinhalten Affirmationen und kreative Visualisierungen, Tagebuch schreiben, Affirmationskarten, Affirmationsspaziergänge, Endlosbänder, Hypnose und Selbst-Hypnose, ein Bild der gewünschten Realität zu erschaffen und so zu tun als ob, um nur ein paar Methoden zu nennen, wie man mit seinem Unterbewusstsein arbeiten kann.

Lasst uns mit einigen anderen Funktionen des Unterbewusstseins fortfahren. Die meisten Träume kommen aus dem Unterbewusstsein. Siehe auch *Das universelle Gesetz der Träume (Nr. 42)*. Das Unterbewusstsein kann auch als Gewohnheitsspeicher bezeichnet werden, denn es speichert alle unsere Gewohnheiten, sowohl die positiven als auch die negativen. Siehe auch *Das universelle Gesetz der Gewohnheiten (Nr. 62)*. Es besitzt weiterhin die Fähigkeit, die Strahlung an Energie von irgendeiner Substanz zu spüren, nicht nur von Wasser. Es kann programmiert werden, um irgendeine physische Substanz zu suchen. Das Unterbewusstsein ist auch dafür bekannt, der Sitz unserer medialen Fähigkeiten zu sein. Das Unterbewusstsein besitzt fünf innere Sinne – Hellsehen, Hellhören, innerer Geruch, innerer Geschmack und innere Berührung – welche die subtileren Gegenspieler unserer fünf äußeren Sinne sind. Nun besteht die Schlüsselfunktion des Bewusstseins darin, der Programmierer, Wächter und Meister des Unterbewusstseins zu sein. Das Unterbewusstsein ist dafür vorgesehen, ein Diener für das Bewusstsein zu sein.

Da die meisten Menschen nicht verstehen, wie diese psychologischen Gesetze funktionieren, lassen sie sich von ihrem Unterbewusstsein beherrschen. Wenn dies geschieht, werden wir zum Opfer. Das Unterbewusstsein war niemals dafür vorgesehen, unser Leben zu bestimmen. Es bringt uns in die Ohnmacht, wenn wir es gewähren lassen, nicht weil es schlecht ist, sondern weil es nicht vernünftig ist. In und aus sich selbst heraus ist das Unterbewusstsein göttlich. Weshalb sollte aber jemand sein Leben von einem unvernünftigen Geist beherrschen lassen? Sonderbarerweise tun dies die meisten Menschen. Das Bewusstsein kann man sich auch als inneres Tor oder innere Blase vorstellen, die uns vor unserem Unterbewusstsein beschützt. Wenn ein Gedanke, Gefühl oder Impuls aufkommt, so ist es die Aufgabe des Bewusstseins, seine Kraft der Vernunft und sein Unterscheidungsvermögen zu nutzen, um den Gedanken am Tor zu prüfen. Wenn der Gedanke oder Impuls positiv ist, so lassen wir ihn in unseren Geist. Wenn er negativ ist, stoßen wir ihn heraus. Wenn man dies praktiziert, so ist psychologische Gesundheit sichergestellt. Es ist wie bei der physischen Gesundheit. Wenn wir körperlich gesund sein wollen, dann führen wir unserem Körper gute und gesunde Nahrung zu. Wenn wir psychologisch gesund sein wollen, dann führen wir unserem Geist gute, gesunde Gedanken zu. Indem wir die negativen Gedanken aus unserem Geist drängen, verweigern wir uns ihrer Energie. Dies ist so, wie wenn man eine Pflanze nicht wässert. Die Pflanze verdorrt dann und stirbt an Wassermangel (Aufmerksamkeit und Konzentration). Wenn wir einmal den negativen Gedanken weggedrängt haben, ist der zweite Schritt den Gedanken des positiven Gegenteils oder den spirituellen Gedanken zu affirmieren. Dies nennt man Heilung der Einstellung. Indem man kontinuierlich den negativen Gedanken unbeachtet lässt und den positiven Gedanken affirmiert, können wir innerhalb von 21 Tagen eine neue Gewohnheit im Unterbewusstsein bilden. Die alte Gewohnheit stirbt, weil wir ihr keine Energie mehr geben. *Das universelle Gesetz des Balancierens und Integrierens der vier Bewusstseinsebenen* impliziert, dass alle vier Bewusstseinsebenen miteinander vereint werden und zusammen wirken sollten – die Seele und die Monade als Führer für das Bewusstsein und das Bewusstsein als Befehlsgeber für das Unterbewusstsein. Es ist von höchster Bedeutung im Leben, die Entwicklung all dieser Bewusstseinsebenen zu balancieren.

Wenn ein Mensch ein entwickeltes Bewusstsein hat, dann wird er viel persönliche Kraft haben, eine gute Selbstmeisterung und die Ursache seiner Realität sein. Wenn jemand in seinem Unterbewusstsein entwickelt ist, wird dieser Mensch eine gute kreative Fähigkeit, Zugang zu seinen Gefühlen und Emotionen sowie mediale und künstlerische Fähigkeiten haben. Viele Gaben der vergangenen Leben tauchen durch das Unterbewusstsein wieder als Fähigkeiten auf, die in früheren Zeiten entwickelt wurden. Deshalb könnte ein junges Mädchen eine meisterhafte Malerin sein, ohne jemals geübt zu haben. Oder ein zehnjähriger Junge könnte schon am College graduiert und einen IQ außerhalb der Norm haben. Andere Fähigkeiten könnten Wünschelrutengehen, arbeiten mit dem Pendel, heilende und musikalische Fähigkeiten sein. Die Liste wäre endlos.

Die meisten Menschen realisieren nicht, dass mediale Fähigkeiten und Hellsichtigkeit, Hellhörigkeit und innerer Geschmack vom Unterbewusstsein und nicht vom Überbewusstsein stammen. Sehr oft geschieht es, dass Menschen entweder in ihrem Unterbewusstsein oder in ihrem Überbewusstsein hoch entwickelt sind. Die Entwicklung des Bewusstseins geht üblicherweise einher mit einer hohen mentalen Entwicklung. Wenn ein Mensch im Bewusstsein, jedoch nicht im Überbewusstsein entwickelt ist, so mögen sein Bewusstsein und seine Fähigkeiten sehr wissenschaftlich, rational und konkret sein, aber er wird nicht auf den höheren oder abstrakten Geist ausgerichtet sein. Wenn ein Mensch auf einer unterbewussten Ebene und nicht auf einer überbewussten Seelen- oder monadischen Ebene entwickelt ist, so wird er sehr künstlerisch entwickelt sein, aber die Kunst wird keinen spirituellen Bezug haben. Er mag psychisch hoch entwickelt sein, könnte jedoch noch nicht einmal an Gott glauben.

Die Entwicklung des Überbewusstseins hat mit den höheren Sinnen und Fähigkeiten zu tun, welche die Sinne des bewussten und unterbewussten Geistes transzendieren, wie Intuition, Wissen, höheres

Verständnis, Einstimmung auf den höheren und abstrakten Geist, um nur ein paar zu nennen. Nur wenn diese vier Bewusstseinsebenen gleichmäßig balanciert sind, kann vollständige Gottesverwirklichung und integrierter Aufstieg stattfinden. „Und stellet euch nicht dieser Welt gleich, sondern verändert euch durch die Erneuerung eures Sinnes, auf dass ihr prüfen möget, welches da sei der gute, wohlgefällige und vollkommene Gotteswille." (Römer 12:2)

21. Das universelle Gesetz des Balancierens von Selbstbezogenheit und Selbstlosigkeit

Es gibt eine Zeit, um selbstbezogen und eine Zeit, um selbstlos zu sein. Wenn du selbstlos bist, dann richtest du deine Energie darauf, anderen zu helfen. Wenn du selbstbezogen bist, dann kümmerst du dich um dich selbst. Balance ist wie immer der Schlüssel. Wir sind nicht hier, um Märtyrer zu sein und uns vollkommen für andere aufzuopfern. Wir müssen lernen, spirituell selbstbezogen zu sein, jedoch nicht aus dem negativen Ego heraus. Dies bezieht sich auf das Setzen angemessener Grenzen oder darauf, gelegentlich nur im allgemeinen Sinne zu lieben oder sich nur um den physischen Körper zu kümmern, so dass wir selbst nicht ausbrennen, wenn wir dienen. Spirituelle Selbstbezogenheit ist eine bedeutende Qualität. Viele Lichtarbeiter lassen auf sich herumtrampeln und sind dann voller Verbitterung, weil sie diese Regel nicht verstehen. Im Allgemeinen glaubt man, dass es egoistisch sei, selbstbezogen zu sein und dass man spirituell selbstlos sein sollte. Selbstbezogenheit hat jedoch eine positive und negative Komponente, ebenso wie Selbstlosigkeit. Menschen haben wegen dieses Missverständnisses oft die Idee, heilig zu sein.

Der wahre Heilige weiß, wie man spirituell selbstbezogen ist, falls dies nötig ist. „Der größte unter euch ist der Diener aller", wie Jesus sagte, aber du musst dich auch um dich selbst kümmern. „...so erfüllet meine

Freude, dass ihr eines Sinnes seid, gleiche Liebe habt, einmütig und einhellig seid. Nichts tut durch Zank oder eitle Ehre; sondern durch Demut achte einer den anderen höher denn sich selbst, und ein jeglicher sehe nicht auf das Seine, sondern auch auf das, was des anderen ist." (Philipper 2:3-4) Sai Baba sagte: „Das Selbst ist Lieblosigkeit; Liebe ist Selbstlosigkeit." Schenke diesen biblischen Worten und der Weisheit von Sai Baba Beachtung, aber achte auch darauf, dass du alles in der richtigen Perspektive siehst. Du bist ein Kind Gottes. Du bist ein Teil Gottes. Hin und wieder nicht spirituell selbstbezogen zu sein, bedeutet, einen Teil Gottes zurückzuweisen. Wenn du zu selbstlos bist, wirst du möglicherweise verbittert sein. Die Lektion lautet, wenn du selbstbezogen bist, dann fühle dich nicht schuldig und wenn du selbstlos bist, dann gib und fühle dich nicht verbittert. Sei bestimmt in jeder Entscheidung, die du triffst! Möge das Wort von Lord Buddha diesen Abschnitt besiegeln: „Nur wenn Neid und Selbstbezogenheit (des negativen Egos) aus ihm mit der Wurzel ausgerottet wurden, so mag er in Schönheit wachsen."

22. Das universelle Gesetz der spirituellen Achtsamkeit gegenüber der Wahrnehmung durch einen begrenzten Filter

Für jeden von uns ist es sehr wichtig, ein weit reichendes Bewusstsein zu entwickeln. Oft gibt es Unstimmigkeiten zwischen Menschen und dies zumeist nicht durch ihr negatives Ego, sondern weil sie die Dinge durch unterschiedliche Filter betrachten. Manche dieser Filter liegen in der Rasse, Religion, sozial-ökonomischem Hintergrund, vergangene Leben, dem Geschlecht, Alter, das Land, in dem du aufgewachsen bist, das Programm der Eltern, die kulturelle Programmierung, berufliche Filter, die Art der Erziehung, um nur ein paar davon zu nennen. Man muss nun verstehen, dass wir nicht nur mit unseren physischen Augen sehen, sondern auch mit unserem Geist. Unsere Gedanken erschaffen unsere Wirklichkeit. Unsere Gedanken erschaffen unsere Gefühle und Emotionen. Gedanken sind Bilder in unserem Geist. Wir sehen durch unser Glaubenssystem, durch unsere Perspektive, durch unsere Wahrnehmungen und Meinungen. Der Geist ist ein erstaunliches Instrument. Er kann dich alles sehen lassen, was er dich sehen lassen möchte. Manche Menschen sehen aus der Kraft, manche aus der Liebe, manche aus der Weisheit. Menschen sehen aus einem der Strahlen und nicht aus den anderen. Menschen sehen aus manchen Chakren und nicht aus den anderen. Menschen sehen emotional und mental. Menschen sehen spirituell und nicht mit ihren fünf Sinnen. Manche Menschen sehen aus dem Kind, manche aus den Eltern. Menschen sehen aus einem Zeichen des Horoskops und sind blind für die anderen. Menschen sehen aus dem negativen Ego und erkennen nur Wut oder Furcht. Menschen sehen aus dem spirituellen Christus-/ Buddha-Bewusstsein und sehen nur Liebe. Ein Mensch sieht einen Fremden und ein anderer sieht einen Christen. „Gastfrei zu sein vergesset nicht; denn dadurch haben etliche ohne ihr Wissen Engel beherbergt." (Hebräer 13:2) Für den einen ist das Glas Wasser halb leer, für den anderen halb voll.

Die meisten Menschen haben keine Idee davon, wie beschränkt ihr Bewusstsein durch all diese Filter ist. Wie viele Menschen haben in sich selbst alle sieben Strahlen, alle zwölf Archetypen, alle Tierkreiszeichen, alle zehn oder zwölf Sephiroth des Baum des Lebens entwickelt? Wie viele sind in allen sieben Chakren balanciert? Jedes Chakra, mit dem du zu sehr oder zu wenig identifiziert bist, manifestiert sich als Sicht durch einen begrenzten Filter. Manche Menschen sehen nur aus dem Überleben, manche Menschen sehen nur aus der Sexualität.

Warum sich auf ein Chakra, einen Aufgestiegenen Meister, einen spirituellen Lehrer, einen Sephiroth begrenzen? Wenn wir alle Wege, Religionen, spirituellen Lehrer, Mysterienschulen, Gurus, Aufgestiegene Meister, Psychologien, Philosophien, spirituelle Lehren in Einheit und

Integration annehmen, dann bilden die verschiedenen Aspekte Gottes einen Weg. Den Weg der Synthese. Alle Aspekte, wie herrlich sie auch immer sein mögen, sind nur Filter Gottes. Stell dir vor, das Leben einschließlich aller Aspekte und Filter Gottes zu betrachten, frei von Wertung und dem negativen, auf Angst basierenden Ego-Denken und -Fühlen und auch befreit von jeglichem weltlichen Massenbewusstsein, welches nur die Betrachtungsweise eines begrenzten Filters darstellt.

Nun nehmen wir einmal an, du hast die spirituelle, psychologische und physische Meisterung und alle grundlegenden Balancen und Integrationen, die in diesem Buch *Die universellen Gesetze Gottes* und in der gesamten *Leicht zu lesenden Enzyklopädie des spirituellen Pfades* erklärt sind, erlangt. Du hast gelernt, das negative, auf Angst begründete, trennende Ego-Denken und -Fühlen zu überwinden und dein bewusstes und unterbewusstes Denken und Fühlen zum spirituellen Christus-/Buddha-Denken und Fühlen neu programmiert - doch selbst dann, wenn all dies grundlegend erlangt wurde, ist es so unglaublich einfach, in die Betrachtung durch einen begrenzenden Filter zurückzufallen. Schau, was mit Luzifer geschah. Er war ein gefallener Erzengel. Das Zurückfallen zur Betrachtung durch einen begrenzten Filter kann jedem stets passieren! Das Leben ist in Wahrheit ein Prozess der konstanten Anpassung – spirituell, mental, emotional, energetisch und physisch. Das einzige, was man sagen kann, ist: Kodoish, Kodoish, Kodoish, Adonai Tsabayoth! Heilig, heilig, heilig, ist das „weit reichende Bewusstsein Gottes“. Namaste!

23. Das universelle Gesetz des Bildens der Antakarana

Die Antakarana oder Regenbogenbrücke ist der Faden und später die Schnur, die der Schüler durch Meditation, Verständnis der spirituellen Praktiken und spezifische spirituelle Arbeit erschafft. Der Schüler erhält in diesem Prozess Hilfe von der Seele und später von der Monade, doch der erste Teil der Arbeit muss von dem Schüler selbst geleistet werden. Das Höhere Selbst verleiht der unbewussten Seele so lange wenig Aufmerksamkeit, bis sie dem Höheren Selbst Aufmerksamkeit schenkt. Die Monade besitzt einen Faden oder eine Schnur aus Energie, die man als Sutratma, Lebensfaden oder Silberschnur bezeichnet, welche sich zum Herzchakra des Schülers auf Erden erstreckt. Die Seele besitzt einen Faden oder eine Schnur, welche sich zur Zirbeldrüse des Schülers erstreckt. Man nennt sie Bewusstseinsschnur. Die Sutratma und die Bewusstseinsschnur arbeiten von oben nach unten, die Antakarana arbeitet von unten nach oben. Beim Abschluss des Errichtens dieser Schnur - bei der fünften Einweihung und dem späteren Aufstieg - verbinden sich diese drei Schnüre, integrieren und vereinen sich, genauso wie sich die Persönlichkeit und die Seele und später die Monade vereinen.

Wie findet das Bilden der Antakarana statt? Es geschieht in Stadien. Das erste Stadium hat mit dem Integrieren der Persönlichkeit und den vier Körpern zu tun. Das zweite Stadium ist dann das Bilden der Brücke von der integrierten Persönlichkeit und den vier Körpern zur Seele. Das dritte Stadium ist das Bilden der Brücke von der Seele zur spirituellen Triade und dann zur Monade selbst, wobei die spirituelle Triade aus den drei miteinander in Beziehung stehenden Aspekten des spirituellen Willens, der Intuition und des Höheren Selbst besteht, was das dreifaltige Vehikel ausmacht, durch das die Monade auf Erden arbeitet. Die Antakarana hört in Wahrheit nicht bei der Monade auf. Sie setzt den ganzen Weg zurück zur Gottheit fort. Nun ist es wichtig, die Antakarana nicht nur aufwärts durch die Seele und die Monade zu bilden, sondern auch hinunter durch die Chakrensäule bis zur Basis der Wirbelsäule und dann hinunter bis in die Erde. Dies nennt man die Erdungsschnur.

Wie bildest du nun tatsächlich die Antakarana? Indem du das Seelen- und Monadenmantra sprichst *(Ich bin die Monade/Seele, Ich bin göttliches Licht, Ich bin Liebe, Ich bin Wille, Ich bin die Bestimmung),* aktivierst du die Monade, die Seele und den Seelenstern, spirituelle Arbeit zu tun, wobei der Seelenstern ein Instrument ist, durch das die Seele arbeitet – ein ätherischer Stern des Lichtes von ungefähr 15 Zentimeter über dem Kopf. Der Zentralkanal (Chakrenäule, Sushumna) ist die Säule der Energie, die sich von der Basis der Wirbelsäule bis zur Kopfspitze erstreckt. Es ist wichtig, den Zentralkanal zu erweitern und ihn von allem psychischen Schutt zu reinigen. Es gibt drei Meditationen, die von Djwhal Khul stammen und speziell zum Zweck des Erweiterns und Reinigens des Zentralkanals und zur Bildung der Antakarana dienen. Durch die Antakarana und den Zentralkanal können die spirituellen Energien und die Energien der Seele fließen. Diese drei Meditationen sind: Die Dreiecks-Meditation (hilft, deinen Zentralkanal zu reinigen und somit deine Antakarana zu bilden), die spirituelle Wirbelwind-Meditation (reinigt alles ungewollte Material aus deinem aurischen Feld) und die Korkenzieher-Meditation (erweitert den Zentralkanal bis zu der Größe des Umfangs deines Kopfes). Die detaillierte Beschreibung findest du in meinen Buch *Das komplette Aufstiegshandbuch - Wie man den Aufstieg in diesem Leben erreicht*. Vergewissere dich, dass der Zentralkanal in einer einheitlichen Weise von der Erde und den Füßen bis zur Krone gebildet wird, sonst kann es zu einem Energiestau kommen, was zu gesundheitlichen Problemen führen kann. Dieses Thema bezieht sich sowohl auf die Bedeutung der richtigen Erdung wie auch auf das Ausrichten auf die Seele und die Monade.

24. Das universelle Gesetz des Channelns

Viele Menschen meinen, wenn etwas gechannelt ist, dann sei es auch wahr. Nichts könnte weiter von der Wahrheit entfernt sein. Viele Channelings stammen aus der mentalen oder astralen Ebene. Doch selbst wenn sie von den Aufgestiegenen Meistern oder aus spirituellen Ebenen stammen, sind sie aufgrund der Natur des Channelings angefüllt mit Glaubenssystemen, der Persönlichkeit, den Philosophien und persönlichen Prioritäten des Menschen, der dies channelt. Die Entwicklung des Bewusstseins beeinflusst ganz enorm den Prozess des Channelns, sogar beim hervorragendsten Channeling auf dem Planeten. Für Gott und die Aufgestiegenen Meister ist das Channeln so gut wie die Entwicklung des Bewusstseins in einer ganzheitlichen Perspektive. Wenn das Bewusstsein eines Menschen weder entwickelt noch balanciert ist, werden seine Channelings und medialen Readings zu diesem Thema dieses Ungleichgewicht spiegeln und stark gefährdet sein, die Korruption durch das negative Ego, durch persönliche Vorlieben und das bewertende Glaubenssystem dieses Menschen in sich zu tragen. Dies ist keine Verurteilung der Person, sondern bezieht sich auf den Prozess des Channelns selbst. Ein Mensch, der im ersten Strahl der Kraft entwickelt ist, wird kraftvolle, autoritäre und charismatische Channelings geben. Wenn jemand im zweiten Strahl der Liebe/Weisheit entwickelt ist, wird sein Channeln mit Liebe und spiritueller Weisheit angefüllt sein. Wenn jemand im dritten Strahl der aktiven Intelligenz entwickelt ist, dann wird sein Channeln präzises intellektuelles Wissen und sehr praktische Information enthalten, wohingegen ein Mensch, der im vierten Strahl der Harmonie und Schönheit entwickelt ist, mit sehr poetischen und wunderschönen Worten channeln wird.

Wenn der Channel jedoch im ersten Strahl nicht entwickelt ist, dann wird es der Information an gewisser Kraft mangeln, und wenn er im zweiten Strahl nicht entwickelt ist, dann wird es an bedingungsloser Liebe und/oder spezifischer spiritueller Weisheit mangeln. Ein Mensch, der im fünften Strahl entwickelt ist, bringt eine unglaubliche Information der New Age Wissenschaft hervor, ein Mensch, der im sechsten Strahl entwickelt ist, channelt sehr hingebungsvoll, ein Mensch, der im siebten Strahl entwickelt ist, channelt mit starkem Bezug auf die göttliche Ordnung, erfüllt von einem gewissen Prunk und Zeremonien.

Lasst uns nun den Prozess des Channelns aus der Perspektive des Chakrenystems betrachten. Wir alle wissen, dass wir unsere eigene Realität durch die Art, wie wir denken, erschaffen. Dies manifestiert sich in den Chakren dadurch, dass sie zu sehr geöffnet, zu geschlossen oder ausgeglichen sind. Die Über- oder Unterstimulierung der Chakren ist mit unseren sieben Hauptdrüsen verbunden. Falsches Denken bewirkt, dass die Chakren zu aktiv oder zu passiv sind, wodurch die Drüsen zu aktiv oder zu passiv sind. Nun lasst uns den Prozess des Channelns anschauen. Wenn eine Person im ersten Chakra entwickelt ist, wird sie sehr geerdet sein und ihr Channeling wird sich sehr auf Mutter Erde beziehen; wenn es im ersten Chakra nur wenig Energie gibt, wird das Channeling sehr schwer oder mental orientiert sein. Wenn man im zweiten Chakra zu aktiv ist, dann wird das Channeling von seiner Natur her sehr emotional sein und üblicherweise sehr kreativ und poetisch; wenn man in diesem Chakra unentwickelt ist, dann wird das Channeling trocken und intellektuell sein. Wenn ein Mensch im dritten Chakra zu aktiv ist, dann wird das Channeling kraftvoll und bestimmend sein, und schüchtern, scheu und sanft, wenn es zu passiv ist. Viertes Chakra: Das Channeling wird entweder extrem liebend und blumig sein oder sehr wissenschaftlich und trocken. Fünftes Chakra: Das Channeling ist entweder sehr kommunikativ oder auf stille Meditation ausgerichtet. Sechstes Chakra: Sehr mental und erfüllt von Visionen und medialen Erfahrungen oder nur sehr technische Information. Wenn das Kronenchakra zu aktiv ist, dann gibt es viel Information und Licht, aber es wird sehr wenig geerdet und nicht integriert sein. Es wird spirituell erhebend sein, aber der Mensch, der das Channeling erhält, weiß nicht, wie er es integrieren kann. Wenn man in diesem Chakra unentwickelt ist, wird das Channeling von seiner Natur her irdischer sein.

Jeder Gedanke, den du denkst, wird in deinen Chakren gespiegelt. Jeder Gedanke des negativen Egos, den du in deinen Geist einlässt, wird sich selbst in den Chakren als überaktiv oder passiv spiegeln. Nur wenn du das Ziel, ein integrierter Melchizedek/Christus/Buddha zu werden, verwirklichst, können deine Chakren wirklich balanciert werden. Perfekt balancierte Chakren sind ein Nebenprodukt dessen, ein integrierter Melchizedek/Christus/Buddha zu werden. Das Ideal für das Channeln von Informationen im Wassermannzeitalter besteht darin, im Selbst so integriert und balanciert wie möglich zu werden, so dass die Liebe, Weisheit, Kraft, die durch deinen Kanal kommt, von Natur her integriert und balanciert ist. Dies bedeutet, dass eine Balance der sieben Strahlen aufrechterhalten wird, wie auch eine Balance der dreifaltigen Flamme Gottes der Liebe, Weisheit und Kraft. Zudem eine Balance der sieben Chakren, wie der zwölf Hauptarchetypen und zwölf Tierkreiszeichen. Es ist vollkommen in der göttlichen Ordnung, dass jeder einen gewissen Strahl oder ein Thema Gottes spiegelt, denn so hat uns Gott erschaffen. Der Schlüssel zum Verständnis besteht hierbei darin, dass nicht jeder Mensch in gleicher Weise channeln sollte. Im Idealfall bemüht sich der Mensch mit seiner Praxis der Gegenwart Gottes auf Erden, ein integrierter Melchizedek/Christus/Buddha zu werden und dann werden seine Channelings auch einen integrierten Melchizedek/Christus/Buddha spiegeln, selbst wenn die Channelings noch eine Spur oder ein Thema seiner eigenen Monade oder seines Seelenstrahles in sich tragen mögen.

Noch ein letzter Gedanke zum Thema des Channelings: Eine enorme Anzahl an Menschen und Lichtarbeitern geben ihre Kraft an äußere Channelings ab. Die Lichtarbeiter wurden von der kosmischen und planetaren Hierarchie darum gebeten, viel besser wahrzunehmen und zu unterscheiden, egal wer die äußere gechannelte Wesenheit zu sein behauptet. Erinnere dich daran, dass es in Wahrheit so etwas wie Channeling gar nicht gibt. Es gibt nur Menschen auf verschiedenen Stufen der psychologischen und spirituellen Entwicklung, die durch ihre Führung Durchgaben erhalten, die durch all ihre Filter, Linsen, Glaubenssysteme, unterbewusste Programmierungen und Ebenen der psychologischen Vision neu interpretiert werden. Behandle alle äußeren Channelings wie Salzkörner und vertraue aus den genannten Gründen vor allem deiner inneren Führung. Gib niemals wieder deine Kraft, deine spirituelle Urteilskraft und dein Schwert der Unterscheidung ab!

25. Das universelle Gesetz des Christusbewusstseins

Das Christusbewusstsein gilt nicht nur für Christen. Christusbewusstsein, Buddhabewusstsein, Krishnabewusstsein, Gottesbewusstsein und das Bewusstsein aller Religionen sind alle dasselbe. Es sind nur unterschiedliche Bezeichnungen für ein und dasselbe. Swami Sivananda sagte: „Wisse wohl, dass das Herz der Veden, das Herz der Bibel, des heiligen Korans, der geheiligten Gathas und aller Schriften der Welt in Wahrheit eins sind, und sie singen einstimmig die süße Botschaft von Liebe und Eintracht, Tugendhaftigkeit und Freundlichkeit, Dienst und Verehrung.“ In der Einleitung von *Ein Kurs in Wundern* heißt es: „Dies ist ein Kurs in Wundern. Er ist ein Pflichtkurs.“ Das bedeutet, dass nicht jeder das Buch studieren muss, sondern dass jeder die wesentliche darin enthaltene Botschaft lernen muss, die darin besteht, das Denken des negativen Egos zu überwinden und mit dem Christusbewusstsein zu ersetzen.

Es gibt im Leben nur zwei Wege des Denkens oder Philosophien. Das Denken des negativen Egos und das Denken mit dem Christusgeist. Du kannst deine Einweihungen nicht durchschreiten und Gott realisieren, ohne den selbstbezogenen, materialistischen, auf Angst begründeten Geist deines Egos zu transzendieren. Der Kern von *Ein Kurs in Wundern* lehrt uns, dass Gott uns erschaffen hat und unsere wahre Identität Christus ist. Anders ausgedrückt, wir sind alle Söhne und Töchter Gottes, nach dem Bilde Gottes erschaffen. Im Alten Testament sagen die jüdischen Propheten: „Ihr seid Gott und Kinder des Höchsten.“ David sagt in den Psalmen: „Sei still und wisse, ich bin Gott.“

Deine wahre Identität als Christus kann nicht verändert werden. So hat dich Gott erschaffen. Du kannst denken, dass du etwas anderes als dies bist, aber das ändert nichts an der Realität. Du bist der Christus, ob du es magst oder nicht. Du hast darin keine Wahl, denn du hast dich nicht selbst erschaffen, Gott erschuf dich! Der spirituelle Weg ist wirklich kein Versuch, um irgendwohin zu gelangen. Es ist nur das Wiedererwecken dessen, der du bist. Es ist das Demonstrieren und Sein, wer du bist. Du bist der Christus! Es ist das Demonstrieren deiner wahren Identität, was der Christus, der Buddha, das ewige Selbst ist. Das universelle Gesetz des Christusbewusstseins ist so einfach, wie ein lebendiger Christus in deinem täglichen Leben zu SEIN. Das Christusbewusstsein inmitten des Lebens demonstrieren und das negative, auf Angst begründete, trennende Ego-Denken und -Fühlen überwinden.

Was ist das negative Ego? Wenn es ein Wort gibt, welches das negative Ego mehr als alles andere beschreibt, so ist es Angst. Und wenn es ein Wort gibt, welches das Christusbewusstsein mehr als alles andere beschreibt, so ist es Liebe. In Wahrheit gibt es nur zwei Emotionen im Leben: Liebe und Angst. Alle anderen positiven und negativen Emotionen tragen diese im Kern. Um Angst zu verstehen, muss man erkennen, dass sie ein projizierter Angriff ist. Wenn wir andere Menschen angreifen, leben wir in Angst vor *Dem universellen Gesetz des Karma (Nr. 79)*, das in unserem Geist arbeitet. Deshalb sagt *Ein Kurs in Wundern*, dass wir alle unsere Gedanken des Angriffs aufgeben sollen. Möglicherweise ist die größte Prüfung auf dem spirituellen Weg zu lernen, unsere Kernangst loszulassen und sie durch Kernliebe zu ersetzen. Wenn wir jegliche Angst loslassen, haben wir das Bewusstsein des negativen Egos losgelassen und überwunden und können dann im Christusbewusstsein leben.

Eine der großen Gaben des 20. Jahrhunderts von den Aufgestiegenen Meistern war das Matrix-Entfernungsprogramm der Kernangst. Mit Hilfe der Aufgestiegenen Meister kann diese fortgeschrittene Technologie alle

Programme der Kernangst aus diesem Leben und all deinen vergangenen Leben in einer sehr kurzen Zeit entfernen. *Ein Kurs in Wundern* sagt, dass es keine neutralen Gedanken gibt. Alle Gedanken sind entweder auf Angst oder auf Liebe begründet. Deshalb ist es von höchster Bedeutung, den Gedanken, die nicht von Gott stammen, den Zugang zu deinem Geist zu verweigern und nur Gedanken von Gott und aus dem Christusbewusstsein zu affirmieren und zu visualisieren. Ein lebendiger Christus sein! Das Bewusstsein des negativen Egos überwinden und im Christusbewusstsein leben. Das ist *Das universelle Gesetz des Christusbewusstseins*. „Lass diesen Geist in dir sein, der in Jesus Christus war.“ Dann sagte Jesus zu seinen Schülern: „Wer mein Jünger sein will, der verleugne sich selbst, nehme sein Kreuz auf sich und folge mir nach.“ (Matthäus 16:24)

26. Das universelle Gesetz des Klärens der negativen medialen Energien

Dieses Gesetz behandelt die Bedeutung des Klärens der negativen medialen Energien. Es gibt zwei Ebenen der Seelenpsychologie: die psychologische und die mediale Ebene. Beide Aspekte sind von gleicher Bedeutung für das Erlangen des Aufstiegs und der Selbstverwirklichung. Die mediale Ebene der Seelenpsychologie hat mit den Prinzipien der esoterischen Psychologie zu tun, deren sich die meisten Menschen nicht bewusst sind. Dieser Bereich wird von den traditionellen Psychologen oft ignoriert oder in den meisten spirituellen Praktiken missverstanden. Deshalb erklären wir dieses Thema über negative mediale Energien detaillierter. Es ist für dich äußerst wichtig, diesem Aspekt Aufmerksamkeit zu schenken und dich selbst von allen negativen Implantaten, negativen Elementalen, astralen Entitäten, ätherischem Schleim, Parasiten, negativen Prägungen, vergifteten astralen Energien, grauen Feldern und Löchern in der Aura zu reinigen.

Das Wesentliche ist, diese ungewollten negativen Aspekte zu entfernen und sich zu reinigen. Dies ist ein Bereich der Arbeit, der normalerweise von medialen Heilern angesprochen wird, jedoch musst du nicht im geringsten hellsehen, hellhören können oder medial sein, um dies zu tun. Und du kannst es selbst tun! Du musst nur die Aufgestiegenen Meister der inneren Ebene bitten. Alle physischen Krankheiten und psychologischen Probleme sind mit negativen Implantaten, negativen Elementalen, Parasiten, negativen astralen Energien oder ätherischen Schäden verbunden. Interessant ist, dass du deinen Geist, deine Gefühle und deinen Körper meistern kannst, obwohl dir die negative Art von Elementalen, Prägungen usw. in deinem aurischen Feld immer noch zu schaffen macht.

Nun stellt sich die Frage, wo diese medialen Entitäten ihren Ursprung haben? Viel von dieser schädlichen medialen Energie wurde in der Kindheit und in vergangenen Leben eingepflanzt. Diese negativen Implantate existieren in allen deinen Körpern – physisch, ätherisch, astral und mental – und sind das Resultat von Traumata aus vergangenen Leben. Wenn du beispielsweise in einem vergangenen Leben von einem Schwert erstochen wurdest, steckt auf einer medialen Ebene dieses Schwert immer noch in dir und muss entfernt werden. Dieser Prozess kann ziemlich kompliziert werden, denn wenn du dich mit deiner Seele und später mit deiner Monade vereinst, wirst du damit beginnen, diese Prägungen aus deiner Seelenfamilie der 12 Seelenausdehnungen und deiner monadischen Familie deiner 144 Seelenausdehnungen mit ihren parallelen Leben zu entfernen. Natürlich wirst du alle Hilfe, die du benötigst, aus den höheren Bereichen erhalten. Die physische Schnittstelle von all diesem astralen und medialen Unrat erscheint als die Kernursache von vielen Virus- und bakteriellen Infektionen. Die meisten medizinischen Ärzte handeln nur auf der materiellen Ebene. Aber die wahre Ursache der Krankheit beginnt beim Implantieren, was üblicherweise während eines traumatischen

Ereignisses geschieht, wie bei einem Unfall, bei Depression, Scheidung, Gebrauch von Drogen, einem chirurgischen Eingriff – irgendeiner physischen oder psychologischen Unausgewogenheit. Diese Periode der Schwachheit erlaubt es den negativen Elementalen oder Parasiten, noch mehr Verwüstung in deinem System anzurichten. Die negativen Elementale sind negative Gedankenformen, die sich selbst an verschiedene Teile unseres physischen oder metaphysischen Körpers anhängen. Sie erschaffen Bahnen für Viren und Bakterien, die zuerst in den ätherischen Körper eintreten und dann eventuell in den physischen Körper. Geschieht es nicht oft, dass eine niedergedrückte Stimmung einer physischen Krankheit vorausgeht? Der physische Körper hat einen natürlichen Verteidigungsmechanismus, der gegen Krankheit kämpft, der metaphysische Körper hat dies jedoch nicht! Jeder auf der Erde hat solche Implantate und wir haben sie durch alle unsere vergangenen Leben hindurch gehabt. Wenn wir uns jedoch auf unserem Einweihungspfad voran bewegen, ist es wichtig, diese zu entfernen. Es ist auch bedeutend zu verstehen, dass, selbst wenn du deine Implantate und Eindringlinge entfernt hast, sie wieder kommen können und es auch tun. So ist es wesentlich, dass du ein Werkzeug und eine Methode hast, um dich selbst konstant zu klären.

Was kannst du also tun? Mache es dir zuerst zur Gewohnheit, dass du drei Mal am Tag gewissenhaft einen Schutz um dich herum aufbaust. Dies ist sehr hilfreich. Bitte die Meister darum, aus deiner Aura alle Lecks, Flecken, Löcher zu entfernen und deinen ätherischen Körper zu reparieren. Ja, der ätherische Körper oder Blaupausenkörper kann zerstört sein. Deshalb geht es vielen Menschen, die chronische Krankheiten haben, niemals besser, egal, was sie tun. Wenn du sozusagen aus einem zerrissenen Zustand heraus handelst, wie kannst du dann geheilt werden? Probleme treten auf, wenn wir unsere psychologische Arbeit der Klärung des negativen Egos und aller negativen Emotionen und der Haltung der Verurteilung, Wut,

Überlegenheit oder Unterlegenheit usw. nicht tun. Diese negativen Haltungen, besonders die emotional aufgeladenen, ziehen negative Elementale an, und deshalb müssen sowohl die psychologische als auch die mediale astrale Ebene gleichzeitig gereinigt werden, ansonsten wird die eine die andere besiegen.

Was kannst du sonst noch tun? Rufe den siebten Strahl von Saint Germain und die Violette Flamme der Umwandlung und bitte darum, dass er alle astralen und ätherischen Verunreinigungen klärt. Oder arbeite mit dem Strahl Nummer acht, der grün-violetten Flamme, die speziell zur Reinigung genutzt wird. Oder du kannst das Matrix-Entfernungsprogramm der Kernangst von Djwhal Khul und Vywamus anrufen. Es erscheint als Netzwerk aus gold-weißen Lichtsträngen, die sich über das Lichtnetz dieses Menschen und alle seine Chakren lagern. Das Matrix-Entfernungsprogramm entfernt nicht nur die Kernangst aus deinem Vier-Körper-System (nicht nur aus diesem Leben, sondern auch aus allen deinen vergangenen Leben und sogar aus allen deinen Seelen-ausdehnungen), es entfernt auch negative Implantate und Parasiten, negative Prägungen, ätherischen Schlamm, ätherische Schäden, astrale Entitäten, graue Felder, Irritationen, Flecken und Lecks.

Was kannst du sonst noch tun? Ersetze deinen ätherischen Körper durch einen neuen monadischen Blaupausen-Körper. Das wird sicherstellen, dass du mit einer perfekten Form arbeitest. Sei achtsam bezüglich eines jeden Gedankens, den du denkst, denn deine Gedanken erschaffen deine Realität, deine Gefühle, Emotionen, dein Verhalten und was auch immer du im Leben anziehst oder abweist. In dieser Hinsicht sind die Lichtarbeiter nicht achtsam genug. Sie tendieren dazu, in den „Autopiloten" zu gehen und zu vergessen, dass negative Gedanken zu negativen Gefühlen führen und damit die Aufmerksamkeit von negativen Elementalen, Parasiten und niederen astralen Entitäten wecken. Gib auch nicht physischer Krankheit deine Kraft. Was auch immer du denkst, programmiert dein Unterbewusstsein, um diese

Gedankenform in deinem physischen Körper zu erschaffen. Erinnere dich daran, dass Krankheit ein Widerstand gegen die Wahrheit ist. Christus kann nicht krank sein.

Ein anderes sehr nützliches Werkzeug, das aus dem Ashram von Djwhal Khul von den Arcturianern kommt, ist das Prana-Wind-Reinigungsgerät. Es ist wie ein Ventilator, der in deinem Solarplexus verankert ist und der allen negativen ätherischen Schlamm, der deinen physischen Körper verklebt, entfernt, indem er Energie durch alle Meridiane und Nadis bläst, um das gesamte Feld zu reinigen. Dies sind ein paar grundlegende Werkzeuge, die du nutzen kannst, um negative mediale Energien zu reinigen. Studiere bitte zur Vertiefung des Themas mein Buch *Seelenpsychologie*. Das Beste, was du tun kannst, ist dich selbst zu lieben. Kontempliere darüber!

27. Das universelle Gesetz der Mitschöpfung

Es gibt viele Menschen, die ihr Leben führen, ohne Gott und/oder die Meister regelmäßig um Hilfe zu bitten, und vermissen dabei jedoch die enorme Hilfe, Führung und Kraft Gottes. Andererseits gibt es Menschen, die im Leben sehr auf die himmlischen Kräfte ausgerichtet sind, die Gott und die Aufgestiegenen Meister der inneren Ebene oder die Engel um Hilfe bitten, aber ihren eigenen Teil nicht immer dazu beitragen. Gott und die Meister helfen denjenigen, die sich selbst helfen! Der spirituelle Weg offenbart sich im Zusammenwirken. Gott und die Meister tun ihren Teil, du musst jedoch auch selbst deinen Teil tun durch Selbstmeisterung, persönliche Kraft und angemessenes Handeln. Du musst auch die Verantwortung für das Programmieren deines Unterbewusstseins mit positiven Gedanken und Visualisierungen übernehmen. Dies trägt zum Prozess der Mitschöpfung bei. Der spirituelle Weg zeigt sich im 50:50 Verhältnis. Du musst deine 50 % tun und Gott und die Meister erledigen ihre 50 %.

Es gibt viele Lichtarbeiter, die Gott und die Meister anrufen, deren Leben jedoch trotzdem nicht funktioniert oder scheinbar keine Hilfe kommt. Es wird dennoch jedes Gebet beantwortet – im göttlichen Zeitplan und auf Gottes Weise. Gott arbeitet auf mysteriöse Weise. Vergiss dies niemals! Meistens liegt das Problem der Lichtarbeiter daran, dass sie auf einer bewussten und unterbewussten Ebene zu viel negativ denken und zu viele negative Emotionen haben und dies viele Blockaden verursacht, die weder Gott noch die Meister kontrollieren können, wenn der Lichtarbeiter auf dieser Ebene keine Verantwortung übernimmt.

Ein anderer interessanter Bereich der Mitschöpfung liegt im Bereich der Führung und Kreativität. Oft bitten die Menschen Gott und die Meister um Führung, was gut ist. Es ist jedoch auch wichtig, deine eigene mitschöpferische Kraft deiner Intuition, deines Geistes und deiner Kreativität einzusetzen, um auf der weltlichen Ebene etwas zu manifestieren. Du bist in der Lage bei vielen Themen und Lektionen des Lebens deine eigenen Antworten zu erhalten sowie kreativ zu sein. In der idealen Beziehung zu Gott und den Meistern findet ein mitschöpferischer Prozess statt sowie ein wirkender Funke zwischen diesen beiden Ebenen. Wenn beide Ebenen auf einer Stufe von 100 % wirken, dann führt dies zu wahrem Erfolg, Kreativität und zur Manifestation. Der Geist, mit dem uns Gott ausgestattet hat als Teil unserer Schöpfung, ist unglaublich kreativ. Er ist ein Aspekt von Gottes Geist. Sobald du an einem Projekt oder Problem arbeitest, rufe unbedingt Gott und die Meister an, setze dich dann nieder und führe ein Brainstorming mit deinen eigenen Antworten durch und siehe, was du aus deinem eigenen kreativen Bewusstsein heraus tun kannst.

Der andere extrem wichtige Punkt ist die Bedeutung dessen, nicht nur selbst mental aktiv zu werden, sondern auch selbst emotional und physisch aktiv zu werden. Viele Lichtarbeiter sind sehr naiv und denken wirklich, dass Gott und die Meister alles für sie tun werden, was, ohne es werten zu wollen, ein sehr naives und kindliches Verständnis ist. Die Hilfe von Gott und den Meistern sollte als Dessert gesehen werden. Wir alle sind Söhne und Töchter Gottes, Erwachsene und eigenständige Meister. Wenn Gott und die Meister für mich tun würden, was sie sowieso nicht können, aber wenn sie es täten, dann würden sie genau die Lektion, die ich in dieser Inkarnation lernen wollte, von mir nehmen. Das Schlüsselverständnis besteht darin, deine Liebe, Weisheit und Kraft auf allen Ebenen zu beanspruchen und dich nicht nur auf eine Ebene zu verlassen. Dies ist der wahre Schlüssel zum Erfolg! Mitschöpfung mit Gott und den Meistern ist das Kriterium und das Schlüsselwort für das Wassermannzeitalter, dieses neue Jahrtausend und das siebente Goldene Zeitalter. Wenn man mit den kosmischen und planetaren Aufgestiegenen Meistern auf dem spirituellen Weg zusammenarbeitet, könnte man dies als „Rakete zu Gott" bezeichnen.

28. Das universelle Gesetz des Mitgefühls

Eine der wichtigsten Qualitäten, die man auf dem spirituellen Weg entwickeln sollte, ist Mitgefühl. Es ist die Anerkennung dessen, dass der Schmerz anderer Menschen unser Schmerz ist und das Leiden anderer Menschen in Wahrheit unser Leiden ist, da alles Gott ist. Mitgefühl bedeutet jedoch nicht, das Leid der anderen auf dich zu nehmen und dich selbst psychologisch und physisch krank zu machen. Hier muss man den feinen Unterschied erkennen zwischen dem Unberührtsein und der Empathie, was Mitgefühl ist. Nimm das Leiden der anderen nicht auf dich, so dass es dich schwächt. Du kannst höchstes Mitgefühl für ihr Leiden haben. Mitgefühl ist eine der wichtigsten Buddha-/Christus-Qualitäten, die ein Mensch entwickeln kann. Wie Lord Buddha sagte: „Alle Wesen sehnen sich nach Glück, daher dehne dein Mitgefühl auf alle aus." Beachte diese Worte der Weisheit!

29. Das universelle Gesetz der Entschlossenheit und des Treffens von Entscheidungen aus einer integrierten Perspektive

Eine der wichtigsten Lektionen auf dem spirituellen Weg ist das Demonstrieren von „Entschlossenheit und Beständigkeit" auf allen Ebenen. Dies ist wirklich einer der großen Schlüssel zur Gottesverwirklichung und zum integrierten Aufstieg. Wenn du unentschlossen bist, dann bist du nicht zu 100 % in deiner persönlichen Kraft, und wenn du nicht zu 100 % in deiner persönlichen Kraft bist, dann bist du nicht zu 100 % in deiner Selbstmeisterung. Wenn du nicht zu 100 % in deiner Selbstmeisterung bist, dann bist du nicht beständig in allen deinen Körpern und allen Aspekten des Selbst. Jede Entscheidung, die du im Leben triffst, solltest du aus deinem ganzen Wesen heraus treffen, und nicht nur aus einem Teil deines Wesens. Entschlossen zu sein bedeutet, es mit jedem Teil deines Wesens zu tun oder es gar nicht zu tun. Sobald du etwas tust, tue es aus deiner Gesamtheit heraus.

Tue es mit deinem ganzen Herzen, deiner Seele, deinem Geist und mit aller Kraft. Tue es mit deinem spirituellen Körper, mentalen Körper, emotionalen Körper, ätherischen Körper und physischen Körper. Tue es mit deinem Überbewusstsein, Bewusstsein und Unterbewusstsein. Tue es in einem spirituellen, psychologischen und physischen Sinn. Tue es in der Verkörperung aller sieben Strahlen. Tue es in der Integration aller sieben Chakren. Tue es unter Berücksichtigung aller Häuser der Astrologie. Tue es in der Integration aller Sephiroth des Baum des Lebens. Bist du über- oder unteridentifiziert mit einem Sephiroth im Vergleich zu einem anderen? Bist du integriert und balanciert und siehst das Leben aus dem vollständigen kosmischen Baum des Lebens? Triffst du Entscheidungen nur aus der Betrachtung durch den planetaren Filter oder aus einer solaren, galaktischen, universellen, multi-universellen und kosmischen Perspektive? Fällst du Entscheidungen aus allen zwölf

Hauptarchetypen? Siehst du das Leben durch alle Karten des Tarots? Beanspruche zu 100 % deine persönliche Kraft! Bewahre zu 100 % eine positive mentale Haltung. Affirmiere und visualisiere dies. Handle so, als wäre es bereits deines. Handle zu 100 % auf der physischen Ebene. Sei immer zu 100 % entschlossen, zu 100 % in deiner persönlichen Kraft, bedingungslosen Liebe, zu 100 % in deiner Weisheit, zu 100 % in deiner aktiven Intelligenz und physische Handlung, zu 100 % in Harmonie und Schönheit, zu 100 % in der Genauigkeit und im Detail, zu 100 % in der Hingabe an dein Ideal und zu 100 % beim Befolgen der göttlichen Ordnung und Struktur, die du für dich selbst aufgestellt hast.

Nochmals, wenn du etwas tun möchtest, so tue es auf allen Ebenen oder tue es gar nicht! Es ist besser, etwas gar nicht zu tun als es halbherzig zu tun. Manchmal sind die Menschen in ihrer Kraft und manchmal nicht. Es schwankt. Dies ist keine Beständigkeit. Sie sind nicht immer vollständig in ihrer bedingungslosen Liebe. Sie tun Dinge spirituell und mental, aber nicht zu 100 % emotional oder physisch. Sie tun die Dinge nicht beständig mit 100 % ihrer Kraft in allen sieben Strahlen, welche die persönlichen Attribute Gottes darstellen. Andere lehren es, aber demonstrieren es nicht. Manche denken es, aber fühlen es nicht. Manche fühlen es, aber denken es nicht. Manche denken es, aber sprechen nicht darüber. Ihr bewusster Geist tut etwas und ihr unterbewusster Geist etwas anderes. Ein Körper tut etwas und ein anderer Körper tut etwas anderes. Sie haben persönliche Kraft, aber keinen Glauben. Sie haben Glauben, aber keine persönliche Kraft. Die Kombinationen sind endlos! Wenn du beständig bist, dann wirst du auf allen Ebenen unverwundbar und unschlagbar, denn du verursachst auf allen Ebenen deine Realität.

Die einzige Ebene, auf der das nicht stimmt, ist die physische und eventuell ist es auf dieser Ebene auch möglich, wenn du den physischen Aufstieg wählst. Dies entwickelt den physischen Körper in Licht und befähigt den Körper zu materialisieren und zu dematerialisieren. Die

Menschen leisten ihren Beitrag nicht auf allen Ebenen gleichermaßen an Gott. Sobald du ein integrierter spiritueller Meister geworden bist, wirst du in der Lage sein, deiner Intuition, deinem Herzen, deinem Geist, deinen Gefühlen, deinen Instinkten und deinem physischen Körper zu vertrauen, denn sie alle werden auf eine integrierte und balancierte Weise arbeiten und sie werden sofortige und genaue Führung gewähren. Dies ist wahr, solange du auch deine spirituellen und psychologischen Hausaufgaben gemacht hast, um das negative, auf Angst basierende Ego-Denken und -Fühlen loszulassen und nur noch mit deinem spirituellen Christus-/Buddha-Geist und aus dieser Perspektive zu denken und zu fühlen. Meine Freunde, das Ideal ist, in allem was ihr tut entschlossen zu sein. Was auch immer ihr im Leben tut, macht es mit 100 % eurer Energie. Es ist besser, entschlossen zu sein und eine falsche Entscheidung zu treffen, als unentschlossen zu sein und gar keine Entscheidung zu treffen, so als ob man "lau" wäre. Kontempliere darüber!

30. Das universelle Gesetz der Demonstration der göttlichen Gegenwart

Wenn du mit Gott im Himmel sein möchtest, dann handle wie Gott auf Erden. Es genügt nicht, nur an Gott zu denken oder Gott zu fühlen. *Sei* Gott in jedem Moment deines Lebens. Dies ist der Schlüssel, um Gott zu verwirklichen. „Wie viele heilige Worte du auch immer liest und sprichst, was werden sie an Gutem bewirken, wenn du nicht danach handelst?“ (Buddha)

Sai Baba, der kosmische Christus, sagte: „Der schnellste Weg, um Gott zu verwirklichen besteht darin, ihn in allem und jedem zu sehen, ihn in unseren Brüdern und Schwestern zu sehen, denn er *ist* unser Bruder und unsere Schwester.“ Jeder Mensch, jedes Tier, jede Pflanze und jedes

Mineral ist ein inkarnierter Gott. Grüße jeden Menschen so, als wäre er Meister Jesus oder Buddha oder Quan Yin – was er in Wahrheit ist. „Was du dem Geringsten meiner Brüder angetan hast, das hast du mir angetan", sagte Jesus. Behandle jedes Tier als Gott. Sieh in jedem Mineral die Verkörperung des Höchsten. Spiele die Rolle des höchsten Archetypen. Spiele Gott! Sei Gott! So wie es Nike so perfekt ausdrückt: „Tue es" oder möglicherweise noch genauer „sei es"! Oder wie die Bibel sagt: „Meine Kinder, wir wollen nicht mit Wort und Zunge lieben, sondern in Tat und Wahrheit." (1 Johannes 3:18) „Selig seid ihr, wenn ihr das wisst und danach handelt." (Johannes 13:17) „Hört das Wort nicht nur an, sondern handelt danach; sonst betrügt ihr euch selbst." (Jakobus 1:22) „Was ihr gelernt und angenommen, gehört und an mir gesehen habt, das tut! Und der Gott des Friedens wird mit euch sein." (Philipper 4:9) „Ihr aber seid stark! Eure Hände sollen nicht erschlaffen; denn euer Tun wird seinen Lohn finden." (Chronik 2. Buch 15:7) Oder wie Mutter Teresa sagte: „Wir sehnen uns nach dem Himmel, wo Gott ist, aber wir haben es in unserer Kraft, genau in diesem Moment mit ihm im Himmel zu sein. Doch mit ihm jetzt glücklich zu sein, bedeutet:

So zu lieben, wie er liebt.
So zu helfen, wie er hilft.
So zu geben, wie er gibt.
So zu dienen, wie er dient.
So zu retten, wie er rettet.
Mit ihm während 24 Stunden am Tag sein.
Ihn berühren, selbst wenn er als Kummer verkleidet ist.
Niemals verachten, zurückweisen oder unser Gesicht vor ihm verstecken."

31. Das universelle Gesetz des Entwickelns eines makellosen Charakters

Mahatma Karamchand Gandhi sagte: „Alle deine Gelehrsamkeit und Studien von Shakespeare und Wordsworth sind vergeblich, denn du kannst nicht zur gleichen Zeit deinen Charakter bilden und Meisterung über deine Gedanken und Handlungen erlangen."

Eine der wichtigsten Qualitäten eines integrierten Meisters ist das kontinuierliche Engagement, an sich selbst zu arbeiten und Charakterfehler zu korrigieren. Sai Baba sagte: „Der Körper wird leuchten, wenn der Charakter gut ist." Wenn man eine Vereinbarung trifft, so sollte man diese auch einhalten. Wenn man einen Stichtag festlegt und verspricht, dann etwas abgeschlossen zu haben, dann sollte man dies auch einhalten oder wenigstens den Mut haben, anzurufen und sich dafür zu entschuldigen, dass man es nicht einhalten konnte. Wenn man eine Verabredung trifft, dann sollte man diese nicht in der letzten Sekunde absagen, außer im Notfall. Wenn man etwas verspricht, dann sollte man dies auch einhalten oder erst gar nichts versprechen. Wenn man einen Fehler begeht, dann sollte man diesen Fehler zugeben und um Entschuldigung bitten.

Ein anderer Begriff für die Entwicklung des Charakters ist die Entwicklung des Christus- und Buddha-Bewusstseins im Mental- und Emotionalkörper. Sobald du einen Meisterstatus und Führerschaft erlangt hast und viele Menschen zu deinen Seminaren und Vorträgen kommen, dann bist du wie unter einem Mikroskop. Ein jedes Wort, alle Handlungen, Taten und geschriebenen Worte werden mikroskopisch untersucht werden. Sollte es den geringsten Mangel an Integrität, einen Widerspruch, Charakterfehler oder Mangel an Klarheit auf irgendeiner Ebene geben, werden es deine Teilnehmer sowie das allgemeine Publikum bemerken und es auf dich zurückwerfen. Erinnere dich an die Worte von John Wooden: „Fähigkeit mag dich an die Spitze bringen, aber es benötigt Charakter, um dort zu bleiben.“ Abraham Lincoln sagte: „Fast jeder Mensch kann ein Unglück überstehen, aber wenn du seinen Charakter prüfen möchtest, dann gib ihm Macht.“ Viele spirituelle Lehrer sind darauf nicht vorbereitet und gehen durch harte Lektionen, weil sie einen Mangel an Integrität, Unbeständigkeit und Charakterfehler haben. Manches Feedback, das sie erhalten, wird angemessen sein und manches wird vom negativen Ego anderer Menschen geprägt sein, die nach Fehlern suchen und kritisieren, damit sie sich selbst besser fühlen. Diese Menschen leiden selbst an einem mangelnden Selbstwertgefühl und sind in ihrem negativen Ego gefangen. Die Öffentlichkeit wird nicht nur ein unglaublicher Spiegel deiner Gedanken, Worte und Taten auf jeder Ebene sein, sondern du wirst auch von den Menschen in der Öffentlichkeit, die von ihrem negativen Ego beherrscht werden, angegriffen und kritisiert werden, selbst wenn du unbescholten bleibst und einen makellosen Charakter sowie Klarheit zeigst. Viele Menschen fühlen sich nicht gut, was sie selbst betrifft und werden vollständig von ihrem negativen Ego beherrscht. Dann werden sie eifersüchtig, konkurrenzierend, verurteilend, suchen Fehler, vergleichen und der einzige Weg, um sich selbst besser zu fühlen, besteht im Angriff anderer Menschen. Selbst wenn du in all diesen Qualitäten perfekt bist, musst du in dir eine große Sicherheit darüber tragen. Wenn du also mit seltsamen und exzentrischen Menschen zu tun hast, dann musst du sozusagen eine dicke Haut entwickeln. Es gibt nichts Wertvolleres als das Entwickeln eines anständigen Charakters. Es mag nicht so edel sein wie zu Channeln oder sich weiteren esoterischen Studien zu widmen, jedoch ist dies der tatsächliche Schlüssel für die integrierte Aufstiegsarbeit. Ohne die Entwicklung eines anständigen Charakters werden alle anderen Aspekte deines spirituellen Lebens durch dein negatives Ego vergiftet. Wie ein Sprichwort sagt: „Dein Verhalten, während Menschen dich beobachten, ist bedeutend. Jedoch ist dein Verhalten noch bedeutender, während dich niemand beobachtet, denn es enthüllt deinen wahren Charakter.“ Deine Beziehung zu dir selbst ist die Grundlage zu dir selbst. Nimm dir Zeit, um eine christusbewusste Basis aufzubauen und aus dieser spirituellen integrierten Struktur wird nur Göttlichkeit erwachsen. Wie die Bibel uns daran erinnert: „Wenn du durch das Schwert lebst, dann wirst du durch das Schwert sterben."

32. Das universelle Gesetz des Entwickelns einer guten Ernährung auf einer spirituellen, mentalen, emotionalen, ätherischen und physischen Ebene

Wir alle wissen um die Bedeutung, gute physische Nahrung zu uns zu nehmen, um die physische Chemie des Blutes in guter Balance zu halten und den Brennstoff zur Verfügung zu stellen, den wir benötigen, um Energie freizusetzen. In gleichem Maße müssen wir die Bedeutung dessen erkennen, wie wir unseren ätherischen, emotionalen, mentalen und spirituellen Körper ernähren. Die Menschen sollten viel bewusster und achtsamer mit ihren Gedanken sein, denen sie erlauben von innerhalb und außerhalb in ihr Bewusstsein einzutreten. Dies mag der einzige wahrhaft bedeutende Aspekt des ganzen spirituellen Weges sein, denn unsere Gedanken erschaffen unsere Realität, unsere Gefühle, Emotionen, Verhalten und alles, was wir anziehen. In jedem Moment unseres Lebens wählen wir, ob wir mit unserem spirituellen Geist denken oder mit unserem negativen Ego. Wenn wir unseren Geist nicht kontrollieren, dann können wir unsere Gefühle nicht meistern und wir werden keine rechte Beziehung zu uns selbst, zu Gott oder zu sonst jemandem in unserem Leben haben. Viele Menschen leben zu sehr in ihrem „Autopiloten" und erkennen nicht, wie unglaublich kraftvoll ihr Geist ist! Beobachte deine Gedanken freudvoll und achtsam, die von innerhalb kommen, ebenso wie die Gedanken, die von anderen Menschen in Form von Worten, Briefen, Büchern, Zeitschriften und Zeitungen etc. kommen. Um Gottverwirklichung und inneren Frieden zu erlangen, ist es erforderlich, dass du alle negativen Gedanken von innerhalb oder außerhalb daran hinderst, in dein Bewusstsein einzutreten. Du solltest dich jeden Tag als erstes mit einer halbdurchlässigen Schutzblase umgeben, die es erlaubt, dass positive Gedanken und Gefühle hereinkommen und negative Gedanken und Gefühle draußen bleiben. Und sei mit Freude achtsam!

Jedes Mal, wenn du deine Aufmerksamkeit verlierst und in den „Autopiloten“ verfällst, bist du in einem Zustand der Hypnose und lässt dich von anderen Menschen hypnotisieren! Der Prozess ist ähnlich bei deiner emotionalen Nahrungsaufnahme. Wenn du Musik hörst, dann sei achtsam hinsichtlich der Lieder und Texte, die du dir anhörst. Immer wenn wir in einem empfänglichen Zustand sind, befinden wir uns in Hypnose. Die Texte und Gefühlstöne programmieren dein Unterbewusstsein, ohne dass du dir dessen bewusst bist. Wir müssen uns kontinuierlich darum bemühen, die Ursache unserer Realität zu sein und nicht die Wirkung. Du solltest auch darauf achten, mit welchen Menschen du deine Zeit verbringst. Emotional negative Menschen sollten möglichst gemieden werden. Wenn du dich mit emotional negativen Menschen umgeben musst, dann lege deine Schutzblase an. Wenn du ins Kino gehst und dich nicht wohl fühlst bei dem, was du dir anschaust, dann bleibe nicht dort, bloß weil du sechs Euro ausgegeben hast, steh auf und geh. Wenn du dir gewalttätige und auf das niedere Selbst bezogene Filme anschaust, dann ist dies nicht nur eine Beleidigung für deinen Emotionalkörper, sondern auch eine Beleidigung für deine Seele und deinen Geist, der du in Wahrheit bist! Die meisten Menschen lassen in ihrer mentalen und emotionalen Achtsamkeit nach, wenn sie alleine sind. Nun, dies ist ein 24-Stunden Job, selbst wenn du schläfst! Nebenbei bemerkt sind 98 % unserer Träume eine symbolische Darstellung von unserem Denken und Fühlen während des Tages. Wenn du also nachts angenehme Träume haben möchtest, dann denke und fühle positiv während des Tages. Dies ist tatsächlich der Zweck der Träume, uns in visueller Form ein Feedback darüber zu geben, wie wir an diesem Tag gedacht, gefühlt und gehandelt haben.

Kehren wir zu dem Punkt zurück, freudvoll achtsam zu sein, auch wenn du alleine bist, anstatt in den „Autopiloten“ zu geraten und dich den Tagträumen des negativen Egos hinzugeben. Stoppe noch in der Sekunde deinen Geist, in der er in eine negative Richtung geht und lenke ihn woanders hin. Verändere konstant den Kanal für deinen Geist. Dies kannst du tun, indem du die Aktion des Geistes stoppst und entscheidest, einen anderen Gedanken zu denken. Du kannst es durch Affirmation, positive Visualisierung, Gebet oder durch Wiederholung des Namen Gottes tun. Soweit haben wir also nun die Bedeutung einer guten emotionalen und mentalen Diät besprochen.

Jetzt schauen wir uns die psychische Ebene an. Du bist beispielsweise allein und ärgerst dich über jemanden und spielst in deinem Geist und deinem Emotionalkörper eine emotionale Konfrontation durch. Dies erscheint den meisten Menschen sehr harmlos. Nun, das ist es NICHT! Die Wut, über die du auf der psychischen Ebene nachdenkst, kann als Pfeil gesehen werden, den du gegen das Subjekt deiner Gedanken schießt. Wenn die Aura des Betreffenden nicht stark ist, dann wird er in sein Feld eindringen und sich möglicherweise in seiner Leber oder sonst irgendwo festsetzen. Je stärker du spirituell entwickelt bist, desto mehr Kraft haben deine Gedanken, Bilder und Gefühle auf der inneren Ebene. Erkenne auch, dass wenn du an jemanden denkst, er dies telepathisch empfängt. Wir sind alle eins. Wenn Menschen ihre Sexualität und Fantasien aus dem niederen Selbst statt aus dem höheren Bewusstsein heraus leben, so beeinflusst dies andere Menschen. Unsere Tagträume beeinflussen andere Menschen. Kontempliere darüber!

Auf einer ätherischen Ebene ist es bedeutsam, freudvoll achtsam zu sein hinsichtlich der Energie. Es könnte sein, dass du das Haus von jemandem betrittst und dich nicht wohl fühlst mit der Energie in dem Raum oder du kommst am Abend nach Hause und nimmst eine merkwürdige Energie im Haus wahr. Oder du fühlst beim Erwachen seltsame Energien in deinen Feldern. Wenn dem so ist, dann bleibe nicht passiv und lasse diese fremde Energie nicht in deinem Feld. Rufe unmittelbar die Violette Flamme der Umwandlung, ein Platinnetz oder das Prana-Wind-Reinigungsgerät von den Aufgestiegenen Meistern der inneren Ebene. Bewahre auch deine freudvolle Achtsamkeit auf der Ebene des physischen Körpers. Iss nicht, wenn du nicht hungrig bist. „Zu viel Essen resultiert im Stumpfsinn des Geistes." (Sai Baba) Iss keine Fertignahrung, bloß weil du müde bist. Mache körperliche Übungen und gehe auch an die frische Luft. Es gibt Hunderte von Büchern über die Bedeutung von gesunder Ernährung auf der Ebene des physischen Körpers, deshalb werden wir dies hier nicht weiter vertiefen. Beachte dies! Wenn du deinen Teil erledigst und auf allen Ebenen, die wir in diesem Abschnitt besprochen haben, freudvoll achtsam bleibst, werden Gott und die Meister ihren Teil bezüglich der Bitte tun. Sie werden dein Vierkörpersystem wieder aufleben lassen und aufbauen sowie dein Zwölfkörpersystem in ein gut geschmiertes, gut ausgerichtetes spirituelles Vehikel und Gefäß für den „integrierten Christus", der du bist, transformieren.

33. Das universelle Gesetz des Entwickelns einer gesunden Psycho-Erkenntnistheorie

Dieses Gesetz ist so bedeutsam, dass wir beschlossen haben, es eingehender zu erklären. Der Begriff der Psycho-Erkenntnistheorie (die Erkenntnistheorie ist ein Gebiet der Philosophie, welches sich mit Fragen der Art befasst, wie Wissen zustande kommt, welche Erkenntnisprozesse denkbar sind, wie Wissen unter den verschiedenen Voraussetzungen begründet ist, und woran man erkennt, dass Wissen tatsächlich aufgrund von Erkenntnis angeboten wird. Die Vorsilbe „Psycho" kommt von dem griechischen Wort „Psyche", was „Atem" oder „Seele" oder „Geist" bedeutet) bedeutet das Wissen des Geistes oder der Seele. Es geht darum, dass jeder Mensch eine individuelle psychologische Art besitzt, um seine Erfahrung zu filtern. Weil sich deine Psycho-Erkenntnistheorie wie ein Filter verhält, könntest du ebenso gut nur den Begriff Filter benutzen. Jeder von uns hat eine Philosophie oder ein Glaubenssystem, was als Filter zur Interpretation der Wirklichkeit dient. Ein Mensch, der sich nicht auf dem spirituellen Weg befindet, besitzt ein völlig unbewusstes Filtersystem. Seine Sicht der Welt wird durch das Unterbewusstsein gebildet, das gemäß der Vielfalt der Glaubenssysteme der vergangenen Leben, der Erziehung in der Familie, der Schule, dem Massenbewusstsein, den Massenmedien usw. handelt. Ein Mensch mit dieser Art Filter tut unreguliert das, was auch immer in sein Bewusstsein vom Unterbewusstsein dringt.

Glücklicherweise sind die meisten Menschen bewusster. Sie haben verschiedene Formen der Philosophie und Psychologie erfahren und nutzen diese Ideen, um das zu filtern, was ihr Unterbewusstsein betritt. Diese Wahrnehmungsfilter sind so ähnlich wie die Filter, die ein Fotograf auf die Linse seiner Kamera setzt. Ohne Filter lässt die Linse die Farben des Films im Foto fast wie Wirklichkeit erscheinen. Niemand von uns sieht die Wirklichkeit in dieser Art. Wir alle haben Filter in unserer Wahrnehmung. Als menschliche Wesen betrachten wir die Realität durch eine Linse mit vielen Filtern. Unter diesen Filtern gibt es die balancierte Beziehung der drei Bewusstseinsebenen, der vier Körper, die weibliche und männliche Balance, die Balance zwischen Himmel und Erde, das Christusdenken gegenüber dem Denken des negativen Egos, der Bezug zu den Chakren, der Gesellschaft, der persönlichen Kraft, Selbstliebe, Einstimmung auf die Seele oder deren Mangel. Dieses Phänomen mit einem der oben genannten Themen ist als „verschlossener Geist" bekannt. Einen verschlossenen Geist gibt es dann, wenn wir in einem gewissen Aspekt, einer Linse oder einem Glaubenssystem feststecken und es nicht merken. Daher sind wir eingeschlossen und sehen das Leben nur durch eine sehr enge Linse. Jedes Glaubenssystem ist in Wahrheit eine Linse und daraus folgt ein potenziell verschlossener Geist. Diese Prinzipien und wie sie integriert und balanciert sind, bestimmt wie ein Mensch eine Erfahrung filtert. Wir geben hier nun einige Beispiele, um zu zeigen, wie diese Filtrierungssysteme funktionieren.

Das Chakra-System als Filter: Wenn ein Mensch in seinem ersten Chakra feststeckt, wird er oder sie die Wirklichkeit durch die Linse des Überlebens filtern. Der Filter erlaubt nur den Gedanken, die mit Überleben zu tun haben, zum Film durchzukommen und deshalb werden bei dem Foto, das der Mensch sieht, die Überlebensfarben verstärkt sein. Ein Mensch, der im zweiten Chakra feststeckt, wird jede Erfahrung durch Sexualität filtern. Ein Mensch, der im dritten Chakra feststeckt, wird jede Erfahrung durch die Linse der Gefühle filtern, was extrem verbreitet in unserer Gesellschaft ist. Für Menschen wie diese sind alle Gefühle und Emotionen verstärkt und sehr oft fällen sie ihre Entscheidungen danach, wie sie sich fühlen, anstatt danach, was sie denken. (Erinnere dich daran, dass unsere Gedanken unsere Gefühle und Emotionen erschaffen.) Ein Mensch, der im vierten Chakra feststeckt, wird alles durch das Herz sehen, was ein höher entwickeltes Verständnis sein mag, aber nichtsdestotrotz ist es immer noch eine Linse. Jemand, der das Leben durch das Kehlkopfchakra filtert – durch Willen und Kommunikation – mag alles als Kampf und Krieg interpretieren. Wenn man im Dritten Auge feststeckt, mag der Fokus auf die Erlangung von Weisheit und Einsicht ausgerichtet sein. Wenn man mit dem Kronenchakra überidentifiziert ist, so ist die Sicht auf den Himmel ausgerichtet, aber man ist nicht geerdet. Eine Balance und Integration aller Chakren ist die am höchsten entwickelte und gesündeste Psycho-Erkenntnistheorie.

Die weibliche und männliche Balance als Filter: Diejenigen mit dem weiblichen Filter überidentifizieren sich mit Gefühlen, Emotionen und körperlichen Begierden. Dieser Mensch geht immer durch emotionale Krisen und lebt auf einer emotionalen Achterbahn. Diejenigen mit dem männlichen Filter überidentifizieren sich mit dem Mentalkörper. Es ist ihnen nicht geheuer, Gefühle anzunehmen, so wie es jemandem mit einer emotionalen Psycho-Erkenntnistheorie weniger möglich ist, eine logische Annäherung zuzulassen. Das Weibliche umfasst auch das Mystische und verwirft das Okkulte, wohingegen der männliche Filter die mystische Seite des Lebens nicht angemessen enthält.

Himmel und Erde als Filter: Die himmlische Psycho-Erkenntnistheorie ist sehr wenig geerdet und filtert alles durch eine Besessenheit, wie man das Rad der Wiedergeburt durchbrechen kann und der Erde entfliehen kann. Diejenigen mit einer materialistischen Psycho-Erkenntnistheorie sehen durch den Filter der Wissenschaft und glauben, dass das einzige, was wirklich existiert, das ist, was sie mit ihren fünf Sinnen nachprüfen können.

Die drei Bewusstseinsebenen als Filter: Wenn man mit dem bewussten Geist überidentifiziert ist, so ist der Mensch besessen von Kontrolle und Macht. Der unterbewusst identifizierte Typ denkt, dass das Unterbewusstsein der Schlüssel zum Königreich sei, aber er versteht die Funktion des bewussten Geistes nicht wirklich und hat oft keinen Glauben an Gott. Er gibt dem Unterbewusstsein zu viel Macht und erkennt nicht, dass das Bewusstsein die größte Kraft in seinem Leben besitzt. Der bewusste Geist ist im Besitz seines Willens und seiner persönlichen Kraft. Und dann gibt es Menschen, die das Leben durch das Bewusstsein und das Überbewusstsein sehen, während sie das Unterbewusstsein ablehnen. Sie sind mit dem Spirituellen und den himmlischen Dingen vollkommen überidentifiziert und es mangelt ihnen an Ausrichtung auf die Entwicklung der Psychologie, des Charakters und darauf, dass ihr Leben auf der Erde funktioniert. Wenn man im Filter der traditionellen Psychologie feststeckt, so wird nur die Existenz des Bewusstseins und Unterbewusstseins akzeptiert und jeglicher Glauben an ein Überbewusstsein oder Gott abgelehnt. Die am meisten verbreitete unbalancierte Psycho-Erkenntistheorie sieht das Leben mit dem Geist des negativen Egos, das Unausgewogenheit verursacht und unsere Wahrnehmung verzerrt. Jede Wahrnehmung ist in gewissem Sinne ein Traum, doch die Idee dabei ist, dass wir Gottes Traum wahrnehmen und leben. Gottes Traum ist ein Spiegel und ein Fenster zur höchsten Realität.

Das Vier-Körper-System als Filter: Eine andere Art die spirituelle Vision zu begrenzen, liegt in der Betrachtung der vier Arten wie Menschen mit ihrem Vier-Körper-System in Beziehung stehen. Hier gibt es den eher spirituellen, mentalen, emotionalen oder physischen Typen. Manche Menschen betrachten das Leben durch ihre Gefühle und Emotionen. Andere Menschen sind eher intuitiv und betrachten das Leben hauptsächlich durch diese Linse. Andere Menschen sind noch mental und betrachten das Leben durch ihren Mentalkörper und sind nicht an Intuition, Gefühlen oder an ihrem physischen Körper interessiert. Andere Menschen betrachten das Leben durch ihre fünf Sinne; sie werden die Sinnestypen genannt. Wieder andere sind Kombinationen wie intuitiv/fühlend oder intuitiv/denkend oder jede andere Kombination, die du dir ausdenken kannst. Das Ideal liegt natürlich darin, ausgewogen zu sein und in einer integrierten und balancierten Weise durch alle vier Wahrnehmungslinsen zu schauen.

Astrologie als Filter: Wenn du in deinem Horoskop viel „Wasser“ hast, so magst du blinde Flecken haben, die mit „Luft“ zu tun haben. Wenn du viel „Feuer“ hast, so hast du vielleicht blinde Flecken bei der „Erde“ und umgekehrt.

Falsche ganzheitliche Theorie als Filter: Es stimmt, dass du deine Strahlen, Chakren, Unterpersönlichkeiten, Seelenausdehnungen, vier Körper usw. integrieren solltest. Was du jedoch NICHT integrieren solltest, ist dein negatives Ego. Du musst die Identifizierung mit deinem negativen Ego und seiner falschen Philosophie aufgeben. Du musst dein niederes Selbst zurückweisen und dich vollständig mit deinem Höheren Selbst identifizieren, um Gott zu verwirklichen. Eine allgemeine Psycho-

Erkenntnistheorie, die Lichtarbeiter allgemein fälschlicherweise haben, ist der Glaube, dass alles im Leben balanciert und integriert werden muss. Nochmals, du solltest alles balancieren, außer einer Sache: das niedere Selbst und das höhere Selbst. Du solltest die Art des negativen Egos zu denken und die Art des Christusdenkens nicht balancieren. Wenn du an diese Theorie glaubst, so wirst du am Ende sagen: „Die eine Hälfte der Zeit liebe ich und die andere Hälfte der Zeit greife ich an. Die eine Hälfte der Zeit habe ich hohe Selbstachtung, die andere Hälfte der Zeit niedrige." Du solltest also alle Qualitäten und Charakterzüge des negativen Egos überwinden. Du solltest sie weder verkörpern noch balancieren! Weshalb sollte jemand die Dunkelheit mit dem Licht balancieren wollen? Wir sind nicht hier, um Dunkelheit zu verkörpern. Sagte nicht Jesus zu seinem Schüler, der sich zu beklagen begann: „Hebe dich hinweg, Satan!" Jesus sagte nicht: „Komme, um dich in mir zu integrieren, Satan. Komme, um dich in mir zu integrieren und lass mich dich lieben und ich nehme dich in mir und meinem Körper auf, so dass ich dich in Licht verwandeln kann!" Meister Jesus sagte: „Hebe dich hinweg, Satan!" Wir sind das Licht der Welt, wie *Ein Kurs in Wundern* sagt.

Unsere wahre Identität ist Licht und Gott. Jegliche Dunkelheit wird vom negativen Ego erschaffen und nicht von Gott. Dunkelheit ist nur ein anderes Wort für das negative Ego. Wenn du tatsächlich glaubst, dass du Dunkelheit und Licht balancieren solltest, dann wird dein eigener Geist Dunkelheit erschaffen, denn deine Gedanken erschaffen deine Realität. Was du denkst, erschafft nicht die Wahrheit, aber was du denkst, erzeugt die Realität in der du lebst. Der Geist erschafft Sklaverei oder Befreiung. Die Menschheit hat die unglaubliche Kraft ihres eigenen Geistes noch nicht erkannt. Im besten Fall wird er dich in die höchsten Höhen der Gottesverwirklichung führen. Im schlimmsten Fall wird er Psychose oder Schizophrenie manifestieren, wenn er nicht gemeistert wird. Kontempliere darüber!

Schattenpsychologie als Filter: Die Jung'sche Philosophie ist verantwortlich für einen anderen Filter, der die Menschen oft in die Irre führt. „Seinen Schatten in Besitz nehmen" ist ein allgemeines psychologisches Konzept. Viele Menschen glauben, dass sie ihren Schatten integrieren müssen. Gott ist Licht. Und wir sind Licht. Es gibt in uns keinen Schatten. Jeder Schatten, den wir erleben, ist vom negativen Ego erschaffen. Nicht Gott, sondern der Mensch hat das negative Ego erschaffen. Deshalb dürfen wir das negative Ego nicht verleugnen, sondern wir müssen es erkennen, dafür Verantwortung übernehmen und es loslassen. Der Zweck des Lebens ist das Transzendieren des negativen Egos und nicht dessen Verkörperung. Die Idee hier ist das Verleugnen deines Schattens. Es ist ebenso wesentlich zu verstehen, dass wir alle potenziell ein negatives Ego haben, und wir alle haben ein negatives Ego in uns, das wir noch nicht geklärt haben. Es gibt manche verirrte Seelen, die umhergehen und denken, dass die dunkle Bruderschaft oder das negative Ego nicht existieren, was sehr gefährlich ist! Sobald sie dies denken, wurden sie von der dunklen Seite in Beschlag genommen. Wir müssen uns Klarheit darüber verschaffen, wie sowohl das negative Ego als auch der Christusgeist in uns arbeiten. Wenn wir die Existenz des negativen Egos als Potenzial verleugnen, dann können wir sicher sein, dass wir ein Opfer davon werden. Das Ideal besteht darin, das negative Ego oder den Schatten zu einem nicht vorhandenen Potenzial zu machen. Die Schlüssellektion ist also nicht, unseren Schatten anzunehmen, sondern auf der Hut zu sein, ihn loszulassen, denn wir alle haben das negative Ego potenziell in uns. Es ist nur eine Sache der Entscheidung! Wenn du Gott verwirklichen möchtest, so entscheidest du dich besser nicht für das Potenzial des negativen Egos.

Die traditionelle Psychologie als Filter: Wenn der Therapeut mit der Freud'schen Psychologie vertraut ist, so wird der Klient ebenso alles durch die Linse des zweiten Chakras und des Kampfes zwischen dem

Es, dem Ich und dem Über-Ich sehen. In der humanistischen Psychologie wird alles durch die Linse des Emotionalkörpers und des Ausdrucks der Gefühle gesehen. In der Gestalttheorie wird alles durch die Linse der Pro-Existenz und des Anti-Intellektualismus gesehen. In der Therapie nach Adler haben wir die Linse der gesellschaftlichen Psychologie. In der Beratung von Familiensystemen ist die Linse das Familiensystem und nicht die individuelle Psyche. Wenn jemand mit dem Behaviorismus vertraut ist, so wird er alles durch die Linse der positiven oder negativen Verstärkung, des Auslöschens des ungewollten Verhaltens und der Auswirkung der Umgebung auf das Verhalten sehen. Die kognitive Psychologie benutzt die Linse der Auswirkungen des Denkens auf das Verhalten usw. Ein Ernährungswissenschaftler sieht alles durch die Linse der Ernährung. Es ist wichtig, sich daran zu erinnern, dass jeder dieser Filter die Wahrnehmung verzerren wird.

Philosophie als Filter: Jeder philosophische Gesichtspunkt ist ein Filter. Es gibt wörtlich tausende von philosophischen Filtern, deshalb möchten wir hier nur ein Beispiel geben. Die Philosophie von Ayn Rand predigt Selbstsucht als Antwort auf die Probleme des Lebens, was sicher eine seelenlose Philosophie ist.

Beruf als Filter: Jeder Beruf trainiert seine Ausübende für einen Filter. Ein Komödiant sieht alles durch den Filter des Humors. Ein Rechtsanwalt sieht alles durch den Filter des gegensätzlichen gesetzlichen Kampfes mit der Orientierung auf den Gewinner/Verlierer. Ein Geschäftsmann arbeitet durch den Filter des Geldverdienens. Ein Künstler sieht alles durch den Filter der Schönheit. Ein Heiler sieht vielleicht alles als Energie und ein Sozialarbeiter durch den Filter der sozialen Verwicklung, und ein Astrologe arbeitet durch das astrologische Horoskop.

Wenn deine Psycho-Erkenntnistheorie nicht balanciert ist, spiegelt sich diese Unausgewogenheit in deinem ganzen Leben und in allen deinen

Beziehungen wider. Wenn deine Psycho-Erkenntnistheorie von deinem Ego verunreinigt ist, so werden dein Vier-Körper-System, alle deine Beziehungen sowie dein ganzes Leben verunreinigt sein. Jede dieser potenziell unbalancierten Psycho-Erkenntnistheorien ist nicht nur die Ursache dafür, dass das Individuum das Leben aus einem unbalancierten und verzerrten Zustand des Bewusstseins sieht, sondern auch dafür, dass man eine ziemlich unbalancierte und verzerrte Beziehung zu Gott und der Gotteskraft hat. Wenn man zu sich selbst eine falsche Beziehung hat, so verursacht dies eine Unbalance in jedem Aspekt des eigenen Lebens. Jedes Mal, wenn wir uns auf diese potenziell unbalancierten Psycho-Erkenntnistheorien einlassen, begrenzt dies unser breit gefächertes Bewusstsein, mit dem wir Gott erkennen könnten. Jedes Mal, wenn wir uns auf eine unbalancierte Psycho-Erkenntnistheorie einlassen, sehen wir das Leben durch ein immer kleiner werdendes Prisma. Suche nach der höchstmöglichen Wahrheit in dir selbst. Es benötigt für die meisten Menschen viel Mut und ein feines Gespür, sich selbst aus dem eisernen Griff des negativen Egos zu befreien. Ein Schlüssel zur Befreiung liegt in der Erforschung deiner Psycho-Erkenntnistheorie.

Der Zweck des Lebens liegt im Aufwachen aus dem Alptraum des negativen Egos und in der Demonstration des Christusbewusstseins auf Erden. Der erste Schritt besteht im Erwachen. Der zweite Schritt ist das Erkennen des Christusbewusstseins in anderen. Wenn du es nicht in anderen siehst, wirst du es in dir selbst verlieren. So wie du der Christus bist, ist es auch dein Nächster, egal, welche Entwicklungsstufe des Bewusstseins er hat. Der dritte Schritt ist das Demonstrieren dieses Bewusstseinszustandes 24 Stunden täglich, 7 Tage in der Woche und 365 Tage im Jahr. Durch das beständige Demonstrieren dieser Psycho-Erkenntnistheorie werden wir die Einweihungen durchschreiten und Gott verwirklichen können. Alles bildet einen Filter, der unsere Wahrnehmungen verzerrt, angefangen mit dem Planeten, auf dem wir leben, bis zur Religion, die wir praktizieren sowie unsere politischen Neigungen, ebenso wie unsere vergangenen Leben. Die Massenmedien, die Schulen, die weltlichen und spirituellen Lehrer tragen alle zu dieser Häufung an Filtern bei. Wir alle wollen das Gefühl, klar zu sehen, aber Tatsache ist, dass unsere Sicht der Realität viel mehr von diesen Filtern beeinflusst wird, als wir es realisieren! Im Idealfall werden wir uns klar darüber, welche Filter unser Bewusstsein beeinflussen, was bedeutet, alle Filter ausnahmslos als ein Teil des Ganzen zu akzeptieren. Das Ziel ist die Betrachtung des Lebens durch die Linse Gottes! Diese Klärungsarbeit betrifft uns alle und dieser Prozess erfordert eine intensive Innenschau, Selbstprüfung und Achtsamkeit. „Das Auge ist des Leibes Licht. Wenn nun dein Auge einfältig ist, so ist dein ganzer Leib licht; so aber dein Auge ein Schalk ist, so ist auch dein Leib finster." (Lukas 11:34) Beachte diese biblischen Perlen der Weisheit!

34. Das universelle Gesetz des Entwickelns einer Haltung der Distanz und Unverwundbarkeit

Eine der wichtigsten Qualitäten, die alle Lehrer des Neuen Zeitalters entwickeln müssen, ist eine Haltung der Distanz und Unverwundbarkeit. So wie ein Gummikissen, an dem die Dinge sanft abprallen oder sie perlen an einem ab, wie das Wasser vom Federkleid einer Ente. Idealerweise hast du verinnerlicht, dass du als ein Meister mental und emotional unverletzbar bist, weil du deine eigenen Gefühle und Gedanken verursachst. Diese Qualität erfordert die Kultivierung eines ausgeprägten Gespürs für das Selbst, eine gut entwickelte Selbstliebe und das Gefühl für den eigenen Wert sowie unablässige Meisterung und persönliche Kraft. Es ist wesentlich, dass alle Führungspersonen diese Kraft entwickeln, denn egal wie klar du bist, es werden immer noch Angriffe kommen. Und diese Angriffe sind wirkliche spirituelle Prüfungen, um zu sehen, wie stark und bereit du für eine Führerschaft bist. Wenn du wirklich in deine mächtige ICH BIN - Gegenwart und in das Bewusstsein eines Aufgestiegenen Meisters eingetaucht bist, so werden die Angriffe keine Wirkung haben. „Suche Zuflucht in der Haltung der Distanz und du wirst den Reichtum des spirituellen Gewahrseins anhäufen.“ *(Bhagavad-Gita)*

35. Das universelle Gesetz des Entwickelns einer effizienten Wahrnehmung der Realität

Eine der bedeutendsten Lektionen des Lebens ist das Entwickeln einer effizienten Wahrnehmung der Realität. Unsere Gedanken erschaffen unsere Realität. Alles, was wir denken, erscheint vollkommen wirklich. Wenn sich ein Mensch depressiv fühlt, was natürlich von seinem Denken erschaffen wurde, so erscheint dies vollkommen wirklich. Wenn sich ein Mensch wütend fühlt, was von seinem Geist erschaffen wurde, so erscheint dies auch vollkommen wirklich. Dies ist die Natur des Geistes, wie auch immer du dich selbst interpretierst. Das Leben ist der Traum, in dem du lebst. Manche Menschen leben in einer selbst erzeugten Hölle und manche in einem selbst erschaffenen Himmel. Die Bedeutung, über sich selbst richtig denken zu lernen und das Leben durch eine effiziente Wahrnehmung der Realität zu betrachten, kann nicht genug geschätzt werden. Jeder falsche Gedanke über das Selbst und Gott ist die Ursache dafür, dass du dein weiteres Leben aus einer unbalancierten Perspektive betrachtest. Das negative Ego oder jeder falsche Gedanke oder Glaube ist die Ursache dafür, dass du blinde Flecken innerhalb deines Selbst und deiner Sicht der Welt hast. Es gibt endlos viele falsche Gedanken, denn jeder Christus-/Buddha-Gedanke hat einen gegenteiligen Gedanken des negativen Egos und einen auf Angst beruhenden, trennenden Gedanken. Wenn ein Mensch das Leben durch die Augen des negativen Egos betrachtet, erscheint ihm jede Erfahrung als vollkommen real und alle seine Gedanken, Gefühle und

Handlungen scheinen gerechtfertigt, selbst wenn er in einer völligen Illusion lebt. Während deines nächtlichen Traumes erscheint dir alles real, solange du dich im Traum befindest. Vielleicht hast du einen Alptraum, und er erscheint dir vollkommen real. Im Leben ist dies ähnlich. Der einzige Unterschied besteht darin, dass die meisten Menschen nicht zu der Tatsache erwacht sind, dass sie noch in negativer Hypnose sind und sich immer noch im Traum befinden.

Deshalb ist alles, was wir denken, die Ursache dafür, wie wir fühlen und wie es uns erscheint und es fühlt sich richtig an. Aus der Perspektive des negativen Egos stimmt dies, doch aus der Christus-/Buddha-Perspektive ist es vollkommen illusorisch. Ein sich zur Wut berechtigt fühlender Mensch glaubt, dass seine Reaktion wirklich gerechtfertigt ist. In Wahrheit gibt er jedoch seinem negativen Ego nach. Wenn du an humanistische Psychologie glaubst, dann ist es in Ordnung, deine Emotionen – wann und wo immer du willst – auszudrücken, selbst wenn du andere Menschen angreifst und verletzt. Wenn jemand dieser Philosophie folgt, fühlt er sich selbstgerecht in dem, was er tut. Wenn du die Theorie von Carl Jung befolgst, musst du deinen Schatten integrieren. Wenn du ein Behaviorist bist, hast du keine freie Wahl und bist eine Ratte in einem Labyrinth, die positive oder negative Verstärkung erhält. Die Menschen stecken in allen Arten von Philosophien und Psychologien fest und meinen, sie hätten die Wahrheit erkannt.

Was ist Wahrheit? Siehe *Das universelle Gesetz der Wahrheit (Nr. 159)*. Eine effiziente Wahrnehmung der Wirklichkeit zu entwickeln, ist ein lebenslanger Prozess. Verweigere jedem Gedanken, der nicht von Gott kommt, deinen Geist zu betreten. Sei stets voller Freude aufmerksam. Versuche jederzeit die Reinheit Gottes zu bewahren. Sei vollkommen ehrlich mit dir selbst und untersuche deine Motivationen für alles, was du tust. Erledige deine psychologischen Hausaufgaben und nicht nur deine spirituellen. Wenn so viele Menschen – Lichtarbeiter, Schüler, Devotees, hohe Eingeweihte, Meister und selbst Erzengel (Luzifer) – dabei ins Wanken gerieten und es noch nicht einmal wissen, so glaube nicht eine Minute lang, dass es dir auch passieren könnte. In der Sekunde, in der du dieses denkst, bist du bereits gefallen! Entwickle daher eine effiziente Wahrnehmung der Wirklichkeit, dann hast du Augen zum Sehen und Ohren zum Hören, wenn die biblische Prophezeiung wahr wird: „... was kein Auge gesehen hat, kein Ohr gehört hat, kein Geist empfangen hat, was Gott für die vorbereitet hat, die ihn lieben."

36. Das universelle Gesetz des Entwickelns angemessener Grenzen

Es ist wichtig zu verstehen, dass angemessene Grenzen innerhalb des Selbst beginnen, ansonsten ist es unmöglich gesunde Grenzen bei anderen Menschen zu setzen. Gesunde Grenzen des Selbst beginnen mit dem Verständnis, dass es ein Bewusstsein gibt, dessen Inhalt von außerhalb und von innerhalb stammt. Ein Mensch mit gesunden Grenzen besitzt eine Distanziertheit zu jeglichem Inhalt des Bewusstseins und zu den Inhalten der äußeren Welt. Der Inhalt des Bewusstseins enthält alle Gedanken, Gefühle, Emotionen, Impulse, Begierden, die innere Führung, Unterpersönlichkeiten, Verlangen, das innere Kind usw. Zur Selbstmeisterung benötigt man Distanziertheit und Grenzen des Selbst. Dies kann als goldene Blase aus Licht um sich selbst visualisiert werden, welche dem Bewusstsein fast immer als Tor oder Kontrollpunkt dient, um spirituell zu unterscheiden, ob der spezielle Inhalt des Bewusstseins positiv oder negativ ist. „Verweigere jedem Gedanken, der nicht von Gott kommt, den Zutritt zu deinem Geist." Dies wird gesunde Verweigerung genannt.

Ein Mensch mit gesunden Grenzen wird zuerst alle Gedanken und Gefühle des negativen Egos verweigern und unmittelbar Gedanken und Gefühle des Melchizedek-/Christus-/Buddha-Bewusstseins affirmieren. So wird das Unterbewusstsein innerhalb von 21 Tagen neu programmiert. Die meisten Menschen auf der Erde erlauben es sich selbst, von ihrem Bewusstseinsinhalt beherrscht zu werden. Sie werden nicht nur vom Geist und den Gefühlen zu sehr beherrscht, sondern auch von Verlangen, unangemessenen Glaubenssystemen, Programmierungen des negativen Egos, Begierden des inneren Kindes, der Trägheit des Unterbewusstseins, schlechten Gewohnheiten und einer enormen Anzahl von Unterpersönlichkeiten aus der Programmierung der Gegenwart und der vergangenen Leben. Dies alles stammt in Wahrheit von falschen Grenzen.

Ohne gesunde Grenzen kann man sein eigenes Leben nicht bewusst führen, denn die eigene „Programmierung" trifft ansonsten stellvertretend die Entscheidungen. Wenn man dem Unterbewusstsein und dem Emotionalkörper die Leitung überlässt, ist dies eine direkte Einladung für das negative Ego, der Chef deiner Wirklichkeit zu sein. Wenn du keine gesunden Grenzen für dich selbst entwickelst, ist es unmöglich, gesunde Grenzen bei anderen Menschen zu setzen. Deshalb muss man eine rechte Beziehung zu sich selbst haben, bevor man eine rechte Beziehung zu Gott und den anderen Menschen haben kann. Wenn man keine rechte Beziehung zu sich selbst hat oder sich als Opfer fühlt, wird man auch aus dem Gleichgewicht bei Beziehungen mit anderen geraten und sich als Opfer fühlen. Die platin-goldene Schutzblase und die Grenzen wirken auch, um sich selbst vor allen von außen kommenden Energien zu schützen. Wenn man keine gesunde Beziehung zu dem von der äußeren Welt stammenden Bewusstseinsinhalt hat, lebt man grundsätzlich in einem Zustand der Hypnose. Die meisten Menschen auf dieser Welt leben in Hypnose und erkennen es nicht. Ein anderes Wort für Hypnose ist eine übermäßige Beeinflussbarkeit. Ohne Grenzen ist man der Programmierung und dem Einfluss der äußeren Welt auf das eigene Bewusstsein extrem ausgesetzt. Dies nennt man auch ein Opfer sein.

Ein integrierter spiritueller Meister wählt seine Realität auf allen Ebenen - innerhalb und außerhalb. Wenn man einmal gesunde Grenzen für sich selbst entwickelt hat, mit denen man beständig auf allen Ebenen seine Wirklichkeit verursachen und wählen kann, ist es viel leichter, gesunde Grenzen bei anderen zu setzen. Ein spiritueller Meister versteht, dass es eine Zeit gibt, um selbstbezogen zu sein und eine Zeit, um selbstlos zu sein. Eine Zeit, um sich um den Teil Gottes, der das Selbst darstellt, zu kümmern und eine Zeit, um sich um den anderen Teil Gottes zu kümmern, der in Wahrheit das ewige Selbst ist. Ein spiritueller Meister versteht, dass es eine Zeit gibt, um „Nein" zu sagen, und eine Zeit, um „Ja" zu sagen. Die meisten Menschen in der Welt sagen zu oft „Ja" zu sich selbst und zu anderen. Wir müssen lernen, mit uns selbst und anderen entschlossen und liebevoll umzugehen. Es gibt eine Zeit, um offen zu sein und eine Zeit, um verschlossen zu sein. Es gibt eine Zeit, um einen Extraschutz aufzubauen und eine Zeit, um offener und sensitiver zu sein.

Mit Schutz zu arbeiten ist eine der Arten, um gesunde Grenzen zu entwickeln. Die Menschen brauchen Schutz vor ihrem eigenen negativen Ego und vor den unangemessenen Energien des eigenen Bewusstseinsinhalts. Die Gedanken und Gefühle des negativen Egos existieren innerhalb genauso, wie sie außerhalb in Form von anderen Menschen mit Körpern und körperlos existieren. Die Menschen werden beständig von den Gedanken und Gefühlen der anderen zum Opfer gemacht und hypnotisiert und auch von den Menschen der inneren Ebene beeinflusst, die noch von ihrem negativen Ego beherrscht werden. Natürlich leben diese Wesen auf der astralen und mentalen Ebene. Wenn du das Verständnis und die Fähigkeit nicht entwickelst, das negative Ego in all seinen ungesunden Formen und Manifestationen innerhalb des Selbst zu erkennen, wirst du nicht in der Lage sein, es auch in anderen Menschen zu erkennen. Dann ist es so, als würdest du Scheuklappen tragen oder wärst in negativer Hypnose, was du dann in Wahrheit auch bist. (Literatur-Hinweis zur Vertiefung: *Methoden zum kraftvollen geistigen Schutz - Buch & Arbeits-CD* J.D.Stone/R.Lippert - R. Lippert-Verlag).

37. Das universelle Gesetz des Entwickelns der eigenen 38 planetaren und 11 kosmischen Sinne Gottes

Es gibt 38 planetare und 11 kosmische innere Sinne. Gott hat uns mit einem zusätzlichen sinnlichen Apparat versehen, der weit jenseits dessen wirkt, was wir jemals realisiert haben. Manche dieser höheren Sinne in dem buddhischen, atmischen, monadischen und logoischen Bereich, sind sehr viel feiner als die grundlegende Sinneswahrnehmung, an welche die meisten Menschen denken, wenn sie diesen Begriff verwenden. Jeder dieser Supersinne Gottes ist mit einer anderen Ebene des Bewusstseins der kosmisch-physischen Ebene verbunden. Wir müssen verstehen, dass ein jeder Mensch alle diese Sinne in sich trägt. Jedoch sind manche dieser Supersinne mehr entwickelt als andere, je nachdem wie uns Gott erschaffen hat, wie unsere Strahlenstruktur, unsere astrologische Konfiguration, unsere Geschichte der vergangenen Leben usw ist. Und so sollte es sein. Nicht jeder ist von Gott auserwählt, um alle diese Sinne zu entwickeln. Gott hat jeden Menschen anders erschaffen. Und gewisse Sinne können mit der Zeit bei manchen Menschen entwickelt werden. Bei anderen ist es nicht ihre spirituelle Bestimmung, Absicht oder ihr Puzzleteil, diese zu entwickeln. Bei gewissen Menschen werden die einer eher okkulten Natur entwickelt und bei anderen die einer eher mystischen Natur. Deshalb führen sowohl der okkulte als auch der mystische Weg zum gleichen Ziel. Im

Idealfall werden natürlich sowohl der okkulte Aspekt als auch der mystische Aspekt des Selbst innerhalb deines Selbst integriert. Die Grundlage aller 38 inneren Sinne ist die eigene psychologische Klarheit und die eigene Stufe des integrierten Aufstiegs. Wenn der integrierte Aufstieg und das breit gefächerte Bewusstsein nicht erreicht wurden, dann werden alle inneren Sinne, sowohl die von mystischer als auch die von okkulter Natur, verzerrt, gefärbt und im Extremfall korrumpiert und verunreinigt.

Physische Sinne – physische Ebene: Geruch, Geschmack, Sehvermögen, Berührung, Gehör.

Astrale Sinne – physisch-ätherische Ebene: Emotionaler Idealismus und Vorstellungsvermögen (hat mit dem Konzept zu tun, Ideale zu formulieren und den Emotionalkörper und Begierdenkörper mit der Vorstellungskraft zu engagieren, gleich einem Tagtraum), Hellsehen, Hellhören, Psychometrie (die Fähigkeit, einen Gegenstand zu halten und Information über dessen Besitzer zu erhalten, indem man sozusagen dem medialen Faden folgt). Hellhören, Hellsehen und Psychometrie sind auf die astrale Ebene begrenzt. Jedes Hellhören und Hellsehen geschieht durch verschiedene Filter. Wenn die psychologische Klarheit eines Menschen nicht entwickelt ist, so wird jedes Channeling und Hellsehen extrem korrumpiert und verunreinigt sein.

Niedrigere geistige Sinne – niedrigere geistige Ebene: Diskriminierung (auf der konkreten geistigen Ebene), planetare Psychometrie (auf einer planetaren Ebene auf der niedrigeren mentalen Ebene), höheres Hellsehen (auf der niedrigeren mentalen Ebene und nicht höher; ein Mensch kann Wesen sehen, die auf dieser Ebene der Realität und keiner höheren existieren); und höheres Hellhören (hören auf der niedrigeren mentalen Ebene und nicht höher; ein Mensch kann Entitäten von der niedrigeren mentalen Ebene channeln).

Höhere mentale Sinne – höhere mentale Ebene: Spirituelle Telepathie (die Fähigkeit, Gedanken zu senden und zu empfangen; automatisches Schreiben), Antwort auf Gruppenschwingung (hat mit dem Einstimmen auf eine Gruppe auf der Erde und/oder sogar in die Gruppenschwingung der Spirituellen Hierarchie als Ganzes zu tun; im Idealfall erhält man die Gruppenidentität aufrecht, bleibt jedoch gleichzeitig auch in Berührung mit der eigenen Gruppenidentität), spirituelles Unterscheidungsvermögen (höhere Ebene als in der vorgehenden Kategorie), höheres Hellsehen / Hellhören (begrenzt auf die höhere mentale Ebene).

Buddhische Sinne – buddhische Ebene: Idealismus (im Bereich des reinen Gedankens auf der buddhischen Ebene; betrifft die Fähigkeit, den Plan Gottes auf der buddhischen Ebene begrifflich zu erfassen und zu verstehen), Intuition (reines Wissen jenseits des rationalen Denkens). Göttliche Vision (einen höheren Sinn für den Plan haben; betrifft klares Sehen, Intuition und Kennen der Absicht der Aufgestiegenen Meister und des göttlichen Planes bezüglich der buddhischen Ebene; auch ein verfeinertes Stadium der Vision, des Sehens und der Kommunikation mit den Meistern), Heilen (die Fähigkeit, im Sinne der inneren Ebene mit Licht zu heilen oder eine Art des Handauflegens, indem die reinen Strahlen Gottes genutzt werden), Verständnis (die Fähigkeit, Dinge mit dem Bewusstsein der buddhischen Ebene zu verstehen).

Atmische Sinne – atmische Ebene: Allumfassendes Wissen (die Fähigkeit, jegliches Wissen auf dieser Ebene anzuzapfen und die Wahrheit hinter jeder Situation herauszufinden; wahres Wissen), Vollkommenheit (Streben nach Exzellenz; Streben nach einem untadeligen Charakter, angefüllt mit Christus-/Buddha-Eigenschaften und einem Geist, der die meisten negativen Eigenschaften des Egos überwindet), Verwirklichung (vollkommene Fusion mit der Monade; das Individuum realisiert die Einheit mit dem All und fühlt, erfasst intuitiv, weiß und zeigt dies auf allen Ebenen als Realität seines Seins), aktiver Dienst (das Demonstrieren Gottes im täglichen Leben), Seligkeit (hat mit dem höheren Sinn von Seligkeit zu tun; es ist die Seligkeit, welche die Essenz Gottes in sich trägt; Jesus Christus ist in seinem geistigen Stand ein Beispiel für Seligkeit).

Monadische Sinne – monadische Ebene: Monadisches Gruppenbewusstsein (ausgedehnteres Gefühl der Einheit mit den anderen 11 Seelenausdehnungen von der Überseele und den 144 Seelenausdehnungen der eigenen Monade), vollkommene monadische Fusion (Realisierung des Erlangens des Aufstiegs, was dasselbe ist, wie zu sagen, dass man die Einheit mit seiner Monade erlangt hat), monadisches Verständnis (die Fähigkeit, Dinge mit dem Monadenbewusstsein zu verstehen und nicht länger nur mit dem Höheren Selbst), monadische Vision (die Fähigkeit, durch die Augen der Monade zu sehen und nicht länger durch die Augen der Persönlichkeit, der Überseele, des negativen Egos oder des niederen Selbst), monadische Verwirklichung (vollkommenes Gefühl, Intuition und Wissen, dass du die mächtige ICH BIN - Gegenwart in einem physischen Körper auf Erden bist).

Logoische Sinne – logoische Ebene: Synthese (die Fähigkeit, durch ein breit gefächertes Spektrum zu sehen und zu wirken, anstatt durch eine fragmentierte Linse auf der logoischen Ebene; dies muss vollständig ausgebildet und demonstriert werden, erst dann ist man ein vollkommener Repräsentant des Planetaren Logos), mit dem Auge Gottes sehen (planetare Vision, die sich auch in kosmische und solare Bereiche ausdehnt), Verständnis des göttlichen Planes (die Fähigkeit, den göttlichen Plan des Planetaren Logos, Lord Buddha, zu verstehen, so wie er es beabsichtigt, dass dieser sich auf allen Ebenen unseres Planetensystems zeigt), volle Einstimmung auf den Planetaren Logos (Vervollständigung der sieben Einweihungsstufen; vollständige Fusion auf einer Ebene von 99 % mit der Monade und mit dem Planetaren Logos, Lord Buddha), logoische Verwirklichung (vollkommene

Verwirklichung der siebten Ebene des Bewusstseins und das Erlangen der Befreiung aus dem physischen Rad der Wiedergeburt), logoisches Verständnis (eine Stufe des Verständnisses, die alle sieben Ebenen des Bewusstseins umfasst; eine Stufe des Verständnisses, in dem Eingeweihten vollständige planetare Meisterung gewährt wird).

Kosmische Sinne – kosmische Ebene:
Die 11 kosmischen Sinne sind:

Kosmische Synthese,
kosmisches Wissen,
kosmische Vollkommenheit,
kosmische Verwirklichung,
kosmischer Dienst,
kosmische Seligkeit,
kosmischer Idealismus,
kosmische Vision,
kosmisches Verständnis,
kosmische Heilung,
kosmische Intuition.

Diese 11 Sinne sind die kosmischen Entsprechungen zu den 38 planetaren Sinnen, die oben beschrieben sind. Die planetaren Sinne werden innerhalb der ersten sieben Stufen der Einweihung entwickelt; die kosmischen Sinne werden innerhalb der 352 Stufen der Einweihung auf der kosmischen Skala aufwärts entwickelt.

38. Das universelle Gesetz des Entwickelns des eigenen Gewissens

Unser Gewissen ist der Aspekt des Selbst, der uns richtig und falsch unterscheiden lässt. Es ist sozusagen unser „moralischer Kompass". Es gibt viele Menschen, die kein gut entwickeltes Gewissen haben. Wie kann das sein? Zunächst haben sie keine Verbindung zu ihrem spirituellen Leben. Ohne ein spirituelles Leben besteht ihr „moralischer Code“ darin, grundlegend das zu tun, was sie fühlen. Ohne ein spirituelles Leben werden die eigenen Gefühle hauptsächlich vom negativen Ego beherrscht. Sie haben keine Verbindung zu ihrem Höheren Selbst und zu ihrer Monade, die sich solange nicht um die inkarnierte Seele kümmert, bis diese beginnt, der Geistigen Welt Aufmerksamkeit zu schenken. Die Geistige Welt und deine Monade lassen dich wissen, wenn du etwas Falsches tust. Das Problem besteht darin, dass die meisten Menschen in dieser Welt, einschließlich vieler Lichtarbeiter, ihr Ego extrem verteidigen. Was bedeutet es, das Ego zu verteidigen? Es bedeutet, dass das negative Ego mit seiner endlosen Anzahl an Stimmen, Unterpersönlichkeiten, Glaubenssystemen, selbstbezogenen Motivationen, seinem Narzissmus, seiner Selbstgerechtigkeit, seinem trennenden Denken, seinen Angriffsgedanken und seinem Ehrgeiz die Persönlichkeit zu sehr unterdrückt. Es gibt Menschen, die so selbstgefällig sind und so sehr von ihrem negativen Ego beherrscht werden, dass sie irgendetwas sagen und tun und dir immer wieder ins Gesicht lügen, ohne dass es ihnen etwas ausmacht. Sie haben fast keine Integrität und deutlich kein Gewissen.

Wie kann das sein? Was verursacht dies? Dafür gibt es zwei Gründe: Erstens, einen Mangel an angemessenem psychologischen Training und deshalb wird zweitens das individuelle Wesen vom negativen Ego beherrscht. Es ist erstaunlich, wenn du diese Menschen fragst, ob sie ein Gewissen haben oder sie integer und ehrlich sich selbst und anderen gegenüber sind, wird jeder Einzelne „Ja“ sagen und meinen, dass er vollkommen integer sei. Aus der Sicht der Geistigen Welt ist die Wahrheit, dass sie aus Machthunger, Geld und Ruhm von ihren selbstbezogenen Emotionen des negativen Egos beherrscht werden und nicht die geringste Ahnung haben, dass ihre Motive bis zum Kern selbstbezogen sind. Die Entwicklung des Gewissens ist also auf zwei

Punkte zurückzuführen. Sie kommt aus der Geistigen Welt und aus dem Inneren des psychologischen Selbst. Die meisten Menschen werden vom negativen Ego beherrscht und deshalb fällt es ihnen schwer, Fehler einzugestehen, Fehler zu entschuldigen und die unendlichen Möglichkeiten zu erkennen, womit das negative Ego den Menschen dazu bringt, von Angst und selbstbezogenen Motiven beherrscht zu werden.

Die Entwicklung des Gewissens wird blockiert, indem man erlaubt, sich von den eigenen Gefühlen und Emotionen beherrschen zu lassen. Wenn Menschen glauben, dass alle negativen Gefühle und Emotionen real sind und von außen kommen, tun sie was sie fühlen, anstatt integer zu sein und auf ihr Gewissen zu hören. Ihr Gewissen ist sozusagen durch die zu große Nachgiebigkeit gegenüber ihrem Emotionalkörper ausgeschaltet. Bei anderen Menschen wird das Gewissen ausgeschaltet, indem sie sich von ihrem Geist beherrschen lassen und all die Gedanken in ihrem Geist sowie die Gefühle und Emotionen schalten die Stimme des Höheren Selbst und des Heiligen Geistes aus, ebenso wie die psychologische Stimme des Gewissens.

Andere Gründe für das Ausschalten des Gewissens liegen darin, sich durch das Gedankensystem des negativen Egos beherrschen zu lassen oder die mangelnde Fähigkeit, die wahren Motive zu erkennen. Viele sind wie Wölfe im Schafspelz! Manchmal wird das Gewissen auch trotz größter Bemühungen des Menschen blockiert, weil er keine vollständige Kontrolle über sein Unterbewusstsein hat. Sein Bewusstsein versucht es redlich, doch sein Unterbewusstsein folgt einer anderen Priorität. In dieser Welt ist dies sehr verbreitet, weil es den Menschen nicht beigebracht wird, wie sie ihr Unterbewusstsein meistern können und wie es dem Bewusstsein und dem Überbewusstsein dienen kann. Deshalb hängt die Entwicklung des „wahren Gewissens“ und der Integrität enorm von der spirituellen und psychologischen Arbeit ab, die man für das Selbst leistet, um wahre spirituelle und psychologische Meisterung zu erlangen.

Halte inne und entwickle dein Gewissen mit allen Mitteln bis zur höchstmöglichen Ebene. Je mehr du dein Bewusstsein auf allen Ebenen verfeinerst und reinigst, desto subtiler und feiner wird dein Gewissen. So wie du ein flügge gewordener Aufgestiegener Meister wirst, wird dein Gewissen unmittelbar zu dir sprechen, sobald du den leisesten negativen Gedanken denkst oder das leiseste negative Gefühl hast. Es wird dich auf die subtilste Form der Unehrlichkeit mit dir selbst und mit anderen aufmerksam machen. Lass dich von deinem Gewissen nicht zum Opfer machen, aber stehe zu 100 % mit Integrität und Verantwortlichkeit hinter allem, was du verursacht und erschaffen hast, selbst auf den subtilsten Stufen. Niemand sollte ein Opfer seines Gewissens sein, denn man sollte stets der Meister all seiner Energien sein, jedoch sollte man sein Gewissen niemals verleugnen und unterdrücken, auch wenn die Lektion eine notwendige Anpassung und Korrektur innerhalb und außerhalb des Selbst sein sollte. Folglich sollte man nicht zu stark oder zu wenig sensitiv sein. Ausgewogenheit ist auch hier ein Schlüsselprinzip. Erinnere dich immer an die heiligen Worte von Sai Baba: „Der Weg zu Unsterblichkeit liegt in der Überwindung der Unmoral." Kontempliere darüber!

39. Das universelle Gesetz des Entwickelns der Berührung von König Midas

Midas war König von Phrygien, einem antiken Land in Kleinasien, dem der Gott Dionysus die Kraft gab, alles in Gold zu verwandeln, was er berührte. Nun, es liegt auch in unserer Kraft, alles, was wir berühren, in Gold zu verwandeln. Die Formel für das Entwickeln der Midas Berührung ist sehr einfach. Bleibe stets in deiner Kraft. Bleibe stets bedingungslos liebend und vergebend. Bleibe stets auf Gott, deine mächtige ICH BIN - Gegenwart und die Aufgestiegenen Meister eingestimmt. Bleibe in allem, was du tust, balanciert. Bleibe stets die

Ursache deiner Realität. Und bemühe dich vor allem darum, vollständig frei vom Ego zu werden. Gib niemals der Angst, der Trennung und der Selbstbezogenheit nach. Lege das Gelübde eines Bodhisattvas ab und widme dich selbst vollständig dem Dienst an der Menschheit. Entwickle stetige Selbstliebe und Selbstwert. Hafte an nichts und gebe den Dingen nur den Vorzug. Bete und meditiere beständig. Erkenne, dass du einen individuellen Körper und einen Gruppenkörper hast und kümmere dich um beide. Reinige deinen physischen, emotionalen, mentalen, ätherischen und spirituellen Körper von allen physischen Giften, negativen Gedanken, Implantaten, negativen Elementalen, astralen Entitäten, negativen Gedanken, ätherischem Schlamm und unbalancierten Energien. Bleibe stets im spirituellen Buddha-/Christus-/ Melchizedek-Bewusstsein und interpretiere niemals die Realität mit dem negativen Ego oder dem niederen Selbst. Dies sind die Schlüssel zur Entwicklung der Midas Berührung!

Es benötigt enormes Engagement, Selbstmeisterung, Selbstdisziplin, große Freude und starke Konzentration. Du bist hier, um in Gottes Augen Größe und Erhabenheit zu erlangen. Verschwende diese Inkarnation nicht an das niedere Selbst und mache keine Umwege. Du wurdest für eine viel größere Mission, Absicht, Bestimmung und Schicksal erschaffen. Beanspruche deine Macht, Führungskraft und dein Engagement, um deinen Aufstieg zu vollenden und lass dich durch nichts in diesem Universum davon abhalten, egal wie groß die Prüfung ist. Wenn du dich ab sofort nur noch darum bemühst, diese einfachen Prinzipien in deinem täglichen Leben aufrechtzuerhalten und dies wie ein Ertrinkender, der um Luft ringt, tust und niemals aufgibst, egal wie groß die spirituelle Herausforderung ist, dann wirst du die Berührung des Königs Midas erlangen und alles, was du denkst, sagst und tust, wird sich in Gold und in Gott verwandeln! Namaste!

40. Das universelle Gesetz der Disziplin

Das Leben ist ein Marathonlauf und kein Sprint! Du musst eine spirituelle Ausrichtung und Struktur aufbauen, so als ob du drei Mal in der Woche zur Gymnastik gehst und trainierst. Du übst nicht drei Wochen lang und hörst dann wieder auf. Du musst in Form bleiben. Es ist an der Zeit, „das Auge des Tigers" zurückzufordern, wie es in dem Film *Rocky* heißt. Es ist Zeit, zur spirituellen Gymnastik, zur mentalen Gymnastik, zur emotionalen Gymnastik und zur Gymnastik selbst zurückzukehren. Es ist Zeit, deine Miete an Gott auf allen Ebenen zu bezahlen. Es ist Zeit, physisch, emotional und spirituell fit zu werden. Du wirst niemals ein Meister der Manifestation der „Midas Berührung" werden, ohne diese Haltung einzunehmen und dies zu demonstrieren. Das negative Ego wird versuchen, es zu sabotieren. Es wird sagen: „Ich kann nicht, ich bin zu beschäftigt mit meiner Liebesbeziehung. Ich bin zu müde. Ich mache es morgen. Eines Tages werde ich es tun. Ich gebe auf!" Höre nicht auf die schwachen Entschuldigungen des negativen Egos. Sai Baba sagte: „Disziplin ist das Zeichen eines intelligenten Lebens." Du musst dich selbst fragen, ob du Gottesverwirklichung und Gottesmanifestation in jedem Aspekt deines Lebens möchtest. Wenn die Antwort darauf ja lautet, dann erarbeite dein spirituelles Programm und höre nicht mit deiner spirituellen Praxis auf. Sei nicht träge und zögerlich. Führe deine spirituellen Übungen kontinuierlich durch. *Die Upanischaden* lehren uns: „Nicht durch die Schwachen, nicht durch die Unaufrichtigen, nicht durch diejenigen, die falsche Disziplin praktizieren, kann das Selbst realisiert werden. Das Selbst enthüllt sich wie der Herr der Liebe sich denen enthüllt, die rechte Liebe praktizieren!" Das negative Ego lässt dich dein Programm für kurze Zeit durcharbeiten und dann wird es zerstreut durch Seitenstraßen, Versuchungen, spirituelle Langeweile, Mangel an Selbstdisziplin, Mangel an spiritueller Struktur oder Aufgeben. Der einzige Weg zur Manifestation ist das Durcharbeiten deines Programms. Dies ist kein

Hundert-Meter-Lauf und dann ist es vorüber und du kehrst zurück zu deinem regulären Leben. Dies ist ein lebenslanges Programm. Es ist ein Vollzeitjob, ein spiritueller Meister und meisterhaft in der Manifestation der Midas Berührung zu sein. „Denn Gott hat uns nicht einen Geist der Verzagtheit gegeben, sondern den Geist der Kraft, der Liebe und der Selbstdisziplin.“ (2. Brief an Timotheus 1:7)

41. Das universelle Gesetz des göttlichen Gleichmuts

Dieses Gesetz ist wirklich ein goldener Schlüssel! Es enthält das Kultivieren der Qualität des göttlichen Gleichmuts. Es ist die Qualität, Beobachter und objektiv zu sein, nicht anzuhaften und trotzdem beteiligt zu sein. Es geht um den Unterschied zwischen Mitleid und Mitgefühl. Beim Mitleid nimmst du die Last des anderen Menschen auf dich. Mitgefühl wahrt Grenzen und ein gesundes psychologisches Immunsystem. Ein effektiver Mensch und geistiger Führer muss diese Qualität besitzen. Dadurch kann man auf das Leben antworten, anstatt auf es zu reagieren. Kontempliere darüber!

42. Das universelle Gesetz der Träume

Träume können aus dem Überbewusstsein oder aus dem Unterbewusstsein stammen. Meistens werden unsere Träume durch unser Unterbewusstsein erschaffen. Ein Traum ist grundsätzlich ein Spiegel für die Art, wie wir während unseres bewussten täglichen Lebens denken, fühlen und handeln. Ein Traum ist wie eine Zeitung, die wir jede Nacht bekommen, welche die Organisation und Dynamik unserer inneren Energien enthält. Ein Traum ist ein automatischer Prozess, den uns das Unterbewusstsein als Feedback bringt. Dieses Feedback ist wesentlich, denn sehr oft manifestieren wir Muster in unserem Leben, deren wir uns nicht bewusst sind. Unsere Träume sind unser Hauptspiegel, der uns wissen lässt, dass unser Bewusstsein nicht im Einklang mit dem Überbewusstsein und dem Unterbewusstsein ist. Daher sollte jeder morgens nach dem Aufstehen seine Bewusstseinshaltung korregieren, um sich zu vergewissern, dass sein Bewusstsein in der richtigen Ausrichtung ist. Dies ist eine der Hauptarten, wie das Überbewusstsein, das Bewusstsein und das Unterbewusstsein in vollkommener Integration, Harmonie und Balance zusammenarbeiten können.

Natürlich reflektieren die Träume auch alle positiven Muster. Wenn du wirklich spirituell und psychologisch am Ziel bist, so wird dir dies in deinen Träumen gezeigt werden. Träume sprechen in der universellen Sprache der Symbole. Wenn man die Beziehung der Symbole untereinander untersucht, kann man Einsicht in und Verständnis für die Gedankenmuster erlangen, die sich selbst in unserem Leben und in unseren Handlungen manifestieren. Der Schlüssel besteht nun darin, wie du herausfindest, was deine persönlichen Symbole sind. Betrachte jeden Morgen beim Aufwachen deine Träume und deine bewussten Gedanken, Gefühle, Worte und Handlungen vom Vortag. Wenn du diese Dinge und deine Traumsymbole sorgfältig erforschst, wirst du Symbole erkennen, die wiederholt auftreten.

Führe genaue Aufzeichnungen darüber. Eine andere Möglichkeit zum Erkennen deiner persönlichen Traumsymbole besteht darin, dass du nur die Hauptsymbole in deinen Träumen untersuchst. Das Unterbewusstsein, das Höhere Selbst und die mächtige ICH BIN - Gegenwart werden dir immer Symbole geben, die wirklich herausragen und den Punkt oder die Lektion betonen, die enthüllt werden soll. Nimm einfach jedes Symbol und schaue, was es darstellt. Manchmal zeigen die Träume entweder einen Fehler oder eine Überreaktion oder weisen auf ein verleugnetes Selbst oder eine subtile Unbalance hin, die eingestellt werden muss, um sicher zu sein, das ganze Bild zu erhalten. Wir träumen immer von verschiedenen Menschen. Untersuche einfach die

Persönlichkeitszüge dieser Menschen und du wirst erkennen, dass dieser Aspekt von dir selbst manifestiert wurde. Jeder Aspekt deines Traumes stellt einen Teil von dir selbst dar. Zuweilen hast du auch einen Traum, der beschreibt, was bei einem anderen Menschen oder in einer äußeren Situation vorgeht. Manchmal reflektiert es beides: eine innere und eine äußere Situation. Natürlich ist es immer wichtig, deine Träume als Reflektion von Teilen deiner selbst zu betrachten.

Der Schlüssel, um deine persönlichen Symbole herauszufinden, besteht nun darin, dass du deine Träume aufschreibst und ihre Spur verfolgst. Es gibt eine Sache, nach der du Ausschau halten musst. Wenn die Menschen ihre Träume deuten, geschieht dies oft aus einer unbalancierten Psychologie und spirituellen Philosophie. So denken sie, dass sie eine Bestätigung ihres Glaubenssystems erhalten hätten, wenn in Wahrheit das negative Ego ihren Traum interpretiert und damit seine eigene Philosophie verstärkt. Deshalb vergewissere dich, dass du zu 100 % ehrlich mit dir selbst bist und höre niemals damit auf, ein breit gefächertes Bewusstsein zu entwickeln.

Wenn wir auf dem Aufstiegsweg voranschreiten, werden wir mehr Träume spiritueller Natur haben. Diese Träume stammen nicht aus dem Unterbewusstsein, das mit dem Traum Dinge bearbeitet, es sind auch keine Träume, welche nur die Ereignisse des Tages wiederholen, so dass wir diese Geschehnisse aufarbeiten können. Wenn wir mit diesen nicht-spirituellen Träumen arbeiten, kann uns dies enthüllen, was bei uns vorgeht und kann für unser psychologisches Training eine große Hilfe sein. Die Träume, die durch den höheren intuitiven Sinn kommen, sind tatsächlich Berichte der spirituellen Begegnungen auf der inneren Ebene. Menschen erinnern sich oft daran, dass sie an Klassen der okkulten Studien, die in Intervallen von den Meistern abgehalten werden, teilgenommen haben. Es mag Träume der Vorausahnung geben, die uns auf Ereignisse von persönlicher oder planetarer Natur vorbereiten, mit denen wir zu tun haben werden. Es mag Träume geben von tatsächlichen Begegnungen mit spezifischen Meistern auf der inneren Ebene, bei denen die Gespräche durch das Bewusstsein in Erinnerung kommen oder nicht, aber das Wissen über das Treffen mit dem Meister ist vollkommen klar vorhanden.

Deine Träume aufzuschreiben, hat einen enormen Wert, weil du dann verstehen lernst, was das Unterbewusstsein und das Überbewusstsein / die höhere Intuition dir sagen möchte und auch woher der Traum wirklich stammt. Es gibt auch Träume, mit denen du deine Zeit nicht vergeuden solltest. Manchmal führt eine reichhaltige Mahlzeit zu später Stunde dazu, die planetare Situation, den Photonengürtel oder viele andere Dinge zu träumen. Deshalb solltest du generell mit ihnen arbeiten, aber nicht zwanghaft damit umgehen und ihnen niemals deine persönliche Kraft überlassen und auch wissen, wann du sie loslassen solltest. Sei immer der Meister deiner Träume und nutze sie, um dich selbst auszurichten. Lass sie jedoch nicht zum Meister über dich werden!

Wenn du es nicht magst, wie ein Traum ausgegangen ist, nutze deine kreative Visualisierung, um den Traum in der Art neu zu erschaffen, wie es dir gefällt, als eine Art Programmierungsmethode. Erinnere dich stets daran, dass das Unterbewusstsein und die Träume dir nicht sagen, was du tun sollst. Das Unterbewusstsein überhaupt keine Vernunft besitzt. Das Unterbewusstsein reflektiert dir, wie du dein Denken, Fühlen, deine Worte und dein Verhalten manifestierst. Es sagt dir nicht, was du tun sollst. Es zeigt dir nur, was du tust. Wenn du dies in Symbolen reflektiert und gespiegelt siehst, erkennst du es klarer und kannst daher eine Wahl treffen, um dein Bewusstsein auszurichten, wenn es nicht dein spirituelles und psychologisches Ideal reflektiert. Die Arbeit mit deinen Träumen kann dir helfen, dein Bewusstsein wirklich zu weiten, einen untadeligen Charakter zu entwickeln und so rein wie Gott zu werden und so makellos in jedem deiner Gedanken, deiner Gefühle, deiner Worte und Handlungen zu werden, wie es dir möglich ist.

43. Das universelle Gesetz der Ermächtigung

Das universelle Gesetz der Ermächtigung umfasst mehrere Ebenen. Zunächst sollte jeder Mensch auf einer bewussten Geistesebene im Besitz seiner persönlichen Kraft sein, um Gottesverwirklichung und Selbstmeisterung zu erlangen und ein flügge gewordener Aufgestiegener Meister zu werden. Jeder Mensch muss seine persönliche Kraft besitzen und zu 100 % seinen Geist, seine Emotionen, seine Wünsche, seinen physischen Körper, seine Energien, sein Unterbewusstsein, das negative Ego und das innere Kind unter Kontrolle haben. Er muss im Besitz seiner persönlichen Kraft sein und diese nicht anderen Menschen, äußeren Situationen oder sogar spirituellen Lehrern, Gurus, den Aufgestiegenen Meistern oder Gott überlassen. Jeder wahre spirituelle Lehrer - und auch Gott - ist nicht daran interessiert, deine persönliche Kraft zu besitzen, er will eher das Gegenteil. Sie sind daran interessiert, dich zu ermächtigen!

Die zweite Ebene der Ermächtigung besagt: Sobald du ein Meister über dein Unterbewusstsein geworden bist, musst du ihm Anweisungen geben wie einem Computer, um seine enormen Fähigkeiten vorteilhaft zu nutzen. Du kannst dein Unterbewusstsein durch Affirmationen, kreative Visualisierung und einfach durch das Christus-/Buddha-Denken so programmieren, dass es dein treuer Diener wird.

Die dritte Ebene der Ermächtigung liegt im Anrufen der enormen Kraft deines Überbewusstseins, des Höheren Selbst und/oder der Überseele. Hier besteht das Schlüsselverständnis darin, dass es so lange nicht erlaubt ist, dir zu helfen, bis du darum bittest. Bitte dein Höheres Selbst immer wenn du Hilfe benötigst und seine Kraft der Führung und der Manifestation wird dich erstaunen!

Die vierte Ebene der Ermächtigung hat damit zu tun, dass du deine eigene mächtige ICH BIN - Gegenwart oder Monade um Hilfe bittest oder darum betest. Dies ist die individualisierte Geistige Welt oder der Funken Gottes in dir. In Wahrheit ist es deine wahre Identität und das, was du im Prozess eines flügge gewordenen Aufgestiegenen Meisters auf Erden bist.

Die fünfte Ebene der Ermächtigung liegt im Anrufen der Dreifaltigkeit von Gott, Christus und dem Heiligen Geist, um dir bei jedem deiner spirituellen Wünsche und Bedürfnisse zu helfen und ihre unendliche Liebe, Weisheit und Kraft werden dir jedes Bedürfnis erfüllen, solange deine Gebete nicht vom negativen Ego motiviert sind.

Die sechste Ebene der Ermächtigung liegt im Anrufen der planetaren und kosmischen Aufgestiegenen Meister, der Erzengel und der lichtvollen Engel Gottes, des Elohim Rates und der Elohim Meister, der christusbewussten Außerirdischen, Mutter Erde, Pan und der Naturgeister und der gesamten Gotteskraft für jedes deiner Bedürfnisse und Wünsche. Bitte und du wirst die unendliche Liebe, Weisheit und Kraft Gottes empfangen!

Die siebte und letzte Ebene der Ermächtigung liegt in der Zentrierung in deinem physischen Körper. Im physischen Körper lebt ein Körperelemental. Es ist das Bewusstsein des Physischen, das mit Liebe, Weisheit und physischer Kraft angefüllt ist, um dir bei der Erfüllung deiner Mission zu helfen. Der physische Körper besitzt eine Intelligenz. Sprich zu deinem physischen Körper und liebe ihn und mache ihn zu einem Teil deines spirituellen Teams. Es ist sehr schwer, deine spirituelle Mission zu erfüllen, wenn dein physischer Körper nicht ermächtigt ist. Tue also alles was du kannst, um dein physisches Vehikel zu ehren, zu respektieren und dich darum zu sorgen, damit es ermächtigt und gesund bleibt und dir gut dient.

Dieser Abschnitt fasst *Das universelle Gesetz der Ermächtigung* zusammen. Wie du an diesen Zeilen erkennen kannst, ist die Ermächtigung nicht nur eine Kraft des ersten Strahles, sondern auch die

Ermächtigung der dreifaltigen Flamme. Wenn du versuchst, dich selbst ohne bedingungslose Liebe zu ermächtigen, so wird dieses Programm nicht effektiv sein. Wenn du versuchst, dich selbst ohne Weisheit zu ermächtigen, so wird es nicht funktionieren. Deshalb muss wahre Ermächtigung diese drei göttlichen Qualitäten verkörpern, um dich selbst wirklich als ermächtigt zu bezeichnen. Dies ist wahre Ermächtigung aus der Perspektive Gottes. Wenn du mit den Ebenen der Liebe, Weisheit und Kraft auf balancierte und integrierte Weise arbeitest, wenn du frei vom negativen Ego bist und konzentriert auf das Christus-/Buddha-Bewusstsein ausgerichtet bist, wird dir die unendliche dreifaltige Kraft der Schöpfung zur Verfügung gestellt. Gott, seine Kräfte und dein eigenes integriertes, balanciertes Selbst bilden ein unschlagbares Team!

44. Das universelle Gesetz der Gleichheit

Lord Krishna sagte: „Wer den Herrn immer gleich in allen Wesen sieht, den Unverderblichen unter den Verderblichen – der sieht in der Tat!" Zwischen den Menschen mag es Unterschiede geben bezüglich körperlicher Kraft, finanziellem Status, intellektuellem Scharfsinn, doch alle sind in den Augen Gottes gleich. „Ich betrachte jegliche Kreatur als gleich; niemand ist mir weniger lieb und niemand mehr lieb." *(Bhagavad Gita)* Das negative Ego sagt uns, dass wir den anderen überlegen oder unterlegen seien oder beides. Die Geistige Welt sagt uns, dass wir alle Christus seien. Die Menschen mögen diese Wahrheit unterschiedlich demonstrieren, jedoch ist das „Ich" in dir dasselbe wie das „Ich" in mir. Das „Ich" ist Gott selbst oder der Christus. Egal welche Worte wir sprechen, das „Ich" ist dasselbe für jeden. Gott ist als das ewige „Ich" in allem und jedem inkarniert. Beachte die Worte von Meister Jesus: „Ich verlasse euch in der Hoffnung, dass die Fackel der Freiheit so lange in eurer Brust brennen wird, bis kein Zweifel mehr daran besteht, dass alle Menschen frei und gleich erschaffen wurden. Sei deshalb vollkommen, so wie dein Vater im Himmel vollkommen ist!" Wir verlassen euch mit den Worten von Dr. Martin Luther King, Jr., wie sie auf den Stufen der Gedenkstätte von Lincoln in Washington am 28. August 1963 gesprochen wurden: „Mein Traum ist, dass diese Nation sich eines Tages erheben wird, um die wahre Bedeutung seines Glaubensbekenntnisses zu leben: Wir halten diese Wahrheiten, dass alle Menschen gleich erschaffen wurden, für selbstverständlich.'" Kontempliere darüber!

45. Das universelle Gesetz, dass alles im Leben eine spirituelle Lektion, eine Prüfung und Herausforderung ist

Alles, was im Leben geschieht, ist eine Prüfung, eine Lektion, eine Herausforderung und eine Gelegenheit zum Wachstum. Edgar Cayce hat sich darauf bezogen, als er sagte, dass alles, was geschieht, ein Sprungbrett für das Wachstum der Seele ist. Alles, was im Leben geschieht, ist ein Geschenk. Es würde nicht geschehen, wenn wir nichts zu lernen hätten. Alles, was zu uns kommt, ist unser eigenes persönliches Karma und ist etwas, das wir entweder in dieser Lebenszeit oder in einem vergangenen Leben in Bewegung gesetzt haben. In jedem Moment unseres Lebens werden wir spirituell geprüft. Jeder Gedanke, den wir denken, ist ein spiritueller Test. Jeder Gedanke, den du denkst, entstammt entweder der Liebe oder der Angst. Den ganzen Tag lang, selbst wenn wir schlafen oder träumen, strömen Gedanken entweder von innerhalb oder von außerhalb zu uns. Jeder einzelne Moment im Leben ist ein spiritueller Test, um nur göttliche Gedanken zu denken.

Dasselbe gilt für jedes Gefühl und jede Emotion, die du erschaffst. Es ist ein spiritueller Test. Deine Einstellung, Wahrnehmung, Interpretation und dein Glaubenssystem sind die Ursache für deine Gefühle und Emotionen. Dies ist eine unanfechtbare Tatsache und ein Gesetz des

Universums. Wenn wir mit unserem Christus-Geist denken, erschaffen wir nur spirituelle Gefühle. Wenn wir mit unserem negativen Ego denken, erschaffen wir negative Gefühle und Emotionen. Jeder Moment, selbst wenn du alleine bist, ist ein spiritueller Test, um zu sehen, ob du stets deinen Emotionalkörper im Gottesbewusstsein halten kannst. Jedes Wort, das du sprichst, jeder Moment deines Lebens ist ein spiritueller Test. Entstammen deine Worte dem negativen Ego oder dem Herzen Gottes? Worin liegt die mentale Motivation für deine Worte? Stammen sie aus dem selbstbezogenen Ego oder aus dem wahren Gottesbewusstsein? Was ist der Gefühlsklang deiner Worte? Gibt es Angriffsenergie, Wut und Kritik oder tragen sie den Gefühlsklang der bedingungslosen Liebe und des Nicht-Beurteilens in sich?

Jede Handlung, die du unternimmst, sei sie auch noch so klein, ist ein spiritueller Test. Kommt eine Handlung von Gott und ist sie von Gott und dem Gottesbewusstsein motiviert oder aus dem negativen Ego und dem trennenden, auf Angst begründeten Bewusstsein? Ein jeder Einsatz deiner Energie, wie gering er auch sein mag, ist ein spiritueller Test, um zu sehen, ob du deine Energie dafür nutzt, Gott zu dienen und nicht dem negativen Ego, der Angst, dem niedrigeren Selbst, dem sinnlichen Selbst, dem trennenden Denken und dem Opferbewusstsein. In jeder Situation des Lebens gibt es eine angemessene Antwort und eine unangemessene Antwort. Jeder Moment des Lebens ist ein spiritueller Test, um zu lernen, in der Weise angemessen zu reagieren, wie Gott es tun würde. Jede Interaktion mit einem anderen Menschen ist ein spiritueller Test, um zu sehen, ob wir stets in bedingungsloser Liebe, Vergebung, Nicht-Verurteilen, Geduld, Dienst, Einheit und Einssein bleiben können. Jede Interaktion mit einem Tier, einer Pflanze oder einem Mineral ist ein spiritueller Test, um mit Gott und seinen Königreichen in Harmonie zu sein. Jeder Moment des Lebens ist ein spiritueller Test und eine spirituelle Gelegenheit, um Gott zu realisieren oder nicht zu realisieren. Wenn du einen negativen Gedanken denkst, verlierst du in diesem Moment deine Gottesverwirklichung auf der mentalen Ebene. Wenn du dir selbst erlaubst, eine negative Emotion zu fühlen, verlierst du in diesem Moment deine Gottesverwirklichung auf der emotionalen Ebene. Wenn du dich unangemessen verhältst, verlierst du in diesem Moment deine Gottesverwirklichung auf der physischen Ebene.

Wie es Swami Nityananda ausdrückt: „Es gibt verschiedene Prüfungen, denen ein Devotee unterliegt; diese können den Geist, den Intellekt, den Körper usw. betreffen. Es gibt eine Anzahl solcher Prüfungen. Tatsächlich führt Gott die ganze Zeit über Prüfungen durch. Jeder Vorfall im Leben ist eine Prüfung. Jeder Gedanke, der im Geist auftaucht, ist in sich selbst eine Prüfung, um zu sehen, welche Reaktion man haben wird. Daher muss man immer wachsam und zurückhaltend sein, indem man bei sich selbst einen Geist der Nicht-Anhaftung aufrechterhält und alles als gute Gelegenheit sieht, um Erfahrung zu erlangen, sich selbst zu verbessern und zu einem höheren Stadium zu gelangen." Was geschieht, wenn wir diese spirituellen Prüfungen nicht immer bestehen? Die Antwort lautet „nichts" – in dem Sinne, dass alles vergeben ist und alles immer in bedingungsloser Liebe bleibt. Fehler sind positiv und nicht negativ und jeder Fehler kann in etwas Positives verwandelt werden, wenn du die goldene Essenz der Weisheit aus diesem Fehler erlangst.

Beachte die Weisheit des Dalai Lama: „Wenn du verlierst, dann verliere nicht die Lektion." Sai Baba sagte: „Jede Erfahrung ist eine Lektion; jeder Verlust ein Gewinn." Sobald Gottesverwirklichung auf einer spirituellen, psychologischen und physischen Ebene erlangt ist, wird das Dienen der einzige Zweck sein, um auf der Erde zu sein. Die schwerste Lektion von allen kommt dann, wenn ein Mensch in die Position einer Führungskraft und/oder eines spirituellen Führers über andere gelangt. Siehe *Das universelle Gesetz der Führerschaft und Selbstmeisterung (Nr. 81)*. Bleibe rein in Gott und denke stets daran, dass alles, was im Leben geschieht, ein spiritueller Test ist. Höre stets auf die leise Stimme in dir, um deiner Führung zu folgen. „...sondern gedenke an ihn in allen deinen Wegen, so wird er dich recht führen." (Sprüche 3:6) „Denn er gibt seinen Engeln die Aufsicht über sie und lässt sie auf all ihren Wegen beschützen." (Psalmen) „Des Menschen Herz erdenkt sich seinen Weg; aber der HERR allein gibt, dass er fortgehe." (Sprüche 16:9) „...und deine Ohren werden hören hinter dir her das Wort zu sagen: dies ist der Weg; den gehet, sonst weder zur Rechten noch zur Linken!" (Jesaja 30:21) Beachte die Worte von Meister Jesus: „Wer mir folgt, wird nicht in Dunkelheit wandeln."

46. Das universelle Gesetz des Vertrauens und der Rechtschaffenheit

Die Bibel sagt: „Wer sich auf seinen Reichtum verlässt, der wird untergehen; aber die Gerechten werden grünen wie ein Blatt." (Sprüche 11:28) Dieses Gesetz ist eine liebevolle Mahnung, rechtschaffen in Gott zu bleiben. In der Bibel gibt es eine wunderbare Geschichte, die Geschichte von Hiob. Hiob war ein rechtschaffener Gottesmann mit einer Familie und Kindern, einer großen Farm und materiellem Wohlstand. Satan kam zu Gott und meinte, dass jeder an Gott glauben und ihn verehren kann, wenn die Dinge gut laufen. Aber was ist, wenn die Dinge nicht gut laufen und jegliche äußere Unterstützung genommen wird? Gott hatte Vertrauen in Hiob und erlaubte es Satan, zuerst den Wohlstand von Hiob zu nehmen, dann seine Frau und die Kinder. Hiob blieb rechtschaffen. Satan bat um eine weitere Prüfung und darum, Hiob die Gesundheit zu nehmen. Dies war das Stroh, das den Rücken des Kamels von Hiob brach und er verlor seine Rechtschaffenheit vollständig. Später kam Gott zu Hiob und teilte ihm mit, dass dies alles eine Prüfung seines Charakters, seiner Tugend und Rechtschaffenheit gegenüber Gott war.

Es ist einfach, rechtschaffen zu sein, wenn alles gut läuft. Die wahre Prüfung besteht darin, rechtschaffen zu bleiben, wenn die Dinge nicht so gut laufen. Hiob hörte die Wahrheit in dem, was Gott sagte und erwiderte: „Ich kam nackt aus dem Schoß meiner Mutter und nackt werde ich wieder gehen. Der Herr hat es gegeben und der Herr hat es genommen. Gesegnet sei der Name des Herrn!" Hiob erlangte seine Rechtschaffenheit zurück und seine Gesundheit, Familie und sein Wohlstand kehrten zurück. Hiob fuhr fort: „Selbst wenn ich sterben sollte, werde ich rechtschaffen in Gott bleiben." Ein jeder durchläuft an einem gewissen Punkt seiner spirituellen Reise diese Prüfung. Es ist tatsächlich die stärkste Prüfung unseres spirituellen Glaubens und unserer Rechtschaffenheit in Gott. Wie auch immer deine Situation sein mag, bewahre stets dein Vertrauen und deine Rechtschaffenheit, ob es sich um Herausforderungen der Gesundheit, des Geldes, des Todes, das Ende einer Beziehung oder Probleme mentaler oder emotionaler Natur handelt. Bewahre deine persönliche Kraft und dein Vertrauen, denn Jesus sagte: „Bleibe vertrauensvoll bis zum Tod und ich gebe dir eine Krone des Lebens." „Der Herr öffnet den Blinden die Augen, er richtet die Gebeugten auf. Der Herr liebt die Gerechten." (Psalmen 146:8-9) „Besser das Wenige, das der Gerechte besitzt, als der Überfluss vieler Frevler." (Psalmen 37:16) „Schreien die Gerechten, so hört sie der Herr; er entreißt sie all ihren Ängsten." (Psalmen 34:18)

47. Das universelle Gesetz des Glaubens, Vertrauens und der Geduld in Gott und die göttlichen Gesetze

Eine der Möglichkeiten, wie das negative Ego sabotiert, liegt in der Erzeugung von Zweifeln, Angst und Ungeduld. Einige Schlüssel im Leben sind Glauben, Vertrauen und Geduld. Du musst an Gott, die Meister und an Gottes Gesetze glauben, wovon dir einige hier in diesem Buch mitgeteilt werden. Wie soll es möglich sein, wenn du vollkommen in deiner persönlichen Kraft bist, positiv denkst und fühlst, erfüllt von der Liebe Gottes und der Meister bist, mit Weisheit, Kraft und der Macht deines Unterbewusstseins richtig handelst und alle Einsichten und Vorschläge, die hier auf diesen Seiten unterbreitet werden in rechter Weise nutzt, dass du im Leben nicht erfolgreich bist? Wir haben es hier nicht mit einer skurrilen Sache zu tun. Wir haben es mit den kosmischen und universellen Gesetzen zu tun. Wenn du sie anwendest, wirken sie immer! Deshalb habe Glauben, Vertrauen und Geduld in Gott und seine Gesetze. „Wer bittet, soll aber voll Glauben bitten und nicht zweifeln; denn wer zweifelt, ist wie eine Welle, die vom Wind im Meer hin und her getrieben wird." (Jakobus 1:6) In der Bibel steht: „Denn als Glaubende gehen wir unseren Weg, nicht als Schauende." (2 Korinther 5:7) „Glaube aber ist: Feststehen in dem, was man erhofft, Überzeugtsein von Dingen, die man nicht sieht." (Hebräer 11:1) „Darum sage ich euch, alles, worum ihr betet und bittet - glaubt nur, dass ihr es schon erhalten habt, dann wird es euch zuteil." (Markus 11:24) Bleibe vertrauensvoll bis zum Tod und ich gebe dir eine Krone des Lebens. Bitte und es wird dir gegeben. Das ist das Gesetz! Du musst nur Vertrauen und Glauben in Gott und seine Gesetze haben. Jesus sagte: „Wahrlich ich sage euch: Wenn ihr Glauben habt wie ein Senfkorn und ihr zu dem Berg sagt, hebe dich hinweg, dann wird er sich bewegen und euch wird nichts unmöglich sein! Wer seinen Namen kennt, wird dir vertrauen: der Herr, der diejenigen, die ihn suchen, nicht vergessen hat. Ihr braucht Geduld, denn wenn ihr den Willen Gottes ausgeführt habt, erhaltet ihr das Versprechen." „Seid fröhlich in der Hoffnung, geduldig in der Bedrängnis, beharrlich im Gebet." (Römer 12:12) Mögen die Worte von Jesus für immer durch dein Wesen hallen: „Alles ist möglich, dem der da glaubt." (Johannes 1:12) Diese biblischen Perlen der Weisheit sprechen für sich selbst und benötigen keine weitere Erklärung. Kontempliere darüber!

48. Das universelle Gesetz der Rückmeldung

Das, was du in dir selbst nicht erkennst, kannst du auch in anderen nicht erkennen. Wenn du in dir keine Kontrolle über das negative Ego hast, dann bist du nicht in der Lage, das negative Ego in anderen zu erkennen. Wenn dich der Emotionalkörper beherrscht, dann bist du nicht in der Lage, dies auch bei anderen zu erkennen. Dasselbe gilt für den Geist und die Geistige Welt. Mit dieser tiefgehenden Äußerung und dem Verständnis siehst du, wie wichtig es ist, das eigene Selbst im spirituellen, psychologischen und physischen Sinn zu entwickeln. Ansonsten bist du nicht in der Lage, dieselben unentwickelten Aspekte in anderen zu sehen. Die meisten Menschen ziehen diejenigen an, die dieselbe Unbalance haben wie sie selbst. Dies erzeugt eine verstärkende Wirkung auf ihre unbalancierte Psychologie und Philosophie. Deshalb bekommt man nur von den Menschen eine Rückmeldung, die dieselben Unbalancen haben. Denke daran, wenn du in Zukunft eine Rückmeldung gibst oder erhältst!

49. Das universelle Gesetz der Gefühle und Emotionen

In *Ein Kurs in Wundern* heißt es: „Es gibt nur zwei Emotionen: Liebe und Angst. Wähle, welcher du dienen möchtest.“ In der Bibel heißt es: „In der Liebe gibt es keine Angst; aber vollkommene Liebe vertreibt die Angst; weil Angst einer Qual gleich kommt: Wer Angst hat, hat keine vollkommene Liebe.“ *Das universelle Gesetz der Gefühle und Emotionen* besagt, dass du die Fähigkeit hast zu wählen, was du fühlen möchtest, weil deine Gedanken und Einstellungen deine Gefühle und Emotionen verursachen. Wenn du deine Gedanken änderst, dann änderst du deine Gefühle und Emotionen. Wenn du deine Gedanken änderst, dann änderst du deine gesamte Wirklichkeit. Wir wollen unser emotionales Selbst verfeinern, reinigen und spirituell ausrichten. Es gibt viele Methoden, um unsere Emotionen zu heilen. Davon sind einige eher Yang orientiert und einige eher Yin. Der sechs-Schritte-Prozess zur Meisterung der Emotionen, wie er in meinem Buch *Seelenpsychologie* beschrieben ist und die Wissenschaft der Heilung der Einstellung können beide als Yang-Methoden für den Umgang mit den eigenen Emotionen und Gefühlen bezeichnet werden. Beispiele für eine eher Yin-orientierte Annäherung an den Umgang mit den eigenen Emotionen wären die Yin Selbst-Kontroll-Methode, die Yin Methode der Akzeptanz, die Yin Katharsis-Methode, die Yin Methode der Nachsicht oder die sekundäre Yin Kommunikationsmethode, die auch in *Seelenpsychologie* beschrieben ist. Bei der Methode namens Katharsis drückt man seine Gefühle in einer expressiven Art frei aus, man identifiziert sich damit und lässt sie los. Diese weiblichere Methode ist ein wesentliches Werkzeug, denn indem man seinen Gefühlen Ausdruck verleiht, kann man viel Negativität loslassen. Dies ist wichtig, denn viele Menschen haben negative Gefühle und Emotionen, aber meistern sie nicht. Es scheint mit anderen Worten wie Selbstmeisterung, aber das ist es nicht.

Die negativen Gefühle werden kontrolliert, aber sie wirken immer noch im Unterbewusstsein. In diesem Fall ist es besser, sie kontrolliert kreativ auszudrücken (ein Kissen schlagen, schreien), anstatt all diese negative Energie in sich selbst zu behalten. Wir wollen unseren Gefühlen und Emotionen nicht nachgeben und wir wollen nicht in einem Zustand der Unterdrückung und Verdrängung leben. Selbstmeisterung bedeutet nicht Unterdrückung. Selbstmeisterung bedeutet, dass man seine Gefühle und Emotionen richtig integrieren kann. Dabei gibt es auch das Thema des inneren Kindes. Unser inneres Kind ist sehr mit unserem Gefühlsleben verbunden sowie mit unserer verspielten und fröhlichen Seite. Viele Menschen integrieren das innere Kind nicht richtig und sind keine guten Eltern für es. Deshalb leidet die Gefühlsnatur oft an niedriger Achtung, Mangel an Selbstliebe oder das innere Kind lebt sich in unangemessener Weise aus. Das innere Kind ist ein sehr wichtiger

Aspekt des Selbst und es sollte ihm nicht erlaubt werden, das eigene Leben zu beherrschen, aber es muss definitiv geachtet und in ein gesundes, funktionierendes, psycho-spirituelles System integriert werden. Wenn das innere Kind verleugnet oder ignoriert wird, hat dies einen unterdrückenden Effekt auf unsere Gefühlsnatur. Wenn wir uns vom inneren Kind beherrschen lassen, dann geraten unsere Gefühle und Emotionen außer Kontrolle und werden vom negativen Ego beherrscht.

Ein Teil der richtigen Integration der eigenen Gefühle und Emotionen ist das Integrieren, Verwirklichen und Realisieren der eigenen göttlichen Natur. Dies gilt sowohl für Männer als auch für Frauen. Das bedeutet, dass du die richtige Integration deiner Gefühle und Emotionen achtest und heiligst. Dass du lernst, deinen Gefühlen und Emotionen in einer vielschichtigen und kreativen Art Ausdruck zu verleihen. Es bedeutet zu lernen, männliche und weibliche Methoden zu benutzen, um mit deinen negativen Gefühlen und Emotionen in jedem Moment angemessen umzugehen. Das nächste Prinzip im richtigen Integrieren der eigenen Gefühlsnatur ist die Freude. Selbstmeisterung, Selbstdisziplin, auf das Einssein gerichtete Konzentration, Ausdauer und Achtsamkeit sind alles wesentliche Qualitäten und Charakterzüge eines Gott verwirklichten Wesens, jedoch ist es genauso wesentlich, die weiblichen Eigenschaften Gottes zu integrieren, welche Freude, Glück, bedingungslose Liebe, Glückseligkeit, spirituelles Strahlen, Humor, Vergnügen und Verspieltheit usw. beinhalten. Sei nicht nur achtsam gegenüber dem negativen Ego-Denksystem, sondern sei „freudvoll achtsam". Genieße dein Leben. Höre auf, nur den Duft der Rosen wahrzunehmen. Das Leben ist nicht nur ein Ziel, sondern auch ein Prozess. Beides muss beachtet werden.

Ein Teil des Verständnisses dieses Gesetzes über Gefühle und Emotionen liegt darin, dass es nicht angemessen ist, immer das zu tun, wozu einen seine eigenen Gefühle veranlassen, obwohl viele Menschen dies glauben. Unsere Gefühle basieren auf unserer inneren Haltung. Wenn unsere Haltung egoistisch ist, dann werden auch alle unsere Gefühle egoistisch sein und auf Angst und Angriff beruhen. Lass dich daher nicht von dieser falschen Philosophie verführen. Wir können unseren Gefühlen und Emotionen nur dann vertrauen, wenn wir nicht mehr mit dem Ego identifiziert sind und den Geist unter Kontrolle haben, denn unsere Gedanken erschaffen unsere Gefühle. Denke an etwas, was du in der Vergangenheit getan hast und wofür du dich schämst und du wirst das Gefühl der Scham empfinden. Denke an etwas Fröhliches, das geschah und du wirst dich freudvoll fühlen.

Nun gibt es manche Menschen, die glauben, dass es spirituell angemessen sei, negative Emotionen zu haben und dass diese nicht vom negativen Ego stammen. Es ist in Ordnung mit negativen Emotionen zu experimentieren, solange du Verantwortung dafür übernimmst, dass dein negatives Denken dies verursacht. Zu Zeiten haben wir alle negative Emotionen und es soll auch gar nicht verurteilt werden. Im Idealfall jedoch bemühst du dich darum, mit deinem Melchizedek-/Christus-/Buddha-Geist zu denken und von da an nur noch Emotionen zu erschaffen, die auf Liebe und nicht auf Angst beruhen, auf Einssein statt auf Trennung und auf Frieden und Harmonie statt auf Konflikt. Dies ist ein Prozess, der sich nicht an einem Tag vollzieht. Je mehr Selbstmeisterung du über deinen Geist, deine Emotionen und dein negatives Ego erlangst, desto mehr Christus-/Buddha-Gefühle und Emotionen wirst du haben, statt Emotionen, die auf dem negativen Ego beruhen. Beschuldige niemals andere für deine Emotionen, denn dein eigener Geist und deine Interpretation des Lebens erschaffen sie. Gefühle und Emotionen werden nicht durch äußere Situationen verursacht und auch nicht durch andere Menschen. In der ganzen Zeit hat dich niemals jemand dazu gebracht, etwas zu fühlen. Du wurdest möglicherweise angegriffen oder unfair kritisiert, aber dies war nicht die Ursache dafür, dass du etwas fühlst. Dies nennt man „Katalysator“. Die Ursache liegt in deiner eigenen Wahl, deinen Glaubenssystemen und Gedanken. Wenn du deine persönliche Kraft beibehalten würdest, es an deiner Schutzblase abprallen würde, du zentriert bleiben, nicht anhaften, antworten statt reagieren und deine Kraft nicht abgeben würdest, um deine Gefühle und Emotionen zu kontrollieren, dann wäre alles in Ordnung. Es wäre an deiner Schutzblase abgeprallt und du hättest nur in einer zentrierten, kraftvollen, ruhigen, rationalen, bedingungslos liebenden Weise geantwortet, um ein besseres Beispiel abzugeben. In Wahrheit bist du psychologisch – mental und emotional – unverwundbar. Kinder bestätigen ihre psychologische Unverwundbarkeit, wenn sie sagen: „Stöcke und Steine können meine Knochen brechen, aber Beschimpfungen können mich niemals verletzen!“ Niemand kann dich dazu bringen, etwas zu denken, was du nicht möchtest. Niemand kann dich dazu bringen, etwas zu fühlen, was du nicht möchtest. Du erschaffst deine eigene Realität durch die Art, wie du denkst. Wie du denkst, verursacht, wie du fühlst. Kontempliere darüber!

50. Das universelle Gesetz der Konzentration auf die eigene Lektion, anstatt der Belehrung anderer Menschen mit ihrer Lektion

Meister Jesus sagte: „Versuche nicht, den Splitter aus deines Bruders Auge zu ziehen, solange du in deinem eigenen Auge einen Balken hast.“ Dies ist eine der bekanntesten Verlautbarungen der gesamten Bibel und fasst die ganze Lektion im Kern zusammen. Menschen, die dies tun, haben keine Ahnung davon, dass sich in ihrem Auge ein „Balken“ befindet. Der Balken ist ihr eigenes negatives Ego und dessen Gedankensystem. Es ist eine der am meisten verbreiteten Fallen des auf Angst beruhenden, trennenden Denkens des negativen Egos, wenn man sich darauf konzentriert, andere Menschen mit deren Lektion zu belehren, anstatt die eigene Lektion zu lernen. Ein Teil des Denkens des negativen Egos besteht darin, „außerhalb des Selbst“ zu schauen, statt „in sich selbst zu schauen“. Das negative Ego ist „nach außen“ orientiert, statt „nach innen“ ausgerichtet zu sein. Ein solcher Mensch betrachtet es selbst als spirituellen Dienst, andere auf ihre Lektionen hinzuweisen. Damit „zeigt er mit dem Finger“ auf andere und schaut nicht nach seinen eigenen Lektionen. Überlasse Gott die Belehrung anderer Menschen mit ihren Lektionen. Es ist seine Aufgabe und nicht deine. Was geht es dich an, wenn andere ihre Lektion nicht lernen? Es ist ihr Karma. Es ist immer spirituell betrachtet besser, wenn du dich zuerst auf deine eigenen Lektionen konzentrierst. Einer der ersten Hinweise, ob du bezüglich dieses Themas im negativen Ego gefangen bist oder nicht besteht darin, zu erkennen, ob du dich weiterhin wohl fühlst oder einen Mangel an innerem Frieden verspürst, wenn du überhaupt nichts sagst. Das bedeutet nicht, dass du Menschen nicht helfen sollst, jedoch musst du sicher sein, dass es angemessen ist. Es ist besser, sich die Philosophie anzueignen, gar nichts zu sagen, wenn man nichts Nettes zu sagen hat. Verurteile niemals! „Wer ohne Sünde ist, der werfe den ersten Stein! Richte nicht, auf dass du nicht gerichtet wirst!“ Achte darauf, nur Vorschläge und Hinweise zu geben, wenn du darum gebeten wirst oder es angemessen ist. Sei vorsichtig und verletze in dieser Hinsicht nicht die spirituelle, psychologische, mentale, emotionale und physische Grenze des Menschen. Du bist nicht hier, um irgendjemanden mit irgendetwas zu belehren. Du bist hier, um das Göttliche zu demonstrieren.

Am Besten geschieht dies durch Taten und nicht durch Worte. Wenn du den rechten Umgang mit dem Selbst und mit Gott erlangt hast, sollte es dich nicht die leiseste Spur interessieren, ob andere Menschen ihre Lektionen lernen oder nicht. Es wird zwischen ihnen und Gott ausgemacht; ob sie ihre Lektionen lernen oder nicht, ist nicht deine Angelegenheit. Die wahre Prüfung kommt dann, wenn du mit jemandem in einen Konflikt gerätst. Das negative Ego möchte diesem Menschen eine Lektion beibringen. Es kann sich nicht vorstellen, nicht zurückzuschlagen und will diesem Menschen ein Stück deiner Sichtweise aufdrängen. Es kann sich nicht vorstellen, angegriffen zu werden und still zu bleiben. Es kann sich nicht vorstellen, die andere Wange hinzuhalten und nur bedingungslos zu lieben. Nun, die gute Nachricht ist, dass du Gott bist und nicht das negative Ego! Wähle, wem du dienen möchtest. Du kannst nicht zwei Meistern dienen. Jesus sagte: „Kein Mensch kann zwei Meistern dienen: Entweder er wird den einen hassen und den anderen lieben oder er wird zu dem einen halten und den anderen verachten. Man kann nicht Gott und dem Mammon dienen!"

Nur wenn du den rechten Umgang mit dem Selbst und mit Gott in dieser Art erlangt hast, kannst du wirklich darauf vorbereitet werden, hinauszugehen und in der rechten Weise zu lehren. Wenn du hinausgehst und auf klare psychologische und spirituelle Weise lehrst, dann kannst du wirklich ein klarer Spiegel für deine Freunde und Schüler sein. Nichts von deinem psychologischen Material, deinen Knöpfen, deiner Programmierung durch das negative Ego und das Programm deines negativen Egos wird dir dann im Weg stehen. Erst dann wirst du auch in der Lage sein, die angemessene Entscheidung zu treffen, wann du sprichst und wann es wirklich besser ist zu schweigen. Wenn du es lernst, bescheiden zu sein, die andere Wange hinzuhalten und zu schweigen, wird dir dies viel Zeit und Schwierigkeiten mit manchmal sehr negativen und gestörten Menschen ersparen. Ihre Angriffe, Kritik und Negativität haben keine Wirkung auf dich, denn du hast deine goldene Blase aus Licht um dich gelegt und all ihre Negativität perlt daran ab wie Wasser vom Federkleid einer Ente.

Es bedeutet, nur dann Hinweise und deinen Rat zu geben, solange du keinen „Balken in deinem eigenen Auge" hast. Deshalb sind dein spirituelles und psychologisches Training und deine Praxis darin so wichtig, ebenso das Demonstrieren aller Informationen und Werkzeuge, die du erhalten hast. Du bist die Hoffnung der Welt. Es ist erforderlich für dich, dieses Training in dein Bewusstsein zu integrieren, und nicht nur darüber zu lesen, sondern es zu werden. Demonstriere es in jedem deiner Gedanken, Worte und Handlungen. Dann gehe nach draußen und lehre es! Die spirituellen Führer und Lichtarbeiter, die wirklich „rein im Herzen" sind und die wirklich Gottesverwirklichung und die Reinheit Gottes ohne Täuschung oder Illusion des negativen Egos wollen, sind dazu bestimmt, in diese Welt zu gehen und das Bewusstsein anzuheben! Kontempliere darüber!

51. Das universelle Gesetz des Befolgens des Pfades der Synthese und der Integration

Das Thema der Synthese und Integration kann durch viele verschiedene Filter und aus vielen Blickwinkeln betrachtet werden. Das erste und wichtigste ist das Erlangen der Synthese und Integration innerhalb von sich selbst. Ein anderer Blickwinkel bei der Synthese ist jedoch das Betrachten aller verschiedenen Religionen, spirituellen Wege, Mysterienschulen, spirituellen Lehrer, spirituellen Bücher und Gurus, denen man folgen kann. Der Wert eines Pfades der Synthese liegt in der Tatsache begründet, dass kein einziger Weg dir die vollständige Wahrheit geben kann – außer der Pfad der Synthese. Wenn du Edgar Cayce studierst, bekommst du ein Stück des Kuchens. Wenn du die *Bhagavad Gita* studierst, bekommst du ein anderes Stück. Das Studium von Hinduismus, Buddhismus, Christentum, Islam: Jedes davon gibt dir sozusagen einen anderen Filter an die Hand. Jeder dieser Filter ist wunderschön, aber warum soll man sich nur auf ein Stück des Kuchens begrenzen, wenn du Gott in all seiner Herrlichkeit erforschen kannst. Entwickle ein „breit gefächertes Bewusstsein"!

Wenn wir uns darum bemühen, so wie Gott zu sein, müssen wir dasselbe in der Entwicklung unseres Gottesbewusstseins tun. Wenn wir uns nur mit einem Filter identifizieren, haben wir blinde Flecken. Gott sieht durch alle Filter gleichermaßen und nicht nur durch einen oder durch wenige. Bitte darum, dass du in der Nacht während des Schlafes zum Ashram der Synthese von Djwhal Khul gebracht wirst. Er leitet den Ashram der inneren Ebene, der besonders auf die Synthese aller Strahlen und aller Formen des Verständnisses ausgerichtet ist. Bitte darum, dass du in der Entwicklung des breit gefächerten Bewusstseins unterrichtet wirst. Sobald dies abgeschlossen ist, rufe Mahatma an – den Avatar der Synthese – ein Wesen mit einem umfassenden kosmischen Gruppenbewusstsein, das alle 352 Stufen zurück zur Quelle verkörpert. Rufe Mahatma an, um ein kosmisches und persönliches Training der Synthese für alle Bereiche deines Lebens zu erhalten und er wird dir helfen. Jeder hat spezielle Ausrichtungen, was wunderbar und angemessen ist. Sei jedoch offen für alle Fähigkeiten, die daraus entstehen, um das Leben mit einem breit gefächerten Bewusstsein zu sehen und zu verstehen, während du deinem gewählten Weg folgst. Dies wird deinen spirituellen Weg bereichern und auf eine tiefe und wunderbare Art und Weise beschleunigen!

52. Das universelle Gesetz der Vergebung und der Selbstvergebung

In der Bibel heißt es: „Das gläubige Gebet wird den Kranken retten und der Herr wird ihn aufrichten; wenn er Sünden begangen hat, werden sie ihm vergeben.“ (Jakobus 5:15) *Ein Kurs in Wundern* sagt: „Vergebung ist der Schlüssel zum Glück.“ Gott hat bereits alles vergeben. Wir sind es, die lernen müssen, uns selbst und unseren Brüdern und Schwestern zu vergeben. Es ist wichtig, sich daran zu erinnern, dass wir alles, was uns jemals angetan wurde, auch zugelassen haben. Und wenn es geschah, so haben wir es angezogen oder für unser Seelenwachstum benötigt. Das Leben auf der Erde ist eine harte Schule und in der Bewegung der Evolution der Erde ist es unvermeidlich, dass einen die Lektionen einholen, die das Leben uns lehren muss. Die Aufgabe eines Lichtarbeiters besteht darin, durch das Lernen der Lektionen sich selbst und die Welt zu einem großen Teil zu heilen. Dies kann nicht geschehen, wenn man die Kette aus Schuld, Verurteilung und Nicht-Vergebung mit sich herumschleppt. So wie jeder von uns bei der Erforschung von gewissen planetaren Hauptthemen vorwärts kommt, so wollen wir dies – als Söhne und Töchter Gottes – frei von jeglicher Schuld und Scham tun. Alle inneren und äußeren Probleme werden in das Licht gerufen, so dass sie betrachtet, gereinigt und geheilt werden können. Sie werden in das Licht gebracht, was die Verurteilung von sich selbst oder von anderen anbelangt. Befreie dich von jeglicher Beschuldigung, Schuld, Angst oder Scham, die du vielleicht bezüglich deiner Themen hast! Indem du dich selbst durch das Feuer der göttlichen Vergebung reinigst, bist du auch auf einem guten Weg der Reinigung, Klärung und Heilung der Menschheit selbst. In *Ein Kurs in Wundern* sagte Jesus, dass die Kreuzigung nur eine extreme Lektion der Liebe und Vergebung gewesen sei. Er starb nicht für unsere Sünden, weil wir gar keine Sünden haben. Er demonstrierte, dass es möglich ist, liebend und vergebend zu bleiben, selbst in der extremsten Situation, in der ein Mensch geschlagen, gefoltert, gekreuzigt und getötet wird. Jesus sagte: „Vater, vergib ihnen, denn sie wissen nicht, was sie tun." Er erlebte diese ganz extreme Herausforderung, um uns zu beweisen, dass Vergebung möglich ist, selbst unter extremen Umständen. Wenn dies Jesus unter diesen Umständen konnte, dann können wir gewiss auch uns selbst und anderen für alle unsere Lektionen vergeben. Deshalb demonstrierte er dieses Beispiel. Dein negatives Ego könnte also nicht sagen, dass seine Lektionen schlimmer waren. Der Schlüssel zur Vergebung besteht darin, dass wir uns selbst und anderen vergeben. Erinnere dich an die Worte des Propheten Mohammed: „Vergib denen, die dir etwas Falsches antun; verbinde dich mit denen, die dich schneiden; tue denen Gutes, die dir Böses antun; und sprich immer die

Wahrheit, auch wenn es gegen dich selbst ist.“ Die äußere Welt ist wirklich eine Projektionsfläche für deine eigenen Gedanken. Um bedingungslose Selbstliebe und Selbstwertgefühl über eine lange Zeit aufrechtzuerhalten, musst du dir selbst und anderen vergeben, denn alles ist Gott und du bist Gott. „Wenn wir wirklich lernen wollen, wie man liebt, muss man lernen zu vergeben“, wie Mutter Teresa sagte.

Wenn du anderen vergibst, dann vergibst du in Wirklichkeit auch dir selbst. Vergebung ist eine wesentliche Zutat zur Selbstliebe, ansonsten bringt *Das universelle Gesetz des Karmas* diese unversöhnlichen Gedanken anderen gegenüber zu dir selbst zurück, was die persönliche Ebene der Selbstliebe beeinflussen wird. In Wahrheit vergibst du anderen nicht als Wohltat für sie, sondern als Wohltat für dich selbst. „Für jetzt bleiben Glaube, Hoffnung, Liebe, diese drei; doch am größten unter ihnen ist die Liebe.“ (1 Korinther 13:13) Wenn du anderen vergibst, so hat dies nichts mit den anderen zu tun, sondern nur damit, dass du das falsche Denken in dir selbst korrigierst. Viele auf dieser Erdebene vergeben jedoch anderen und nicht sich selbst. Dies ist falsches Denken, denn alles kann vergeben werden. Diese Welt ist nur ein Traum Gottes. Und die Erde ist nur eine spirituelle Schule, um zu sehen, ob du dir selbst und anderen unter allen Umständen vergeben kannst. Indem du dir selbst für alle Fehler vergibst, werden jegliche Schuld und auch Bedauern losgelassen. Indem du durch die Erfahrung lernst und ein spirituelles Versprechen ablegst, niemals wieder diesen Fehler geschehen zu lassen, kannst du alle Schuld und Bedauern auflösen. Sich selbst nicht zu vergeben ist nur ein anderer Fehler, den man sich vergeben sollte. Wie *Ein Kurs in Wundern* sagt: „Vergebung ist der Schlüssel zum Glück.“ Es ist eine Tatsache, dass es keinen Fehler in der Geschichte der Erde und in diesem unendlichen Universum gibt, der nicht zu 100 % von Gott vergeben werden kann. Nur das negative Ego hegt Groll. Wie Jesus sagte: „Dir ist vergeben, jedoch sündige nicht mehr.“ Vergib dir selbst, nimm eine angemessene Haltung ein und geh voran. Das spirituelle Christus-/Buddha-Bewusstsein sieht sogar nichts im Leben, das vergeben werden muss, denn Fehler sind positiv und nicht negativ. Wie wir alle wissen, besteht Vollkommenheit nicht darin, KEINE Fehler zu machen. Vollkommenheit ist der Versuch, nicht bewusst Fehler zu machen. Wie Paramahansa Yogananda sagte: „Ein Heiliger ist ein Sünder, der niemals aufgab!“ „Ertragt euch gegenseitig und vergebt einander, wenn einer dem anderen etwas vorzuwerfen hat. Wie der Herr euch vergeben hat, so vergebt auch ihr.“ (Kolosser 3:13)

53. Das universelle Gesetz der Erfüllung des eigenen Puzzleteiles

Sai Baba sagte: „Ein Mensch wird seine Mission auf Erden erfüllen, wenn er sich selbst als göttlich erkennt und die anderen als göttlich achtet.“ Jeder Mensch wurde von Gott anders erschaffen. So wie sich nicht zwei Schneeflocken gleichen, so gleichen sich auch nicht zwei Menschen. Jeder Mensch hat eine einzigartige Absicht und Mission auf Erden, zu deren Erfüllung er gekommen ist. Manches davon wird von den Fähigkeiten und Talenten abhängen, die du in diesem Leben und in vergangenen Leben und auf der inneren Ebene entwickelt hast, und von allem, was du seit deiner Schöpfung durch Gott getan hast. „Wir haben unterschiedliche Gaben, je nach der uns verliehenen Gnade.“ (Brief an die Römer 12, 6) Leo Buscaglia wird wie folgt zitiert: „Dein Talent ist das Geschenk Gottes an dich. Was du damit machst, ist dein Geschenk an Gott.“ Wie Jesus sagte: „Lass deine guten Qualitäten nicht im Verborgenen, sondern lass sie scheinen, wie eine Lampe ein dunkles Haus erleuchtet. Wenn eine Lampe leuchtet, so stelle sie nicht unter den Scheffel, sondern stelle sie an einen Platz, an dem sie den ganzen Raum beleuchten kann.“ Nutze deine Talente im Dienst an Gott! Ein Teil des Findens und Erfüllens des Puzzleteiles hat auch mit der Strahlenstruktur eines jeden Menschen zu tun, denn jeder Mensch hat eine andere Zusammenstellung an Strahlen für die Monade, die Seele, die Persönlichkeit, den Geist, die Gefühle und den physischen Körper. Eine bestimmte Strahlenkonfiguration bringt dich zu einer spezifischen Arbeit, aber es gibt auch viele andere Faktoren, die dazu beitragen – die Umgebung, Vererbung, Karma, astrologische Konfiguration, Stufe der Einweihung und natürlich die freie Wahl – dass du dich schließlich für deinen bestimmten Beruf entscheidest.

Das negative Ego erzählt einem Menschen, dass es das Puzzleteil eines anderen Menschen ausleben möchte. Das negative Ego empfindet, dass sein Puzzleteil nicht glamourös genug ist. Das negative Ego sagt dir vielleicht, dass du ein Buch schreiben sollst, obwohl es nicht wirklich dein Dharma ist, dies zu tun. Das negative Ego möchte, dass du berühmt wirst und ein Schauspieler auf der Bühne der Welt bist, obwohl es nicht dein Puzzleteil ist. Zu versuchen das Puzzleteil eines anderen zu leben, ist zum Scheitern verurteilt! Wahrer innerer Friede und Erfüllung können nur gefunden werden, wenn du dein eigenes Puzzleteil, das deine Bestimmung ist, lebst, so wie es Gott gewollt hätte. Dieses Puzzleteil bringt dir auch den größten Erfolg und den geringsten Stress. Der Schlüssel besteht darin, eine rechte Beziehung zu sich selbst und zu Gott aufzubauen und nach den besten Fähigkeiten ein integrierter spiritueller Meister zu werden, denn es gibt viele spirituelle Tests entlang des Weges, je höher du gehst. Vergewissere dich auch, dass du deine Spiritualität auf eine physische und materielle Grundlage baust, so dass diese vollständig manifestiert wird und nicht nur auf der spirituellen und psychologischen Ebene, sondern zu 100 % auf der physischen Ebene. Sobald du herausgefunden hast, was die richtige Arbeit für dich ist, liegt die wahre Erfüllung deines Puzzleteiles in deiner Fähigkeit, deine spirituelle Natur innerhalb dieser Arbeit auszudrücken.

Erinnere dich daran, dass nicht alles an Gott und den Meistern liegt, denn das Leben ist ein mitschöpferischer Prozess. Da du Gott bist, liegt es auch an dir, deine spirituelle Mission mit zu erschaffen. Vertraue deiner Intuition! Tue, was dich spirituell begeistert. Tue das, was du am besten kannst und wozu du dich am besten qualifiziert fühlst. Man muss verstehen, dass, bevor du in diese Welt gekommen bist, du einen sehr detaillierten Plan – eine Blaupause – geschrieben hast sowie einen Vertrag für diese Lebenszeit. Du hast in diese Blaupause und in diesen Vertrag, den du unterzeichnet hast, alles geschrieben, was du in dieser Lebenszeit vollenden wolltest. Dies ist alles in tieferen Nischen deines Unterbewusstseins gespeichert und auch in deinem Höheren Selbst und deiner Monade. Worum du dich tatsächlich bemühst, ist das Vollenden von allem, was du geplant hast und dann eine neue persönliche Blaupause sowie einen Vertrag für dich selbst zu schreiben, der alles weit übersteigt, was du bisher geplant hast. Der Himmel ist die Grenze!

Ein einziger Mensch auf der Erde kann eine astronomische Wirkung für das Schicksal der Welt haben. Sei dieser Mensch! Überrasche Gott und die Meister! Der Schlüssel, um die Meister auf dich aufmerksam zu machen, besteht darin, dass du einen Dienst an der Welt verrichtest, der für sie wertvoll ist. Widme dich selbst der Absicht, dieser Mensch zu sein, der die Welt auf besondere Weise vollkommen verändern wird, in einer Weise, die du mit deinem Stil, deiner Gabe und Gnade tun kannst. Zeige dir selbst, Gott und den Meistern, aus welchem Holz du geschnitzt bist. Zeige dir selbst, Gott und den Meistern, dass du einer dieser seltenen Individuen bist, die ihre Spiritualität auf allen drei Ebenen manifestieren können – physisch, psychologisch und spirituell – und die ihre Spiritualität im gesamten Ausmaß und Potenzial vollkommen manifestieren können. Hinterlasse ein Erbe. Ein Erbe und ein Beitrag sind etwas anderes als weltliche Belange. Die größten Mitwirkenden an der Welt sind und bleiben meistens unbekannt. Vielleicht wird der größte Beitrag die Freude sein, die du verbreitest. Dein Beispiel als Christus. Deine Freundlichkeit. Deine Ego- und Selbstlosigkeit. Strenge dich unablässig an und gib nicht auf, bevor du Erfolg hast. Nur wenn alle Menschen ihr Puzzleteil erfüllen, kann der göttliche Plan wirken. Kontempliere darüber! „Jesus sprach zu ihnen: ‚Meine Speise ist es, den Willen dessen zu tun, der mich gesandt hat und sein Werk zu Ende zu führen.'" (Johannes 4:34)

54. Das universelle Gesetz der geometrischen Codes und deren Auswirkung auf die Chakren und Lichtkörper

Das geometrische Codieren ist ein göttlicher mathematischer Prozess, den Gott und die Meister dazu nutzen, um fast alles im Universum zu erschaffen. Geometrisches Codieren wurde seit Beginn von Zeit und Raum eingesetzt und ist grenzenlos beim Erschaffen aller Dinge, ob sie zu dieser Zeit der Menschheit bekannt sind oder nicht. Es ist ein spezielles mathematisches Codieren nötig für die Schöpfung von Licht, Elektronen, Neutronen, Atomen, Zellen, Aminosäuren, zellulären Strukturen, molekularen Strukturen, elektromagnetischen Feldern, epikinetischen Feldern und aller Lichtkörper von hier bis in die Ewigkeit! Erzengel Metatron, der Schöpfer von allem Licht in Gottes unendlichem Universum, und Mahatma, ein Wesen mit Gruppenbewusstsein aus der Synthese allen Lichtes, arbeiten kollektiv als ein Team, um dieses herrliche Wunder direkt unter Gottes Führung und Leitung zu erschaffen. Geometrische Codes sind die Grundlage der Schöpfung. Alles in und auf dieser Erde wurde in seinen Teilen mit geometrischen Codes erschaffen. Alles in der Schöpfung hat die Basisstruktur eines numerischen Codes. Die Numerologie wurde auf der Grundlage von Zahlen begründet, die eine direkte Beziehung zu allen Emotionen, Persönlichkeitszügen, astrologischen Konstellationen und dem Lebensweg haben, nicht nur für die Zukunft, sondern an jedem Tag der Existenz. Numerologie ist ein gutes Mittel, um geometrische Codes zu verstehen, aber es ist nicht das ganze Wesen der Gleichung. Geometrische Codes beeinflussen jede Stufe der Existenz, angefangen vom Blut, der DNS, RNS, molekularen Struktur, intellektuellen Struktur, zellulären Positionierung, dem Lichtkörper, der Physik bis hin zur Entwicklung des gesamten Wesens auf jeder Stufe.

Wie beeinflussen nun die geometrischen Codes die Lichtkörper und Chakren? Zuerst musst du die Bedeutung der gereinigten und balancierten Chakren in deinem Leben erkennen. Wenn deine Chakren verschmutzt oder aus der Balance sind, wird dies in deinem gesamten System eine Unbalance schaffen. Sobald du eine höhere Stufe des spirituellen Christus-/Buddha-/Gottesbewusstsein erlangt hast, werden deine Chakren und Lichtkörper in der Regel in Balance bleiben und perfekt ausgerichtet sein auf deine Bewusstseinsebene. Geometrisches Codieren hat einen direkten Bezug zum Prozess des Einstimmens auf Gott und des Erlangens der höchsten Stufe des spirituellen Christus-/Buddha-/Gottesbewusstseins. Je höher deine Einstimmung und dein Erlangen des spirituellen Christus-/Buddha-/ Gottesbewusstseins ist, desto direkter wird es eine Beziehung geben zur Neucodierung deiner Lichtkörper. Wie wirkt sich das Neucodieren in deinem Leben und auf deine Lichtkörper aus? So wie deine Stufe des Bewusstseins wächst, verleiht Gott seinen Segen des Neocodierens der Geometrien, die mit der Funktion und dem Intellekt deiner Lichtkörper verbunden sind. Das geometrische Codieren wird neu berechnet oder neu konfiguriert, so dass die höhere Intelligenz und das höhere göttliche Licht in alle deine Chakren und Lichtkörper eingebracht wird. Du wirst die göttlichen Belohnungen des geometrischen Neucodierens ernten durch den Prozess des Aneignens deiner persönlichen Kraft und durch das bewusste Erschaffen deiner Realität für dich selbst. Geometrische Codes beeinflussen jedes Stadium und jede Stufe deiner Lebenserfahrung - Wissen, Intellekt, Psychologie, den physischen Körper, die Erde, die Liste ist endlos! Die Schlüssellektion besteht darin, alle spirituellen/physischen/psychologischen Bereiche deines Lebens zu balancieren und zu integrieren und im spirituellen Christus-/Buddha-/ Gottesbewusstsein in dieser Lebensschule und Erfahrung zu bleiben.

55. Das universelle Gesetz des Gebens

Mutter Teresa sagte: „Gott liebt einen vergnügten Gebenden; wer mit einem Lächeln gibt, gibt am Besten." Ein Sprichwort in *Ein Kurs in Wundern* besagt: „Alles zu haben bedeutet, alles zu geben." Das heißt, wenn du Gott und alles auf allen Ebenen haben möchtest, musst du auf allen Ebenen alles geben. Was wir beim Geben vor unseren Brüdern und Schwestern und der Welt zurückhalten, halten wir in Wahrheit vor uns selbst zurück. Dies stimmt, weil wir in Wahrheit alle eine Inkarnation Gottes sind sowie das ewige Selbst. Wir sind nicht unsere physischen Körper, die separat leben und von anderen Menschen getrennt sind. In seiner wahren Identität als Inkarnation Gottes ist jeder Mensch in Gottes unendlichem Universum ein Teil von uns. Wenn wir uns also beim Geben für andere aus Angst, Konkurrenz, Vergleichen, Eifersucht, Neid, Selbstbezogenheit oder aus irgendeiner anderen Dualität des negativen Egos zurückhalten, dann halten wir es auch vor uns selbst zurück, denn Gott und unsere Brüder und Schwestern sind buchstäblich Teil von uns selbst. Wenn wir uns beim Geben zurückhalten, meinen wir, uns selbst dabei zu helfen, aber in Wahrheit geben wir nicht unserem Selbst, in dem größeren Kontext dessen, wer wir wirklich sind. Das negative Ego erzählt dir, dass Geben einen Verlust bedeutet. Die Geistige Welt erzählt dir, dass Geben einen Gewinn bedeutet. „Gewinn lässt Feindseligkeit entstehen. Verlust erzeugt Leid. Der Gleichmütige bleibt gelassen, denn er hat Gewinn und Verlust überwunden.“ (Lord Buddha, Samyutta Nikaya III, 14)

Der einzige Weg, um Gott zu realisieren und Gottesverwirklichung aufrechtzuerhalten besteht darin, Gott in jedem Moment deines Lebens zu geben. In der Sekunde, in der du Gott nicht mehr gibst, hast du in Wahrheit nicht Gott verloren, sondern die Verwirklichung Gottes und seiner heiligen Gegenwart. Niemand kann Gott verlieren, doch er kann seine Gottesverwirklichung verlieren, indem er dem Denken und Fühlen des negativen Egos nachgibt. Deshalb nimmst du auch von dir selbst, wenn du auf einer Ebene von deinen Brüdern und Schwestern etwas wegnimmst. Denn du würdest von Gott etwas wegnehmen, wenn du von deinen Brüdern und Schwestern etwas wegnimmst, da sie Gott sind. Alles aus der Schöpfung ist ein Teil von dir und du bist ein Teil der Schöpfung. Das heißt nicht, dass es keine Zeit im Leben gäbe, um spirituell selbstbezogen zu sein, sich um sich selbst zu kümmern und angemessene Grenzen zu setzen, falls es nötig ist. Dies ist eine wesentliche Lektion, die man lernen muss, wenn man ein „integrierter Christus" wird. Das bedeutet jedoch, dass man auf allen Ebenen nicht aus Gründen der Selbstbezogenheit, des Geizes, des Narzissmus, der Konkurrenz, der Eifersucht, des Neides, des Vergleichens oder jeder anderen Motivation des negativen Egos, die du dir ausdenken kannst, etwas zurückhält. „Ich bin mir zwar keiner Schuld bewusst, doch bin ich dadurch noch nicht gerecht gesprochen; der Herr ist es, der mich zur Rechenschaft zieht. Richtet also nicht vor der Zeit; wartet, bis der Herr kommt, der das im Dunkeln Verborgene ans Licht bringen und die Absichten der Herzen aufdecken wird. Dann wird jeder sein Lob von Gott erhalten." (1 Korinther 4:4-5)

Du wirst nur dann Gott vollkommen realisieren und alles haben, wenn du in der Lage bist, Gott jedem und alles zu geben. Sei dann spirituell selbstbezogen, wenn dich Gott, der Heilige Geist und deine eigene mächtige ICH BIN - Gegenwart dazu ermutigen. Halte dich jedoch niemals auf einer Stufe des Gebens an deine Brüder und Schwestern zurück, da dies Selbstbezogenheit des negativen Egos wäre, was das Gegenteil der spirituellen Selbstbezogenheit ist, die zu Zeiten gut und notwendig ist. Man benötigt ein sehr reines Herz und ein großes spirituelles Unterscheidungsvermögen, um den Unterschied zu kennen. Jesus sagte in *Ein Kurs in Wundern*: „Meine wahre Kirche ist die Hilfe für meine Brüder und Schwestern." In Wahrheit wird dir am meisten damit geholfen. Dies ist Gesetz! Hier ist eine weitere biblische Weisheit von Meister Jesus: „Achte darauf, dass du um das Geben des Almosens keinen Wirbel machst; sonst bekommst du keine Belohnung von deinem Vater im Himmel."

56. Das universelle Gesetz des Glanzes, der Illusion und der Maya

Auf der astralen, der mentalen und der ätherischen Ebene existiert Täuschung. Jede dieser Ebenen hat eine einzigartige Form der Täuschung, die spezifisch für sie ist und jede dieser Täuschungen hat ihr eigenes Heilmittel. Die Form der Täuschung auf der astralen Ebene nennt man Glanz, die auf der mentalen Ebene Illusion und die auf der ätherischen Ebene Maya. Das Heilmittel für den Glanz ist Erhellung, das Heilmittel für die Illusion der mentalen Ebene nennt man Intuition und das Heilmittel für die Maya der ätherischen Ebene ist Inspiration. „Der Hüter der Schwelle" stellt die Gesamtheit aller Täuschungen auf allen drei Ebenen dar. Es ist die Gesamtheit an Kräften der niedrigeren Natur vor der Erhellung, Intuition, Inspiration und Initiation. Maya erfährt man nur, wenn man den Probepfad betritt (welcher den Einweihungen vorausgeht) und dieser hat mit der Welt der vitalen Kräfte zu tun, in der ein Mensch durch Gefühle, Gedanken, auch nur durch Energie oder vitale Kraft zum Opfer gemacht werden kann. Bis der Aspirant Selbstmeisterung erlangt, kann er durch alle Arten unkontrollierter Kräfte herumgeschleudert werden. Deshalb ist Maya überwiegend eine Schwierigkeit auf der ätherischen Ebene und des ätherischen Körpers. Menschen werden von Maya beherrscht, wenn sie von irgendeiner Kraft kontrolliert werden oder von Kräften, die anders sind als die Energien, die direkt von der Seele kommen. Inspiration der Seele wird die Maya schwächen und entfernen.

Die verschiedenen Arten des Glanzes der Menschheit sind: der Glanz des Materialismus (Überidentifizierung mit Materialismus), der Glanz der Empfindung (Pseudo-Liebe, die auf Anhaften beruht), der Glanz der Gegensätze (ein Mensch schwingt ohne Gleichmut zwischen den Gegensätzen hin und her), der Glanz der Hingabe (fanatisches Befolgen einer Sache) und der Glanz des Weges (die Arbeit mit den

Aufgestiegenen Meistern aus der Perspektive des negativen Egos). Das Heilmittel für die Auflösung des Glanzes ist die Erhellung. Zu versuchen, den Glanz mit Intuition oder Inspiration zu zerstreuen, funktioniert nicht. Es ist der erhellte Geist oder das Buddha-/Christus-/Melchizedek-Denken, das den Glanz vertreibt. Glanz ist in seinem Charakter astral; der astrale Glanz benötigt die Nutzung des erhellten Geistes, so wie die Illusion auf der mentalen Ebene die nächst höhere Stufe benötigt, was Intuition ist. Der astrale Glanz benötigt strenges, aufrichtiges, korrektes Denken im Dienst an der Führung durch die Seele. Dies erlangt man durch rechte Analyse, Unterscheidung und rechtes Denken. Die Arten des Glanzes des ersten Strahles sind: Glanz der physischen Stärke, persönlicher Magnetismus und Glanz der Zerstörung. Die Arten des Glanzes des zweiten Strahles sind: Glanz, geliebt zu werden, persönlicher Weisheit und Glanz des Selbstmitleides. Die Arten des Glanzes des dritten Strahles sind: Glanz, beschäftigt zu sein, „gute" Absichten, die von Grund auf selbstbezogen sind und Glanz der unaufrichtigen und kontinuierlichen Manipulation. Die Arten des Glanzes des vierten Strahles sind: Glanz der Harmonie, mediale Wahrnehmung statt Intuition und Glanz der Gegensatzpaare. Die Arten des Glanzes des fünften Strahles sind: Glanz des Materialismus, der Intellekt und Glanz des Wissens und der Definition. Die Arten des Glanzes des sechsten Strahles sind: Glanz der Hingabe, des Idealismus und Glanz der Welterlöser und Lehrer. Die Arten des Glanzes des siebten Strahles sind: Glanz der Magie, Sexmagie und Glanz der Mysterien und des Geheimnisses.

Illusion ist die Form der Täuschung auf der mentalen Ebene, wobei das Heilmittel Intuition genannt wird. Wenn ein Mensch die Realität durch sein Ego, anstatt durch seine Seele interpretieren lässt, so ist er in einer Illusion verloren. Im Kontext des Vierkörpersystems sind Menschen, die von Natur aus eher intellektuell als emotional sind, stärker in der Illusion verfangen als im Glanz. Ein Mensch, der im Glanz gefangen ist, muss lernen, im Mentalkörper mehr polarisiert zu sein. Wenn ein Mensch mit dem Emotionalkörper überidentifiziert ist, so befindet er sich in einer emotionalen Achterbahn. Nur Intuition und nicht Erhellung oder Inspiration kann die Illusion zerstreuen. Intuition ist das innere Wissen, das jenseits der Logik ist und das der buddhischen Ebene des Bewusstseins und des höheren Geistes entstammt. Einer der absoluten Schlüssel, die Illusion zu zerstreuen, besteht darin, den Geist stetig im Licht zu halten. Die meisten Menschen in der Welt lassen ihren Geist wahllos umherwandern und fokussieren ihn nicht. Die Menschen sind nicht darin geübt, im Besitz ihrer persönlichen Kraft zu sein und stets Selbstmeisterung aufrechtzuerhalten. Die Menschen lassen sich selbst aus dem „Autopiloten" handeln und verlieren ihre Achtsamkeit. Wenn dies geschieht, wird das Ego oder das niedere Selbst ihr Direktor. „Jede Art von Bitterkeit, Wut, Zorn, Geschrei und Lästerung und alles Böse verbannt aus eurer Mitte!" (Epheser 4:31) Kontempliere darüber!

57. Das universelle Gesetz der Gottesverwirklichung

Gott allein ist der Spender des Lebens, der Hüter des Lebens und das Ziel des Lebens (Sai Baba). Die Absicht des Lebens ist es, Gott zu verwirklichen. Jedoch ist dies nichts, was Gott für dich tun wird. Dies musst du mit deiner eigenen persönlichen Kraft und deiner freien Entscheidung tun. Alles in der Schöpfung durchläuft diesen Prozess. Selbst wenn wir niemals vom Baum von Gut und Böse essen würden oder einen negativen Gedanken oder Gefühl haben würden, durchliefen wir trotzdem alle 352 Stufen der Einweihung. Dies ist ein Teil des göttlichen Planes. Alle Wesen in Gottes unendlichem Universum sind nicht unmittelbar Gott, da Gott sie erschaffen hat, sondern sie durchlaufen diesen Entwicklungsprozess, um Gott mit ihrem freien Willen zu verwirklichen. „Wer bist du? Gott. Woher bist du gekommen? Von Gott. Wohin gehst du? Zu Gott." „Du bist von Gott gekommen, du bist ein Funke seines Glanzes; du bist eine Welle dieses Ozeans des Segens; du wirst erst dann Frieden finden, wenn du dich wieder mit ihm vereinst." (Sai Baba) Das Essen der Frucht des Baumes von Gut und Böse und das entsprechende Verdichten der Materie, machte diesen Prozess etwas komplizierter und schwieriger, es war jedoch ein Teil unseres eigenen Tuns, denn es war kein Teil des Planes. Die gute Nachricht ist, dass das siebente Goldene Zeitalter in Reichweite ist und mit der Gnade Gottes und der Meister und der Bemühung der Menschheit selbst, wachen wir nun mit Gottesgeschwindigkeit auf und erkennen, woher wir kommen. Du musst das gesamte negative, auf Angst beruhende, trennende Ego transzendieren und lernen, nur mit dem spirituellen Christus-/Buddha-Geist zu denken, um ein Wesen zu werden, das Gott wirklich realisiert hat. Ebenso die sieben Strahlen, die zwölf Archetypen, die zwölf Tierkreiszeichen, die zwölf Sephiroth des Baum des Lebens, alle Karten des Tarots, die drei Bewusstseinsebenen, die vier Körper, die vier Antlitze Gottes, Gott/Göttin, weiblich und männlich, Himmel und Erde integrieren und balancieren. Außerdem angemessene Eltern für dein inneres Kind sein und in der Lage sein, deine Spiritualität auf die Erde zu bringen und deine spirituelle Mission und dein Puzzleteil auf Erden zu erfüllen. Dies sollte vollkommen balanciert und integriert geschehen und alle deine Talente sollten auf einer spirituellen, psychologischen und physischen Ebene entwickelt werden. Hierin liegt die Verwirrung.

Lichtarbeiter entwickeln ihre spirituellen Talente und Gaben in einem Bereich wie Channeling, spirituelles Lehren, Heilen, Wissenschaft usw. und das ist wunderbar, doch wenn sie dies nicht auf allen drei Ebenen (spirituell, psychologisch, physisch) ohne den Einfluss des negativen Egos tun und wenn sie es nicht vollkommen integriert und balanciert tun, indem sie die sieben Strahlen und die zwölf Archetypen integrieren, die vertikalen und horizontalen Ebenen des Lebens balancieren, die vier Antlitze Gottes (spirituell, mental, emotional und materiell) integrieren und heiligen, die drei Bewusstseinsebenen, die vier Körper, Gott/Göttin, Himmel und Erde, weiblich und männlich balancieren, das Unterbewusstsein, die Begierden des niederen Selbst, die Gefühle und Emotionen, den physischen Körper und die eigene Energie meistern, um nur ein paar Aspekte zu nennen, dann entsteht Zerfall und Zersplitterung. Dann entsteht die Betrachtung durch einen begrenzten Filter. Falsches Denken und negative Gefühle und Emotionen werden sich einschleichen. Falsche Motive, manche falsche Gewohnheiten und Abhängigkeiten werden vorherrschen. Gesundheitliche Lektionen folgen und dies nicht nur aufgrund spiritueller Veränderung.

Die Absicht des Lebens besteht darin, Gottesbewusstsein zu erlangen und stets aufrechtzuerhalten. Der spirituelle Weg ist sehr einfach. Wenn du wie Gott im Himmel sein möchtest, dann musst du wie Gott auf Erden handeln. Ein großer Teil dessen besteht darin, dein spirituelles Ideal aufrechtzuerhalten, selbst wenn andere Menschen alles tun, um dich aufzuhalten. Wenn du es anderen Menschen erlaubst, dich dabei zu stoppen, dein spirituelles Ideal zu halten und deine spirituelle Mission zu tun, dann setzt du andere Menschen vor deine Beziehung zu dir selbst und zu Gott. Das spirituelle Ideal besteht darin, deine persönliche Kraft zu besitzen, der Meister und die Ursache deiner eigenen Realität im Dienst an Gott zu sein, bedingungslos zu lieben und dich an dein spirituelles Ideal und deine spirituelle Mission zu haften, egal, ob dich ein einziger Mensch unterstützt oder nicht. Wenn du eine rechte Beziehung mit dir selbst und mit Gott hast, mit den Aufgestiegenen Meistern der inneren Ebene und mit den Engeln, so ist dies alles, was du benötigst. „Wenn Gott für dich ist, wer oder was kann gegen dich sein?“ Wenn du eine rechte Beziehung mit dir selbst und mit Gott hast und mit deinem spirituellen Christus-/Buddha-Geist zu denken lernst, so spielt es keine Rolle mehr, ob dich Menschen loben oder kritisieren. Du kümmerst dich nur darum, stets im Gottesbewusstsein zu verweilen und zu dienen, unabhängig der Früchte deines Dienstes.

Mahatma Gandhi sagte: „Die Handlung ist wichtig und nicht die Frucht der Handlung. Du musst das Rechte tun. Es liegt nicht in deiner Kraft und nicht in deiner Zeit, ob es irgendeine Frucht geben wird. Aber das bedeutet nicht, mit dem rechten Handeln aufzuhören. Du magst niemals wissen, welche Resultate aus deinen Handlungen entstehen. Aber wenn du nichts tust, gibt es kein Resultat."

Jeder Moment des Lebens ist eine Gelegenheit, um Gott in diesem Moment zu verwirklichen. Du bist in Wahrheit bereits eins mit Gott, aber wir sind in physische Körper auf der Erde inkarniert, um diese Wahrheit zu demonstrieren und zu realisieren. Alle scheinbaren Rückschläge werden als eine weitere spirituelle Lektion und Prüfung willkommen geheißen und sie sind die Vorbereitung für etwas noch Besseres. „Vor allen Dingen sei wahrhaftig", wird dein Motto sein. Zu dir selbst aufrichtig zu sein bedeutet, zu Gott aufrichtig zu sein, denn in Wahrheit seid ihr eins. Du erkennst, dass Gott und dein spiritueller Pfad zuerst kommen müssen, denn das ist der Zweck des Lebens. Deine Hauptabsicht ist es, Gott in jedem Moment zu realisieren und nicht außerhalb nach Belohnung und Beifall von anderen zu suchen. Jedoch lautet die Ironie des Lebens, wie die Bibel sagt: „Trachte zuerst nach dem Reiche Gottes und alle andere wird dir zufallen!" Kontempliere darüber!

58. Das universelle Gesetz der Gesetze Gottes

Alles in Gottes unendlichem Universum wird durch Gesetze regiert. „Jede Ursache hat ihre Wirkung; jede Wirkung hat ihre Ursache; alles geschieht gemäß dem Gesetz; Zufall ist nur ein Name für ein Gesetz, das nicht erkannt wird; es gibt viele Ebenen der Ursache, aber nichts entgeht dem Gesetz." *(Die Kabbala)* Der Schlüssel, ein spiritueller Meister zu werden besteht darin, diese Gesetze zu studieren, sie anzuwenden und zu befolgen. Es gibt Gesetze physischer, ätherischer, emotionaler und mentaler Natur. Immer wenn Seelen aus der Harmonie mit diesen Gesetzen geraten, erschaffen sie ihr eigenes Leid. Die Entstehung eines gewissen Schleiers der Begrenzung erfolgte aus der Absicht, die Seelen liebevoll dazu zu bringen, die Gesetze Gottes zu befolgen. Wenn es keine Gesetze gäbe, wären die Seelen bis in Ewigkeit unbewusst und würden sich niemals ändern. Was die Seelen erweckt ist, dass sie ihr eigenes Leiden erschaffen, wenn sie die Gesetze brechen, was sie dazu bringt, die Wahrheit als ein Mittel zu suchen, das Leiden zu beheben. Erinnere dich an die biblischen Worte: „Über dieses Gesetzbuch sollst du immer reden und Tag und Nacht darüber nachsinnen, damit du darauf achtest, genauso zu handeln, wie es darin geschrieben steht. Dann wirst du auf deinem Weg Glück und Erfolg haben." (Buch Josua 1:8) Das Leben in Harmonie mit Gottes Gesetzen ist der Schlüssel zu Glück und Erfolg. Es ist möglich, alle physischen Gesetze zu transzendieren. Sai Baba ist ein Wesen, das alle physischen Gesetze transzendiert hat. Jesus hat dies demonstriert, indem er in der Lage war, auf Wasser zu gehen, Wasser in Wein zu verwandeln und Tote auferstehen zu lassen. Für alle Seelen auf der Erde ist es möglich, alle physischen Gesetze durch den Prozess der Gottesverwirklichung und des integrierten Aufstiegs zu transzendieren. Gehe daher deinen Weg in Harmonie mit den göttlichen Gesetzen. „Wer meine Lehren hört und ihnen folgt, den werde ich mit einem weisen Mann vergleichen, der sein Haus auf Felsen gebaut hat." (Jesus)

59. Das universelle Gesetz der Gnade und des Fallens aus der Gnade

Sai Baba lehrt: „Die Gnade Gottes ist wie eine Versicherung. Sie wird dir uneingeschränkt in einer Zeit helfen, in der du sie benötigst." Auf jeder Einweihungsstufe, wie hoch du auch immer gekommen sein magst, kannst du immer wieder aus der Gnade fallen. Das bedeutet, dass du plötzlich nicht mehr mit Gott, den Meistern und Gottes Plan in Harmonie bist. Man fällt nicht unmittelbar aus der Gnade. Es kann durch fortwährende Entscheidungen, die man trifft, um dem negativen Ego, statt Gott und dem Christus-/Buddha-Bewusstsein zu dienen, dazu kommen. Sobald Lichtarbeiter höhere Ebenen der Einweihung erlangt haben, werden viele von ihnen stolz, zu selbstsicher, selbstverherrlichend und tragen falsche Gefühle der Unverwundbarkeit in sich. „Hochmut erniedrigt den Menschen, doch der Demütige kommt zu Ehren." (Sprüche 29:23) In Wahrheit werden wir nur durch die Gnade Gottes beschützt und erleben jeden Tag in Gnade. Viele Lichtarbeiter fallen aus der Gnade und die Ursache ist immer dieselbe: Sie haben ihre spirituelle Achtsamkeit verloren und ihrem negativen Ego erlaubt, die Herrschaft zu übernehmen. Dies geschieht auf vielerlei Weisen: Selbstverherrlichung, Machthunger, Ruhm und Gier, um nur ein paar davon zu nennen. Das Erstaunliche daran ist, dass sie noch nicht einmal realisieren, dass das negative Ego die Herrschaft übernommen hat. Was oft geschieht, ist, das Menschen, die einst sehr reine Motive hatten, ihre spirituelle Achtsamkeit verlieren, sobald sie persönlichen und finanziellen Erfolg und etwas Macht in ihrem Leben erlangt haben und ihre vorhergehende Reinheit verflüchtigt sich und das negative Ego kehrt voll Rache zurück. Dies geschah Luzifer, der ein Erzengel war und es kann jedem Menschen auf der Erde passieren, selbst nach Erlangen des Aufstiegs. Beachte diese Worte der geistigen Führung.

Sei dir des negativen Egos innerhalb des Selbst bewusst und entwickle großes spirituelles Unterscheidungsvermögen hinsichtlich dessen, es in anderen zu erkennen. Wenn du blinde Flecken beim Erkennen des negativen Egos innerhalb des Selbst hast, wirst du auch nicht in der Lage sein, es in anderen Menschen zu sehen. Dies ist ein unumgängliches psychologisches Gesetz. Bemühe dich, immer gleichbleibend in deiner Haltung zu sein, egal, ob du Gewinn oder Verlust, Vergnügen oder

Leiden, Krankheit oder Gesundheit, Ruhm oder Verleumdung erlebst. Sei stets achtsam, egal, welche Stufe des Erfolgs auf jeglicher Ebene du erlangt hast, um deine Einstimmung auf Gott und sein Königreich aufrechtzuerhalten. Mögen diese biblischen Worte für immer in deinem ganzen Wesen widerhallen: „Dahin gelange ich nur durch die Gnade Gottes."

60. Das universelle Gesetz der Dankbarkeit und der Bescheidenheit

Die Haltung des negativen Egos besteht darin, Menschen und das Leben für selbstverständlich zu nehmen. Die spirituelle Haltung ist beständige Dankbarkeit. Es gibt so viel, wofür man täglich dankbar sein kann. Wenn du zur Zeit in irgendeinem Bereich eine Einschränkung erfährst, so ist die spirituelle Haltung die Konzentration auf das, was du kannst, anstatt auf das, was du nicht kannst. „Alles vermag ich durch Christus, der mir Kraft gibt." (Philipper 4:13) Schau dir den Heiligen Franziskus von Assisi an, der erhebliche gesundheitliche Probleme hatte und trotzdem einer der am meisten verehrten christlichen Heiligen wurde. Mutter Teresa hatte intensive Herzprobleme und trotzdem widmete sie ihr Leben dem Dienst und der Hilfe für andere. Erinnere dich daran, dass selbst die schlechten Dinge, die geschehen, tatsächlich Geschenke und spirituelle Prüfungen sind – ein Segen, der in Verkleidung kommt. Gott gibt dir niemals mehr, als du tragen kannst! Sei für jeden Moment deines Lebens dankbar, denn Gott lässt dein Herz fortwährend schlagen. Der Prophet Mohammed lehrte: „Ein Mensch, der in seinem Herzen so viel Glauben hat wie ein einziges Senfkorn, wird niemals die Hölle betreten. Ein Mensch, der ein einziges Korn aus falschem Stolz besitzt, wird niemals den Himmel betreten." Und die Bibel lehrt uns: „Demütigt euch vor dem Herrn; dann wird er euch erhöhen." (Jakobus 4:10) „Besser bescheiden sein mit Demütigen, als Beute teilen mit

Stolzen." (Sprüche 16:19) „Doch er gibt noch größere Gnade; darum heißt es auch: Gott tritt den Stolzen entgegen, den Demütigen aber schenkt er seine Gnade." (Jakobus 4:6) „Rühmen soll dich ein anderer, nicht dein eigener Mund, ein Fremder, nicht deine eigenen Lippen." (Sprüche 27:2) Oder wie Jesus so treffend sagte: „Wer sich selbst erhöht, wird erniedrigt und wer sich selbst erniedrigt, wird erhöht."

61. Das universelle Gesetz des Erdens der eigenen Spiritualität

Viele Lichtarbeiter leben in himmlischen Bereichen und sind in ihrer Spiritualität nicht richtig geerdet. Um Gott vollkommen zu verwirklichen, muss man dies auf allen drei Ebenen tun – spirituell, psychologisch und physisch. Wir sind hier, um Gott auf Erden zu demonstrieren. Wenn wir mit Gott im Himmel sein möchten, müssen wir wie Gott auf Erden sein. Dies ist das materielle Antlitz Gottes. Es muss geehrt, verkörpert und geheiligt werden. Unser Dienst muss auch eine physische Form annehmen, falls wir etwas Gutes in dieser physischen Welt tun und darf nicht nur auf der spirituellen, mentalen oder emotionalen Ebene stattfinden. Jeder Mensch ist in Wahrheit dafür verantwortlich, ein Erbe in dieser Welt zu hinterlassen. Viele Lichtarbeiter flüchten vor ihrer weltlichen Verantwortung. Sie manifestieren ihre Spiritualität nicht in ihrem physischen Körper und in Gottes physischem Körper. Manche Lichtarbeiter sind arrogant und denken, dass sie zu gut seien, um das Physische zu betreten, was bedeutet, dass sie ihre besondere Gabe und ihre spirituelle Mission, worin diese auch immer bestehen mag, auch erden würden.

Bewirke auch physisch im Leben der Menschen eine Veränderung. Nur wunderbare Ideen oder Visionen zu haben und diese niemals in der physischen Welt zu manifestieren, bedeutet nichts! Die Absicht des Lebens ist es nicht, einfach Befreiung zu erlangen. Wir alle haben eine spirituelle Mission und Aufgabe auf unserem Weg, um in dieser physischen Welt eine Veränderung zu bewirken. Denke daran, in dem Maße, in dem du auf Erden dienst, entwickeln sich die spirituellen Kräfte in dir. Denjenigen, die nicht dienen, wird es nicht möglich sein, sich über ein gewisses Maß hinaus zu entwickeln, egal welche spirituellen Praktiken sie auch immer ausführen. Eine andere Erkenntnis diesbezüglich hat mit den sieben großen Strahlen zu tun. Die Hauptstrahlen sind eins, zwei und drei. Strahl eins bedeutet Macht. Strahl zwei bedeutet Liebe/Weisheit. Die meisten Lichtarbeiter bleiben in den ersten beiden stecken und integrieren den dritten Strahl der aktiven Intelligenz nicht richtig. Dies bedeutet, dass du deine Intelligenz dazu nutzt, um etwas in der physischen Welt zu manifestieren. Die Lektion besteht darin, dass wir unsere Spiritualität aus den Wolken auf die Erde bringen. Wenn du deine spirituelle Mission nicht erdest, kannst du Gott nicht vollständig verwirklichen und das ist eine Tatsache! Wir alle sind dafür verantwortlich, den Himmel auf Erden zu erschaffen. Wir sind hier, um eine neue Gesellschaft auf der Erde zu erschaffen. Mache deine Hände ein wenig schmutzig und engagiere dich! Nutze die Spiritualität nicht in verfälschter Weise, um das materielle Antlitz Gottes und die Energien der Göttin zurückzuweisen. Wie Sai Baba sagte: „Hände, die helfen, sind heiliger als Lippen, die beten!“

62. Das universelle Gesetz der Gewohnheiten

Viele Menschen denken, dass Gewohnheiten schlecht seien. Dies ist nicht wahr. Wir wollen nur schlechte Gewohnheiten loswerden. Idealerweise wollen wir gute Gewohnheiten entfalten. Das Unterbewusstsein speichert alle unsere Gewohnheiten, die positiven und die negativen. Wenn das Unterbewusstsein unsere entwickelten Fähigkeiten nicht speichern würde, wären alle unsere Handlungen mit einer großen Konzentration verbunden. Nehmen wir zum Beispiel das Autofahren.

Am Anfang müssen wir uns bewusst anstrengen und Willenskraft aufbringen. Wenn wir es gelernt haben, erfordert es nur wenig bewusstes Denken. Es ist im Unterbewusstsein gespeichert. Die Fähigkeit des Unterbewusstseins, Gewohnheiten zu speichern, erlaubt es uns, kontinuierlich zu wachsen und neue Fähigkeiten zu entwickeln, ohne uns über die alten zu sorgen. Du kannst etwas in einem Tag lernen, aber es gibt ein grundlegendes und metaphysisches Gesetz, das besagt, dass es 21 Tage benötigt, um eine neue Gewohnheit im Unterbewusstsein zu festigen. Erinnere dich daran, dass das Unterbewusstsein mit allen Arten von Bändern gefüllt ist, die unsere Eltern und andere Menschen programmiert haben, als wir noch klein waren. Das Bewusstsein muss Entscheidungen treffen, mit alten Gewohnheiten brechen und neue erschaffen, um vorzubeugen, dass all diese alten Programmierungen aus der frühen Kindheit unser gegenwärtiges Leben noch kontrollieren. Lasst uns die Worte von Aristoteles ins Gedächtnis rufen: „Wir sind das, was wir wiederholt tun. Deshalb ist hervorragende Qualität nicht eine Handlung, sondern eine Gewohnheit."

63. Das universelle Gesetz der Vorzüge statt Anhaftungen

Dieses Gesetz beinhaltet die Bedeutung der Vorzüge statt Anhaftungen. „Alles Leiden entstammt dem Anhaften", wie Lord Buddha in seinen vier Edlen Wahrheiten gesagt hat. Mit Vorzügen bist du glücklich, wie auch immer eine Situation ausgeht, aber mit einer Anhaftung verlierst du deinen inneren Frieden, wenn die Dinge nicht so laufen, wie du es möchtest. Das negative Ego ist die Ursache dafür, dass wir an allem anhaften. Die Geistige Welt leitet uns zu Vorzügen, statt zu Anhaftungen. Eine Anhaftung ist eine Haltung, die uns depressiv, wütend oder aufgeregt werden lässt, wenn unsere Erwartungen nicht erfüllt werden. Ein Vorzug ist eine Haltung, die uns glücklich bleiben lässt, egal wie eine Sache ausgeht. Was Buddha also im Grunde sagt ist, dass, wenn wir unser Anhaften aufgeben, wir nicht länger leiden müssen. Nichts Äußeres verursacht das Leiden; es ist unser Anhaften an äußere Dinge, was das Leiden verursacht. Manche Menschen glauben, dass es ihnen nicht erlaubt sei, Vorzüge zu haben. Es ist im Leben sehr wichtig, dass wir unsere Vorzüge haben und wir uns in dieser Haltung mit unserem ganzen Herzen, unserer Seele, unserem Geist und unserer Kraft darauf ausrichten. Wenn sich diese jedoch nicht erfüllen, dann ist es wichtig, sich darauf einzustellen, dennoch glücklich zu sein. Dadurch wird Glück ein Geisteszustand, anstatt zu einer Bedingung, die von außen kommt. Das Glück, nach dem so viele suchen, liegt in der Entwicklung einer gewissen Betrachtung des Lebens. Erinnere dich stets daran, dass ein grundlegendes Gesetz des Universums besagt: „Weise das zurück, woran du anhaftest!" Kontempliere darüber!

64. Das universelle Gesetz der Heilung

Im Folgenden werden die neun Gesetze der Heilung aufgelistet, wie sie von Alice Bailey nach Djwhal Khul in ihrem Buch *Esoterisches Heilen* aufgezeichnet sind.

> * Jede Krankheit ist das Ergebnis gehemmten Seelenlebens; das gilt für alle Formen in allen Reichen. Die Kunst des Heilens besteht darin, die Seele freizumachen, so dass ihr Leben durch die Aggregate von Organismen strömen kann, aus denen jede Form besteht.
> * Krankheit entsteht durch drei Einflüsse und ist diesen unterworfen. Es sind dies: 1. Des Menschen eigene Vergangenheit, womit er den Preis für weit zurückliegenden, uralten Irrtum bezahlt. 2. Das allen Menschen gemeinsame Erbteil an jenen verdorbenen Energieströmen, die

Gruppenursprungs sind. 3. Er hat, wie alle Naturformen, teil an dem, was der Herr des Lebens seinem Körper auferlegt. - Diese drei Einflüsse nennt man "Das Urgesetz des Teilhabens am Übel". Dieses Gesetz muss eines Tages jenem neuen, "seit Urzeiten herrschenden Gesetz des Guten" weichen, das hinter allem steht, was Gott geschaffen hat. Dieses Gesetz muss durch den geistigen Willen des Menschen zur Wirksamkeit gebracht werden.

* Krankheiten entstehen dadurch, dass sich die Lebensenergie eines Menschen grundlegend zentralisiert. Von der Ebene, auf der diese Energien konzentriert sind, gehen auch jene bestimmenden Bedingungen aus, die zu schlechter Gesundheit führen und die sich daher als Krankheit oder aber als Freisein von Krankheit auswirken.

* Sowohl physische wie psychologische Krankheit hat ihren Ursprung im Guten, Schönen und Wahren; sie ist nur ein verzerrtes Spiegelbild göttlicher Möglichkeiten. Die gehemmte Seele, die nach voller Ausdrucksverleihung eines göttlichen Wesenszuges oder einer inneren, geistigen Realität strebt, erzeugt in der Substanz ihrer Hüllen eine Reibungsstelle. Auf diesen Punkt konzentrieren sich die Augen der Persönlichkeit und das führt zur Krankheit. Die Kunst des Heilers besteht nun darin, die nach unten gerichteten Augen nach oben, auf die Seele, den wahren Heiler innerhalb der Form zu lenken. Dann lenkt das geistige oder dritte Auge die Heilkraft, und alles ist gut.

* Es gibt nichts als Energie, denn Gott ist Leben. Im Menschen begegnen sich zwei Energien, jedoch sind noch fünf andere anwesend. Für eine jede gibt es eine zentrale Kontaktstelle. Der Widerstreit dieser Energien mit den Kräften und der Kräfte untereinander verursacht die körperlichen Beschwerden des Menschen. Der Widerstreit zwischen der ersten und zweiten dauern viele Zeitalter lang, bis einmal der

Bergesgipfel - die erste große Bergspitze - erreicht ist. Der Kampf zwischen den Kräften erzeugt alle Krankheiten, alle Übel und körperlichen Schmerzen, die Erlösung im Tode suchen. Die zwei, die fünf und somit die sieben samt dem, was sie erzeugen, besitzen das Geheimnis. Dies ist das fünfte Heilgesetz in der Welt der Form.

* Wenn die Bilde-Energien der Seele im Körper tätig sind, besteht Gesundheit, ungetrübtes Wechselwirken und rechte Funktion. Wenn jedoch die Lunarherren und jene Wesen, die unter der Herrschaft des Mondes und auf Geheiß des niederen persönlichen Selbstes wirken, als Bildekräfte auftreten, so führt dies zu Krankheit, Siechtum und Tod.

* Wenn Leben oder Energie unbehindert und infolge rechter Lenkung zu ihrer äußeren Erscheinungsform (der angeschlossenen Drüse) strömt, dann spricht die Form darauf an, und die Beschwerde verschwindet.

* Krankheit und Tod sind die Folge zweier wirkender Kräfte. Die eine ist der Wille der Seele, der zu seinem Instrument sagt: Ich ziehe die Lebensessenz zurück. Die andere ist die magnetische Kraft des planetarischen Lebens, die zu dem Leben in dem atomischen Gefüge sagt: Die Stunde der Wiederaufnahme ist da. Kehre zu mir zurück! So handeln alle Formen nach dem zyklischen Gesetz.

* Vollkommenheit ruft Unvollkommenheit ans Tageslicht hervor. Das Gute treibt stets das Böse aus der Form des Menschen in Zeit und Raum aus. Die Methode, die sowohl vom Vollkommenen als auch vom Guten verwendet wird, ist Harmlosigkeit. Das ist keine negative, passive Geisteshaltung, sondern vollkommene Ausgeglichenheit, eine abgeschlossene Weltanschauung und göttliches Verstehen.

* Höre, o Jünger, auf den Ruf, der vom Sohn an die Mutter ergeht, und gehorche dann. Das Wort geht hinaus, dass die

Form ihren Zweck erfüllt hat. Das Denkprinzip passt sich an und wiederholt dann das Wort. Die wartende Form gibt Antwort und löst sich ab. Die Seele ist frei.
Folge, o Aufsteigender, dem Ruf, der aus dem Reich der Verpflichtung kommt; erkenne den Ruf, der vom Ashram oder aus der Ratskammer kommt, wo der Herr des Lebens selbst wartet. Der Ton geht hinaus. Seele und Form müssen beide zusammen dem Lebensprinzip entsagen und so der Monade erlauben, frei zu werden. Die Seele antwortet. Dann zerbricht die Form die Verbindung. Das Leben ist jetzt befreit und besitzt die Eigenschaft bewussten Wissens, die Früchte aller Erfahrung. Dies sind die Gaben, die Seele und Form gemeinsam schenken.

Schüler, höre auf den Ruf, der vom Sohn zur Mutter (Seele zum Körper) geht, und gehorche dann. Das Wort geht weiter, dass die Form ihren Zweck erfüllt hat. Dann organisiert sich das Prinzip des Geistes selbst und wiederholt dieses Wort. Die wartende Form antwortet und verschwindet. Die Seele steht frei.
Antworte, o Erwachender, dem Ruf, der innerhalb der Sphäre der Verpflichtung erklingt: Erkenne den Ruf, der aus dem Ashram oder der Kammer des Rates kommt (Herz- oder Kopfzentrum), wo der Herr des Lebens selbst wartet. Der Klang geht weiter. Die Seele und die Form müssen zusammen dem Prinzip des Lebens entsagen und damit der Monade erlauben, frei zu stehen. Die Seele antwortet. Dann zerbricht die Form die Verbindung. Das Leben ist nun befreit, hat die Qualität des bewussten Wissens und die Frucht von jeder Erfahrung. Dies sind die Gaben der Seele und der Form in Kombination.
Mit diesen Worten wird ein neues Gesetz verkündet, das an die Stelle des Todesgesetzes tritt und nur für diejenigen gilt, die sich auf den letzten Stufen des Pfades der Jüngerschaft und auf dem Pfade der Einweihung befinden.

Djwhal Khul sagte: „Krankheit ist grundlegend fehlgeleitetes Denken.“ Krankheit ist somit eine Gedankenform des negativen Egos in physischer Form. Gesundheit ist das ins Physische gebrachte Christus-/Buddha-Bewusstsein und Denken. Mangel an Gesundheit ist nichts Schlechtes, sondern etwas Gutes, denn es ist nichts weiter als ein neutraler Indikator für eine Unbalance oder fehlgeleitetes Denken in der Psyche. Wenn wir keine gesundheitlichen Lektionen hätten, würden wir niemals lernen. Es ist unser höchster Lehrer, der uns dabei hilft, unseren Geist und unsere Gefühle an Gottes Gesetzen auszurichten. Anstatt deinen Körper für seine Krankheit zu tadeln, segne deinen Körper dafür, dass er dein neutraler und objektiver Führer ist, was lediglich ein Spiegel für deinen Bewusstseinszustand ist. Gäbe uns unser Körper nicht diese Signale, würden wir niemals Befreiung und wahre Gottesverwirklichung erlangen. Unser Körper zwingt uns im Wesentlichen dazu, auf unserem spirituellen Weg zu bleiben. Gott ist Balance und unser Körper zwingt uns, dieses Ideal aufrechtzuerhalten. Gottes Söhne und Töchter können oft ziemlich rebellisch und ungehorsam sein, wie kleine Kinder. Durch Leiden und gesundheitliche Lektionen haben die meisten von uns Gott und ihren spirituellen Weg gefunden. Lass dich von deinem physischen Körper leiten, um stets balanciert, integriert und auf die mächtige ICH BIN - Gegenwart ausgerichtet zu sein.

Nun muss man verstehen, dass viele Menschen an gesundheitlichen Problemen leiden und fehlgeleitetes Denken definitiv ein Grund für physische Herausforderungen ist, jedoch nicht der einzige. Viele Lichtarbeiter leiden an spirituellen Symptomen der Veränderung. Diese Gesundheitslektionen haben ihre Ursache hauptsächlich in dem beschleunigten Aufstiegsprozess. Dies ist eine Tatsache und muss klar verstanden werden. Jedoch muss man auch verstehen, dass es eine geringe Anzahl von Fällen gibt, in denen das negative Ego die spirituelle Veränderung allgemein oder als Verteidigungsmechanismus benutzt, um die Lektion nicht zu lernen. Manche meinen, dass alle Symptome durch spirituelle Veränderung und den Aufstieg auftreten, dabei ist manches davon in Wahrheit psychologische Unklarheit und ein Mangel an mentaler und emotionaler Meisterung des negativen Egos und ein Mangel an physischer Erdung und Integration im Körper und im Leben auf der Erde. Sie mögen beispielsweise die Erde nicht, so dass ihr Bewusstsein und ihre Seele nicht im physischen Körper verweilt. Diese Zersplitterung fordert einen großen Tribut vom physischen Körper. Es gibt in den unteren Chakren nicht genügend Energie. Diese Menschen werden spirituell vollständig aktiviert und sind bestrebt in ihrer Suche nach dem Aufstieg, sind jedoch oft psychologisch oder physisch oder in beiden Bereichen nicht integriert. Deshalb sind die Symptome des physischen Körpers tatsächlich Symptome der spirituellen Veränderung, aber es sind auch Manifestationen einer falschen psychologischen und physischen Erdung.

Diese Lichtarbeiter wählen oft den Aufstieg als Flucht vor der Erde, anstatt das Leben auf der Erde anzunehmen und sich in der richtigen Weise darin zu integrieren und dann ihre spirituellen Lektionen und Prüfungen zu lernen. Wie du siehst, kann die spirituelle Veränderung vom negativen Ego missbraucht werden, indem es einen dazu bringt, zu denken, dass alle physischen gesundheitlichen Probleme darauf zurückzuführen seien, obwohl manche das Bewusstsein verursacht hat oder ihre Wurzeln in einer falschen Erdung liegen und manche physischen gesundheitlichen Lektionen benötigen sogar einen Homöopathen, Heilpraktiker, Kräuterkundigen oder einen Schulmediziner. Deshalb ist es wichtig, stets eine effiziente Wahrnehmung der Realität zu haben und klar darin zu sein, woher die Ursachen für gesundheitliche Lektionen stammen und zu erkennen, dass manche davon durch spirituelle Veränderung entstehen, manche aus dem eigenen Bewusstsein und der eigenen Psychologie kommen, manche aufgrund Ernährungs- und Schlafgewohnheiten, durch körperliche Übungen oder einem Mangel daran und manche durch einen Mangel an Erdung und Balance. Kontempliere darüber!

65. Die universellen Gesetze von Hermes Trismegistos

"Der Prinzipien der Wahrheit gibt es sieben. Derjenige, der diese kennt, hält den magischen Schlüssel in Händen, vor dessen Berührung die Türen des Tempels sich auftun." - *The Kybalion*

I. Das Prinzip der Geisteskraft
II. Das Prinzip der Entsprechung
III. Das Prinzip der Schwingung
IV. Das Prinzip der Polarität
V. Das Prinzip des Rhythmus
VI. Das Prinzip von Ursache und Wirkung
VII. Das Prinzip des Geschlechts

Diese sieben hermetischen Prinzipien sind die Basis für den gesamten Körper der hermetischen Philosophie. Es folgt nun eine eingehende Erklärung derselben.

I. Das Prinzip der Geisteskraft

"Alles ist Geist; das Universum ist geistig." Dieses Prinzip verkörpert das Verständnis, dass alles im Universum kraft des Gedankens erschaffen wird. Es existiert nichts im materiellen Universum auf das dies nicht zutreffen würde. Edgar Cayce sagte in seinen Durchgaben des Universellen Geistes immer wieder: "Gedanken sind Dinge." Das gesamte Universum wurde von Gottes Gedanken erschaffen. Als Söhne und Töchter Gottes erschaffen die Menschen sowohl metaphysisch als auch physisch die Realität durch die Kraft der Gedanken. Das große Gesetz der spirituellen Psychologie besagt, dass es der Gedanke ist, der die Realität erschafft. Alles was existiert ist Geist: die Materie ist nur verdichteter Geist; Geist ist nur verfeinerte Materie. Alles ist einfach Energie.

II. Das Prinzip der Entsprechung

"Wie oben, so unten; wie unten, so oben." Dieser wohlbekannte Aphorismus entstammt der Weisheit von Hermes. Ich habe diesen Sinnspruch des öfteren in meinen Büchern der breiten Anwendungspalette wegen erwähnt. Dieses Gesetz bedeutet, dass die Gedanken und Bilder, welche du in deinem Bewusstsein aber auch in deinem Unterbewusstsein hältst, sich in deinem äußeren Leben widerspiegeln werden. Die äußere Welt ist wahrlich ein Spiegel deiner inneren Welt. Trägst Du den Gedanken der Armut in dir, so wird das liebe Geld seinen Weg nicht zu dir finden. Sind es Bilder der Krankheit, werden diese in deinem physischen Körper Form annehmen. Dieses Gesetz arbeitet unaufhörlich für das Gute oder das Böse. So du dieses Gesetz verstehst, kannst du es zu deinem Vorteil einsetzen, anstatt zu deinem Nachteil. Die vollkommenste Anwendung dieses Gesetzes konntest du im Leben des Sathya Sai Baba sehen. Was auch immer er dachte, manifestierte sich augenblicklich auf materieller Ebene. Er zauberte physische Objekte mit dem Schwenken seiner Hand herbei und meinte dabei, dass er das, was er zu kreieren wünscht, nur in Gedanken fasse und sich bildlich vorstelle. Es ist dasselbe Gesetz, doch in diesem Fall ein wenig fortgeschrittener, ein wenig beschleunigt. Die Erde ist eine Schule, um diese Gesetze der Geisteskontrolle zu üben. Stell dir nur vor, was geschehen würde, so die Gedanken des Durchschnittsmenschen auf der Straße - ganz so wie es Sai Baba machte - augenblicklich Gestalt annähmen. Hegte Sai Baba auf dieser Schwingungsebene einen negativen Gedanken über irgendjemanden, könnte das den Menschen tatsächlich töten. Stell dir nur vor, wie all deine negativen Gedanken und Emotionen sich auf deine Gesundheit auswirken würden. Für die meisten Menschen ist es ein wahrer Segen, dass deren Gedanken sich noch nicht so schnell manifestieren - oder sie würden ganz schön in der Tinte sitzen. Je höher deine Einweihungsstufe und je höher deine Schwingung ist, desto schneller werden sich deine Gedanken auch manifestieren. Dies ist der Grund, aus welchem der spirituelle Weg auf den höheren Ebenen der gerade, enge Pfad genannt und als Pyramide visualisiert wird, die, je mehr du dich ihrer Spitze näherst, schmäler und schmäler wird.

III. Das Prinzip der Schwingung

"Nichts ruht; alles ist in Bewegung; alles schwingt." Dieses Prinzip erklärt den Unterschied zwischen den verschiedenen Manifestationen von Materie und Geist. Es gibt da ein Schwingungskontinuum, welches sich vom reinen Geist bis zur gröbsten Ebene der Materie hinab erstreckt. Jedes Atom und Molekül pulsiert mit einer bestimmten Bewegung, einer bestimmten Geschwindigkeit und Frequenz. Es ist das Zusammenspiel dieser Faktoren, das die Form eines jeden Gegenstandes bestimmt, sei es nun physischer oder metaphysischer Natur. Alles ist in Bewegung, alles schwingt und nichts ruht. Sogar ein physischer Gegenstand, beispielsweise ein Stuhl, ist tatsächlich in einem Zustand der Bewegung. Die Atome und Moleküle schwingen, bewegen sich in Wellen fort - und zwischen Atom und Molekül gibt es einen Raum. Dies gilt für das Atom gleichermaßen wie für das Sonnensystem, die Galaxie, das Universum und das Omniversum, da das Omniversum nichts anderes ist als ein großes Atom. Der Mikrokosmos gleicht dem Makrokosmos. Sai Baba konnte einen physischen Gegenstand zur Hand nehmen und in einen neuen verwandeln, indem er ganz einfach die Bewegung des Gegenstands änderte. Und auch du machst im Gebrauch deiner Gedanken dasselbe. Das ganze Universum ist in einem Zustand der Bewegung, rotiert um die Große Zentralsonne. Jedes Atom eines jeden Moleküls deines physischen Körpers ist für sich selbst ein Miniuniversum. Deine Gedanken manifestieren sich in deinen Emotionen, deinen Taten, deiner Gesundheit und in dem, was du anziehst - weil Energie dem Gedanken folgt. Das Ideal ist nun, eine

Bewegung zu erzeugen, die von deinem Höheren Selbst veranlasst wurde und nicht von deinem niederen Selbst oder dem negativen Ego. Jede der sieben Einweihungen ist einer höheren Schwingungs- und Bewegungsebene gleichzusetzen. Gott ist der Gipfel aller Schwingungsfrequenz schlechthin. Dies sollte dein Ziel sein.

IV. Das Prinzip der Polarität

"Alles unterliegt der Dualität. Alles hat einen Gegenpol, hat ein Paar der Gegensätze. Gleich und ungleich sind dasselbe. Gegensätze sind derselben Natur, unterscheiden sich nur in deren Abstufungen. Extreme treffen aufeinander. Alle Wahrheiten sind nur Halbwahrheiten. Mögen sich jegliche Paradoxa aussöhnen." Dies ist ein faszinierendes Prinzip. Nimm zum Beispiel Hitze und Kälte. Obgleich sie gegensätzlich sind, sind Hitze und Kälte wirklich ein und dasselbe, unterscheiden sich nur in deren Abstufungen. Dasselbe könnte man von Geist und Materie sagen. Man könnte dies anhand des Beispiels von Wasser veranschaulichen: bringe Wasser zum Gefrieren und es wandelt sich in Eis oder Materie; bringe Wasser zum Kochen und es verdampft und wandelt sich in Gas oder Geist. Beides ist derselben Natur, unterscheidet sich nur in deren Abstufungen. Wirfst du einen Blick auf das Thermometer, wo hört dann die Hitze auf und wo beginnt die Kälte? In Wirklichkeit ist dies von Körpertyp zu Körpertyp verschieden, hängt von eines Menschen persönlichen Vorlieben ab. Und dasselbe Prinzip ist auf jedes Paar der Gegensätze anzuwenden - Licht und Dunkelheit, groß und klein, hart und weich, positiv und negativ.

Das Prinzip findet auch auf mentaler Ebene Anwendung. Nimm, beispielsweise, einmal Liebe und Hass. Sie sind dasselbe, unterscheiden sich nur in ihrer Abstufung. Die Wichtigkeit dieses Gesetzes liegt darin zu verstehen, dass du fähig bist, Schwingungen von einem Extrem in das andere zu verwandeln. Dies ist in Wahrheit das Studium der

Alchemie. Die Alchemisten des Mittelalters widmeten ihr ganzes Dasein dem Wandeln unedler Metalle in Gold. Dies ist wahrlich ein Ding der Möglichkeit, wie Sai Baba so klar und augenblicklich demonstrierte. Wie auch immer, die wahre Bedeutung der Alchemie liegt darin, dass du deine unedlen Gedanken und Emotionen in spirituelles Gold oder seelenverwirklichte Energien zu wandeln vermagst. Hass kann kraft der Macht deiner Gedanken in Liebe gewandelt werden, dein niederes Selbst in dein Höheres Selbst, dein physischer Körper in deinen Lichtkörper (Aufstieg) und Gefühle des Getrenntseins in welche des Einsseins. Die Führung, die das negative Ego in Händen hielt, kannst du in der Seele Hände geben, ein leeres Bankkonto kann in ein volles gewandelt werden. All dies vermag man zu erreichen, indem man von der Kunst der Polarisation Gebrauch macht. Um all dies zu vollbringen, musst du nur die Polarisierung deines Bewusstseins ändern. Bist du die Geisel deines Emotionalkörpers, bedarfst du der Polarisierung in deinem mentalen Körper. Identifizierst du dich mit deinem mentalen Körper oder dem intellektuellen Selbst, so solltest du dich womöglich auf deine Seele ausrichten. Bist du mit der Seele verschmolzen, wirst du dich auf deine Monade ausrichten. Bist du mit der Monade verschmolzen, wirst du deine Aufmerksamkeit auf Gott richten. Alles ist nur eine Abstufung ein und desselben. Die Wissenschaft des Heilens beinhaltet das Arbeiten mit eben dieser Kunst der Polarisation. Das ist der Grund dafür, weswegen medial veranlagte Menschen einen Sprung der physischen Pole der Erde voraussagten - die Pole des Bewusstseins der Menschheit verlagerten sich nicht von dem der Angst auf den der Liebe.

V. Das Prinzip des Rhythmus

"Alles fließt, aus und ein; alles hat seine Gezeiten; alle Dinge erblühen und verblühen; Des Pendels Ausschlag nimmt in allem Form an; des Ausschlags Maß nach rechts ist des Ausschlags Maß nach links;

Rhythmus wiegt auf." Dieses Gesetz manifestiert sich in jedem Aspekt des Lebens: in des Ozeans Gezeiten, im Verlangen nach Schlaf nach einem Arbeitstag, in eines Sterns Erblühen und späterem Verblühen, im Erwachen und Untergehen von Nationen, und sogar im Wirken des Omniversums. Für jede Aktion gibt es eine gleichwertige und entgegengesetzte Re-Aktion. Du siehst es in deiner Atmung; du siehst es in Gottes Atem - Er atmet die Schöpfung aus und atmet die Schöpfung dann wieder ein. Du siehst es in der Bewegung der Sterne wie auch in der Wissenschaft der Astrologie - bewegt sich doch die Erde durch die Zeichen des Tierkreises hindurch. Das Gesetz des Rhythmus wirkt gleichfalls in des Menschen mentalen Zuständen, worin der Hermetist dessen größte wie auch nützlichste Anwendung findet. Die Hermetisten können dieses Prinzip nicht aufheben oder unwirksam machen. Doch sie haben es gelernt - indem sie vom mentalen Gesetz der Neutralisierung Gebrauch machen - den Wirkungen, die eben dieses Prinzip auf sie selbst ausübt, zu einem gewissen Grade zu entfliehen, zu einem Grade, der von der Hermetisten Anwendung dieses Gesetzes und deren Einweihungsstufe abhängt. Die Hermetisten haben gelernt, wie man sich das Gesetz zunutze machen kann, anstatt Marionetten desselben zu sein. Das Verständnis des Hermetisten vom Gesetz der Polarität polarisiert ihn an jenem Punkt, an welchem er den Wunsch nach Ruhe verspürt und neutralisiert dann den rhythmischen Ausschlag des Pendels, welches danach streben würde, ihn zum mentalen und emotionalen Gegenpol zu tragen. Der Meister tut dies, indem er seinen Willen gebraucht und sich innerlich distanziert, um einen Bewusstseinszustand zu schaffen, der nicht gleich einem Pendel einmal nach vorn schwingt und dann wieder zurück. Während die breite Masse der Menschheit auf mentaler oder emotionaler Achterbahn lebt, ist es das Ideal, einen Bewusstseinszustand göttlicher Gleichmut und Gelassenheit, einen Bewusstseinszustand inneren Friedens, der Freude, ewigen Glücks und unaufhörlicher Glückseligkeit zu erlangen. Dieselbe Lehre verkündet Krishna in der *Bhagavad-Gita*, wenn er sagt, dass es das Ziel sei, bei Gewinn wie Verlust, Freud wie Schmerz, Krankheit wie Gesundheit, Sieg wie Niederlage, bei Ablehnung wie Lob ausgeglichen und im Zentrum zu bleiben. Es gibt da einen Punkt der Neutralität, der Objektivität oder göttlichen Distanz, welcher von des Pendels Schlag zwischen den Polaritäten unberührt bleibt. Es gibt einen Zustand, den man Gottesbewusstsein nennt, in welchem du keinen schlechten Tag zu haben brauchst. Das Prinzip der Neutralität - in dessen höchsten Ausdrucksweise - findet sogar am physischen Körper Anwendung. So schlief Sai Baba beispielsweise nicht, wurde nicht hungrig oder müde. Er konnte die Bilokation ausüben und im selben Augenblick an zwei Orten zugegen sein. Dies ist das Bewusstsein des Aufgestiegenen Meisters, in welchem die Monade, oder der Geist, vollkommen mit dem physischen Vehikel verschmilzt und sich der physische Leib in einen Körper des Lichts wandelt. Die Dualität ist transzendiert. Ob du auf der emotionalen Achterbahn bist oder vollkommen ausgeglichen und dich unaufhörlicher Ruhe, Gelassenheit und Freude erfreust, das hängt ganz allein von deines Geistes Polarisation ab. Dies ist der Grund, weswegen es von solcher Wichtigkeit ist, diese Prinzipien zu verstehen. In seinem späteren Leben als Buddha erläuterte Hermes diesen Punkt näher, als er sagte: "Alles Leiden wurzelt in eines Menschen Verhaftungen und falschen Gesichtspunkten." Das Schreiben dieses Buches hat unter anderem den Zweck aufzuzeigen, dass die Prinzipien in allen Religionen dieselben sind - ob du dich nun dem Studium der ägyptischen Lehren, der Hunalehren auf Hawaii, dem Studium von Buddhismus, Christentum, Hinduismus, Taoismus widmest, den Koran oder sonst etwas liest - die Prinzipien sind dieselben, auch wenn ihre Worte leicht voneinander abweichen mögen. Gleichfalls interessant ist, dass es des öfteren ein und dasselbe Wesen war, welches zwei oder mehrere unterschiedliche, religiöse Bewegungen im Laufe verschiedener Inkarnationen begründete.

VI. Das Prinzip von Ursache und Wirkung

"Jede Ursache hat ihre Wirkung; jede Wirkung hat ihre Ursache; alles geschieht nach Gesetz; Zufall ist nur ein Name für ein nicht erkanntes Gesetz; es gibt viele Ebenen der Ursächlichkeit, doch nichts entflieht dem Gesetz." Es gibt keine Zufälle. Alles im Universum wird von Gesetzen regiert: es gibt physische Gesetze, emotionale, mentale und spirituelle Gesetze. So du diese Gesetze verstehst, kannst du es lernen, ein Leben in Gnade zu führen, anstatt den Berg des Karmas zu nähren. Es ist oft schwierig zu verstehen, aus welchem Grunde Dinge geschehen. Das liegt daran, dass es sieben Realitätsdimensionen gibt, in welchen die Ursache gesetzt werden kann. Wie Edgar Cayce in seinen Durchgaben des Universellen Geistes immer wieder zu sagen pflegte: "Jeder Punkt und jeder Strich des Gesetzes ist erfüllt." Niemand entflieht irgendeiner Sache, obgleich es manches Mal scheinen mag, dass einige Menschen ungestraft davon kommen. In Wahrheit tun sie das nicht. Die Hermetisten verstehen sich der Kunst, sich der gewöhnlichen Ebene von Ursache und Wirkung zu erheben, indem sie sich ganz einfach in eine feinere Bewusstseinsebene bewegen und folglich zu Meistern werden, anstatt zu Opfern, und zu Ursachen, anstatt zu (Aus)Wirkungen. Der Durchschnittsmensch auf der Straße ist eine (Aus)Wirkung, nicht eine Ursache. Er ist das Opfer von Gedanken, Launenhaftigkeit, Emotionen, Verlangen, Gelüsten, Opfer seines niederen Selbst, das anderer Menschen, er ist Opfer von Biorhythmen, das seines physischen Körpers, Opfer vergangener Leben, Programmierungen des Unterbewusstseins, Opfer ererbter Anlagen, des Wetters, astrologischer Einflüsse, vitaler Kräfte, nicht inkarnierter Geister, er ist die Geisel von Glanz, Maya und Illusion, er ist Opfer von Umwelteinflüssen, um nur wenige zu erwähnen. Der Meister erhebt sich solcher Elemente und meistert diese. Bis zur Erlangung der sechsten Einweihung und des Aufstiegs hat man all diese transzendiert. Die Meister gehorchen der Ursächlichkeit der höheren Ebenen, helfen jedoch, diese auf ihren eigenen Ebenen zu beherrschen. Bei jeder Einweihungsebene steigt ein Meister zu anderer Bewusstseinsebene empor und wird somit zur größeren Ursache. Für die meisten Menschen auf Erden liegt der Schlüssel darin, Meisterschaft über den Geist zu erlangen, was dazu führt, der Emotionen und des Verlangens wie auch des physischen Körpers und der Gelüste Herr zu werden. Djwhal Khul nannte dies die Meisterschaft über deine drei niederen Vehikel - Meisterschaft über den physischen, astralen und mentalen Körper. Die Kleinigkeiten deines Lebens werden von den Gedanken und Bildern, die dein Bewusstsein und Unterbewusstsein durchziehen, verursacht. So du es lernst, absolut auf der Hut zu sein, wachsam zu sein und nur noch Gedanken an Gott, die Liebe, die Vollkommenheit, vollkommene Gesundheit, Gedanken des Wohlstands, der Freude, der Einheit und des Gleichmuts zuzulassen und zu nähren, wirst du diese Qualitäten sowohl innerlich als auch äußerlich hervorzaubern. Dein Denken muss deiner Seele und Monade (dem Geist) dienen, anstatt der Stimme des niederen Selbst und des negativen Egos zu gehorchen. Sind diese Lektionen gemeistert, gibt es keinen Grund mehr, diese Schule - Erde genannt - zu besuchen, mit Ausnahme, deinen Brüdern und Schwestern, die diese noch nicht gemeistert haben, zu dienen. Sei die Ursache, sei der Meister, sei der Mitschöpfer Gottes, der du wahrhaftig bist. Dann gebrauchst du dieses Prinzip, anstatt es zuzulassen, die Marionette desselben zu sein. Bist du kein Meister, so bist du ein Opfer; das ist das Gesetz der Polarität. Ändere deine Polarität mit der Macht deines Geistes und der Macht deines gottgegebenen freien Willens.

VII. Das Prinzip des Geschlechts

"Geschlecht findet man in allem; alles hat sein männliches und weibliches Prinzip; Geschlecht manifestiert sich auf allen Ebenen." Alles hat ein Yin und ein Yang. Auf physischer Ebene hat ein jeder Mensch einen männlichen oder einen weiblichen physischen Körper, doch auf der Ebene der Gedanken und Gefühle mag er oder sie ein androgynes Wesen sein. In der chinesischen Philosophie werden Nahrungsmittel in Yin und Yang unterteilt. Dieses Gesetz findet nicht nur auf physischer Ebene, sondern auch auf emotionaler, mentaler und spiritueller Ebene Anwendung. Gott, der Vater und Mutter Erde; Yang Emotionen und Yin Emotionen; Yang Gedanken und Yin Gedanken. Am Ende dieses Abschnitts habe ich die Yin und Yang Qualitäten aufgelistet. Worum es hier geht ist, dass der spirituelle Pfad der Weg der Balance und Integration ist. Buddha nannte ihn den Mittleren Weg. Er veranschaulichte, dass der Weg zu Gott weder der der Maßlosigkeit noch der der Askese war, sondern der des Ausbalancierens der männlichen und weiblichen, der himmlischen und irdischen Aspekte innerhalb des Selbst. Der spirituelle Weg beinhaltet auch das Ausbalancieren der drei Verstandesebenen, der vier Körper und sieben Chakren. Es bedeutet gleichfalls die ausgewogene Balance zwischen der Seele und dem Ego. Dies erreicht man durch das Transzendieren des negativen Egos - man hält folglich die angemessene Ego-Seele-Beziehung aufrecht, erlaubt es dem Ego, auf den physischen Körper zu achten, jedoch nicht das Leben zu interpretieren. So man Meisterschaft erlangt hat, wird dieser ausgewogene Zustand zur Gewohnheit und bedarf nicht mehr so viel Zeit, bedarf nicht mehr so viel Energie. Die Balance wird erreicht, indem du dich selbst kennst und die universellen Gesetze, die dein Wesen regieren, verstehst. Um Gott zu kennen, musst du Gottes Gesetze verstehen.

66. Das universelle Gesetz des Höheren Selbst und der Begierde des niederen Selbst

Aristoteles sagte: „Ich betrachte denjenigen als tapferer, der seine Begierden (niederes Selbst) besiegt, als denjenigen, der seine Feinde besiegt, denn der größte Sieg ist der Sieg über das Selbst.“ In der buddhistischen und allen östlichen Philosophien wird gelehrt, alle seine Wünsche zu überwinden. Buddha sagte: „Mit Begierde ist die Welt gebunden. Mit der Kontrolle der Begierde wird sie befreit. Mit dem Loslassen aller Wünsche werden alle Bande durchtrennt." (Samyutta Nikaya II, 69) Diese Lehren der Notwendigkeit, die Wünsche zu überwinden und loszulassen, hat viel Verwirrung gestiftet. Dies liegt nicht daran, dass diese Feststellung nicht wahr wäre, sondern weil sie missverstanden wird. Lord Buddha sagte auch: „Der Meister gibt niemals seinen Wünschen nach. Er meditiert. Und in der Strenge seines Entschlusses entdeckt er wahres Glück. Wenn dein Licht ohne Unreinheit oder Begierde scheint, wirst du in das grenzenlose Land gelangen. Der Meister durchtrennt alle Bindungen. Er widersteht allen Versuchungen. Er erhebt sich." Es ist wesentlich, Wünsche zu transzendieren, aber hier ist der „Wunsch des niederen Selbst" gemeint und nicht der „Wunsch des Höheren Selbst". Sri Anandamayi Ma sagte: „Du wirst nur dann Frieden finden, wenn du dich über deine Wünsche erhebst." Das sind die Begierden des negativen Egos und das sinnliche, hedonistische, niedrige Selbst, die transzendiert werden müssen und die man überwinden muss und nicht ein spiritueller Wunsch.

Der Begierdenkörper ist im Wesentlichen verbunden mit dem Emotionalkörper und/oder mit dem Astralkörper. Das Abschneiden der Wünsche bedeutet, das komplette Blockieren der eigenen Gefühle, Emotionen und unterbewusster Energie. Es ist im Leben wesentlich, spirituelle Wünsche zu haben. „Richtet euren Sinn auf das Himmlische und nicht auf das Irdische." (Brief an die Kolosser 3:2) Ohne spirituelle Wünsche wirst du keinen Enthusiasmus und spirituelle Leidenschaft haben. Es ist nicht die Leidenschaft, die wir überwinden wollen, es ist die Leidenschaft des niederen Selbst und nicht die Leidenschaft des Höheren Selbst. Leidenschaft ist mit Enthusiasmus verbunden. Wenn wir den Emotionalkörper bei allem was wir tun einbeziehen, dann beziehen wir auch das Unterbewusstsein - den Ort der Kraft und auch der magnetischen Kraft, die Dinge in unsere Leben zieht - mit ein. „Lasst euch vom Geist leiten, dann werdet ihr das Begehren des Fleisches nicht erfüllen." (Galater 5:16) Die östlichen Religionen sprechen über das Aufgeben der Wünsche. Das Ideal des Lebens besteht darin, nicht alle Wünsche aufzugeben, sondern nur noch Wünsche des Höheren Selbst zu haben. Idealerweise ist dein alles verzehrender Wunsch im Leben, die Gottesverwirklichung, Befreiung und den Aufstieg zu erlangen und zu dienen. Wie Paramahansa Yogananda sagte: „Gott zu verwirklichen, musst du dir so sehr wünschen, wie ein ertrinkender Mensch um Luft ringt." „Freu dich innig am Herrn! Dann gibt er dir, was dein Herz begehrt." (Psalmen, 37:4)

67. Das universelle Gesetz des Haltens der eigenen Frequenz

Es ist sehr interessant, dass es in jedem echten Wirbelsturm, der die Erde trifft, ein Zentrum gibt, in dem alles vollkommen ruhig ist. Diese Wahrheit gilt auch besonders in einem spirituellen und psychologischen Sinn. Denn der spirituelle Weg und das Leben selbst sind oft wie ein Wirbelsturm. Aus der Perspektive Gottes ist alles, was im Leben geschieht, eine spirituelle Prüfung und eine Lektion, um zu sehen, ob du zentriert, ruhig, balanciert, bedingungslos liebend und stets in deinem Christusbewusstsein verbleiben kannst. Die Schlüssellektion des Lebens, um dazu in der Lage zu sein besteht darin, zu lernen, auf einer spirituellen / psychologischen und physischen Ebene ein Meister zu sein und dann auch diese drei Ebenen zu balancieren und zu integrieren. Ein weiterer Schlüssel besteht darin, das negative, auf Angst beruhende, trennende Denken und Fühlen zu transzendieren und nur noch mit dem spirituellen Christus-/Buddha-Geist zu denken und derart zu fühlen und dabei balanciert und integriert zu bleiben. Das ist der Schlüssel.

Ein weiterer Schlüssel besteht darin, dass du lernen musst, in deiner persönlichen Kraft zu bleiben und stets Selbstmeisterung zu üben und die Ursache deiner Realität zu sein und nicht die Wirkung oder das Opfer. Ein weiterer Schlüssel besteht darin, dass du der absolute Meister über deinen Geist, deine Emotionen, dein Unterbewusstsein, dein inneres Kind, deine niederen Begierden und dein negatives Ego bist. Wir haben alle das Zitat gehört, dass derjenige, der sich selbst meistert, größer ist, als derjenige, der die ganze Welt meistert! Ein weiterer Schlüssel besteht darin, stets eine rechte Beziehung zu sich selbst und zu Gott zu haben als die beiden wichtigsten Beziehungen. Gelingt dir dies, sind auch alle anderen Beziehungen zu Menschen, Dingen und zum Leben richtig. Es ist die Fähigkeit, absolute Selbstmeisterung über deinen Geist zu haben. Indem du den Geist meisterst, kannst du deine Gefühle, Emotionen, dein Verhalten und deine physische Gesundheit meistern und alles, was du in deinem Leben anziehst.

Indem du deinen Geist meisterst und Glück und inneren Frieden als einen Zustand des Geistes erkennst und die Sichtweise einnimmst, dass dies nicht von etwas außerhalb von dir abhängig ist, lernst du, stets im Zentrum des Wirbelsturms oder im Auge des Hurrikans zu leben. In spiritueller Terminologie nennt man dies, zu lernen „die Frequenz zu meistern und zu halten“. Dies ist eine der wichtigsten spirituellen Fähigkeiten, die eine spirituelle Führungskraft, ein Lehrer, Channel, Schüler, Eingeweihter oder spiritueller Meister entwickeln sollte. Denn, wenn du deine Frequenz nicht meistern und halten kannst, wie können sich dann Gott und die Meister auf dich verlassen, wenn du spirituelle Führerschaft, globalen Dienst an der Welt und fortgeschrittene spirituelle Aufgaben übernehmen sollst und es dir erlauben, dich in eine kosmische Ebene des Aufstiegs zu bewegen und dir eine beschleunigte Stufe des spirituellen Stromes und der kosmischen Frequenz zu geben?

Wenn du deine Frequenz nicht auf allen Ebenen in einer balancierten und integrierten Weise meistern und halten kannst, dann werden dich die inneren und äußeren Kräfte des Lebens kontinuierlich aus der Balance bringen! Deshalb ist es der Zweck des Lebens, zu einem „integrierten und balancierten" spirituellen Meister zu werden. Die Erde ist eine Schule, um dies zu üben. Wenn du diese Lektionen lernst, dann bleibst du auf der Erde, um zu dienen und anderen zu helfen, diese Dinge zu erlangen. Dann steigst du spirituell und/oder physisch auf und graduierst sozusagen, um deinen integrierten spirituellen Dienst auf einer höheren Ebene der Existenz auf der inneren Ebene in einem umfassenderen Bereich fortzusetzen. Daher bewegen wir uns alle langsam aber sicher durch die 352 Stufen von Gott und Mahatma zurück zur Quelle, wo wir möglicherweise alle als kosmische Aufgestiegene Meister der gesamten Schöpfung dienen werden. Eine der ersten Lektionen auf dem spirituellen Pfad besteht darin, zu lernen, stets im Zentrum des Wirbelsturms, im Auge des Hurrikans, zu leben und in der Lage zu sein, die eigene Frequenz spirituell, psychologisch und physisch fortwährend balanciert und integriert zu meistern und zu halten!

68. Das universelle Gesetz des Ehrens und Heiligens des materiellen Antlitzes Gottes

Beim Studium des esoterischen Gedankenguts erkennt man, dass es vier Antlitze Gottes gibt: das spirituelle, das mentale, das emotionale und das physische Antlitz. Nicht eines davon ist bedeutender als das andere. Es sind lediglich verschiedene Aspekte des Schöpfers. Oft gibt es einen bewussten oder unbewussten Glauben, dass die höheren Dimensionen spiritueller oder heiliger seien, als die dritte Dimension der Erde oder die dritte Dimension des Universums. Es gibt viele Himmel Gottes und das materielle Universum ist nur einer von Gottes Himmeln. Der göttliche Plan besteht nicht darin, dem materiellen Universum und der Erde zu entfliehen, sondern den Himmel auf die Erde zu bringen und eine Christus-/Buddha-Gesellschaft auf der Erde zu erschaffen. Die

Aufgabe, eine solche Gesellschaft zu bilden, beruht zunächst darin, dass jedes Individuum seinen eigenen persönlichen Aufstieg vollzieht. Das Wort „Aufstieg" ist tatsächlich eine falsche Bezeichnung dafür. Wenn wir aufsteigen, verlassen wir nicht die Erde, sondern wir erden unser Höheres Selbst und unsere Monade in unserem physischen Körper auf der Erde. Aufstieg bedeutet also in Wirklichkeit Abstieg. Die Absicht des Lebens besteht darin, eine wandelnde Verkörperung der mächtigen ICH BIN - Gegenwart oder des Christus/Buddha auf Erden zu werden. Die Erde ist heiliger Boden. Vergiss dies niemals! Gott sagte zu Moses: „Leg deine Schuhe ab; denn der Ort, wo du stehst, ist heiliger Boden." (Exodus, 3:5)

69. Das universelle Gesetz der Huna-Gebete

Die Huna-Gebete, wie von den Kahunas auf Hawaii gelehrt, werden in der Art durchgeführt, dass man genau das, was man manifestieren möchte, sehr klar und präzise auf ein Blatt Papier schreibt. Richte dein Gebet genau an das Wesen oder die Wesen, die du um Erhörung deines Gebetes bittest. Sprich dann dein Gebet drei Mal laut. Dann befehle deinem Unterbewusstsein, das Gebet zu deiner Seele oder Monade zu bringen, mit all dem Mana oder der Vitalkraft, die benötigt wird und notwendig ist, um dein Gebet zu manifestieren. Warte ungefähr fünfzehn Sekunden, um dem Unterbewusstsein Zeit zu geben, diesen Befehl auszuführen. Um das Gebet zu beenden, sprich den Satz: „Herr, lass deinen Segen herabströmen." Bevor du das Gebet durchführst ist es empfehlenswert, einige tiefe Atemzüge zu nehmen oder eine körperliche Übung zu machen, um deine Vitalkräfte aufzubauen und allen Menschen zu vergeben, die Vergebung benötigen, damit der Weg zum Höheren Selbst frei ist. Der Huna-Glaube empfiehlt auch, aus einer Position der persönlichen Kraft zu beten und nicht aus Schwäche oder einem Mangel an Selbstwert. Ich hörte erstmals von der Huna-Lehre durch Paul Solomon in seinen Channelings des Universellen Geistes. Der Universelle Geist sagte, die klarste Form der Psychologie und der Religion auf dem Planeten seien die Huna-Lehren aus Hawaii. Du kannst die Huna Gebete für jeden Bereich deines Lebens nutzen. Die Kraft und Effektivität dieser besonderen Technik wird dich erstaunen! Vergiss niemals, dass du deine eigene Realität erzeugst. Die Gotteskraft antwortet der Wahl deines freien Willens und der Kraft deines gesprochenen Wortes. Du bist Gott, und dein Wort ist Gesetz! Diese Gebete sind heilig, daher achte darauf, dass dein Höheres Selbst sie schreibt und nicht dein negatives Ego. Wie ein Sprichwort aus dem Shintoismus lautet: „Ein einziges aufrichtiges Gebet bewegt den Himmel. Du wirst sicher die göttliche Präsenz durch aufrichtiges Beten realisieren." Deine Seele oder Monade würde nicht einem Gebet antworten, das einen anderen Menschen oder dich selbst verletzen würde. „Das Gebet muss vom Herzen ausgehen, wo Gott wohnt, und nicht vom Kopf, wo Lehren und Zweifel aufeinander stoßen." (Sai Baba)

70. Das universelle Gesetz der Hypnose

Hypnose ist tatsächlich ein sehr übliches Phänomen, das euch allen im Laufe des Tages widerfährt. Jedes Mal, wenn du dich als Opfer fühlst oder wenn du in den „Autopiloten" gehst, bist du in einem Zustand der Hypnose. Jedes Mal, wenn du dich von deinem Unterbewusstsein beherrschen lässt, bist du hypnotisiert. Jedes Mal, wenn dich die Gedanken und Gefühle eines anderen Menschen beeinflussen, bis du in einem subtilen Zustand der Hypnose. Wenn du ein Buch liest, Fernsehen schaust oder Auto fährst, gehst du in einen Zustand der Hypnose. Wenn du ein Mensch bist, der sich als Opfer, anstatt als Meister fühlt, lebst du den größten Teil deines Lebens in einem Zustand der Hypnose. Hypnose ist eine Form der Entspannung. Es ist Beeinflussbarkeit. Es ist so ähnlich wie Meditation. Es sind beides veränderte Zustände des Bewusstseins, wobei der Unterschied darin besteht, dass die Absicht bei der Hypnose ist, das Unterbewusstsein zu beeinflussen, während die Absicht der Meditation darin liegt, den Geist zu beruhigen und sich der spirituellen Welt anzunähern. Doch die tatsächlichen Zustände sind sich sehr ähnlich. Hypnose entsteht, wenn das Unterbewusstsein das Bewusstsein beherrscht, wenn du Dinge aus Gewohnheit, im Tagtraum, in der Fantasie oder im „Autopiloten" machst. Hypnose ist nicht schlecht. In dieser Gesellschaft wird dies größtenteils missverstanden. Für den gewöhnlichen Menschen sind sowohl Hypnose als auch Selbsthypnose negativ gefärbt, was vom Missbrauch der Methode herrührt, den Schauhypnotiseure und Fehlinformationen durch die Medien betreiben. Es wird nur dann gefährlich, wenn du nicht bewusst wählst, kontrollierst oder in einer Weise den Prozess überwachst und lenkst. Der Hypnotherapeut kann deinem Geist keine Suggestionen aufzwingen. Die einzige Wirkung, die es haben könnte, besteht in der Wirkung, die du zulassen würdest. Kontempliere darüber!

Du kannst nicht gegen deine persönliche Kraft oder deinen Willen hypnotisiert werden. Du verursachst deine eigene Realität! Wenn dich jemand kritisiert und du dich verletzt und zurückgewiesen fühlst, dann wurdest du negativ hypnotisiert. Du hast es zugelassen, dass ein anderer Mensch deine Emotionen programmiert. Tatsächlich gibt es drei grundlegende Tiefen der Hypnose: die Beta-Ebene ist das volle Bewusstsein, die Alpha-Ebene ist das Stadium zwischen Wachen und Schlafen und die Theta-Ebene ist das frühe Stadium des Schlafes, tiefe Hypnose oder tiefe Meditation. Die Delta-Ebene ist der Tiefschlaf. Je tiefer die Ebene der Hypnose ist, desto beeinflussbarer wird ein Mensch. Wenn einem Menschen im bewussten Zustand eine Suggestion gegeben wird, dann wird die Vernunft oder der kritische Teil in ihm diese entweder zurückweisen oder akzeptieren. In der Hypnose geht dies unmittelbar in das Unterbewusstsein. Dies ist der Grund, weshalb du dir selbst Suggestionen geben kannst, während du in einem veränderten Bewusstseinszustand bist.

Wie kann uns nun diese Information in unserem täglichen Leben helfen? Seit unserer Kindheit wurde unser Unterbewusstsein von unseren Eltern, Angehörigen, dem Fernsehen usw. programmiert. Als Resultat müssen wir unser Unterbewusstsein reinigen und neu programmieren. Hypnose oder Selbsthypnose ist eine wunderbare Methode dafür. Eine ideale Zeit zum Programmieren ist während der Meditation, beim Erwachen oder Einschlafen. Auf diese Weise gehen die Suggestionen / Affirmationen direkt in das Unterbewusstsein. Das Programmieren mit Suggestionen und Affirmationen funktioniert auch noch, wenn du in einem bewussten Zustand bist, aber es erfordert mehr Wiederholungen. Das Neuprogrammieren des Unterbewusstseins ist eines der bedeutendsten Dinge, die man tun kann, denn das Unterbewusstsein beherrscht den physischen Körper. In Zukunft werden Hypnose, Selbsthypnose und das Verständnis des Programmierens und Suggerierens ein grundlegender Teil eines jeden Aspektes unserer Gesellschaft sein. Es kann eingesetzt werden zur Betäubung, zum Heilen von Schlaflosigkeit, bei Kopfschmerzen, Phobien, zur physischen Heilung, zur Erinnerung an vergangene Leben, beim Zahnarzt, in der Sprechstunde, zur Gewichtskontrolle, bei Rauchern, Verstopfung, Lampenfieber, zur Linderung von Schmerzen, bei der Geburt, zur Veränderung von Gewohnheiten, zur emotionalen Heilung, zur Verbrechensbekämpfung und Einhaltung des Gesetzes, beim Sport, zum Erlernen von Sprachen, bei Gedächtnisschwund und beim Finden von verlorenen Gegenständen usw.

Das Unterbewusstsein ist der Sitz des Gedächtnisses und es nimmt alles auf, was vor sich geht, selbst wenn es der bewusste vernünftige Geist nicht tut. Während Zeugen in einem wachen Zustand sind, können sie sich möglicherweise an keine Details eines Bankraubes erinnern, während sie sich unter Hypnose sogar an das Autokennzeichen der Räuber erinnern können. Erkennst du die Bedeutung der Hypnose? Unter Hypnose kann man einem Menschen suggerieren, dass er mit allen fünf Sinnen halluziniert und er wird es erfahren, egal welche Suggestionen der Hypnotiseur diesem Menschen gibt. 98 % der Welt lebt immer in einem subtilen Zustand der Hypnose. Der „Autopilot" ist im Zustand der Hypnose. Tagtraum ist Hypnose. Nicht zu jeder Zeit zu 100 % in seiner Kraft zu sein, ist eine subtile Form von Hypnose. Vom Unterbewusstsein beherrscht zu werden, ist eine subtile Form der Hypnose. Überemotional zu sein, ist eine subtile Form der Hypnose. Vom inneren Kind beherrscht zu werden, ist Hypnose. Menschen treffen andere, die ihnen sagen, dass sie nicht gut aussehen. Bevor sie diesen Menschen auf der Straße getroffen haben, ging es ihnen noch gut. Später fühlen sie sich krank, weil dieser Mensch sie hypnotisiert hat, ohne es notwendigerweise so gemeint zu haben. Es geschieht, weil das Individuum ein Opfer ist und übermäßig beeinflussbar. Der Mensch ist dann krank und dies ist eine massive Halluzination. Nicht, dass er nicht krank wäre, doch die Krankheit kam daher, dass er es erlaubt hat, dass ein negativer Gedanke in sein Unterbewusstsein eingepflanzt wurde und das Unterbewusstsein den physischen Körper des Menschen nun krank macht. Deshalb sagen die Ärzte in Japan ihren Patienten häufig nicht, welch ernsthafte Erkrankung diese haben, so dass sie nicht eine sich selbst erfüllende Prophezeiung erschaffen.

Es gibt eine Feststellung, die Emile Coue zugeschrieben wird, einem berühmten französischen Hypnotiseur, der die folgende berühmte Affirmation geprägt hat: „Es geht mir von Tag zu Tag in jeder Hinsicht immer besser und besser." Er sagte: „Wenn der Wille und die Vorstellungskraft im Konflikt miteinander sind, dann wird die Vorstellungskraft gewinnen." Wenn man über das Gesetz der Hypnose spricht, dann scheint es sehr wichtig zu sein, diese Behauptung zu einem Teil dieser Diskussion zu machen. Die Vorstellungskraft hat ihren Sitz im Unterbewusstsein. Diese Behauptung besagt also, dass das Unterbewusstsein kraftvoller ist als das Bewusstsein. Nichts könnte weiter von der Wahrheit entfernt sein! Die mächtigste Kraft in diesem

Universum ist der menschliche Wille und die persönliche Kraft! Wenn dem nicht so wäre, könnte niemand Selbst-Meisterung erlangen. Das Unterbewusstsein ist definitiv kraftvoller, wenn du unter Hypnose bist, aber nicht, wenn du nicht unter Hypnose stehst. Das Unterbewusstsein ist ein erstaunliches Werkzeug. Nur durch Meisterung des Unterbewusstseins und seine Ausrichtung auf das Bewusstsein und das Überbewusstsein, werden wir Gott in all seinem Ruhm verwirklichen.

71. Das universelle Gesetz der inneren und äußeren Organisation

Wenn du dein äußeres Leben geregelt haben möchtest, musst du deine Gedanken und Gefühle organisieren und in Einklang bringen. Einer der absoluten Schlüssel für spirituellen und weltlichen Erfolg besteht darin, jedem Gedanken, Wort, Gefühl, jeder Energie und Handlung Aufmerksamkeit zu schenken. Wie das große Gesetz von Hermes besagt: „Wie innen, so außen. Wie oben, so unten." Wenn du im äußeren Leben erfolgreich sein möchtest, musst du dein inneres Leben auf jeder Ebene makellos halten. Du solltest darauf achten, dass ein jeder deiner Gedanken nur Gott dient und dem Christus-/Buddha-Bewusstsein entstammt. Ebenso sollte ein jedes deiner Gefühle und Empfindungen nur Gott dienen und aus dem Christus-/Buddha-Bewusstsein entstammen, wie auch jeder Einsatz deiner Energie, all deine Handlungen und Worte. Um einen untadeligen Charakter und eine makellose spirituelle und psychologische Natur aufrechtzuerhalten, bedarf es einer großen Achtsamkeit hinsichtlich den inneren und äußeren Vorgängen. Da unsere Gedanken unsere Realität erzeugen, erschaffen wir unorganisierte Gefühle und Empfindungen, wenn unser Geist unorganisiert ist. Unsere Energien werden chaotisch, wenn unser Geist unorganisiert ist. Unser Verhalten wird etwas chaotisch, wenn unser Geist unorganisiert ist. Unser Leben wird chaotisch, wenn unser Geist unorganisiert ist.

Der Schlüssel liegt also darin, dein Bewusstsein stets organisiert zu halten. Wenn du unorganisiert bist, wirst du niemals effektiv manifestieren können und Chaos und Durcheinander werden sich in deinem Leben manifestieren. Ein Teil der Weisheit ist die notwendige Intelligenz, um den Tag mit Organisation zu beginnen. Viele Menschen laufen wie kopflose Hühner herum. Sie sind wie eine Maus auf einem Rad, die viel Energie verbraucht, aber nirgendwo ankommt. Zuerst muss man organisiert sein! Ein reiner Geist und ein reines Herz sind hilfreich, um eine klare Manifestation zu erschaffen. Einer der Schlüssel für inneren Frieden besteht also darin, dass du gewisse Dinge in deinem Geist gliederst oder organisierst. Lerne, wie du Dinge in deinem eigenen Geist ablegen und dein Bewusstsein organisieren kannst. Ansonsten kann man keinen beständigen inneren Frieden erlangen. Erstelle eine spirituelle Liste! Der Vorteil der Liste ist, dass du dich an nichts erinnern musst, so dass dein Bewusstsein frei und klar bleiben kann, um kreativ zu sein und Inspiration und Führung zu erlangen. Sie ermöglicht deinem Bewusstsein, vor kreativen Ideen und Fähigkeiten nur so zu sprühen und aufmerksam gegenüber Details zu sein. Nichts geht verloren. Dadurch kannst du deine Vorgehensweise verfeinern. Ein weiterer Vorteil von geschriebenen Listen ist, dass du nichts vergisst. Kreative und gechannelte Ideen fließen unaufhörlich durch dich und du wirst sie vergessen, wenn du sie nicht aufschreibst. Wenn man Kleinigkeiten Aufmerksamkeit schenkt, kann man dies für jede kleine Nuance an kreativem und sprühendem Potenzial nutzen. Diese Aufmerksamkeit für die Details und das Bemühen um „Makellosigkeit" in allem, macht dich zu einem integeren Menschen. Du weichst nicht aus. Du hältst an deinen spirituellen und psychologischen Idealen fest. Es hilft dir sehr bei der Manifestation, denn dein gesamtes Wesen wird dieser unglaubliche Magnet der Anziehung für dieses makellose spirituelle Gottes-/Christus-/Buddha-Ideal. Deshalb bemühe dich um makellose Organisation in deinem Bewusstsein und dein äußeres Leben wird diesen perfekten Zustand spiegeln. Namaste!

72. Das universelle Gesetz der inneren und äußeren spirituellen Elternschaft

Zunächst müssen wir verstehen, dass es aus einer spirituellen Perspektive so etwas wie Kinder gar nicht gibt. Es gibt nur erwachsene Seelen, die in die Körper von Kindern inkarnieren. Es gibt so etwas wie die Seele eines Kindes nicht. Normalerweise hatte es hunderte von vergangenen Leben und hunderte verschiedener Eltern. Dies ist eine Tatsache. Das Karma eines Menschen gibt dies bis zu einem gewissen Ausmaß vor und um Eltern auf der Erde zu erhalten, muss man eine Entscheidung treffen. Im Gegensatz zur populären Ansicht lebt die Seele nicht im Mutterschoß. Dies ist eine Illusion. Sie hat eine sehr tiefe Verbindung zum Fötus, jedoch inkarniert die Seele erst kurz vor oder nach der Geburt in den physischen Körper. Der Körper ist nicht die Seele. Manche Menschen glauben auch, dass Kinder ein unbeschriebenes Blatt seien und nur die Eltern und die Umgebung ihre Persönlichkeit formen. Auch das ist Illusion. Jede Seele, die inkarniert, hatte hunderte vergangener Leben, so dass sie eine vollkommen ausgebildete Persönlichkeit besitzt, jedoch üben die Eltern und die Umgebung einen sehr intensiven Einfluss auf das Kind aus. In Wahrheit sind Kinder völlige Opfer, wenn sie geboren werden und bleiben es während der meisten Zeit ihrer Kindheit. Kinder wissen nicht, wie sie durch ihr Denken ihre Realität erschaffen können. Sie wissen nicht, wie sie durch ihr Denken ihre Gefühle und Empfindungen verursachen können. Sie wissen nicht, wie sie sich selbst vor negativen Gedanken, Worten und dem Verhalten anderer Kinder oder Erwachsener schützen können. So sind sie in Wahrheit der Gnade ihrer Eltern, der erweiterten Familie, der Lehrer, anderer Kinder usw., die sie programmieren, ausgesetzt. Sie werden auf einer bestimmten Ebene der Persönlichkeit programmiert, denn unsere Erziehung findet ohne jeglichen psychologischen und spirituellen Bezug statt. Es wird ihnen beigebracht, mit ihrem negativen Ego zu denken, was man als normal bezeichnet. Aber das ist es nicht!

Kinder brauchen beim Aufwachsen Eltern, die sich unter Kontrolle haben und Verantwortung, Struktur, Führung und Richtlinien zur Verfügung stellen. Die Eltern sollten die spirituellen Lehrer des Kindes sein. Manche Eltern meinen, dass Kinder tun sollten, was sie selbst wollen. Das nennt man verdorben und den Kindern wird dadurch beigebracht, keine Selbstkontrolle und Selbstmeisterung zu haben. In Wahrheit sind die Eltern das Bewusstsein, das Kinder noch nicht haben. Durch eine angemessene Elternschaft mit Festigkeit und Liebe beginnen die Kinder Bewusstsein zu entwickeln. Ein Bewusstsein mit einem gewissen Grad an Selbstmeisterung über Gedanken, Gefühle, Empfindungen, Unterbewusstsein, inneres Kind, Begierdenkörper und über das negative Ego. Manche Eltern glauben, dass Kinder und Eltern gleichgestellt sein sollten. Dies wäre für das Kind vergiftend. Kinder benötigen Eltern, die sie führen und lehren. Wird das Kind gleichgestellt, dann lässt man das negative Ego, den Emotionalkörper, das unvernünftige Unterbewusstsein, die Persönlichkeit und den Begierdenkörper das Leben des Kindes beherrschen. Ein Kind braucht spirituelle, psychologische und physische Erziehung und Training.

Manche Eltern versuchen, durch ihre Kinder zu leben oder ihre Kinder so zu formen, dass sie genau wie sie selbst sind. Dies ist falsch! Kinder benötigen Führung, aber es muss ihnen auch erlaubt sein, ihren eigenen Neigungen der Seele zu folgen. Hier muss man eine Balance finden. In den Lehren von Hawaii wird das Höhere Selbst „Aumakua" genannt oder das „vollkommen vertrauenswürdige elterliche Selbst". So wie unser Höheres Selbst unser „vollkommen vertrauenswürdiges elterliches Selbst" ist, werden wir zu dem „vollkommen vertrauenswürdigen elterlichen Selbst" für unsere wirklichen Kinder und unser inneres Kind. Wir müssen unsere äußeren Kinder derart lehren, dass sie das „vollkommene vertrauenswürdige elterliche Selbst" für sich selbst werden.

Dies bringt uns zu dem Thema der inneren Elternschaft. Wir alle haben eine Beziehung zu uns selbst. Was ist dieses Selbst? Ein anderer Name für dieses Selbst ist inneres Kind oder Kindbewusstsein. Jeder Mensch muss lernen, Eltern für sein Kind zu sein, was innerlich und äußerlich bedeutet, wie wir gesehen haben. Es gibt zwei Arten, wie wir entweder für uns selbst oder für ein wirkliches äußeres Kind Eltern sein können – die spirituelle Art und die egoistische Art. Die spirituelle Weise besteht darin, streng, jedoch liebevoll zu sein, so dass Yin und Yang ausgeglichen sind. Der falsche Weg ist, zu streng oder zu nachgiebig zu sein. Eltern, die zu streng sind, kritisieren zu sehr, was sowohl das innere als auch das äußere Kind auf die Art versteht, dass es nichts wert und ungeliebt sei und es entwickelt somit ein niedriges Selbstwertgefühl. Wenn die Eltern zu nachsichtig sind, kann das Kind verderben oder rebellisch werden. Beides ist ein Produkt des negativen Egos und des unausgewogenen Denkens. Strenge und liebende Eltern helfen dem Kind, balanciert und ausgeglichen zu sein. Also ist die strenge Liebe der Schlüssel. Das Kindbewusstsein ist eine psychische Realität. Wenn man das Kind in sich angemessen erweckt, wird man auch bessere Eltern für seine wirklichen Kinder sein. Dein inneres Kind möchte nur deine bedingungslose Liebe, genauso wie ein reales Kind. Tief innen möchte das innere Kind Festigkeit, genauso wie das reale Kind. Wenn du streng und gleichermaßen liebevoll bist, dann entwickeln sowohl dein inneres Kind als auch dein Kind von deinem eigenen Fleisch und Blut Selbstkontrolle, persönliche Kraft und Selbstliebe. Sei mit deinem inneren Kind und deinem Selbst streng und liebevoll, genauso wie Gott uns gegenüber als Eltern streng und bedingungslos liebend ist. Doch so wie Gott natürlich bedingungslos ist, ist er auch streng in dem Sinn, dass er erwartet, dass wir seine universellen Gesetze lernen und befolgen. Wenn wir dies nicht tun und ihnen nicht gehorchen, erzeugen wir Leiden für uns selbst. Das Leiden ist keine Bestrafung, sondern eine Erinnerung oder ein Signal, um die Wahrheit zu suchen und Gottes universelle Gesetze auf einer spirituellen, mentalen, emotionalen, ätherischen und physischen Ebene zu verstehen. Kontempliere darüber! Dieses Gesetz ist ein absoluter Schlüssel, um den rechten Umgang mit sich selbst zu lernen.

73. Das universelle Gesetz der integrierten Meditation

Gebet ist das Sprechen zu Gott, während Meditation das Lauschen auf Gott ist. Lichtarbeiter sind sehr oft besser darin zu sprechen, als zu meditieren. Der Grund dafür liegt im Mangel an einem richtigen psychologischen Training, was die Menschen dazu bringt, vom Geist beherrscht zu werden. Das negative Ego ist die Ursache für die Überaktivität des Geistes. In der *Bhagavad-Gita* instruiert Krishna Arjuna: „Es ist wahr, dass der Geist ruhelos und schwer zu kontrollieren ist. Aber er kann erobert werden, Arjuna, durch regelmäßige Praxis und Distanziertheit. Wer keine Selbstkontrolle hat, wird nur schwer Fortschritte in der Meditation machen; aber wer sich selbst kontrolliert, indem er sich ernsthaft mit den richtigen Mitteln bemüht, wird das Ziel erreichen!" Die Kombination aus einem Mangel an Meisterung des Geistes, der Gefühle und der Kontrolle des negativen Egos über den Geist, erschwert es still zu sitzen. Der Schlüssel, Meditation zu schätzen und effektiv zu meditieren, besteht darin, erstens die Meditation in der richtigen Perspektive zu sehen und zweitens effektive Meditationsmethoden anzuwenden. Es gibt aktivere und ruhigere Arten der Meditation. Er gibt hunderte Meditationsarten, die alle unterschiedliche Ziele verfolgen. Um ein „integrierter spiritueller Meister" zu werden und Gott auf breit gefächerte Weise zu realisieren, was bedeutet, dass man Gott durch viele Filter, statt nur durch einen sieht und erfährt, ist es gut, viele verschiedene Meditationsarten zu praktizieren. Mit verschiedenen Meditationsarten kann man unterschiedliche Dinge erlangen: Die Aufstiegsaktivierungsmeditationen mit der Geistigen Welt und den Meistern werden deinen Aufstiegsprozess wie nichts anderes beschleunigen *(Hinweis: verschiedene CDs mit Aufstiegsaktivierungs-Meditationen erhältlich im Lippert-Verlag).* Die „Atemmeditation" bringt dich aus deinem Geist heraus und beruhigt unmittelbar dein ganzes System. Die „So Ham Meditation", die im Osten am stärksten empfohlen wird, bringt dir tiefen inneren Frieden. Dabei wiederholt man das Wort „So" beim Einatmen und „Ham" beim Ausatmen. Die „Om oder Klang Meditation", bei der man das Wort „Om" oder „Aum" immer wieder im Geist langsam, aber stetig wiederholt, ermöglicht es, Sphärenklänge der verschiedenen Dimensionen zu hören. „Channeling oder automatisches Schreiben Meditation" bringt dir sehr viel Liebe und Licht in dein Bewusstsein und entsprechende Energiefelder. „Astralreise und Bilokation zum Aufstiegsplatz Gottes" ist eine Art, um den spirituellen Strom Gottes und der Meister auf verschiedenen Ebenen und Dimensionen der Realität fließen zu lassen. „Die Mantras, die Namen Gottes und Worte der Kraft chanten" werden deinen Geist und dein Herz stets im Licht und der Liebe Gottes halten und als unüberwindbares Schild gegen alles, was nicht von Gott kommt, dienen. „Meditation mit der Natur" erlaubt dir, mit der Natur zu experimentieren, zu kommunizieren und dich mir ihr zu verbinden. Bei der „kreativen Visualisierung" werden die Visualisierungen selbst einen Eindruck in deinem Unterbewusstsein hinterlassen, wie durch eine Videokamera und wenn du darüber kontinuierlich meditierst, werden sich diese Bilder in deiner äußeren Realität zeigen. „Selbst-Hypnose Meditation" kann zu dem Zweck des Einstimmens auf Gott oder der Selbstprogrammierung genutzt werden. (Selbst-Hypnose, Hypnose und Meditation sind sich sehr ähnlich; es sind alles Bewusstseinszustände; der einzige Unterschied besteht in der Absicht, wofür man sie nutzt.) Und bei der „Meditation in Stille", im stillen Heiligtum deines eigenen Herzens, in dem die Gegenwart Gottes lebt, beruhigst du vollständig deinen Geist, deine Gefühle, deinen physischen Körper und äußere Angelegenheiten, so dass dir dies Frieden bringt, der jegliches Verstehen übersteigt. Die „integrierte Meditation", in dem Sinne, dass du mit deinen drei Bewusstseinszuständen arbeitest und diese verschiedenen Arten der Meditation, wie sie hier aufgezeichnet sind, nutzt, wird es dir ermöglichen, ein ausgereiftes und integriertes Gotteswesen zu werden. In Wahrheit ist jeder Moment des Lebens eine Meditation. Jeder Moment des Lebens besucht die Kirche. In jedem Moment des Lebens befindest du dich auf dem spirituellen Pfad und verursachst und erschaffst entweder Göttlichkeit oder nicht. Nutze alles im Leben, um Meditation und Göttlichkeit zu praktizieren. Es liegt alles in deiner Perspektive. Du kannst das Leben zu einer wunderbaren Meditation machen oder ein Leben des „Autopiloten", des Hedonismus, der niederen Begierde, Wut und Aufregung leben. Du hast die Wahl! „Wähle erneut", wie *Ein Kurs in Wundern* sagt.

74. Das universelle Gesetz des integrierten Gebetes

Eine der wichtigsten Praktiken auf dem spirituellen Weg ist das Gebet. Der Universelle Geist sagte durch Edgar Cayce, dem „schlafenden Propheten": „Warum sich sorgen, wenn man beten kann?" Es ist so leicht zu verstehen, aber wird dennoch immer wieder vergessen. Warum willst du aus dir selbst heraus etwas tun, wenn du die Hilfe von Gott, Christus, dem Heiligen Geist, deiner mächtigen ICH BIN - Gegenwart, deinem Höheren Selbst und der gesamten göttlichen Kräfte erhalten kannst? Das Gebet ist deshalb so wichtig, weil Gott und die göttlichen Kräfte dir nicht ungefragt helfen dürfen. Wir haben eine freie Wahl und Gott und die göttlichen Kräfte dürfen nicht ungefragt eingreifen. Die unendliche Kraft / Liebe / Weisheit Gottes und der göttlichen Kräfte sind buchstäblich für jeden verfügbar. Du musst nur darum bitten! „Schreien die Gerechten, so hört sie der Herr; er entreißt sie all ihren Ängsten." (Psalm 34:18) „Wenn ihr mich ruft, wenn ihr kommt und zu mir betet, so erhöre ich euch." (Jeremia, 29:12) „Schon ehe sie rufen, gebe ich Antwort, während sie noch reden, erhöre ich sie." (Jesaja, 65:24) „Der Herr ist allen, die ihn anrufen, nahe, alle, die zu ihm aufrichtig rufen.“ (Psalm 145:18) „Rufe zu mir, so will ich dir antworten und dir große unfassbare Dinge mitteilen, die du nicht kennst.“ (Jeremia, 33:3)

Im umfassenden Verständnis des Gebets muss man auch verstehen, dass es nicht genügt, nur ein Gebet zu sprechen. Um den höchsten Nutzen aus dem Gebet zu ziehen, muss man vollkommenen Glauben daran haben, dass es wirkt. Viele Menschen beten, haben dann aber direkt im Anschluss daran Selbstzweifel, was das Gebet nicht vollkommen sabotiert, doch die Resultate stellen sich schneller ein, wenn der Glauben aufrechterhalten wird. Sai Baba sagte: „Glaube an dich selbst. Wenn du nicht an die Welle glaubst, wie kannst du dann an den Ozean glauben?“ Gott beantwortet alle Gebete! Erinnern wir uns an die Worte in der Heiligen Schrift: „Denn ich war hungrig und ihr habt mir zu essen gegeben; ich war durstig und ihr habt mir zu trinken gegeben; ich war fremd und obdachlos und ihr habt mich aufgenommen, ich war nackt und ihr habt mir Kleidung gegeben, ich war krank und ihr habt mich besucht, ich war im Gefängnis und ihr seid zu mir gekommen.“ (Matthäus 25:35-36) Das Gebet ist in seinem Kern ein „integrierter und mitschöpferischer Prozess“ mit jedem Aspekt des Selbst, das seinen Teil verrichtet. Wenn der Glaube vorhanden ist, sollte die eigene Haltung im Leben zu 100 % in der persönlichen Kraft verankert sein und positiv vorwärts gehen, so als ob das Gebet bereits erfüllt wäre. In Wahrheit ist es bereits erfüllt; das Gebet ist eine Realität auf der Ebene Gottes und wir warten lediglich darauf, dass es sich hier auf der Erde manifestiert. Du solltest also nach dem Gebet nicht nur zu 100 % Glauben, persönliche Kraft und eine positive Haltung haben, sondern auch mental, emotional und physisch vollständig so „handeln, als wäre es bereits erfüllt“. Diese Wahrheit solltest du auch mit allen fünf Sinnen erleben. Sieh, dass es real ist, höre es, berühre es, rieche es und schmecke es!

Du solltest dein Leben auf jeder Ebene deines Seins so leben, als wäre das Gebet bereits beantwortet. Und wenn du jemals aus diesem „makellosen Konzept“ in deinem eigenen Geist rutschst, solltest du sofort eine Affirmation sprechen und eine positive kreative Visualisierung durchführen, um die „Wahrheit Gottes in deiner Realität erneut zu bestätigen. Anders ausgedrückt, um richtig und auf integrierte Weise zu beten, müssen der Mentalkörper, der Emotionalkörper, der Energiekörper, der physische Körper und die fünf Sinne ihren Teil dazu tun. Auf diese Weise gibt es auf allen Ebenen deines Seins die nötige Konsistenz. Wenn man in dieser integrierten Weise betet, erzeugt man einen "Wundergeist". Dieser Bewusstseinszustand kann Wunder in deinem Leben bewirken. Viele Menschen beten oft, sie tun es jedoch nicht mit 100 % ihrer persönlichen Kraft, im Bewusstsein der Tatsache, dass sie Söhne und Töchter Gottes sind. Es geschieht nicht aus dem Bewusstseinszustand heraus, dass sie eins sind mit dem, wofür sie beten. Es geschieht aus einem Mangel an Selbstliebe und Selbstwert und dann sagt das negative Ego dem Menschen, dass er die Gebetshilfe nicht verdient habe. Andererseits fühlt sich der Mensch schuldig und glaubt unbewusst, dass er es nicht erhalten solle. Der Mensch betet, hat aber keinen Glauben. Oder er betet, ohne positive mentale und emotionale Haltung und gefühllos. Und dann handelt er nicht so, als ob es eintritt, sondern als würde es nicht eintreten, ohne an das zu glauben, worum er gerade gebetet hat.

Wenn du betest, dann glaube vollkommen daran und wisse, dass das, worum du gebeten hast, sich bereits erfüllt. Warum sollte man es sonst tun? Die Lektion besteht darin, zu 100 % entschlossen zu sein. Wenn du dich um das Gebet bemühst und um die Liebe, Weisheit und Kraft Gottes und der göttlichen Kräfte bittest, dann stehe hinter dieser Entscheidung und glaube an das, was du tust. Gehe sogar noch einen Schritt weiter als der Glaube und wisse es. Wisse, dass Gott und die göttlichen Kräfte dein Gebet beantworten werden. „Er wendet sich dem

Gebet der Verlassenen zu, ihre Bitten verschmäht er nicht." (Psalm 102:18) „Macht es nicht wie sie; denn euer Vater weiß, was ihr braucht, noch ehe ihr ihn bittet." (Matthäus 6:8) „Wenn nun schon ihr, die ihr böse seid, euren Kindern gebt, was gut ist, wie viel mehr wird euer Vater im Himmel denen Gutes geben, die ihn bitten." (Matthäus 7:11) Habt nicht nur Glauben, sondern auch Vertrauen und Geduld. „Herr der Heerscharen, wohl dem, der dir vertraut!" (Psalm 84:13) Das Gesetz lautet: „Bittet, dann wird euch gegeben, klopfet an und es wird euch aufgetan!" Vertraue auf Gott und seine Gesetze. Dann sei geduldig, denn wir leben in einer physischen Realität und die Materie schwingt auf einer viel niedrigeren Frequenz als der Geist, die Gefühle oder die Energie. Das muss man mit berücksichtigen. Viele Menschen verlieren ihren Glauben und ihr Vertrauen, weil sie zu ungeduldig sind. „Was ihr braucht ist Ausdauer, damit ihr den Willen Gottes erfüllen könnt und so das verheißene Gut erlangt." (Hebräer 10:36) Habe Geduld und empfange das Versprochene!

Lichtarbeiter beten oft, haben aber nicht ihren Glauben, ihr Vertrauen, ihre Geduld, sind nicht zu 100 % in ihrer Kraft, haben nicht zu 100 % Selbstliebe und Selbstwert, lassen die Gedanken ihres negativen Egos in ihren Geist, handeln nicht so als ob, sondern als ob nicht, affirmieren und visualisieren nicht und machen sich Sorgen, was negative Affirmationen sind. Sie akzeptieren Gottes Realität nicht als die Wahrheit, sehen sie nicht mit all ihren fünf inneren und äußeren Sinnen, leben ihr Leben nicht so, als wäre ihr Gebet bereits erfüllt und beten nicht erneut, wenn ihre Haltung und Gefühle in den Mangel an Glauben und Wissen auf allen Ebenen zurückfallen. Dadurch entsteht kein „integriertes Gebet", sondern ein „fragmentiertes Gebet". Ein Mensch betet, sabotiert aber dann das Gebet, indem er seinen Teil nicht dazu beiträgt. Das Gebet bedeutet nicht, dass Gott und die Meister alles tun. Wahres Gebet ist ein mitschöpferischer Prozess zwischen Gott und den Söhnen und Töchtern Gottes, die spirituelle Meister und Mitschöpfer sind.

Mutter Teresa sagte: „Gebet bedeutet nicht bitten. Gebet bedeutet sich selbst in die Hände Gottes zu begeben, zu seiner Verfügung und seiner Stimme in der Tiefe unseres Herzens zu lauschen." Wenn du alle Aspekte des Selbst zu 100 % besitzt, dann kann wahre Mitschöpfung mit Gott stattfinden, und durch die Gnade Gottes und der Meister können wahre Wunder geschehen. Wir verlassen euch mit den Worten von Jesus: „Wenn ihr in mir bleibt und wenn meine Worte in euch bleiben, dann bittet um alles, was ihr wollt: Ihr werdet es erhalten." (Johannes 15:7) „Und alles, was ihr im Gebet erbittet, werdet ihr erhalten, wenn ihr glaubt." (Matthäus 21:22)

75. Das universelle Gesetz des integrierten spirituellen Wachstums auf allen drei Ebenen: spirituell, psychologisch und physisch

Es gibt drei Ebenen des integrierten spirituellen Wachstums, die jeder Mensch auf der Erde meistern muss, um tatsächliche Gottesverwirklichung zu erlangen. Diese drei Ebenen sind die spirituelle, psychologische und physische Ebene. Die spirituelle Ebene der Gottesverwirklichung hat damit zu tun, den eigenen Lichtquotienten und Lichtkörper, Kraftquotienten und Kraftkörper zu bilden. Dies geschieht durch das Verankern, Aktivieren und Nutzen deiner höheren Chakren 8 bis 330; durch das Verankern und Aktivieren deiner höheren Körper, wie den gesalbten Christus-Überselbstkörper, den Zoharkörper des Lichtes, den höheren Adam-Kadmon-Körper etc. Die spirituelle Ebene des Wachstums hat auch mit der eigenen Fähigkeit des Channelns, des Gebets, der Meditation und Mitschöpfung Gottes und den göttlichen Kräften zu tun, mit der Schöpfung und dem Bilden der Antakarana zurück zur Monade und Quelle, wie auch mit anderen Formen der spirituellen Praxis, wie Chanten, die Wiederholung der Namen Gottes und das Rezitieren von Mantren. Es hat auch mit dem Prozess des

Erlangens deiner zwölf Einweihungsstufen und dem Reinigen und Integrieren all deiner Seelenausdehnungen deines Höheren Selbst und deiner Monade zu tun.

Die psychologische Ebene des spirituellen Wachstums ist eine einzigartige Ebene und muss für sich selbst gemeistert werden. Die spirituellen Praktiken helfen nicht dabei, psychologische Meisterung zu erlangen. Die meisten Lichtarbeiter sind in ihrem spirituellen Körper viel weiter entwickelt, als sie es in ihrem psychologischen Körper sind. Dies führt später auf dem Weg oft zu einer massiven Korruption des spirituellen Körpers, wenn dies nicht korrigiert wurde. Die psychologische Ebene ist die Grundlage deines gesamten spirituellen Hauses. Da deine Gedanken deine Realität erschaffen, beeinflusst diese Ebene des spirituellen Wachstums die spirituelle und physische Ebene. Die psychologische Ebene hat mit Schlüsselthemen zu tun, wie in der persönlichen Kraft sein, Selbstliebe, Selbstwert, der Schutzblase, dem Christus-/Buddha-Denken, statt dem negativen auf Angst basierenden Denken, Balance, Integration, Transzendieren der niederen Begierde, richtige Elternschaft für das innere Kind, Neuprogrammierung des Unterbewusstseins, Meisterung des Unterbewusstseins, Meisterung und richtige Integration der Gefühle und Empfindungen, Entwickeln der spirituellen inneren höheren Sinne, Loslassen von Anhaftungen und durch Vorlieben ersetzen, Ausgleich der dreifaltigen Flamme der Liebe, Weisheit und Kraft, die Ursache der Realität sein, statt der Wirkung, das Vier-Körper-System balancieren, in Übereinstimmung bringen und Integration von Bewusstsein, Unterbewusstsein und Überbewusstsein, Integration und Balance der sieben Strahlen, zwölf Hauptarchetypen, zwölf Tierkreiszeichen, Entfernung von Implantaten und negativen Elementalen, zu lernen, stets angemessen zu entscheiden und Entwicklung der medialen Fähigkeiten etc. Die Entwicklung einer gesunden und ausgewogenen Psycho-Erkenntnistheorie ist eines der wichtigsten Aspekte der psychologischen Ebene. Siehe auch *Das universelle Gesetz des Entwickelns einer gesunden Psycho-Erkenntnistheorie (Nr. 33).*

Eine interessante Erkenntnis dieser drei Ebenen des Wachstums ist, dass der physische Körper sich automatisch entwickelt. Wenn ein Erwachsener zu viel trinkt und raucht und niemals psychologisch reift, wird er dennoch physisch reifen, obwohl seine physische Entwicklung etwas zurückbleiben könnte. Auf der spirituellen Ebene bedeutet dies, wenn sich ein Mensch auf das Licht konzentriert und fortwährend spirituelle Übungen durchführt, wird er spirituell reifen, selbst wenn er ein chronisches gesundheitliches Problem hat oder psychologisch unentwickelt ist. Die psychologische Ebene ist etwas anders, weil man hier nicht automatisch reift, wie beim physischen Körper. Nur weil ein Mensch physisch zu einem Erwachsenen wird, bedeutet das noch nicht, dass er es auch psychologisch ist. Nur weil der spirituelle Körper den Aufstieg und die sieben Stufen der Einweihung vollendet hat, bedeutet dies noch nicht, dass das psychologische Selbst im Geringsten daran beteiligt ist. Nur weil der physische Körper wächst und der spirituelle Körper sich entwickeln mag, sagt noch nichts über die psychologische Ebene der Entwicklung aus.

Der physische und der spirituelle Körper können fast automatisch wachsen und sich entwickeln, sobald man sich mit ihnen befasst. Dies gilt nicht für den psychologischen Körper. Erinnere dich stets daran, dass das Buddha-/Christus-/Melchizedek-Bewusstsein für jeden Gedanken des negativen Egos einen gegenteiligen Gedanken und eine entsprechende Haltung bereit hat. Was immer das Problem ist, das Christusbewusstsein kann dir dabei helfen, einen Weg heraus zu finden. Nicht Gott hat das negative Ego erschaffen, sondern der Mensch. Es geschah durch den Missbrauch des freien Willens. Der Schlüssel besteht hier darin, dass Gott und die Meister dir nicht dabei helfen können, dich psychologisch zu entwickeln und dein physischer Körper kann dir auch nicht dabei helfen. Sie können keine gesunde Psycho-Erkenntnistheorie für dich entwickeln, denn dies ist ein Nebenprodukt deines eigenen Denkens, und Gott und die Meister können deinen Geist, deine Gefühle und Empfindungen nicht kontrollieren. Das musst du tun. Psychologisch betrachtet kann man nur ein Erwachsener und ein Meister werden, wenn man Verantwortung für die Ursache seiner Realität übernimmt und der Meister seiner Gedanken und Gefühle wird und eine gesunde Psycho-Erkenntnistheorie und/oder spirituelle Philosophie auf allen Ebenen entwickelt.

Den Lichtquotienten zu bilden ist einfach; man erbittet ihn von den himmlischen Bereichen. Den Körper physisch zu ernähren ist einfach, denn er wird sogar wachsen, wenn man ihn missbraucht und Junkfood zu essen gibt. Die wirklichen Knackpunkte und Herausforderungen auf dem spirituellen Weg liegen bei der psychologischen Ebene. Nochmals, sie ist die Grundlage deines spirituellen Hauses. Wenn du diese Ebene nicht richtig einbeziehst, wird dies die spirituelle Arbeit, die du getan hast, in negativer Weise durchtränken und mit der Zeit den physischen Körper krank machen.

Die dritte und letzte Ebene des spirituellen Wachstums hat mit der physischen Ebene zu tun. Der physische Körper wird zum Erwachsenen reifen, egal wie weit man spirituell, psychologisch oder physisch entwickelt ist. Viele Lichtarbeiter realisieren nicht, dass es auch für den physischen Körper einen Entwicklungsprozess gibt. Ein Aspekt dessen ist, einen gesunden physischen Körper zu haben, sich gesund zu ernähren, physische Übungen zu machen, frische Luft und Sonnenschein zu tanken, viel reines Wasser zu trinken, ausreichend zu schlafen usw. Neben der Gesundheit des physischen Körpers geht es hierbei auch darum, den Lichtquotienten, Liebesquotienten und Kraftquotienten in das physische Vehikel zu bringen. Aufstieg bedeutet in Wahrheit Abstieg. Das Ideal ist das vollkommene Erden der eigenen mächtigen

ICH BIN - Gegenwart und den Liebe-/Licht-/Kraft-Körper in das Vier-Körper-System, was den physischen Körper beinhaltet, zu bringen. Wir sind dazu bestimmt, Verkörperungen Gottes in unserem physischen Körper auf Erden zu werden. Wir sind dazu bestimmt, alle höheren Körper in das Vier-Körper-System physisch zu erden, alle unsere 330 Chakren im physischen Körper zu verankern.

Ein anderer Aspekt bei der Entwicklung des physischen Gefährts, ist das spirituelle, psychologische und physische Ausbilden des eigenen Immunsystems. Ein Teil der Entwicklung des physischen Körpers liegt im Entfernen aller negativen Gedanken, Gefühle, Empfindungen, Energien und physischen Gifte aus den physischen und ätherischen Zellen, Organen, Drüsen, dem Gewebe und Blutstrom. Die höchste Stufe der Entwicklung des physischen Körpers ist ein Prozess, bei dem so viel Licht, Liebe und Kraft Gottes und der eigenen mächtigen ICH BIN - Gegenwart in das physische Vehikel herabgebracht und verankert wird, dass die Feinstofflichkeit sich im physischen Körper ausbildet. Die höchste Ebene und Form dieses Entwicklungsprozesses tritt ein, wenn ein Individuum beim Tod, beim ursprünglichen Ziel oder beim Aufstieg entscheidet, auf Wunsch mit dem physischen Körper aufzusteigen.

Der endgültige Aspekt der Entwicklung des materiellen Antlitz Gottes hat nicht nur mit der Entwicklung des eigenen physischen Körpers zu tun, sondern auch mit dem physischen Körper Gottes. In unserem Fall ist dies Mutter Erde, unsere weltliche Zivilisation und unser Sonnensystem. Indem man Mutter Erde, der weltlichen Zivilisation, der Politik, den sozialen Themen, dem Wandel der Welt und den laufenden Ereignissen Beachtung schenkt und eine Beziehung zu den vielen Königreichen von Mutter Erde entwickelt. Indem man seine Mission auf der Erde im physischen Dienst begründet. Indem man sich um alle Probleme und Ungerechtigkeiten auf der Welt kümmert, wie Hunger, Obdachlosigkeit, Kindesmissbrauch etc. Indem man die Regenwälder und gefährdeten Spezies rettet usw. Wir müssen den Himmel auf Erden erschaffen – eine neue Gesellschaft. Jesus lehrte uns dies und hat uns ein Beispiel dafür gegeben, inmitten des Lebens zu stehen. Wie es in der Bibel heißt: „Hört das Wort nicht nur an, sondern handelt auch danach; sonst betrügt ihr euch selbst." (Jakobus, 1:22) „Meine Kinder, wir wollen nicht mit Wort und Zunge lieben, sondern in Tat und Wahrheit." (Johannes, 3:18) Wenn wir diesen Worten der Weisheit Beachtung schenken, werden wir eine fünfdimensionale Gesellschaft und ein neues Jerusalem erschaffen. Und es wird das geschehen, was in *Dem Buch der Offenbarungen* geschrieben steht: Dann sah Johannes einen neuen Himmel und eine neue Erde. Er hörte eine Stimme, die sprach: „Ich bin der Anfang und das Ende. Ich werde noch einmal alles neu machen, so dass Gott und die Menschen zusammen leben werden. Es wird keinen Schmerz, keine Sorge, keinen Tod mehr geben, denn alle diese Dinge werden vorüber sein." Dann brachte ein Engel Johannes auf einen hohen Berg und zeigte ihm die heilige Stadt, das neue Jerusalem, dessen Wände aus Jaspis und die Straßen aus Gold gemacht waren. Durch die Stadt floss der Strom des Lebens, dessen Wasser so klar wie Kristall war. Hier brauchte man weder Sonne bei Tag noch Mond bei Nacht, denn in der Stadt strahlten Gott und sein Sohn, und alle, die dorthin kamen, wandelten im Licht ihrer Glorie. Lasst uns alle individuell und kollektiv im Licht unserer Glorie wandeln und die Offenbarung Gottes, so wie sie von Johannes offenbart wurde, erfüllen und verkörpern.

76. Das universelle Gesetz des Integrierens und Reinigens der eigenen Seelenausdehnungen

Jeder Mensch hat 12 Überseelen. Jede Überseele hat 12 Seelenausdehnungen oder 12 Persönlichkeiten, die in eine materielle Existenz inkarnieren, jedoch nicht unbedingt nur auf diesem Planeten.

Die 12 Seelenausdehnungen der eigenen Überseele arbeiten für die Entwicklung der Monade oder der mächtigen ICH BIN - Gegenwart. Jede deiner Seelenausdehnungen ist ein Wesen (so wie du), das entweder auf einem Planeten in dieser Galaxie oder in diesem Universum inkarniert ist oder auf der inneren Ebene arbeitet. Diese 12 Wesen bilden deine Seelenfamilie - wie auf einer höheren Ebene jede deiner 12 Überseelen 12 Seelenausdehnungen hat, so dass es 144 in deiner monadischen Familie sind. Wenn man Verantwortung für den Aufstieg übernimmt, hat man auch die Verantwortung dafür, ein Lehrer zu sein und deinen anderen 11 und 144 Seelenausdehnungen aus deinem „größeren Körper" zu helfen. Nachdem du selbst mit all deinen Unterpersönlichkeiten, Archetypen, Aspekten der vergangenen Leben, Gedankenformen, Gefühlen, Empfindungen, deiner Intuition, deinem Instinkt usw. psychologisch integriert und gereinigt wurdest, besteht der nächste Schritt darin, deinen anderen Seelenausdehnungen bei der Integration und Reinigung zu helfen.

Alle deine Unterpersönlichkeiten, Archetypen, Aspekte der vergangenen Leben, Gedankenformen, Gefühle, Empfindungen, deine Intuition und dein Instinkt sind wie eine Familie. Es ist die Familie deines Unterbewusstseins, Überbewusstseins und Vier-Körper-Systems. Diese innere Familie muss zuerst integriert und gereinigt werden, bevor du wirklich in der Lage sein wirst, deinen anderen Seelenausdehnungen deiner Überseele wirklich zu helfen. Es muss auch daran erinnert werden, dass deine Seelenausdehnungen freie Wahl haben und du sie nicht herum kommandieren kannst oder du wirst Karma für dich selbst erschaffen. Eine Seelenausdehnung zu integrieren bedeutet, sich spirituell mit seinem Energiekörper zu vereinen. Das führt zu einem größeren elektrischen Strom in deinem Feld und Energiekörper, was bei der Ausbildung des Lichtquotienten hilft. Es erweitert dich auch in deinem aurischen Feld und erlaubt dir, das Wissen, die Weisheit und die Fähigkeiten dieser anderen Menschen aus deiner Seelenfamilie zu verkörpern.

Nicht alle Seelenausdehnungen sind notwendigerweise entwickelt. Manche können unbewusst und unentwickelt sein. Das Ziel besteht darin, dass du wie ein Lehrer der Überseele wirst, zunächst für deine Seelenfamilie und dann für deine monadische Familie. Eine der größten Auswirkungen des Integrierens und Reinigens deiner Seelenausdehnungen ist das Balancieren deines Karmas. Du musst 51 % des Karmas deiner 12-er Seelenfamilie ausgleichen, um den Aufstieg zu erlangen. Es ist möglich, diesen Prozess zu durchlaufen, ohne sich dessen bewusst zu sein. Oft geschieht dies durch die eigene psychologische Klärungsarbeit der Unterpersönlichkeit. Es geschieht spirituell und dann wird es vom Unterbewusstsein zur Reinigung gefiltert. Wenn man sich mit einer Seelenausdehnung verbindet, absorbiert man in gewissem Sinne ihr Karma und reinigt es. Ihr Karma ist dein Karma, weil du von derselben Überseele und Monade stammst. Du musst damit aufhören zu denken, eine separate Seelenausdehnung zu sein und stattdessen verstehen, dass du eine Überseele und Monade bist, die aus vielen Aspekten besteht. Du arbeitest nicht nur für dich selbst, sondern für die Überseele und Monade, genauso wie deine Finger für deinen physischen Körper arbeiten.

Wenn du versuchst, zu schnell vorwärts zu gehen, kannst du dich mit karmischen Lektionen belasten, was deinen physischen, emotionalen, mentalen und spirituellen Körper so aus dem Gleichgewicht bringen kann, dass dies deine Effektivität zunichte macht. Je stärker du in deinen Körpern und je klarer du psychologisch bist, desto weniger karmische Auswirkungen erlebst du in deinem Vier-Körper-System. Bitte nicht immer nur um die Integration, sondern auch um die Reinigung deiner 12 oder 144 Seelenausdehnungen. Wenn man um die Reinigung bittet, so kann man viele karmische Verwicklungen abkürzen. Beim Integrieren der Seelenausdehnungen gibt es eine elektrische Ladung, die an deren Stelle gesetzt wird, und eine größere elektrische Leitung, die dem eigenen Feld ergänzt wird. Nachdem eine Seelenausdehnung dem eigenen Feld zugefügt wurde, braucht man definitiv eine Zeit der Integration. Tatsache ist, dass gewisse Seelenausdehnungen leichter zu assimilieren sind als andere.

Nachdem man die 144 Seelenausdehnungen der eigenen Monade integriert und gereinigt hat, geht der Prozess weiter. In den ersten siebendimensionalen Ebenen arbeitet man für den Aufstieg der Monade, was der Aufstieg aller 12 Überseelen deiner Monade bedeutet. Man muss mit allen 12 Überseelen den Aufstieg erlangen, nicht nur mit der eigenen Überseele. Wenn du dich durch die sieben Einweihungsstufen bewegst, bildest du Gruppen von Seelen und Monaden, die sich dann in einem Einheitsbewusstsein verbinden. Dies ist erforderlich, um die acht- und neundimensionale Ebene, Körper und Chakren zu verwirklichen. Beim nächsten Schritt arbeitet man mit der achten Ebene, also den sechs Monaden des eigenen Gruppenvehikels. Dies beinhaltet die Führer der 12 Überseelen der 6 Monaden zu integrieren. Die neunte Ebene bedeutet das Integrieren und Reinigen der eigenen Seelenausdehnungen der gesamten Konfiguration der 6 Monaden (das bedeutet 864 Seelenausdehnungen). Die zehnte Ebene beinhaltet das Integrieren und Reinigen der Seelenausdehnungen der solar-monadischen Gruppe. Die elfte Ebene bedeutet das Integrieren und Reinigen der monadischen Gruppe der galaktischen Seelenausdehnung. Die zwölfte Ebene bedeutet dasselbe für die universell-monadische Gruppe. (Für weitere Informationen siehe mein Buch *Kosmischer Aufstieg*.) Dies verkörpert man durch ein gruppenmonadisches Modul. Dies zu verstehen ist sehr bedeutend. Zum Beispiel muss man auf der solaren Ebene nicht alle Seelenausdehnungen im gesamten Sonnensystem integrieren, sondern nur eine gewisse Anzahl, was das gruppenmonadische Modul ausmacht, womit man verbunden ist. Man integriert in dieser Art das Sonnensystem nur für 6 Monaden. Auf der solaren Ebene ist die Anzahl der Monaden sehr viel größer. Wenn man sich zur galaktischen Ebene bewegt, so ist das Prinzip dasselbe, und so verkörpert man auch das Sonnensystem in einem Wesen. Auf der universellen Ebene verkörpert man Galaxien in einem Wesen. Dasselbe geschieht auf der multiuniversellen Ebene. Auf der Ebene der Quelle verkörpert man die Ebene der Multiquelle in das eigene Wesen durch dasselbe Konzept des gruppen-monadischen Moduls. Der Schlüsselpunkt besteht hier darin, dass wir alle in Wahrheit nicht ein individuelles Bewusstsein sind. Diese Trennung ist eine Illusion. Wir haben alle ein Gruppenbewusstsein und gleichzeitig eine individuelle Identität.

77. Das universelle Gesetz der Integration der zwölf Einweihungsstufen im Vier-Körper-System

Es gibt dreihundertzweiundfünfzig Einweihungen, um vollständige Gottesverwirklichung zu erlangen, sieben Einweihungsstufen, um vom physischen Rad der Wiedergeburt befreit zu werden und neun Einweihungsstufen, um den planetaren Aufstieg zu vollenden. Die zehnte Einweihung kennzeichnet die erste Einweihung auf einer solaren Ebene, die elfte Einweihung die erste auf einer galaktischen Ebene und die zwölfte Einweihung die erste auf einer universellen Ebene. Alle zwölf Haupteinweihungen müssen komplett abgeschlossen werden, um ein vollständig verwirklichter Melchizedek zu werden.

Die erste Einweihung hat mit der grundlegenden Meisterung des physischen Körpers zu tun, die zweite Einweihung mit der des emotionalen Körpers, die dritte Einweihung mit der des Mentalkörpers und von da an über die dreifaltige Persönlichkeit (physischer, emotionaler und mentaler Körper). Die dritte Einweihung wird auch als die Seelenverschmelzung bezeichnet. Einweihungen haben grundsätzlich mit der Erhöhung des Lichtquotienten in der Aura zu tun. Die Vollendung der Einweihungen ist eher ein Zeichen für die Entwicklung des spirituellen Körpers als des mentalen, emotionalen, ätherischen oder physischen Körpers. Es ist ein integrierender Prozess, doch durch die momentan einzigartige Zeit in der Geschichte zu Beginn des neuen Jahrtausends, dem Ende des Maya-Kalenders, der Phase in der Geschichte der Erde des Massenaufstiegs, haben die Lichtarbeiter den göttlichen Erlass erhalten, spirituell ihre ersten sieben Einweihungen zu vollenden, selbst wenn ihre vier niederen Körper nicht notwendigerweise integriert wurden. Bei der sechsten Einweihung und der Monadenverschmelzung könntest du dich selbst einen spirituellen Meister nennen, jedoch keinen integrierten Meister, solange deine Einweihungen nicht in dein Vier-Körper-System integriert wurden. Um vom Rad der „physischen" Wiedergeburt auf der Erde befreit zu werden, musst du mindestens den Beginn deiner siebten Einweihung erlangen. Du kannst zwar vom Rad der Wiedergeburt physisch befreit werden, wenn du jedoch diese Einweihungen nicht in deine vier niederen Körper korrekt integrierst, dann wirst du auf der astralen oder mentalen Ebene wiedergeboren werden. Wenn du deine psychologische Arbeit nicht machst, wird es dir nicht erlaubt sein, weitere Einweihungen zu durchlaufen, egal wie viel du daran arbeitest. Die siebte Einweihung ist kein Portal, um Verantwortlichkeit auf einer mentalen, emotionalen, ätherischen und physischen Ebene zu vermeiden.

Was bedeutet es, die Einweihungen in deine vier niederen Körper zu integrieren? Man muss man verstehen, dass es drei Ebenen des spirituellen Weges gibt: die spirituelle, psychologische und physische Ebene. Alle drei müssen gemeistert werden. Die meisten Menschen sind in ihrem spirituellen Körper weiter entwickelt als in ihrem psychologischen oder physischen Körper. In deinem spirituellen Körper entwickelt zu sein, bedeutet, dass du eine hohe Stufe des Lichtquotienten erlangt hast, du als Kanal für die Meister dienst und/oder dass du enorm viel spirituelle Information in deiner Informationsdatenbank hast. Dies ist wunderbar, jedoch um ein flügge gewordener Aufgestiegener Meister zu werden, musst du auch ein

Meister der psychologischen und physischen Ebene werden. Ein Mensch kann einen hoch entwickelten spirituellen Körper haben, sich jedoch in seinem Leben wie ein Kind verhalten, das von seinem Emotionalkörper, von der niedrigen Begierde, dem innerem Kind, dem Mentalkörper, dem Unterbewusstsein und dem negativen Ego beherrscht wird und von allen möglichen Emotionen angefüllt sein. Dies nennt man einen fragmentierten Aufstieg. Dabei wurde nur ein Drittel gemeistert.

Nun lasst uns auch die beiden anderen Drittel anschauen und sehen, was es bedeutet, deine Einweihungen in deinen mentalen, emotionalen, ätherischen und physischen Körper zu integrieren. Die Integration deiner zwölf Einweihungsstufen in deinen mentalen Körper bedeutet, dass der Geist ein Diener des göttlichen Selbst wird und du der Meister des Geistes bist und nicht umgekehrt; es bedeutet, alle Gedanken des negativen Egos abzuweisen und zu lernen, nur noch mit deinem Melchizedek-/Christus-/Buddha-Geist zu denken und eine gesunde ausgewogene spirituelle Philosophie zu entwickeln. Die emotionale Ebene der Integration deiner zwölf Einweihungsstufen hat mit dem Verständnis dessen zu tun, dass dein Denken deine Gefühle und Emotionen verursacht. Alle negativen Gefühle und Emotionen werden von der Lebensphilosophie des negativen Egos verursacht, und alle positiven Gefühle und Emotionen werden von der Lebensphilosophie des Melchizedek/Christus/Buddha-Geistes verursacht. Wenn du stets in einem Zustand von bedingungsloser Liebe und Vergebung bist und nicht verurteilst, voller Mitgefühl, Freude, Glück, innerem Friede und Gleichmut leben kannst, egal was um dich herum vorgeht, hast du deine höheren Stufen der Einweihung in deinen Emotionalkörper integriert.

Deine zwölf Einweihungsstufen werden in deinen ätherischen Körper oder Energiekörper integriert, wenn du lernst, stets einen sehr hochfrequenten spirituellen Strom durch ihn fließen zu lassen und deinen Energiekörper mit Liebe, Licht und Kraft zu erfüllen. Es bedeutet auch, deinen ätherischen Körper vollständig zu reparieren, welcher die Blaupause für deinen physischen Körper ist und aus vergangenen oder dem gegenwärtigen Leben Schäden besitzt. Wenn du den ätherischen Körper nicht ausbesserst, dann ist es für den physischen Körper schwer, sich von einer Krankheit zu erholen, denn er arbeitet dann mit einer beschädigten Blaupause.

Im Sinne der Integration deiner Einweihungen in deinen physischen Körper und der Erhöhung seiner Schwingung und Frequenz ist es wichtig, gute Nahrung zu sich zu nehmen und auch den physischen Körper fit zu halten. Atmen, schlafen, deine Mission erden. Integrität und Einheit zwischen dem Überbewusstsein, dem Bewusstsein, dem Unterbewusstsein und dem physischen Körper. Die Sexualität meistern. Den Umgang mit dem Geld meistern. Deine mächtige ICH BIN - Gegenwart im Erdenleben verankern. Die Erde und das Erdenleben lieben. Integration auf diesen drei Hauptebenen zu demonstrieren, ist auch ein Hauptschlüssel, um die Frequenz des physischen Gefährts anzuheben. Deine Gedanken und Gefühle beeinflussen sehr stark die Frequenz deines physischen Körpers. Wenn man diese Regeln befolgt, dann wird man nicht nur ein spiritueller Meister, sondern auch ein psychologischer Meister. Sind diese drei Stufen gemeistert und die zwölf Einweihungsstufen vollendet, dann wirst du ein flügge gewordener Aufgestiegener Meister und ein flügge gewordener integrierter Melchizedek/Christus/Buddha.

Ein letzter Gedanke: Wenn du glaubst, dass es nachdem du deine sieben oder zwölf Einweihungsstufen und den Aufstieg vollendet hast leichter wird, sei dir bewusst, dass dies in gewisser Weise stimmt, doch auf eine andere Art wird der spirituelle Weg sehr viel schwieriger. Der Kernpunkt liegt darin, dass man von Gott und den Meistern kontinuierlich geprüft wird, wenn man ein spiritueller Meister geworden ist und in der spirituellen Führerschaft und im planetaren Weltdienst steht. Wenn du nicht stets und auf allen Ebenen ein integrierter Melchizedek/Christus/Buddha bist, selbst unter den extremsten Prüfungen und Herausforderungen, dann wird dir dies das Universum sehr schnell zeigen. Kontempliere darüber!

78. Das universelle Gesetz der Integrität

Integrität könnte als die Übereinstimmung zwischen der mächtigen ICH BIN - Gegenwart, dem Höheren Selbst, dem Bewusstsein, dem Unterbewusstsein, dem emotionalen und physischen Körper betrachtet werden. Sehr oft geschieht es, dass das Bewusstsein denkt und auf eine Weise antwortet und das Unterbewusstsein denkt und fühlt etwas anderes. Das Bewusstsein sagt, dass es etwas tun möchte, doch der physische Körper macht es nicht. Menschen sagen, dass sie etwas tun wollen, tun es dann aber doch nicht. Was wäre, wenn Gott seine Versprechen nicht einhalten würde? Der Prophet Mohammed sagte: „Wenn du sprichst, dann sage die Wahrheit; wenn du etwas versprichst, dann halte dies." Lerne von den Worten der Bibel: „Wer mit Integrität geht, ist sicher." Gnade löscht Karma aus. Sage nicht, dass du etwas tust, wenn du es gar nicht willst. Und entschuldige dies nicht dadurch, dass ein menschliches Wesen möglicherweise nicht genügend Integrität besitzt. Das ist nur ein Trick des negativen Egos und eine falsche Annahme dessen, was es bedeutet, ein Mensch zu sein; denn ein Mensch ist in seinem höchsten Potenzial menschlich oder göttlich. Erkenne dich selbst als göttlich in einem physischen Körper. Erinnere dich daran, dass alles im unendlichen Universum ein Teil Gottes ist. Wenn du also nicht integer, nicht ehrlich oder in deinem Geschäft selbstbezogen mit deinem negativen Ego bist, dann nimmst du von Gott, der letztlich du selbst bist. Selbst wenn du kein Geld hast, bleibe integer, ehrlich, frei vom Ego und selbstlos. Bemühe dich stets um höchste Integrität. Bemühe dich darum, jeden deiner Gedanken mit deinem Melchizedek-/Christus-/Buddha-Bewusstsein zu denken, selbst wenn du alleine bist. Bemühe dich darum, dies auch in deinen Gefühlen und Emotionen auszudrücken. Bemühe dich darum in jeder Handlung und in jedem Verhalten, das du zeigst. Und bemühe dich auf alle Fälle bei jeder verbalen Interaktion darum. Wenn du dein Wort nicht hältst, was hältst du dann? Jesus sagte: „Himmel und Erde werden vergehen, aber meine Worte werden nicht vergehen." Worte, nach denen man lebt. Zur Erinnerung: „Wir aber haben nicht den Geist der Welt empfangen, sondern den Geist, der aus Gott stammt, damit wir das erkennen, was uns von Gott geschenkt worden ist. Davon reden wir auch, nicht mit Worten, wie menschliche Weisheit sie lehrt, sondern wie der Geist sie lehrt, indem wir den Geisterfüllten das Wirken des Geistes deuten." (1 Korinther 2:12-13) Erlaube dir selbst nicht, faul, zögernd, hedonistisch oder müde zu sein und deinen physischen Körper und seine Funktionen dazu zu nutzen, deine Integrität zu brechen, sondern bemühe dich um einen untadeligen Charakter. Carl Gustav Jung, der Schweizer Psychologe, sagte: „Die größte Sünde des Menschen ist seine Trägheit." Das ist Faulheit; hierbei gibt man dem Emotionalkörper zu viel Macht und leistet dem Unterbewusstsein zu wenig Widerstand. Dein Wort ist Gesetz und dein Wort ist Gott. Integrität zahlt sich aus. „Denn Gott, der Herr, ist Sonne und Schild. Er schenkt Gnade und Herrlichkeit; der Herr versagt denen, die rechtschaffen sind, keine Gabe." (Psalm 84:12) Die Schlüsselworte sind zu jeder Zeit Integrität und Übereinstimmung zwischen deinen Gedanken, Worten und Handlungen. Dies ist das Verhalten eines wahren Aufgestiegenen Meisters. Kontempliere darüber!

79. Das universelle Gesetz des Karma

„Aber, das sage ich euch: Bis Himmel und Erde vergehen, wird auch nicht der kleinste Buchstabe des Gesetzes vergehen, bevor nicht alles geschehen ist." (Matthäus 5:18) „Aber eher werden Himmel und Erde vergehen, als dass auch nur der kleinste Buchstabe im Gesetz wegfällt."

(Lukas 16:17) „Lasst uns nicht müde werden, das Gute zu tun; denn wenn wir darin nicht nachlassen, werden wir ernten, sobald die Zeit dafür gekommen ist.“ (Galater 6:9) „Wohl dem Gerechten, denn ihm geht es gut; er wird die Frucht seiner Taten genießen.“ (Jesaja 3:10)

Das grundlegende Gesetz des Karma besagt, dass du ernten wirst, was du säst; was du aussendest, wird zu dir zurückkommen. Dies ist *das universelle Gesetz von Ursache und Wirkung*. Du denkst vielleicht, dass es viele Menschen auf dieser Welt gibt, die diesem Schicksal entkommen, aber es wird niemanden geben, der davor entfliehen kann. Wie die Bibel sagt: „Jeder Buchstabe des Gesetzes wird erfüllt werden.“ „Jede Ursache hat ihre Wirkung; jede Wirkung hat ihre Ursache; alles geschieht nach dem Gesetz; Schicksal ist nur ein Name für das nicht erkannte Gesetz; es gibt viele Ebenen der Verursachung, aber nichts entgeht dem Gesetz.“ *(Kabbala)*

Das universelle Gesetz des Karma erstreckt sich über viele Leben. Auch wenn es scheint, dass jemand unfairer Weise einen anderen ausgenutzt hat und er ungeschorenen davon gekommen ist, so entspricht dies nicht der Wahrheit. Die Kontinuität der Seele setzt sich fort, auch wenn derjenige bereits in einen anderen Körper inkarniert ist. Die Bände von Edgar Cayce sind diesbezüglich mit Beispielen gefüllt. Jesus stellte ein exzellentes Verständnis *des universellen Gesetzes des Karma* zur Verfügung, als er sagte: „Behandelt die Menschen so, wie ihr selbst von ihnen behandelt werden wollt.“ Dies ist wörtlicher gemeint, als wir es erkennen.

Es gibt verschiedene Ebenen des Karma. Persönliches Karma ist das, was wir durch die Kraft unseres bewussten Willen in Gang gesetzt haben. Wenn wir in diese Welt inkarnieren, so werden wir in Gruppen geboren, die auf unserer Hautfarbe, unseren religiösen Überzeugungen usw. beruhen. Das nennt man Gruppenkarma. Wenn ein Mensch in einem schwarzen Körper in den Vereinigten Staaten geboren wird, dann hat er sich mit Rassismus und Vorurteilen auseinanderzusetzen. Nicht weil ein schwarzer Körper weniger wert wäre als ein weißer, sondern wegen des geringen spirituellen Bewusstseins von so vielen Seelen auf dieser irdischen Ebene. Ein Mensch in einem schwarzen Körper oder einer anderen Minderheit übernimmt die karmischen Lektionen dieser Gruppe.

Wir werden in einem bestimmten Land geboren und werden dann mit den entsprechenden egoistischen Identifikationen indoktriniert. Wenn es zum Beispiel einen Atomkrieg zwischen dem kommunistischen China und den Vereinigten Staaten gäbe, so wären die Einwohner dieser Länder in ihren eigenen nationalen karmischen Lektionen verstrickt. Kein Mensch ist eine Insel für sich selbst. Dann gibt es auch planetares Karma. Diese spezielle Schule, genannt Erde, hält bestimme Lektionen für uns bereit, die einzigartig und verschieden zu anderen Planeten dieser Galaxie und dieses Universums sind. Wir müssen mit dem planetaren Karma und der Phase oder geschichtlichen Zeit, in die wir geboren worden sind, umgehen. Man könnte auch sagen, dass alles Karma im Grunde persönlich ist, denn wir als Seelen haben unsere Hautfarbe, unsere Familien, unsere Religion und das Land, in dem wir aufwachsen, bereits vor unserer Inkarnation ausgesucht.

Das Wort *Karma* wurde oft mit schlechtem Karma in Verbindung gebracht, mit der Idee, dass wir eine Art Leiden erleben müssen, weil wir eine Lektion nicht gelernt haben. Das ist das Gegenteil des Zustands der Gnade. In Wahrheit wird alles im Universum von Gesetzen geregelt. Es gibt physische, emotionale, mentale und spirituelle Gesetze. Wenn wir mit diesen universellen Gesetzen nicht mehr in Harmonie sind, leiden wir. Deshalb ist Karma keine Bestrafung, sondern ein Geschenk – ein Zeichen dafür, dass wir nicht mehr in der Balance sind. Die entsprechende Grundhaltung gegenüber allem, was im Leben geschieht lautet: „Nicht mein Wille geschehe, sondern deiner. Danke für diese Lektion." Im Buddhismus bezeichnet man dies als Widerstandslosigkeit.

Die Idee besteht darin, dass man mit dem Universum arbeitet und vom Universum lernt, anstatt gegen es zu kämpfen. Das bedeutet nicht, dass wir unsere Kraft abgeben – im Gegenteil. Es bedeutet, in der Kraft zu sein und das Geschehen als eine Lehre, Lektion, Herausforderung und Gelegenheit zum Wachstum zu betrachten. Betrachte das Karma als Sprungbrett für das Seelenwachstum. Man muss nicht leiden. Gott hat das Leiden nicht erfunden, sondern wir selbst. Es ist ein Zeichen dafür, dass wir uns von unserem negativen, trennenden, auf Angst basierenden Ego führen lassen, anstatt von der Seele oder von der Geistigen Welt. Es gibt so etwas wie Sünde nicht. Es wird geglaubt, dass Sünde wie ein unerschütterlicher Teil unserers Charakters ist, der nicht entfernt werden kann. Sünde ist ein egoistisches Konzept und kein spirituelles. Es gibt keine Sünden, sondern nur Fehler. Die wahre Bedeutung der Sünde ist, die Gelegenheit zu verpassen. Fehler sind tatsächlich positiv und nicht negativ. Wir sollten daraus lernen und uns selbst für die meisten Fehler vergeben. Vollkommenheit bedeutet nicht, niemals einen Fehler zu machen. Wahre Vollkommenheit ist der Zustand, dass man sich immer selbst für die eigenen Fehler vergibt und dann aus der Erfahrung zu lernen versucht.

Ein anderer sehr wichtiger Punkt in Bezug auf Karma ist, dass alle Lektionen innerhalb des Selbst gelernt werden. Mit anderen Worten, wenn du einen ernsten Kampf mit einem ehemaligen Freund austrägst und ihm dann vergibst und daher bedingungslos liebst und deine Feindseligkeit loslässt, dann bist du vom Karma befreit, auch wenn die andere Person für den Rest ihrer Inkarnation noch einen Groll gegen dich hegt. Dies ist ein sehr befreiendes Konzept.

Karma kehrt auf allen Ebenen zu uns zurück: physisch, emotional, mental und spirituell. Inwieweit wir in diesem Leben für unseren physischen Körper Sorge tragen, wird darüber bestimmen, wie gesund unser physischer Körper in unseren nächsten Leben sein wird (falls wir dazu bestimmt sind, wiederzukehren). Wenn wir in diesem Leben unsere Gefühle meistern und friedvoll, ruhig, freudvoll und glücklich werden, dann werden wir im nächsten Leben als Baby friedvoll, ruhig und voller Freude sein, wenn wir wieder inkarnieren. Manche Menschen glauben an die Idee der endgültigen Bereinigung oder eines völlig neutralen Zustandes. Dies ist offensichtlich absurd. Wir sind keine unbeschriebenen Blätter, wenn wir geboren werden. Im Grunde genommen gibt es so etwas wie Kinder auch gar nicht. Es gibt nur erwachsene Seelen, die in einem kindlichen Körper leben. Ein Durchschnittsmensch hat 200 bis 250 vergangene Leben. Die Seele mit all ihren zwölf Seelenausdehnungen hat durchschnittlich 2400 bis 3000 Inkarnationen hinter sich.

Ein anderer sehr interessanter Punkt hinsichtlich des Karmas ist das Verständnis, dass es so etwas wie die lineare Zeit in der spirituellen Welt gar nicht gibt. Die Zeit ist simultan. Unsere vergangenen und zukünftigen Inkarnationen geschehen jetzt, denn das Jetzt ist schließlich alles, was existiert. Es ist auch möglich, dass ein karmischer Strom durch eine deiner elf anderen Seelenausdehnungen, die sich noch in Inkarnation befindet, zu dir fließt. Dieses Durchströmen kann aus der Vergangenheit oder der Zukunft kommen. Das Konzept ist auf dieser Ebene sehr schwierig zu verstehen. Versuche, dieses Konzept mit der rechten Gehirnhälfte, statt mit der linken zu erfassen. Der karmische Strom kann sich zum Beispiel in physischen Symtomen, die dir widerfahren, äußern und die nicht wirklich von dir stammen. Lass uns annehmen, dass eine deiner Seelenausdehnungen sich nahe dem Tode befindet. Du kannst das vielleicht spüren oder etwas von seinem Karma durch deinen physischen Körper auflösen.

Es gibt drei permanente Atome im physischen, mentalen und emotionalen Körper. Diese permanenten Atome zeichnen das persönliche Karma auf. Auch geben sie karmische Bilder in den Blutstrom ab; dies hat eine große Wirkung auf das Drüsensystem. Dies ist ein Teil von Gottes System für das faire Umsetzen *des universellen*

Gesetzes des Karma. Hinsichtlich der Auswirkungen von Karma bezüglich Bluttransfusionen und Organtransplantationen bei Menschen und Tieren ist zu sagen, dass all dies nicht empfohlen wird und es sollte – wenn möglich – vermieden werden. Beispielsweise die Bluttransfusion. Nehmen wir an, dass du ein Eingeweihter des dritten Grades bist und gerade deine Seelenverschmelzung hinter dir hast. Dann gehst du ins Krankenhaus und erhältst eine Bluttransfusion von einem Menschen, der bis dahin noch nicht auf dem spirituellen Weg ist. Das Blut würde – physisch und spirituell – deiner Schwingung vollkommen entgegengesetzt sein. Damit würdest du das Karma des anderen durch dein Blut fließen lassen. Bei einer Organtransplantation ist es sogar noch schlimmer, besonders wenn es von einem Tier gespendet wurde.

Nichts geschieht durch Zufall. Die Arbeit des Karma ist ein komplizierter Prozess, der die Vielfalt der unsichtbaren und subtilen Kräfte ins Spiel bringt. Deshalb gibt es hohe spirituelle Wesen, deren göttliche Aufgabe darin besteht, dieses Gesetz in der effektivsten Weise umzusetzen. Eine der Hauptgruppen dieser Wesen nennt man die Herren des Karma. Sie leiten und beobachten, wie sich der ständige Handlungsstrom und die Absicht der Menschheit vollzieht und die physischen, astralen und mentalen Körper und Welten durchdringt. Dann gibt es auch das, was in der okkulten Literatur als Karmischer Rat bekannt ist, der als regierender Rat der Herren des Karma wirkt. Dieser Rat dient der Überprüfung, wobei die Wesen, die einen gewissen höheren Grad der Einweihung erreicht haben, auf den inneren Ebenen zusammenkommen, um darüber zu sprechen, sich zu beraten, sich zu beschweren und zu loben. Alles wird von dem Rat aufgezeichnet und niemand sollte leichtfertig oder beiläufig vor ihn treten. Um das tun zu können, benötigt das Wesen, das um eine spezielle Anhörung bittet, das dazu nötige Karma. Wenn deine Motive jedoch hinsichtlich einer gegebenen Situation rein sind, dann ist der Karmische Rat bereit zu einer Beratung, so wie ihre ganze Zuständigkeit im Bereich des Karma liegt und sie sind willens zu dienen. Die Kräfte, die das Bearbeiten des Karmas bestimmen, stellen alles in Rechnung, was die Menschheit tut, wünscht und wie sie sich benimmt, ebenso das Wirken des astrologischen Einflusses, des Einflusses der Strahlen und des kollektiven Karmas. Diese Faktoren sind so komplex, dass viele spirituelle Wesen nur hinsichtlich dieses einen Themas im Amt sind. Ein anderer wichtiger Punkt bezüglich Karma ist, dass dir nur so viel zugemutet wird, wie du bewältigen kannst. Dies wird von deiner Seele und Monade kontrolliert. Würde einem Menschen all sein Karma unmittelbar aufgebürdet, so könnte sicherlich niemand damit fertig werden. Es ist möglich, das Karma auf seinem Weg zu dir zu verlangsamen, wenn du dich überfordert fühlst, und es ist auch möglich, deine karmischen Lektionen zu beschleunigen, wenn du schneller wachsen möchtest. Du kannst dies tun, indem du zu deiner Seele oder zu Gott betest und darum bittest. Es ist ihnen eine Freude mit dir in der Weise zu arbeiten, die für dich angenehm ist.

Alles gute Karma aus den vergangenen und diesem Leben ist im Kausalkörper und Seelenkörper gespeichert. Das Bilden dieses Kausalkörpers ist eines der Haupterfordernisse, um vom Rad der Wiedergeburt befreit zu werden. Um den Aufstieg zu erlangen, musst du nur 51 % des Karmas all deiner vergangenen Leben (d. h. das Karma deiner persönlichen Leben und nicht das Karma deiner elf Seelenausdehnungen) ausgleichen. Vieles von dem Karma, das du im Leben erfährst, stammt nicht notwendigerweise aus einem vergangenen Leben, sondern wurde in diesem Leben erschaffen. Du schläfst zum Beispiel am Steuer ein, während du fährst und verursachst einen schlimmen Autounfall. Die Lektion ist vielleicht so einfach, dass du verrückt genug warst, Auto zu fahren, wenn du übermüdet bist. Das ganze Karma deiner vergangenen Leben ist grundlegend in deinem Unterbewusstsein und in den drei permanenten Atomen programmiert. Es kann in diesem Leben transformiert werden, indem man lernt, der Meister seiner drei niederen Vehikel – des physischen, emotionalen und mentalen Körpers

– im geistigen Dienste und der bedingungslosen Liebe zu sein. Es ist möglich, das Unterbewusstsein und die drei permanenten Atome von jeglicher negativen Programmierung vollkommen zu klären und dies durch eine positive Programmierung zu ersetzen. *Das universelle Gesetz des Karma* erstreckt sich sogar auf die Art der Seele, die du während der Zeugung und der Empfängnis eines Kindes anziehst. Die Art der Seele, die angezogen wird, wird stark von der Qualität der Gefühle und Liebe bestimmt, die sich während der körperlichen Vereinigung zeigt.

Das grundlegende Gesetz des Universums besagt, dass unsere Gedanken unsere Realität erschaffen. Jedes Karma hat seinen Ursprung in einem ehemaligen Gedanken, der zu einem Gefühl oder zu einer Handlung geführt hat. Manchmal ist es hilfreich, hypnotische Rückführungen zu machen, um karmische Blockaden aus vergangenen Leben oder der frühen Kindheit loszulassen. Unter Hypnose kannst du ein vergangenes Trauma wieder erleben und damit Einsicht erlangen in das spezielle karmische Resultat. Häufig kannst du dann das Programm aus deinem Unterbewusstsein löschen. Ein anderes Verständnis hinsichtlich Karma hat mit einem Meister zu tun, der das Karma eines seiner Schüler übernimmt. Sai Baba, der große Meister aus Indien, hat dies häufig bei Devotees getan. Zum Beispiel hat er einmal einen Herzanfall, einen Schlaganfall und einen Blinddarmdurchbruch von seinen Schülern übernommen, woran sie sonst sicherlich gestorben wären. Sai Baba wurde einmal für zehn Tage sterbenskrank. Über 25 der besten Ärzte aus Indien waren während dieser Zeit an seinem Bett. Er war vollkommen schwarz geworden und die Ärzte gaben ihm nunmehr zehn Minuten zum Leben. Sai Baba weigerte sich eine Medizin zu nehmen und hatte angekündigt, um sechzehn Uhr am zehnten Tag einen Vortrag zu halten. Die Ärzte dachten, er sei verrückt geworden. Zur vereinbarten Uhrzeit benetzte er sich mit etwas Wasser und war sofort genesen. Die 25 Ärzte begannen Sai Baba zu bitten, ihnen von diesem Moment an bei der Behandlung der Patienten zu helfen.

Gnade löscht Karma aus. König David aus der Bibel, welcher der „Geliebte Gottes“ war, begehrte die Frau eines anderen Mannes. Er schickte ihren Ehemann an die Front des Krieges, so dass er dort umkommen möge und er die Frau haben könnte. David bereute seine Sünden und wurde einer der größten Könige von Israel. Gott heißt seine Söhne und Töchter immer willkommen, egal was sie getan haben mögen! Es ist wahr, dass alles Karma ausgeglichen werden muss. Karma kann durch Gnade, Lernen und Dienen ausgeglichen werden. Selbst Hitler wurde vergeben und er ist tatsächlich eine Inkarnation Gottes. Zunächst muss er spirituelles Christus-/Buddha-Bewusstsein erlangen und sein gesamtes Karma ausgleichen, bevor es ihm erlaubt sein wird, in sein spirituelles Heim zurückzukehren. Dies wird geschehen, denn der göttliche Plan wird solange nicht erfüllt sein, bis alle Seelen nach Hause zurückkehren. Es gibt absolut nichts in der Geschichte des unendlichen Universums, das nicht zu 100 % vergeben wird. Nur das negative Ego denkt anders. Die Definition von Gott lautet jedoch: „Gott ist Mensch minus Ego.“

Beispiele für Karma, wie es sich über vergangene Leben und/oder zukünftige Leben erstreckt

Die folgenden Beispiele stammen aus den Bänden von Edgar Cayce.

Das erste Beispiel handelt von einem Mann, der in einem vergangenen Leben in Rom gelebt hat. Er war ein sehr gut aussehender Mann. Er hatte die Gewohnheit, andere Menschen dafür zu kritisieren, dass sie dick und nicht so gut aussehend waren wie er. In seinem gegenwärtigen Leben hat er eine Unterfunktion der Hirnanhangdrüse und ist fettleibig. Dies ist ein sehr gutes Beispiel dafür, wie die drei permanenten Atome häufig das Karma im Blutstrom festhalten und das Drüsensystem beeinflussen.

In einem anderen Beispiel von Cayce hat ein Mann in einem vergangenen Leben jemanden niedergestochen und getötet. In diesem Leben litt er an Leukämie. In einem anderen Reading litt eine Frau an übergroßer Angst vor Tieren. Diese Angst stammte aus einer Erfahrung im alten Rom, als ihr Ehemann mit wilden Bestien in den Arenen kämpfen musste.

Die hier aufgeführten Beispiele betreffen schlechtes Karma, das bis in dieses Leben wirkt. Karma kann auch in seinem Wesen positiv sein. Wie konnte beispielsweise Mozart im Alter von fünf Jahren bereits Klavierkonzerte geben? Die Antwort darauf ist, dass er vier oder fünf Leben als berühmter Musiker vor diesem Leben hatte. Wenn du ein gesunder Amerikaner bist, wie hast du einen gesunden Körper erlangt und warum wächst du in den Vereinigten Staaten auf? Du könntest auch ein unterernährter Somalier sein oder im kommunistischen China aufwachsen oder an tausend anderen Plätzen, die dir nicht die Freiheiten und Möglichkeiten erlaubt hätten, die du hier hast. Zu oft konzentrieren wir uns auf die schlechten Dinge, die wir erlebt haben und beschuldigen unser Karma, anstatt nach den guten Dingen zu schauen und dankbar für unser gutes Karma zu sein.

Djwhal Khul über *das universelle Gesetz von Karma und Wiedergeburt*

Die folgenden dreizehn Aussagen des Aufgestiegenen Meisters Djwhal Khul stammen aus dem Buch *Die Wiederkunft Christi* von Alice Bailey und geben eine gute Zusammenfassung des ganzen Prozesses.

1. *Das universelle Gesetz der Wiedergeburt* ist ein großes natürliches Gesetz auf unserem Planeten.
2. Es ist ein Prozess, der unter *Dem universellen Gesetz der Evolution* eingeleitet und von ihm getragen wird.

3. Es ist nahe verwandt mit *Dem universellen Gesetz von Ursache und Wirkung* und wird dadurch bestimmt.

4. Es ist ein Prozess der progressiven Entwicklung, die einem Menschen ermöglicht, sich von der groben Form des nicht-denkenden Materialismus zur spirituellen Perfektion und einer intelligenten Auffassung zu entwickeln, was dem Menschen erlaubt, zu einem Mitglied im Königreich Gottes zu werden.

5. Es erklärt die Unterschiede zwischen den Menschen und - in Verbindung mit *Dem universellen Gesetz von Ursache und Wirkung* (wie im Osten das Gesetz des Karmas genannt wird) – es erklärt die Unterschiede der Umstände und Eigenschaften des Lebens.

6. Es ist ein Ausdruck des Willensaspektes der Seele und nicht das Resultat irgendeiner Form der Entscheidung. Es ist die Seele in allen Formen, die sich reinkarniert, wählt und geeignete physische, emotionale und mentale Vehikel konstruiert, durch die sie die nötigen Lektionen lernt.

7. *Das universelle Gesetz der Wiedergeburt* (sofern es die Menschen betrifft) tritt auf der Seelenebene in Kraft. Die Inkarnationen werden von der Seelenebene aus über die Mentalebene angeregt und geführt.

8. Die Seelen inkarnieren unter dem Gesetz, und um die richtige Beziehung zu Gott und seinem Nächsten zu erreichen, in zyklischen Gruppen.

9. Die progressive Entfaltung unter *Dem universellen Gesetz der Wiedergeburt* ist hauptsächlich durch das mentale Prinzip bedingt, das lautet: „Wie ein Mensch in seinem Herzen denkt, so ist er.“ Diese knappe Aussage bedarf sorgfältiger Überlegung.

10. Unter *Dem universellen Gesetz der Wiedergeburt* entwickelt der Mensch langsam seinen Geist, beginnt seine

Gefühle und seine emotionale Natur zu kontrollieren und enthüllt schließlich die Natur der Seele.

11. An diesem Punkt in seiner Entwicklung beginnt der Mensch auf dem Pfad der Rückkehr zu schreiten und orientiert sich schließlich (nach vielen Leben) am Königreich Gottes.

12. Wenn ein Mensch - durch mentale Entwicklung, Weisheit, praktischem Dienst und Verständnis - gelernt hat, nicht mehr für das getrennte Selbst zu bitten, dann verzichtet er auf das Verlangen nach dem Leben und ist frei von *Dem universellen Gesetz der Wiedergeburt*.

13. Er ist jetzt ein Gruppenbewusstsein, ist sich seiner Seelengruppe und der Seele, die sich in allen Formen äußert, bewusst und hat – wie Christus es vorgesehen hat – die Stufe des Christus erreicht und reicht bis zum „Maß der vollen Gestalt des Christus".

80. Das universelle Gesetz seinen Geist beständig im Licht zu halten

Wir sehen das, was wir suchen. Wenn wir Schuld und Verurteilung sehen, dann sehen wir in Wirklichkeit Schuld und Verurteilung bei uns selbst, denn was wir in anderen sehen ist nur ein Spiegel unseres eigenen Geisteszustandes. Wenn wir nur Gott, Liebe und Segen sehen, dann ist es das, was wir uns selbst geben. Ob wir es sehen oder nicht, es ist da, denn Gott hat es erschaffen. Eine falsche Wahrnehmung erzeugt keine Wahrheit; es erzeugt nur die Wirklichkeit, in der wir leben. Wir könnten den Ruhm dessen erkennen, den Gott uns bereit hält. Wenn wir Schuld sehen, dann erschaffen wir Trennung von uns selbst, von Gott und von unseren Brüdern und Schwestern. Die Geistige Welt lehrt uns, stets in einem Zustand der Einheit zu verweilen, denn alles ist Gott. Alle Formen der Wahrnehmung sind nach dem Buch *Ein Kurs in*

Wundern eine Art Traum. Gott leitet uns jedoch dazu an, den glücklichen Traum des Christusbewusstseins zu leben und zu erfahren, was ein perfekter Spiegel des Zustandes ist, den Jesus Wissen nennt. Indem man den Christustraum oder diese Wahrnehmung lebt, sagt Jesus, wird die Übersetzung in Wissen unvermeidlich stattfinden. Daher halte den Geist beständig im Licht. „Das Trachten des Fleisches führt zum Tod, das Trachten des Geistes aber führt zu Leben und Frieden. Denn das Trachten des Fleisches ist Feindschaft gegen Gott; es unterwirft sich nicht dem Gesetz Gottes und kann es auch nicht. Wer vom Fleisch bestimmt ist, kann Gott nicht gefallen." (Römer 8:6-8) In deinem Leben manifestiert sich das, worauf du deine Aufmerksamkeit lenkst. Richte deine Aufmerksamkeit nur auf Gott, nur auf die Liebe, nur auf das Licht. Wenn Versuchung oder Negativität auftauchen, so besteht eine der vielen Methoden, die du nutzen kannst darin, innerlich oder äußerlich einen der vielen Namen Gottes zu chanten, was den Geist dort hinführt und ihn dort belässt, wo er sein soll. Ein träger Geist ist die Werkstatt des Teufels. „Ein fester Turm ist der Name des Herrn, dorthin eilt der Gerechte und ist geborgen." (Sprüche 18:10)

81. Das universelle Gesetz der Führung und Selbstmeisterung

Eine der Voraussetzungen, um unter den Menschen eine Führungsposition einzunehmen, besteht darin, ein Meister über das eigene Selbst zu werden. Jeder von uns ist der Vorstand seiner inneren Wählerschaft, die aus seinem mentalen, emotionalen und physischen Körper besteht, seiner Persönlichkeit, Ausrichtung der Chakren, Instinkten, Gefühlen, Gedanken, Intuition, Wahrnehmungen, Unterpersönlichkeiten, Aspekten der vergangenen Leben, innerem Kind und Unterbewusstsein. Wenn man nicht weiß, wie man sich selbst regiert, dann ist es nicht möglich, andere effektiv zu leiten. Wenn du keine feste Führung dir selbst gegenüber hast, dann macht dich deine innere Wählerschaft zum

Opfer. Die erste Schlüsselqualität für einen effektiven inneren und äußeren Führer ist die Qualität der persönlichen Kraft. Ohne persönliche Kraft wirst du das Opfer deiner Energien. Persönliche Kraft führt zur Selbstmeisterung, Selbstdisziplin und zur Fähigkeit, stets konzentriert und verpflichtet zu sein sowie die Ursache, anstatt die Wirkung deiner Realität zu sein. Persönliche Kraft zeigt sich darin, ein Meister statt eines Opfers deines Selbst und des Lebens zu sein. Gib deine persönliche Kraft niemals an jemanden oder an einen Aspekt in dir selbst ab. Der Schlüssel besteht darin, stets in deiner Kraft zu bleiben, was große mentale Disziplin und Training erfordert. Du solltest deine Kraft nicht an deine Gedanken, Gefühle, Emotionen, Begierden, dein Verlangen des physischen Körpers, deine Sexualität, deine Instinkte, deine Imagination, Traumunterpersönlichkeiten oder irgendeine andere innere Qualität abgeben. Und du solltest sie auch nicht an andere Menschen abgeben. Wahre Führungskräfte bewahren stets ihre persönliche Kraft, egal in welcher Situation.

Die zweite Schlüsselqualität der Führungskraft ist die Liebe. Liebe und persönliche Kraft sind die beiden wichtigsten Zutaten für psycho-spirituelle Gesundheit. Die ideale Führungsperson lebt das, was man als strenge Liebe bezeichnen könnte. Sie ist so hart wie Stahl in ihrer Konsequenz und Disziplin, doch gleichermaßen auch so liebevoll und harmlos wie die Jungfrau Maria. Eine wahre Führungsperson greift niemals an und ist niemals im negativen Sinne wütend. Sie besitzt positive Wut, ein Ausdruck des Archetypus des spirituellen Kriegers und die destruktive Energie des ersten Strahles, die in einem positiven Sinn dazu genutzt wird, um überholte Formen zu zerstören, aber sie ist niemals negativ wütend. Wahre spirituelle Führer setzen ihre Kraft stets auf jeglichem Gebiet in einer liebenden Weise ein. Hitler, Stalin und Mussolini verfügten alle über persönliche Kraft, doch besaßen dabei offensichtlich keine Liebe. Eine der großen Prüfungen auf dem spirituellen Weg, welche Schüler und Initiaten zur Führerschaft bringt, ist die Prüfung der Macht. Wird ihnen die Macht zu Kopf steigen und durch sie missbraucht werden? Dies geschieht, wenn man nicht seine spirituellen Hausaufgaben macht und lernt, das negative Ego innerhalb seiner selbst zu kontrollieren. Wenn man vom negativen Ego beherrscht wird, dann wird Führerschaft für selbstbezogene, missbräuchliche Absichten benutzt. Anstatt diese Position der Macht dafür zu nutzen, anderen zu helfen und zu dienen, wird sie für eigene selbstbezogene Ziele eingesetzt. Man benötigt viel Weisheit (dritter Strahl), um die perfekte Balance zwischen der Macht (erster Strahl) und Liebe (zweiter Strahl) zu finden. Siehe dazu auch *Das universelle Gesetz des Balancierens und Integrierens* der *dreifaltigen Flamme (Nr. 15)*.

Eine weitere Schlüsselqualität der wahren Führungskraft ist Selbstlosigkeit. Ein wahrer spiritueller Führer ist der Diener aller und völlig frei vom Ego. Wie Meister Jesus so wunderbar sagte: „Der Größte unter euch ist der Diener aller." Wie du siehst, liegt der Schlüssel zur effektiven Führerschaft in deiner Stufe an psychologischer und psychospiritueller Klarheit. Wenn du keine Kontrolle über dein negatives Ego, deinen Emotionalkörper, dein Unterbewusstsein und deinen Begierdenkörper hast und nicht gelernt hast, dein inneres Kind richtig zu behandeln, wirst du nicht qualifiziert sein, in irgendeiner Weise zu führen, da du nicht gelernt hast, dich selbst zu führen.

Bleibe in deiner Kraft, sei liebevoll, weise und selbstlos, kontrolliere das negative Ego, sei psychologisch klar und du wirst von dir selbst, Gott und den Meistern als Führer erkannt werden, weil du mit dem Selbst, mit Gott und mit deinen Brüdern und Schwestern auf richtige Weise umgehst. Wahre Führerschaft muss verdient werden. Durch kontinuierliche Demonstration der Christusqualitäten der Führerschaft, anstatt der Qualitäten des negativen Egos, wirst du die Bewunderung und den Respekt derjenigen, die du führst, verdienen. Vergiss niemals, dass die psychologische Ebene die Grundlage deines gesamten spirituellen Lebens ist. Es ist absolut wesentlich, dass alle Lichtarbeiter auf der spirituellen, psychologischen und physischen Ebene Meisterschaft erlangen. Alle drei Ebenen sind verschieden und erfordern eine andere Handhabung. Wie bereits erwähnt wurde, liegt eine der wichtigsten Qualitäten der Führerschaft darin, dass du praktizierst, was du lehrst. Jeder kann einen guten Vortrag oder Channelings geben. Die wahre Prüfung besteht darin, ob du deine Botschaft demonstrieren kannst. Sobald du in einer Führungsposition bist, warten viele Prüfungen auf dich: Macht, Geld, Ruhm, Anhaften, Sexualität, Begierde, Wut, Angst, Selbstbezogenheit, falscher Stolz, Gier, Dualität, Eifersucht, Eitelkeit und Egoismus, um nur ein paar zu nennen.

Weitere zu entwickelnde und praktizierende Qualitäten einer Führungsperson liegen darin, die eigenen Gaben anzubieten, was eines der wichtigsten Archetypen ist, die es zu entwickeln gilt (den Archetypus des Verführers in seinem höchsten Ausdruck), außerdem soziale Geschicklichkeit und eine gute Balance zwischen der rechten und linken Gehirnhälfte. Mit anderen Worten, eine gute Balance zwischen Intuition und gesundem Menschenverstand. Auch sollte man aus Fehlern lernen und angemessene Haltungen einnehmen, die Fähigkeit, Feedback in einer nicht-egosensitiven Art anzunehmen und auch Feedback in einer aufrichtenden Art zu geben. Gute Führerschaft erfordert Organisation und Aufmerksamkeit im Detail. Wenn man den Kleinigkeiten keine Aufmerksamkeit schenkt, dann zeigen sie sich wieder, um dich zu plagen. Um äußerlich organisiert zu sein, müssen der eigene Geist und die Gefühle richtig organisiert sein. Es sind wirklich die kleinen Dinge auf dem spirituellen Weg, die am wichtigsten sind. Weitere Qualitäten der wahren Führerschaft schließen eine klare Vision ein, das Erkennen des großen Bildes und nicht im kleinen Bild stecken zu bleiben, das Verfolgen von Exzellenz in allem, was du tust, ohne perfektionistisch oder überkritisch zu sein, sondern mit dem Verständnis, dass Fehler in Ordnung sind.

Wahre Führerschaft schließt auch Qualitäten wie Kooperation und Kommunikation mit ein. Effektive Kommunikation beginnt oft bei einer guten Kommunikation mit dir selbst, deinem Vier-Körper-System, deinen Bewusstseinsebenen, deinen Chakren und deiner mächtigen ICH BIN - Gegenwart. Diese integrierte Kommunikation innerhalb des Selbst wird dann in effektive Kommunikation mit anderen umgesetzt, in Übereinstimmung mit der Seele. So wie wir alle auf unserem Weg voranschreiten, werden wir in Positionen der Macht und Führerschaft eingesetzt, und in Wahrheit sind wir alle genau jetzt in dieser Position. Wie behandelst du den Menschen, der dein Haus putzt oder den Tankwart? Lebst du das, was du sprichst? Wir alle beherrschen unsere Gedanken, Emotionen, Körper, Unterpersönlichkeiten, Archetypen, Instinkte, Wahrnehmungen und Intuition. Wir alle sind der Direktor oder Herrscher. Wie kann jemand, der beim Militär dient grundsätzlich seine Persönlichkeit beherrschen? Möglicherweise beherrscht er in derselben Weise seine Truppen. Wie beherrscht eine Hausfrau ihre Energien, wenn sie die meiste Zeit ihres Lebens von ihrem Ehemann abhängig war und nicht gelernt hat, ihre männliche Seite zu beanspruchen?

Zuerst müssen wir alle zum göttlichen Herrscher über uns selbst werden. Erst dann werden wir wirklich die Fähigkeit haben, eine Führungskraft zu sein. Ein weiterer Aspekt der Führerschaft hat damit zu tun, dass man ein Führer für die eigenen Seelenausdehnungen wird. Jeder Mensch besitzt 12 Seelenausdehnungen, die aus der Überseele stammen und 144 Seelenausdehnungen, oder Persönlichkeiten, die aus der Monade oder der mächtigen ICH BIN - Gegenwart stammen. Im Idealfall wird man hier zu einem Führer und Lehrer, etwa wie es die Überseele für deine eigenen 12 Seelenausdehnungen ist, die sozusagen deine Seelenfamilie ausmachen. Einer der anfänglichen Schritte, um eine Führungskraft in der Welt zu werden, liegt darin eine Führungskraft für deine Seelenfamilie zu werden. Nach deinem persönlichen Aufstieg und der sechsten Einweihung, besteht der nächste Schritt darin, auch eine Führungskraft für alle 144 Seelenausdehnungen deiner 12 Überseelen zu werden, die mit deiner Monade und mächtigen ICH BIN - Gegenwart verbunden sind. Dann bist du ein wahrer Führer deiner selbst geworden und das erlaubt dir, ein geborener Führer unter der Menschheit zu werden.

Die wahre Absicht unseres spirituellen Weges besteht nicht darin, uns in einer Höhle oder einem Kloster zu verstecken, sondern uns auf diese höheren Energien einzustimmen und sie dann im Geist, in den Gefühlen, im ätherischen Körper, im physischen Körper und schließlich im dreidimensionalen Erdenleben und in der Gesellschaft richtig zu verankern. Die Absicht des göttlichen Planes ist es, den Himmel auf Erden zu bringen und nicht nur die Befreiung vom Rad der Wiedergeburt zu erlangen und dann der Existenz auf der Erde zu entrinnen. Wie schon oft gesagt wurde, der wahre Aufstieg bedeutet Abstieg. Man ist die mächtige ICH BIN - Gegenwart auf Erden, die anderen dabei hilft, ihre mächtige ICH BIN - Gegenwart zu werden und auch zu helfen, eine Gesellschaft der mächtigen ICH BIN - Gegenwart zu erschaffen. Der wahre spirituelle Führer ist bereit, sich vollständig auf das Erdenleben einzulassen sowie in allen Institutionen der Gesellschaft als Führungskraft zu dienen und als spiritueller Krieger zu versuchen, eine Veränderung herbeizuführen. Gandhi sagte: „Du musst die Veränderung sein, die du in der Welt sehen möchtest.“ Du musst durch dein Beispiel führen. Wie Sai Baba sagte: „Lehrer müssen ein Beispiel der Liebe und Wahrheit sein.“ Wie kannst du erwarten, dass dir Mitgefühl entgegen gebracht wird, wenn du anderen kein Mitgefühl zeigst? Wie kannst du erwarten, dass dir jemand bedingungslose Liebe schenkt, wenn du nicht bereit bist, deine Liebe bedingungslos zu verschenken? Wie kannst du erwarten, dass jemand deine Fehler versteht, wenn du die seinen nicht verstehst? Wie kannst du erwarten, dass dich jemand nicht verurteilt, wenn du andere stets verurteilst? Deine Gedanken sind wirklich lebende Dinge und so wie du denkst bist du.

Bleibe daher in deiner Kraft, sei liebevoll, weise, selbstlos und durchdringe dein Ego mit deiner Spiritualität. Dies ist die Eintrittskarte zur wahren Führerschaft. Betrachte Lord Buddha oder unseren Planetaren Logos oder Lord Maitreya, den Planetaren Christus. Sie üben eine außerordentliche Macht aus, wovon wir nur träumen können und dennoch ist ihre Liebe, Respekt, Bewunderung, Mitgefühl, Harmlosigkeit und Unterstützung grenzenlos. Melchizedek ist der Herrscher in unserem gesamten Universum. Gott ist der höchste Herrscher im unendlichen Universum. Sie herrschen völlig frei vom Ego, in absoluter Übereinstimmung des Weiblichen und Männlichen, der dreifaltigen Flamme der Liebe, Weisheit und Kraft, aller Strahlen, aller Archetypen, aller Sephiroth des Baum des Lebens und aller Tierkreiszeichen.

Lasst uns daher danach streben, mit Einschließlichkeit, statt mit Ausschließlichkeit zu herrschen, mit Einheit und Gruppenbewusstsein statt Elite, mit Liebe und Unschuld das Göttliche in allem zu sehen, unabhängig der Erscheinung, des Wohlstandes oder Status. Lasst uns nicht durch unbeständige materielle Werte ins Schwanken geraten, sondern unsere Sicht auf die Werte und Ideale richten, die permanent, ewig und von unserem Höheren Selbst und unserer mächtigen ICH BIN - Gegenwart geschätzt werden. „Wenn du dich nicht über die Dinge der Welt erhebst, so werden sie sich über dich erheben. Sei in der Welt, aber lass die Welt nicht in dir sein.“ (Sai Baba)

Um diesen Abschnitt zu beenden, lasst uns einen letzten Blick auf einige ideale Qualitäten eines effektiven spirituellen Führers richten: stabil, taktvoll, geduldig, fest, vertrauenswürdig, tolerant, verständnisvoll, optimistisch, flexibel, genau, professionell, unpersönlich und persönlich, pünktlich, schnell im Denken, zuverlässig, zäh, einfallsreich, angesehen, verantwortlich, Senkrechtstarter, selbstsicher, selbstvertrauend, das Selbst gemeistert, selbstdiszipliniert, bereit zu dienen, aufrichtig, freundlich, ehrlich, fleißig, innovativ, intelligent, harmlos, nett, wissend, liebenswert, logisch, intuitiv, reif, motiviert, offener Geist, organisiert, beherrscht, höflich, positiv, durchsetzungsfähig, redegewandt, aufmerksam im Detail, ruhig, fröhlich, gewissenhaft, übereinstimmend, höflich, verlässlich, bestimmt, dynamisch, effizient, mitfühlend, extravertiert – falls nötig, erkennend, vergebend, freudvoll, nicht anhaftend und doch betroffen, gleichmütig, sich selbst liebend, zentriert, balanciert, auf das Innere gerichtet, treu, vertrauensvoll, erfolgreich, annehmend, nicht verurteilend, nicht aggressiv, gruppenorientiert. Der wahre spirituelle Führer ist eine Führungskraft, jedoch nicht überheblich, konkurrenzierend oder selbstgerecht. Er ist zuverlässig, tolerant, durchsetzungsfähig, jedoch niemals aggressiv oder einschüchternd. Er ist harmlos, diskret, ehrlich und besitzt Integrität. Beachte dieses Gesetz und denke daran: Jeder wird an einem gewissen Punkt in die Position eines Führers gestellt und in Wahrheit ist jeder genau jetzt in dieser Position. „Wenn ein Schüler schlecht ist, so wird davon nur dieser eine Schüler beeinflusst. Aber wenn ein Lehrer schlecht ist, so werden hunderte von Schülern verdorben." (Sai Baba)

82. Das universelle Gesetz des Lebens im Tao

Es gibt einen Bewusstseinszustand, der als Tao bekannt ist, in dem man in einem Zustand der Balance lebt. Um in dieser Balance oder Zentrierung zu verbleiben, ist eine kontinuierliche Anpassung aller Aspekte seiner selbst und seiner Körper erforderlich. Das Denken muss konstant angepasst und von den Gedanken des negativen Egos weggeführt und zu denen des Christus-/Buddha-Bewusstseins hingeführt werden. Das Denken und Fühlen muss konstant angepasst werden, um den Emotionalkörper davon abzuhalten, in Gefühle und Emotionen des negativen Egos zu fallen. Der physische Körper muss konstant in Bezug auf Haltung, Bewegung, Körpersprache, Schlafgewohnheiten, Atmung und Ernährung angepasst werden, um den physischen Körper in Balance zu halten. Wenn wir nachts schlafen und träumen, dann erhalten wir dieses Feedback vom Unterbewusstsein gleich einer imaginären Zeitschrift, die uns sagt, wie wir unsere Gedanken, Gefühle und unser Verhalten manifestieren. Wenn wir diese Zeitschrift lesen und die Sprache lernen, dann können wir wertvolle Informationen darüber erhalten, wie wir unser Denken, Fühlen, Verhalten und vielleicht gewisse blinde Flecken, denen wir uns nicht bewusst sind, anpassen können. Es ist ein negativer Perfektionismus, wenn man auf das negative Ego hört, das sagt, dass niemals Fehler geschehen sollten und wenn diese doch geschehen, sich selbst und andere verurteilt. Jeder macht Fehler. Auf diese Art lernen wir. Die Schlüssellektion besteht darin, aus Fehlern zu lernen und die goldene Erkenntnis daraus zu ziehen, die Lektion zu lernen und sich selbst dafür zu vergeben und darauf zu achten, dass es nicht noch einmal passiert. Wie der Dalai Lama sagte: „Wenn du verlierst, dann verliere nicht die Lektion.“ Passe dich entsprechend an. Wir müssen konstant Anpassungen vornehmen, ob wir sprechen oder schweigen, ob wir aktiv oder passiv sind. Wenn wir mit unserem Auto zu schnell fahren, können wir einen Strafzettel bekommen. Es ist weder besser, schneller zu gehen noch ist es besser, langsamer zu gehen. Es ist besser, im Tao zu bleiben. Wenn du auf einer Welle surfst, wirst du abgeworfen, wenn du zu schnell bist. Wenn du zu langsam bist, wirst du die Welle verpassen. Nur wenn du im Tao bist, wirst du die Welle erwischen. Im Leben ist es genauso. Das Leben besteht in Wahrheit aus vielen Anpassungen, um im Tao zu verbleiben. Lerne auf das Tao zu hören und bleibe in seinem vollendeten Rhythmus. Dies ist einer der Schlüssel, um die Midas Berührung zu entwickeln. „Gewaltig ist in der Tat das höchste Tao, selbst spontan, offensichtlich ohne Handeln, das Ende und der Beginn aller Zeiten, es existierte vor der Erde und dem Himmel, still umarmend das Ganze der Zeit.“ *(Tao Te King)*

83. Das universelle Gesetz des Lebens, ein spiritueller Krieger zu sein

Das Leben auf der Erde ist eine sehr harte spirituelle Schule, eine der härtesten im Universum. Im Sinne des Kosmischen Tages, in dem wir leben, ist das Thema für unser gesamtes Universum der Mut. Um im Leben erfolgreich zu sein und um im Besitz seiner spirituellen Kraft zu sein, musst du gleichermaßen zäh wie auch liebevoll sein. Die Integration des Archetyps des „spirituellen Kriegers“ in seinem positiven, erhebenden Aspekt, lässt dich unbeirrt voranschreiten. Dies wird mit der Zeit immer leichter. Es wird zu einer tief sitzenden Gewohnheit, sobald du das Unterbewusstsein, das innere Kind, den physischen, mentalen, emotionalen Körper und das Ego gemeistert und integriert hast. Djwhal Khul hat dies als die Unterwerfung des Hüters der Schwelle genannt. Sobald dies vollendet wurde, wird das Leben leichter.

Es wird immer wieder Lektionen geben, aber wenn du erst einmal der Kapitän deines Schiffes bist, wird es nur vorübergehende Rückschläge geben. Paramahansa Yogananda sagt in seinen Schriften, dass das Leben ein Schlachtfeld sei. Krishna sagt in der *Bhagavad Gita* zu Arjuna, dass er seine Mannhaftigkeit annehmen und den Kampf aufnehmen soll und dass sein Selbstmitleid und seine Nachgiebigkeit sich für die große Seele, die er ist, nicht geziemt. Krishna sagte auch in der *Bhagavad Gita*: „Wenn du mit Liebe in deinem Herzen kämpfst, so wird kein Karma hervorgerufen.“ Der spirituelle Krieg, an dem wir alle beteiligt sind, ist die Schlacht zwischen dem niederen Selbst und dem Höheren Selbst; die Schlacht zwischen der Wahrheit und der Illusion; die Schlacht zwischen dem Denken des negativen Egos und dem von Christus. Paul Salomon sagte, dass der spirituelle Weg wie das Besteigen eines Berges sei. Man geht fünf Schritte hinauf und zwei herunter. Sieben Schritte hinauf, fünf herunter. Da das Thema dieses Kosmischen Tages für unser Universum Mut lautet, ist der Archetyp des spirituellen Kriegers der Art, wie das Universum erschaffen wurde, innewohnend. Sei nicht naiv. Bereite dich jeden Morgen beim Aufstehen auf die Schlacht vor, indem du deine spirituelle Rüstung anlegst und erkläre den Krieg im Dienst an Gott. Deine spirituelle Rüstung ist deine persönliche Kraft, deine bedingungslose Liebe, dein Schutz, Glaube, Vertrauen, Geduld und Vergebung.

Die Schlacht, in der wir uns alle befinden, besteht darin, den Berg, der auch Gottesverwirklichung genannt wird, zu besteigen. Diesen Berg zu besteigen, ist nicht einfach, insbesondere auf diesem Planeten. Es ist nicht einfach, den Geist, die Gefühle, den physischen Körper, das negative Ego, das innere Kind, den Emotionalkörper und die Sexualität zu meistern, um nur einige der Themen zu nennen. Dieser spirituelle Krieg bedeutet Kampf und auch unter enormen Hindernissen an unseren wahren spirituellen Idealen festzuhalten. Es ist der Kampf, unter allen Umständen liebend zu bleiben. Es ist der Kampf, das Bewusstsein des negativen Egos stets zu transzendieren. Es ist der Kampf, nicht in den „Autopiloten" zu fallen und sich stattdessen stets auf Gott und sein Reich auszurichten. Es ist der Kampf, seine Brüder und Schwestern vor der Verführung des Glanzes, der Maya und Illusion zu bewahren. Es ist der Kampf, stets im Dienste Gottes zu sein und das Christusbewusstsein zu erlangen. Vielleicht verlierst du ein paar Schlachten, doch den Krieg solltest du gewinnen!

84. Das universelle Gesetz des Liebens seiner Feinde

Meister Jesus sagte: „Liebet eure Feinde". Wenn du dich einem Menschen, Nachbarn, Familienmitglied, Fremden oder Arbeitskollegen näherst, der vom negativen Ego beherrscht wird, dann liegt die erste Lektion Gottes darin, wie du NICHT sein solltest. Dir wird auch beigebracht, stets in deiner persönlichen Kraft zu bleiben. Gott lehrt dich, zentriert und in deiner Schutzblase zu bleiben, so dass die

Negativität der anderen Menschen an dir abperlt wie Wasser vom Federkleid einer Ente. Dir wird Vergebung, bedingungslose Liebe, zu antworten, statt zu reagieren beigebracht. Du wirst darin gelehrt, deine eigene Realität zu verursachen und nicht andere Menschen deine Emotionen hervorrufen zu lassen. Es wird dir Toleranz und Geduld beigebracht. Es wird dir gezeigt, alles als Lektion zu betrachten, statt als Problem. Es wird dir Gleichmut beigebracht und in allen Situationen, inneren Frieden zu bewahren. Es wird dir beigebracht, dich selbst zu lieben und die Liebe Gottes im Selbst zu bewahren und sie nicht außerhalb des Selbst zu suchen. Du wirst darin geschult, mit dir selbst und mit Gott in einer rechten Beziehung zu sein, selbst wenn jemand in deiner Nähe dies nicht tut. Es wird dir beigebracht, in dir selbst ganz zu sein, anstatt die Ganzheit außerhalb des Selbst zu suchen. Es wird dir beigebracht, Vorzüge statt Anhaftungen zu haben. Es wird dir beigebracht, ein besseres Beispiel zu geben. Es wird dir beigebracht, alle Angriffsgedanken loszulassen und stattdessen freundlich zu sein. In manchen Fällen wird dir Demut beigebracht und ebenso, die andere Wange hinzuhalten. In anderen Fällen wird dir beigebracht, still und unberührt zu bleiben. Es wird dir beigebracht, Dualität zu transzendieren: Wenn du wirklich in deinem Gottesselbst zentriert bist, so bleibst du es auch, egal, ob du kritisiert oder gelobt wirst, bei Sieg oder Niederlage, bei Krankheit oder Gesundheit. In manchen Fällen wird dir beigebracht, in einer ruhigen, rationalen, objektiven, liebenden Weise lauter zu sprechen, anstatt in einer reaktiven, übermäßig emotionalen, wütenden, angreifenden Weise. Im Idealfall wird dir beigebracht, deine Feinde zu lieben und den Diamanten im Schmutz zu sehen oder das Licht unter dem Lampenschirm. Es wird dir beigebracht, im anderen Menschen den Christus zu sehen, auch wenn dieser ihn nicht in sich selbst oder in dir sieht. Wie Christus sagte: „Man sollte nur die Handlung oder das Verhalten ablehnen, um zwischen dem Übel und dem Sohn Gottes zu unterscheiden, der sein Verhalten bewusst oder unbewusst wählt. Ein spiritueller Lehrer muss lernen, seine Feinde zu lieben."

Was du in anderen siehst, ist ein Spiegel deines eigenen Bewusstseins, denn das äußere Leben ist nur eine Projektionsfläche deiner eigenen Gedanken. Wie du deine Brüder und Schwestern siehst, bestimmt den Grad der Einheit mit Gott oder den Mangel daran. Dein Bruder und deine Schwester sind der Sohn und die Tochter Gottes, auch wenn sie nicht danach handeln. Wenn du das nicht erkennst, musst du in Gottes Augen eine Lektion lernen. Interessiere dich eher dafür, deine eigenen Lektionen zu lernen, als dafür, ob dein Nachbar oder Freund seine Lektionen lernt. Konfuzius sagte einmal: „Wenn du jemanden triffst, der größer ist als du selbst, dann richte deine Gedanken darauf, diesem gleich zu werden. Wenn du jemanden triffst, der unter dir steht, dann kehre in dich und erforsche dich selbst."

Es wird dir auch beigebracht, stets im Christusbewusstsein zu bleiben, selbst wenn du angegriffen wirst. Es wird dir beigebracht, stets unberührt von deinem negativen Ego zu bleiben. In Wahrheit wird dir beigebracht, ein spiritueller Meister zu sein. Aus der Perspektive Gottes solltest du deinen „negativen" Bruder oder deine Schwester segnen, denn sie geben dir die Gelegenheit, eine solch wunderbare Lektion zu lernen. „Hat dein Feind Hunger, gib ihm zu essen; hat er Durst, gib ihm zu trinken." (Sprüche 25:21) „Möge niemand einen anderen betrügen oder für etwas verachten oder aus Wut oder Irritation einem anderen Leiden wünschen." (Lord Buddha, Khuddaka-Patha 9)

Wenn man das Leben aus der Perspektive der Seele betrachtet, so sieht man alles als spirituelle Lektion, Herausforderung und Prüfung. Jede Interaktion beinhaltet die Gelegenheit, mit dem Christusbewusstsein, statt mit dem negativen Ego und mit bedingungsloser Liebe, statt mit Angst und Angriff zu antworten. Jede Interaktion ist eine Gelegenheit, die Einheit mit Gott, statt der Trennung von Gott zu wählen und zu vergeben, statt am Groll festzuhalten. Wenn du deine Interaktionen mit Menschen mit deinem Christus-/Buddha-Geist interpretierst, dann bestehen alle spirituellen Aufgaben darin, ein besseres Beispiel zu geben. In der Essenz lehrt dich dein „Feind“ oder dein Nachbar oder Freund mit dem negativen Ego die Gottesverwirklichung. Die richtige Haltung allen Situationen im Leben gegenüber liegt darin zu sagen: „Nicht mein Wille geschehe, sondern deiner. Herr, danke für die Lektion.“ Wie Sai Baba sagte: „Willkommen Elend.“ Alles im Leben geschieht aus einem Grund. Es gibt keine Zufälle. Manche Interaktionen werden von deinem Höheren Selbst herbeigeführt, um dich zu prüfen und zu sehen, ob du für höhere Stufen der Einweihung und spirituelle Verantwortung bereit bist.

Jeder kann spirituell sein, wenn die Dinge gut laufen. Die wahre Prüfung besteht darin, in deinem Christusbewusstsein zu bleiben, wenn du angegriffen wirst. „Du gewinnst die ganze Welt, aber verlierst deine eigene Seele“, wie es in der Bibel heißt. „Ihr aber sollt eure Feinde lieben und sollt Gutes tun und leihen, auch wo ihr nichts dafür erhoffen könnt. Dann wird euer Lohn groß sein und ihr werdet Söhne des Höchsten sein; denn auch er ist gütig gegen die Undankbaren und Bösen. Seid barmherzig, wie es auch euer Vater ist.“ (Lukas 6:35-36) „Ich aber sage euch: Liebet eure Feinde und betet für die, die euch verfolgen.“ (Matthäus 5:44) „Dein schlimmster Feind kann dich nicht so sehr verletzen wie deine eigenen ungeschützten Gedanken“, wie der Buddha sagte.

85. Das universelle Gesetz des niederen Psychismus und der übersinnlichen Fähigkeiten

Der übersinnliche Bereich ist nicht spirituell. Es ist ein unterbewusster Bereich. Das Unterbewusstsein besitzt gewisse Fähigkeiten, in denen man sich verfangen kann und die übersinnlichen Fähigkeiten gehören dazu. Der Glanz der übersinnlichen Fähigkeiten lenkt viele auf dem spirituellen Weg ab. Viele Medien glauben noch nicht einmal an Gott. In diesem Zeitalter werden übersinnliche Fähigkeiten oft für schwarze

Magie, Zauber, Omen und negative Formen der Hexerei oder Medialität eingesetzt. Die übersinnlichen Fähigkeiten rangieren weit jenseits der fünf physischen Sinne von Geruch, Berührung, Gehör, Sehen und Geschmack und erlauben eine erweiterte Wahrnehmung, die Raum, Zeit und Dimension transzendieren kann. Oft werden diejenigen mit übersinnlichen Fähigkeiten vom Unterbewusstsein aufgrund der Art, wie sie diese Gaben nutzen beherrscht. Es wird sowohl zu einem großen Segen wie auch zu einem großen Fluch. Um sich selbst aus der chronischen Opferrolle durch das Unterbewusstsein und den Astralkörper zu befreien, müssen diese Fähigkeiten häufig losgelassen werden, um sich in eine spirituelle Ausrichtung zu bringen.

Die meisten Lichtarbeiter erkennen nicht, dass spirituelle Aspekte wie spirituelles Unterscheidungsvermögen, Verständnis, Heilung, göttliche Vision, Intuition, Idealismus, Glückseligkeit, aktiver Dienst, Verwirklichung, Vollkommenheit und alles Wissen viel fortgeschrittener sind. Die niederen übersinnlichen Fähigkeiten gehören zur astralen Ebene. Wenn man in der Medialität stecken bleibt, anstatt ein spiritueller Lehrer zu werden, so bleibt man in der astralen Ebene stecken, die in Wahrheit für einen verwirklichten Aufgestiegenen Meister gar nicht existiert. Die Lichtarbeiter sollten sich viel mehr mit dem Entwickeln der Sinne des höheren Geistes, der buddhischen Sinne, der atmischen Sinne, der monadischen Sinne und der logoischen Sinne beschäftigen, anstatt von der Idee begeistert zu sein, astral medial zu sein. Ein Mensch, der medial entwickelt, jedoch psychologisch und spirituell unklar ist, erhält in jedem Fall vollkommen falsche und unreine Informationen. Medien stehen oft unter großen medialen Attacken von astralen Entitäten und von negativen Außerirdischen und sie wissen nicht warum. Sie erkennen nicht, dass sie in niederen medialen Fähigkeiten feststecken und verstehen nicht, was wahre Meisterschaft über das Unterbewusstsein, den Emotionalkörper und den Begierdenkörper wirklich bedeutet. Weil das negative Ego hier die Kontrolle hat, verstopft und verunreinigt es den Kanal und zieht astrale und mentale Entitäten an, die als innere Führer wirken. Oft behaupten diese Entitäten, dass sie von höheren Dimensionen und aufgestiegener Natur seien, obwohl sie ebenso verwirrt und negativ manipulierbar sind wie die Menschen, die sie anziehen. Die Menschen können nur auf der Ebene ihrer eigenen Klarheit channeln. In manchen Fällen gibt es tatsächlich einen bewussten Pakt mit der dunklen Bruderschaft. Das ist weiter verbreitet, als es den Menschen bewusst ist. Kontempliere darüber!

86. Das universelle Gesetz des Magnetismus und der Anziehung

Das universelle Gesetz des Magnetismus und der Anziehung wirkt auf einer unterbewussten Ebene. Das Unterbewusstsein zieht kontinuierlich Dinge an und weist sie zurück, je nachdem womit es programmiert wurde. Ein Meister nutzt dieses Gesetz zu seinem eigenen bewussten Vorteil. Lasst uns das Beispiel von Geld und Wohlstand nehmen. Wenn du den unterbewussten Glauben hast, dass du niemals Geld haben wirst, so wirst du es auch nicht haben. Wenn du andererseits denkst, dass du es haben wirst, dann wird das Unterbewusstsein die Gelegenheiten und Möglichkeiten um Geld zu haben anziehen. Was immer du im Leben wünschst, muss von dir in das Unterbewusstsein affirmiert oder visualisiert werden und es wird es für dich anziehen. Carl Gustav Jung sprach darüber, als er über das kollektive Unbewusste sprach. Dein Unterbewusstsein ist mit allem verbunden. Man könnte sagen, dass alle Söhne und Töchter Gottes ein großes kollektives Unterbewusstsein haben. Du kannst lernen, in die Kraft dieses Kollektiven zu gelangen. Das Unterbewusstsein ist also der tatsächlich anziehende und magnetisierende Aspekt deines Seins. Es ist das eigentliche Kraftzentrum deiner Energie. Es ist der Sitz deiner Gefühle und Emotionen. Es ist das Lager deiner Energien und all deiner Programmierungen. Deshalb ist es wesentlich zu affirmieren und zu visualisieren und deinem Unterbewusstsein Suggestionen zu geben, damit es dahingehend programmiert wird, das zu manifestieren, was du wünschst. Es wird das für dich anziehen, was du affirmierst und visualisierst. Es wird dich mit seinen Fähigkeiten erstaunen. Das negative Ego sabotiert dich, indem es dich deine Affirmationen und Visualisierungen vergessen lässt. Erinnere dich daran, dass ein träger Geist des Teufels Werkstatt ist. Affirmiere und visualisiere durch deinen Geist was du wünschst. Nutze alle fünf Sinne. Lass es real werden. Wenn du dies kontinuierlich tust, wird dich dein Unterbewusstsein mit seiner Fähigkeit zu manifestieren erstaunen. Jedoch musst du dich an eine Sache erinnern. Das Unterbewusstsein besitzt keine Vernunft und manifestiert in jedem Moment deines Lebens. Wenn du also keine positiven Gedanken und Bilder affirmierst, dann kommen negative herein. Deshalb werden manche negativen Dinge in deinem Leben angezogen. Vergiss durch dein negatives Ego nicht die fortgesetzte Praxis deiner Affirmationen, Visualisierungen und positiven Suggestionen. Beachte *das universelle Gesetz des Magnetismus und der Anziehung*. Es ist der Schlüssel zur erfolgreichen Manifestation.

87. Das universelle Gesetz der Anpassungen

Die Welt, in der wir leben, ist spirituell und psychologisch nicht sehr fortgeschritten. Sie hat das Potenzial, um es zu werden, doch wir sind noch nicht an diesem Punkt. Viele Menschen stecken fest, werden von ihrem Emotionalkörper beherrscht, von ihrem Geist, sind in ihrer weiblichen und männlichen Energie nicht ausgeglichen, haben Vorurteile, sind verwirrt, unklar, unausgewogen in ihrer dreifaltigen Flamme, in den sieben Strahlen nicht balanciert und integriert, stecken in vielen unterbewussten Mustern fest, handeln aus dem Opferbewusstsein heraus und werden größtenteils vom Unterbewusstsein beherrscht. Zeitweise erkennen wir sogar diese Muster in uns selbst, so dass wir auch mit anderen großes Mitgefühl haben.

Erwarte in keinem Fall von anderen, dass sie nach deinen Idealen leben, denn in Wahrheit können dies die meisten Menschen nicht, selbst wenn sie es wollten. Wenn zum Beispiel ein Mensch zu sehr von seinem Emotionalkörper beherrscht wird, sind all die Angriffe und Kritiken zumeist nicht hilfreich. Anstatt mit anderen zu kämpfen oder sie zu belehren, wofür sie nicht offen sind oder was sie nicht lernen können, besteht die wahre Lektion für dich darin, dass du dich anpasst und nicht sie. Wenn sie zu sehr von ihrem Emotionalkörper beherrscht werden, richte dich so aus, dass du davon nicht in Mitleidenschaft gezogen wirst. Wenn sie die Gewohnheit haben, Dampf abzulassen, dann achte darauf, dass ihre negative Energie an dir abperlt wie Wasser am Federkleid einer Ente und erkenne, dass dies die einzige Art ist, in der sie erkennen können, wie man sein sollte oder nicht. Wenn dein Gegenüber sehr egobezogen und hypersensitiv ist und keine Kritik annehmen kann, dann sei so sensibel und vermeide jegliche Kritik an ihm. Du musst dich anpassen, denn sie sind dazu nicht in der Lage. Du kannst ein Pferd zum Wasser führen, aber du kannst es nicht zum Trinken zwingen.

Wenn jemand in deiner Umgebung sehr vom Unterbewusstsein beherrscht wird, zerstreut und vergesslich ist und Fehler macht, so akzeptiere dies in deinem Geist und erlaube ihm so zu sein. Lass dich davon nicht stören, denn du erkennst, dass er zu etwas anderem gerade nicht fähig ist. Anstatt zu versuchen, den anderen zu verändern, solltest du dich verändern, indem du dich nicht verwickelst und dies nur als Lektion in Vergebung und bedingungsloser Liebe betrachtest. Auf diese Weise wird dir jede Beziehung gelingen, da du bereit bist, dich anzupassen, um Frieden und Harmonie in der Beziehung zu erlangen, selbst wenn der andere nicht notwendigerweise seine Lektion lernt. Dies ist die wahre Haltung, Ausrichtung und das Verhalten eines „integrierten, spirituellen Meisters“. Er weiß, wann er sprechen oder schweigen sollte. Er weiß, wann eine Diskussion hilfreich ist und wann nicht. Er weiß, wann ein Feedback für einen anderen Menschen angemessen ist und wann die tatsächliche Lektion darin besteht, sich selbst anzupassen, um Frieden und Harmonie zu erlangen. Wenn jemand ein „integrierter Aufgestiegener Meister" ist, besitzt er die Fähigkeit, jede Situation innerhalb seines eigenen Bewusstseins zu transzendieren, indem er seine Haltung und Emotionen anpasst, um Harmonie und inneren Frieden aufrechtzuerhalten. Was auch immer ein Mensch tut, nutze dies als spirituellen Test, um bestimmte notwendige spirituelle Christus-/Buddha-Qualitäten zu lernen. Die meisten Menschen stecken auf ihrem Weg fest, ohne dies werten zu wollen. Daher ist die Anpassung absolut wichtig und eine psycho-spirituelle Fähigkeit, um deine Beziehungen harmonisch und beständig zu gestalten.

88. Das universelle Gesetz spiritueller Gelübde

Mahatma Karamchand Gandhi sagte: „Ein Leben ohne Gelübde ist wie ein Schiff ohne Anker oder wie ein Gebäude, das auf Sand gebaut wurde, anstatt auf einem stabilen Felsen." Deine Rettung liegt nicht an Gott. Gott hat dir alles gegeben. Was bist du bereit von dir zu geben? Sei nicht lau oder unentschlossen. Wähle Gott zu 100 %. Dadurch erlangst du Gott. Bereite deinen Geist darauf vor, dich in jedem Moment deines Lebens für Gott zu entscheiden und halte daran fest, wie ein Ertrinkender, der um Luft ringt und du wirst bald deinen Herzenswunsch verwirklichen. Verspreche, niemals die geringste Zeit oder Energie zu verschwenden. Verspreche, stets bewusst zu bleiben und nichts zu denken, zu sagen oder zu tun, das du nicht bewusst gewählt hast. Verspreche, stets liebevoll zu sein und niemals anzugreifen. Wenn du einen Fehler machst, dann denke darüber nach und lass ihn dann los und halte die Erkenntnis in deinem Tagebuch für spirituelle Gelübde fest, anstatt dich bezüglich des Fehlers schlecht zu fühlen. Lege ein derartiges spirituelles Gelübde ab, wie etwa: „Hiermit vergebe ich mir zu

100 % und liebe mich bedingungslos hinsichtlich dieses Fehlers. Ich lerne jetzt meine Lektion und lasse nicht mehr zu, dass mir dies nochmals geschieht." Dieses kleine Statement heilt den ganzen Prozess, indem es Selbstvergebung und bedingungslose Liebe erzeugt und bekräftigt, dass die Lektion von dir gelernt wurde und du nicht mehr zulassen wirst, dass dir dies nochmals geschieht. Dies wird dich in deine persönliche Kraft zurückbringen und zum kämpferischen Geist eines spirituellen Kriegers, der in jedem Moment deines Lebens erforderlich ist. Der eigene Wille zu leben ist der eigene Einsatz für Gott und für alles, woran man glaubt, zu kämpfen. Dieses kurze spirituelle Gelübde wird dir als Alchemie dienen, um diese negative Erfahrung in „spirituelles Gold" zu transformieren. Da du dieses spirituelle Gelübde abgelegt hast, ist es beinahe als gut zu betrachten, dass dieser Fehler geschehen ist, weil du jetzt bewusst die Lektion gelernt hast und dein Engagement, dass dies nie wieder geschehen darf, ist wie Stahl, der dir in Zukunft gut dienen wird und dich vor unsäglichem Leid beschützen wird. Du erlangst dadurch spirituelle Achtsamkeit, die du nun aufgrund des spirituellen Gelübdes erzeugt hast. Was deinen Fortschritt hätte behindern können, wurde nun zu einer Rakete, um dich zu höheren und edleren Ebenen des spirituellen Wachstums und Erfolges zu bringen. Meister Jesus sagte: „Sei treu bis zum Tod, und ich werde dir die Krone des Lebens geben." Bleibe deinen spirituellen Gelübden und Idealen über allem treu und du wirst die Krone aller Kronen erhalten - die Krone des Lebens.

89. Das universelle Gesetz der Manifestation

Das erste Gesetz der Manifestation lautet, dass jeder Mensch lernen muß, mit all seinen vier Bewusstseinsebenen zu manifestieren - dem Bewusstsein, dem Unterbewusstsein und dem Überbewusstsein und der

Seelen- oder Monadenebene. Es ist äußerst wichtig dass, alle vier Ebenen in vollkommener Harmonie, Balance und Integration übereinstimmen. Sei dir bewusst, dass du die Seele und nicht die Persönlichkeit bist. Wenn du aus dem Bewusstsein der Persönlichkeit heraus manifestierst, dann siehst du dich selbst von deinen Brüdern und Schwestern und von der Schöpfung als getrennt. Das ist eine Illusion. Deine Manifestation wird tausend Mal kraftvoller sein, wenn du erkennst, dass du Christus, Buddha, Atma und das Ewige Selbst bist, denn genau das ist es, was du in Wahrheit bist. Du bist eins mit Gott und der gesamten Schöpfung. Somit ist das, was du zu manifestieren versuchst, nichts anderes, als ein weiterer Teil deiner Selbst. Dieser Punkt kann nicht oft genug betont und wiederholt werden. Das Gesetz des Neuen Zeitalters der Manifestation handelt davon, den Fokus seiner Identität in diese Richtung zu verändern. Wenn man nicht in dieser Art betet und sich selbst nicht mit der Seele, sondern mit der Person identifiziert, schneidet man sich selbst hierdurch zu einem großen Teil von der Quelle der Energie zur Manifestation seiner Wünsche ab. Bitte um die Hilfe der Aufgestiegenen Meister, der Engel und deiner Monade, wenn du spezielle Hilfe benötigst.

Mache dich nicht von dem was du manifestieren möchtest abhängig oder du wirst es von dir fernhalten. Mache deine Entscheidung zur Manifestation zu einer Vorliebe, jedoch zu keiner Bedingung. Mit dieser Einstellung wirst du glücklich sein, bis du dein Ziel erreicht hast.

Übergebe dein Gebet und deine Bitten an Gott und überlasse es seinen Händen. Gott ist glücklich darüber, dir zu helfen, doch du musst es ihm übergeben. Du kannst visualisieren, wie dein Bittgebet in einer rosaroten oder goldenen Lichtblase emporsteigt und mit dem Licht Gottes verschmilzt. Dann ist es deine Aufgabe, dich an die Arbeit zu machen und deinen Teil durch deinen Verstand, durch deine persönliche Kraft und deine Handlungen auf der physischen Ebene beizutragen.

Gott selbst hat uns erschaffen und deshalb sind wir in Wahrheit vollkommen. In Wahrheit ist alles was existiert vollkommen. Jedesmal wenn sich etwas anderes als Vollkommenheit manifestiert, dann bete augenblicklich, visualisiere die Vollkommenheit und verwende Affirmationen der Wahrheit, anstatt der Illusion des negativen Egos nachzugeben. Verneine jeden Gedanken, der nicht dieser Wahrheit entspricht und der versucht, in deinen Geist zu dringen. Wenn du krank bist, dann visualisiere Gesundheit und verwende dazu die entsprechenden Affirmationen. Wenn sich dein Bankkonto im Minus befindet, dann visualisiere das Gegenteil davon.

Das Universum Gottes ist ein Universum der Fülle und unbegrenzt. Je nach der Einstellung, die wir beibehalten, zieht es jedoch Armut oder Reichtum an. Das bringt uns wiederum zurück zum Hermetischen Gesetz, das besagt: "Wie innen so außen. Wie oben, so unten." Deine äußere Welt und dein physischer Körper sind ein Spiegel deiner inneren Welt, deines Bewusstseins und deiner unbewussten Gedanken. Die Gedanken und Bilder, die du in deinem Geist festhältst, erschaffen deine Realität.

Habe Vertrauen. Du weißt, dass Gott existiert und dass Gottes Gesetze perfekt sind und immer funktionieren. Nachdem du also gebetet hast, solltest du auch wissen, dass dein Gebet erhört wurde und Gottes Gesetze in Gang gebracht wurden. Nichts als die Vollkommenheit und die völlige Erfüllung deiner Gebete kann geschehen, solange du das Vertrauen in Gott und seine Gesetze hast. Wenn du dich Zweifeln und Sorgen hingibst, dann blockierst du die Energie daran, das zu manifestieren, was in Gang gebracht wurde.

Sei in Übereinstimmung und Ausrichtung. Die vier Körper müssen für eine rasche Manifestation deiner Gebete alle aneinander ausgerichtet sein. Der Geist muss auf Gott und die Seele eingestimmt sein, so dass die Energie fließen kann. Der Emotionalkörper muss auf den Verstand und dann auf die Seele eingestimmt sein. Der physische Körper muss auf den Emotionalkörper eingestimmt sein, welcher auf den Verstand eingestimmt ist, der wiederum auf die Seele eingestimmt ist, die ihrerseits auf die Monade eingestimmt ist, die sich in Ausrichtung auf Gott befindet. Eine andere Art das zu sagen wäre, dass das Unterbewusstsein dem bewussten Verstand dient, der wiederum der Seele oder dem Überbewusstsein dient, das der Monade ein treuer Diener ist, die Gott dient. Jede Ebene ist ein Diener der nächst höheren Ebene. Nachdem du gebetet hast, möchtest du sicherlich nicht, dass dein Unterbewusstsein verrückt spielt und sagt: "Ich glaube nicht, dass dies funktionieren wird." Wenn das geschieht, dann verwerfe diesen Gedanken wieder und sage: "Hebe dich hinweg, Satan!" und mache dir die Vollkommenheit Gottes wieder bewusst.

Alles im Universum Gottes ist nichts anderes als Energie und alle Energie ist nichts anderes als Gott. Sogar physische Materie ist Energie, die auf einer niederen Schwingung vibriert. Somit ist alles, was du bei der Anwendung der Gesetze der Manifestation wirklich tust, die Schwingung der Energie von einer Frequenz auf eine andere zu bringen. Dieses Gesetz handelt von dem Umstand, dass Energie den Gedanken folgt. Worum du auch bittest, es existiert bereits auf einer höheren Ebene, sobald du einmal das Gebet und die Affirmation ausgesprochen oder deine Vorstellung visualisiert hast. Du wartest jetzt nur noch darauf, es in der physischen Realität zu manifestieren. Deine Haltung sollte nun erwartungsvoll sein, als ob es sich in jeder Sekunde erfüllen könnte. Du wartest einfach darauf, bis sich die Energie durch die Dimensionen herunter transformiert und in der physischen Realität verankert. Solange du deine vier Körper und deine vier Bewusstseinsebenen in Balance hältst und aneinander ausrichtest, gibt es keinen Grund dafür, warum es nicht geschehen sollte.

Die Gesetze der Manifestation funktionieren, ob man sich dessen bewusst ist oder nicht. Sie erfüllen sich genauso freudig im negativen wie im positiven Sinn und sie machen weder einen Unterschied noch treffen sie eine Auswahl. Was immer du deinem Unterbewusstsein einprogrammierst, wird es ausführen. Wenn du ein negatives Bild oder einen negativen Gedanken zu lange festhältst, dann wird er sich schließlich in deiner physischen Realität manifestieren. Wenn du also diese Gesetze nicht für die Manifestation des Positiven verwendest, so werden sie sich zu deinem Nachteil auswirken.

Die Gesetze der Manifestation arbeiten in jedem Moment deines Lebens, auch wenn du nicht betest, es nicht möchtest, visualisierst oder sonst aktiv etwas dazu beiträgst. Jeder Gedanke, den du denkst, wenn du durchs tägliche Leben gehst und sogar jeder Gedanke während des Schlafes, trägt zu diesem Prozess bei. Wenn du niemals irgendeine spezielle Manifestationsübung gemacht hast, sondern einfach nur aufmerksam gegenüber dem warst, was du in dein Bewusstsein gelassen hast und dabei nur die Gedanken der Vollkommenheit, des Überflusses, von Gott, der Liebe, der Balance und vollkommenen Gesundheit in deinem Verstand zugelassen hast, dann hast du in Wahrheit alles, was du brauchst. In diesem Zustand arbeiten die vier Bewusstseinsebenen als ein Ganzes. Die Seele und das Höhere Selbst hat dein Denken übernommen und nicht das negative Ego oder die Persönlichkeit.

Vergewissere dich, dass der Wunsch, um den du betest, aus deiner Seele kommt und nicht aus deinem negativen Ego. Deine Seele wird dir nicht helfen, wenn du um etwas bittest, das nicht zum höchsten Wohl aller Beteiligten ist. Wenn sich ein Gebet nicht erfüllt, dann sollte es wahrscheinlich nicht sein und ist nicht wirklich ein Teil des göttlichen Planes für dich.

Beharrlichkeit ist eine Notwendigkeit. Auf dieser irdischen Ebene der Realität ist die Zeit verlangsamt, so dass wir diese Gesetze üben können. In den höheren Dimensionen der Realität manifestieren sich die Dinge augenblicklich. Wir sind auf dieser Ebene der Existenz, um unsere

Meisterschaft über diese Gesetze unter Beweis zu stellen, so dass wir auf den höheren Ebenen keinen Schaden anrichten. Wir müssen Beharrlichkeit und Ausdauer demonstrieren.

Begrenze nicht die Art, in der sich die Manifestation verwirklichen soll. Wenn du zum Beispiel versuchst, Geld zu manifestieren, dann denke nicht daran, dass es nur durch Arbeit kommt. Vielleicht gewinnst du in der Lotterie oder es kommt durch eine Erbschaft, vielleicht findest du es einfach oder jemand wird dir das Geld geben. Gott arbeitet auf sehr geheimnisvolle Art, also versuche nicht Gottes Gedanken vorwegzudenken. Wenn du glaubst, dass sich dein Gebet nur auf eine Art manifestiert, dann beschränkst du Gott und die Fähigkeit deines Unterbewusstseins, für dich zu manifestieren.

Du brauchst die Fähigkeit, im Leben genauso empfangen wie auch geben zu können. Ich kenne viele spirituelle Menschen, die großartige Geber sind, jedoch überhaupt nicht wissen, wie man auch annimmt. Ihnen wird ein Geschenk angeboten und sie sagen: "Nein danke, das kann ich nicht annehmen" und haben damit den Zufluss an Fülle blockiert. Dies ist ein wesentlicher Bestandteil, um ein Wohlstandsbewusstsein zu haben.

Dankbarkeit ist von größter Wichtigkeit. Um Bescheidenheit zu zeigen, danke für den Überfluss Gottes, den er für dich bereit hält und bedanke dich bei Gott, deiner Seele, den Aufgestiegenen Meistern, dem Unterbewusstsein, den Engeln und den Naturgeistern für all die wunderbare Arbeit, die sie für dich geleistet haben. Mache jeden Tag zu einem Festtag des Dankens.

Du kannst nicht versagen. Wie könntest du versagen, wenn Gott, deine Seele, die Aufgestiegenen Meister, die Engel, die Elohim, deine persönliche Kraft, die Kraft deines Unterbewusstseins, dein physischer Körper, die Naturgeister, andere Menschen und deine Monade dir helfen? Und dies, wenn du dann noch die Tatsache hinzufügst, dass du in Wahrheit der Christus, Buddha, Atma und das Ewige Selbst bist. Du bist Gott. Kann Gott gegen die Kräfte des Glanzes, der Illusion und der Maya verlieren? Tatsächlich existieren diese Kräfte gar nicht, Du glaubst nur, dass sie es tun. Das einzige, was deine Manifestationsübungen stoppen kann, ist der Glanz, die Illusion und die Maya deines negativen Egos und niederen Selbstes. Das einzige, was dich von der Manifestation abhalten kann, bist du selbst. Gott hat dir alles gegeben. Er wartet nur darauf, dass du es in Anspruch nimmst. Das ist das einzige, das Gott nicht für dich tun kann. Du musst Gottes Fülle in Anspruch nehmen, dann ist sie augenblicklich dein.

* Alles zu haben heißt alles zu geben. Das ist ein Gesetz der Manifestation, wie es uns *Ein Kurs in Wundern* lehrt. Um effektiv zu manifestieren, müssen wir zu geben lernen. Wir müssen die Fülle fließen lassen. Wenn wir selbstsüchtig und geizig werden und aufhören zu geben, dann hört auch das Universum auf, uns zu geben und wird selbstsüchtig und geizig uns gegenüber werden. Wenn wir aufhören, alles zu geben, dann verstopft der Geldfluss Gottes und wir sind nicht mehr fähig, viel zu erhalten. Die Idee dahinter ist, fortwährend zu geben, was uns erlaubt noch mehr zu erhalten. Das hält die Zirkulation des Überflusses in Gang.

Jedes Wort, das du sprichst, ist eine Verfügung und eine Anweisung zur Manifestation. Es ist wichtig, wachsam über deine Sprache zu sein. Die Kraft deines gesprochenen Wortes ist noch kraftvoller als deine Gedanken, denen du gestattest, in deinen Verstand zu kommen. Nur, weil du dich nicht auf deine Manifestationsübungen konzentrierst, heißt das nicht, dass du jetzt nicht manifestierst.

Die Affirmationen und Gebete müssen in positiver Sprache ausgedrückt werden, und dürfen nicht mit negativen Worten oder Vorstellungen belegt werden. Wenn du beispielsweise ein gebrochenes Bein heilen möchtest, dann vermeide es zu sagen: "Ich heile jetzt mein gebrochenes Bein." Besser wäre es, wenn du sagen würdest: "Mein Bein ist kraftvoll, geheilt und ganz." Der Bezug zum negativen Bild kann einen negativen Effekt für das Unterbewusstsein haben. Das Unterbewusstsein besitzt keine Logik und wird alles manifestieren, worauf man es programmiert hat. Die Gefahr liegt darin, dem Unterbewusstsein eine doppelte Botschaft zu übermitteln.

Bevor du mit deinen Manifestationsübungen beginnst, solltest du deine Vitalkräfte und dein Energieniveau erhöhen. Die Geistwesen benutzen manchmal diese Energien genauso, wie die Gedanken und Bilder, die man ihnen in den Gebeten sendet. Die Vitalenergie kann durch tiefes Atmen oder physische Fitnessübungen für ein paar Minuten vor der Manifestationsarbeit erhöht werden.

Sei bei deiner Manifestationsarbeit enthusiastisch. Dein Enthusiasmus ist Teil des vorher beschriebenen Gesetzes der Erhöhung der Vitalenergie und arbeitet bei der Manifestation mit deinem Emotionalkörper zusammen, was die Manifestation um das 1000-fache beschleunigt. Der Emotionalkörper ist mit dem Unterbewusstsein verbunden und nichts wird sich ohne die Mitarbeit des Unterbewusstseins manifestieren.

Es gibt nur ein universelles Unterbewusstsein. Jeder von uns betont einen bestimmten Aspekt dieses universellen Unterbewusstseins, während wir gleichzeitig alle mit diesem universellen Geist verbunden sind oder wie Carl Jung es genannt hat: "Das kollektive Unterbewusstsein." Dieses Verständnis und die Aufmerksamkeit dem gegenüber in deiner Manifestation befreit dich von der Vorstellung der Getrenntheit, die deine Manifestation verlangsamt.

Vergewissere dich, dass du allen Menschen, Situationen und dir selbst vergeben hast, bevor du deine Manifestationsarbeit beginnst. Wenn man einen Mangel an Vergebung hat, bildet das Schuld und andere psychische Blockaden, die das Unterbewusstsein nicht mehr kooperativ am Prozess des Gebets oder der Affirmation teilhaben lässt.

Die Selbstliebe ist äußerst wichtig. Wenn es dir an Selbstliebe mangelt, dann äußert sich dies in Selbstverurteilung, im Mangel an Selbstwert und dem Gefühl der Unwürdigkeit. Dieser unwürdige, falsche Glauben ist wiederum eine doppelte Botschaft. Wenn dies eine Lektion für dich ist, dann studiere bitte sorgfältig das Kapitel 4 meines Buches *Seelenpsychologie - Das Christusbewusstsein und wie man es erreicht.* Viele Menschen beten zu viel, was ein Zeichen des Mangels an Vertrauen ist. In Wahrheit ist einmal genug. Falls sich jedoch Zweifel und Sorgen einschleichen, dann ist es nicht verkehrt, das Gebet zu wiederholen, um deinen Glauben zu festigen. Es gilt dabei, eine Balance zu finden, die für jeden Menschen einzigartig und besonders ist.

Schreibe deine Gebete und Affirmationen auf. Der Akt dieser physischen Handlung ist eine noch stärkere Botschaft an dein Unterbewusstsein, als diese nur zu denken oder sie laut auszusprechen. Das Unterbewusstsein wird durch eine Art der physischen Handlung noch stärker beeinflusst.

Übe deine Manifestationsarbeit immer in einem meditativen Zustand oder in einem Zustand erhöhter Aufmerksamkeit aus. Zu diesen Zeiten befindest du dich im Zustand der Hypnose, die den Suggestionen erlaubt, leichter in das Unterbewusstsein zu dringen. Eine gute Zeit für die Manifestationsarbeit ist direkt vor dem Einschlafen und sofort nach dem Aufwachen am Morgen. Vermeide es, über deine Manifestationsarbeit zu sprechen. Häufig wird die Energie zerstreut, wenn man mit Freunden über die Manifestationen spricht. Außerdem gibt es auch oft negative Reaktionen von anderen, gegen die du dann ankämpfen musst, so dass sie nicht in dein Bewusstsein oder Unterbewusstsein dringen.

Es ist sehr wichtig, sich mit positiven Menschen zu umgeben und in einer positiven Umgebung zu sein. Solange bis du die Selbstmeisterschaft erreicht hast, ist dies von allergrößter Bedeutung für den spirituellen Pfad. In der Manifestationsarbeit versuchst du, eine bestimmte Gedankenform, eine bestimmte Energie und Schwingung festzuhalten. Du möchtest dich mit Menschen umgeben, die diesen Prozess unterstützen. Sich mit negativen Menschen und einer negativen Umwelt zu umgeben, führt über die Zeit hinweg dazu, seine physischen, emotionalen, mentalen und spirituellen Energien zu verlieren, wodurch es sehr schwierig wird, seine Schwingung hoch zu halten.

Du hast bereits alles. Du bist bereits alles. Da du Gott, Christus, Buddha, Atma, das Ewige Selbst, die Monade und die Seele bist, gehört dir in Wahrheit bereits alles, so wie es auch Gott bereits gehört. Das war schon immer so, doch es ist schwierig für uns dies anzunehmen, weil wir es so gewohnt sind, der Interpretation des Egos über uns selbst Glauben zu schenken, das uns sagt, dass wir ein physischer Körper sind, eine Persönlichkeit und getrennt von der Schöpfung. Wenn wir uns wirklich an die Wahrheit halten, dass wir das Ewige Selbst sind, dann werden alle unsere Gedanken aus diesem Grundverständnis hervorgehen, was dann bedeuten würde, dass alles, was wir brauchen, sich zu jeder Zeit für uns manifestieren würde.

Bitte nur um das, was du wirklich brauchst. Wenn dein Ego beginnt, dabei mitzumischen und um Dinge bittet, die du gar nicht brauchst, dann kommt deine Bitte aus der Verblendung. Dies wird deine Manifestation sabotieren.

Lerne einzig auf Gott und die göttlichen Gesetze für deinen Wohlstand und Reichtum zu vertrauen. Gott, deine persönliche Kraft und die Kraft deines Unterbewusstseins sind ein unschlagbares Team. Wenn das der Fall ist, dann ist diese Gewissheit in dir, statt außerhalb von dir. Es spielt keine Rolle was im Äußeren in Form von diesem oder jenem Unglück geschieht, wenn du immer weißt, dass du das, was du brauchst, auch jederzeit durch die Hilfe Gottes, deines Willens und die Kraft deines Unterbewusstseins manifestieren kannst.

Die Kahunas von Hawaii haben eine Methode des Gebetes, in welcher alle vier Bewusstseinsebenen integriert sind. Bevor du mit dem Gebet beginnst, baue deine Vitalkraft und Energie auf und führe diesen gesamten Vorgang mit Enthusiasmus aus. Schreibe dein Gebet in allen Einzelheiten auf ein Stück Papier und entwerfe dabei auch eine farbenfrohe bildliche Darstellung. Wenn du das Gebet in die richtigen Worte und Bilder gefasst hast, dann sprich das Gebet drei Mal laut und richte es an Gott, dein Höheres Selbst und wem du es auch immer schicken möchtest. Nachdem du das Gebet drei Mal kraftvoll, aber auch in liebevoller Weise gesprochen hast, beauftrage dein Unterbewusstsein damit, das Gebet zu deinem Höheren Selbst zu bringen. Stelle dir dies vor, wie einen Springbrunnen, der sein Wasser durch dein Kronenchakra hinauf in die Luft trägt. Vergiss dann das Gebet und tue auf der bewussten und unterbewussten Ebene was du für richtig hältst, um deinen Wunsch zu manifestieren. Mit anderen Worten, alle vier Bewusstseinsebenen arbeiten nun in perfekter, harmonischer, synchroner und ausbalancierter Weise zusammen.

Es ist wichtig, all deine fünf Sinne bei der Visualisierung dessen zu benutzen, was du manifestieren möchtest. Sieh es, höre es, schmecke es, berühre es und rieche es. Gestalte deine Manifestation so real, dass diese Meditation genauso echt ist, wie die Wirklichkeit, oder vielleicht sogar noch realer als das Leben. Wenn die Visualisierung in dieser Art durchgeführt wird, dann ist dir der Erfolg sicher.

Du musst um die Hilfe bitten, um sie zu erhalten. Wenn du dein Höheres Selbst, die Aufgestiegenen Meister und die Engel nicht um Hilfe bittest, dann ist es ihnen nicht erlaubt, dir zu helfen. "Bittet, so wird euch gegeben, klopfet an, so wird euch aufgetan." Wenn du nicht darum bittest, dann wird Gott dir nicht helfen.

Du musst deinem Unterbewusstsein sagen, was du möchtest und ihm die entsprechenden Suggestionen geben. Wenn du den Computer des Unterbewusstseins nicht durch Suggestionen, Affirmationen und

Visualisierungen programmierst, dann wird es das manifestieren, was immer bereits in seinem Speicher programmiert worden ist, und was du anderen Menschen erlaubst, in deinen Computer, und somit in dein Unterbewusstsein, einzugeben.

Bleibe im Dienst. Nur weil wir mit Gebeten, Affirmationen und Visualisierungen arbeiten, so heißt das nicht, dass wir nicht auch noch einer physischen Arbeit nachgehen müssen. Die Haltung der Seele dieser Arbeit gegenüber ist jedoch, dass unsere Arbeit der Dienst an Gott ist und dass dies die größte Freude überhaupt ist. Sobald wir einmal eine gewisse Stufe unserer Evolution erreicht haben, gibt es keinen anderen Grund mehr hier zu bleiben, als Gott und der Menschheit zu dienen.

Auf der mentalen Ebene hat Manifestation damit zu tun, konzentriert zu bleiben und seinen Verstand ständig auf das Licht gerichtet zu halten. Es hat damit zu tun, im Prozess der Manifestation, das idealisierte Potenzial, das du bist, nicht zu verlieren. Wenn wir uns einmal entsprechend entwickelt haben, werden wir nicht einmal mehr geduldig auf das warten müssen, was wir zu manifestieren wünschen, denn es wird augenblicklich geschehen.

Das Manifestieren auf der emotionalen Ebene handelt von dem kindlichen Vertrauen und der Hingabe an Gott. Sagt die Bibel nicht: "Wenn ihr das Vertrauen eines Senfkornes habt, dann könnt ihr Berge versetzen." Dieses kindliche Vertrauen von vielen nicht ungebildeten Menschen ist wunderbar zu beobachten.

Die Manifestation auf der Seelenebene handelt von der Identifikation mit der Seele und nicht mit der Persönlichkeit und der Aufrechterhaltung der Ausrichtung auf das Seelenbewusstsein. Das führt dazu, dic Energien der Seele in die Manifestation dessen, was du willst, mit einzubringen. Nur auf der mentalen, emotionalen und physischen Ebene für die Manifestation zu arbeiten und dabei nicht die Seele mit einzubeziehen, würde dich von der Quelle allen Lebens abschneiden. Wunder sind natürlich. Wunder sind ein natürliches Nebenprodukt des Ausdrucks und der Arbeit Gottes und seinem Gesetz zum Dienst an der Menschheit.

Identifiziere dich mit Gott. Benutze zu Beginn deiner Manifestationen die Worte "ICH BIN" in deinen Affirmationen und richte deine Bitte, wenn du möchtest, direkt an Gott. Wenn du ICH BIN sagst, dann affimierst du Gottes Namen, der dir gebührt.

"Trachte zuerst nach dem Reich Gottes, dann wird dir alles andere zufallen." (Matthäus 6:33) "Was hilft es dem Menschen, wenn er die ganze Welt gewinnt, jedoch Schaden an seiner Seele nimmt?" (Matthäus 16:26) Wahrer Reichtum liegt darin, mit der Seele und dem Geist vereint zu sein, was uns zu allem führt, das wir im Dienst an Gott brauchen.

Es ist in Ordnung, um materielle Dinge zu beten. Das ist ein Punkt, der bei manchen Menschen in der spirituellen Bewegung eine große Verwirrung auslöst. Es ist völlig in Ordnung und tatsächlich sogar von der Seele und der Monade erwünscht, dass du ihre Hilfe in dieser Angelegenheit anrufst, doch sollte es bescheiden getan werden. Bitte genau um das, was du brauchst, und nicht um mehr oder weniger.

Die Manifestation auf der Ebene der Persönlichkeit wird ungemein verstärkt, wenn deine Arbeit als ein Dienst an der Menschheit angesehen wird. Es gibt ein altes metaphysisches Sprichwort, das besagt: "Wenn dein Herz rein ist, dann hast du die zehnfache Kraft." Wenn unsere Arbeit für einen edlen Zweck ist und wir sie reinen Herzens machen, dann werden wir eine viel größere Menge an Energie zur Verfügung haben, um das zu tun, was wir tun müssen, denn wir stehen mit der universalen Kraft in Einklang.

Sei ganz genau in deinen Visualisierungen, Affirmationen und Handlungen zur Manifestation. Wenn du zu allgemein bist, dann kann sich nach dem Gesetz des Universums nur ein allgemeines Ergebnis zeigen oder eines, das zu unbedeutend ist, um sich überhaupt zu manifestieren.

Verstehe, dass das, was wir manifestieren nicht tatsächlich uns gehört. In Wahrheit sind wir nur die Verantwortlichen dafür. In Wahrheit gehört es Gott und wir sorgen dafür. Es gibt kein "mein" als Trennung von Gott. Achte gut auf das, was du manifestierst. Wenn du ein neues Auto manifestierst und nicht darauf achtest, dann bist du in Wahrheit dieser Manifestation auf der physischen Ebene nicht würdig. Alle Ebenen müssen aneinander ausgerichtet sein oder die Manifestation wird blockiert.

Sei eins mit der Essenz aller Dinge. Wahrer Reichtum bedeutet nicht, alles zu haben, sondern eine Quelle zu sein, durch die man alles, was man braucht, manifestieren kann.

Es gibt keine Möglichkeit ohne Selbstdisziplin effektiv zu manifestieren. Du musst lernen, die Kontrolle über deinen Verstand, deine Emotionen, deinen Körper und dein Bewusstsein aufrechtzuerhalten und die angemessene Schwingung und Ausrichtung an die Seele beizubehalten. Du musst genügend Selbstdisziplin haben, um dem niederen Selbst nicht zu gestatten, den Verstand mit seinen Zweifeln und Ängsten zu verseuchen. Disziplin zu haben, gibt dir die Festigkeit, und ermöglicht dir beständig im Licht, in der Freude, im Positiven und in der Liebe zu bleiben und ein unveränderliches Bewusstsein des Überflusses aufrechtzuerhalten.

Manifestiere aus dem Bewusstsein der Autorität, in dem Wissen, dass du ein Meister bist. Es gibt keine Kraft, die stärker ist als dein Wille. Um effektiv zu manifestieren, musst du deine persönliche Kraft besitzen und deine Identität als Christus. Du musst aus der gesamten Kraft deiner Selbst als Seele und als Geist manifestieren und das gesamte Universum wird augenblicklich deinem Befehl gehorchen.

Egal was das negative Ego dir auch weismachen möchte, in Wirklichkeit hast du nur ein Bedürfnis: die Wahrheit deiner Identität mit Gott zu besitzen. Wenn sich dieses Bedürfnis erfüllt, dann erfüllen sich augenblicklich auch alle anderen Bedürfnisse als Nebenprodukte dieses Bewusstseinszustandes.

Betrachte das, was du manifestieren möchtest, nicht als einen Mangel. Alles ist in Wahrheit ein Teil unseres Selbst, so dass es uns an nichts mangelt. Die Notwendigkeit zur Manifestation wird damit zu nichts anderem als zur Gelegenheit die Gegenwart Gottes zu demonstrieren. Manifestation ist nur die Kreativität bei der Arbeit.

Wenn Gruppen von Menschen versuchen, etwas zu manifestieren, ist es wichtig, dass alle dieselbe Vision miteinander teilen. Wenn nicht, dann kann die Abweichung der einzelnen Bilder voneinander zu einer Auflösung der gesamten Manifestation führen.

Folge deiner inneren Stimme und Intuition, nachdem du um Hilfe gebetet hast. Lass uns zum Beispiel annehmen, dass du um eine bestimmte Summe auf deinem nächsten Gehaltsscheck gebetet hast. Das Universum manifestiert das durch eine Person, die du vielleicht auf einer Party kennenlernst. Wenn du den Impuls hast, zu dieser Party zu gehen, dann wird dir dein niederes Selbst wahrscheinlich erzählen, dass du zu müde bist und keine Lust hast, um dort hinzugehen. Dann wirst du jedoch die Manifestation verpassen, die man für dich bereit gehalten hat. Daher ist es wichtig, Selbstdisziplin zu haben und aufmerksam gegenüber der Intuition der Seele und der spirituellen Führung zu sein.
Achte das Gesetz des Zehnten. Es hat auch mit dem Gesetz des Geldflusses zu tun. Das universale Gesetz besagt, dass, wenn du ein Zehntel deines Einkommens karitativen oder wohltätigen Zwecken zukommen lässt, dann wirst du das Zehnfache deiner Großzügigkeit zurückbekommen. Dieses Gesetz arbeitet mit dem Gesetz des Karmas zusammen das besagt, dass du das, was du säst auch ernten wirst - was

du abgibst, kommt wieder zu dir zurück. Ein Zehntel zu geben oder sein Geld zu verteilen und auszusäen hält die Energie des Geldes im Kreislauf. Wenn du mit dem Universum, das Gott ist, geizig bist, dann wird das Universum und Gott auch mit dir geizig sein. Wenn du großzügig mit dem Universum bist, dann wird dem Gesetz nach auch das Universum großzügig mit dir sein.

Einer der Schlüssel zur Manifestation liegt darin, zu wissen, dass du Gott bist und Gott dienst und dass du eins bist mit dem, was du manifestieren möchtest. Sei eine Inkarnation Gottes, die du in Wahrheit bist, und empfange stets alles Erforderliche! Du bist Gott. Die ganze Schöpfung liegt in Wahrheit in dir. Eine Blockierung der Manifestation liegt darin, wenn das negative Ego oder die Persönlichkeit aus der Haltung des Getrenntseins von der Schöpfung versucht zu manifestieren, statt sich als Teil der Schöfung wahrzunehmen. Du bist eins mit dem was du manifestierst. Deine Manifestationen werden unmittelbar kraftvoller, wenn du dir bewusst bist, dass du und deine Brüder und Schwestern Gott sind und einen Teil der Schöpfung darstellen. Daher manifestiert Gott einen Aspekt seiner selbst, um Gott zu dienen und Gott zu sein!

Sei dir nach dem Beten sicher, dass deine Gebete beantwortet wurden. Dies ist absolut essenziell. Du hast alle Aspekte des Gesetzes und alle Prinzipien der Manifestation befolgt. Glaube nicht nur, dass deine Bitten erfüllt werden, sondern wisse es mit jeder Zelle, jedem Molekül und jedem Atom deines Seins. Es ist vollbracht. Es ist beendet. So sei es, denn du hast es so angeordnet. Deine Arbeit macht Gott manifest. Du bist Gott und du bist eins mit Gott. Du hast das Gesetz erfüllt, weshalb sollte dein Gebet dann nicht beantwortet werden? Achte auf diese Worte. Sie beinhalten wirklich den Schlüssel, um deine Herzenswünsche zu erfüllen.

90. Das universelle Gesetz der Überwindung von Süchten und schlechten Gewohnheiten

Zum Verständnis von Süchten ist es zunächst wesentlich zu erkennen, dass das Unterbewusstsein auch als ein Speicher von Gewohnheiten betrachtet werden kann. Es speichert sowohl die guten als auch die schlechten Gewohnheiten. Man kann die Gewohnheit haben zu rauchen, zu trinken, mit dem negativen Ego-Geist zu denken oder die Gewohnheit, sich vernünftig zu ernähren, Übungen zu machen, zu meditieren und mit dem spirituellen Geist zu denken.

Eine der spirituellen Hauptpraktiken auf dem geistigen Weg besteht darin, das Unterbewusstsein mit guten spirituellen Gewohnheiten anzufüllen. Das Problem ist, dass wir in vergangenen Leben schlechte Gewohnheiten hatten und diese negativen Programme und schlechten Gewohnheiten mit uns bringen, wenn wir in den Körper eines Babys inkarnieren. Bei der Inkarnation nehmen wir ebenfalls die guten wie auch die schlechten Gewohnheiten unserer Eltern, Familie, Schule, aus dem Fernsehen, von Freunden und dem Massenbewusstsein auf. Eine Sucht ist ein „Anhaften" oder eine „schlechte Gewohnheit" auf einer gedanklichen, gefühlsmäßigen oder physischen Ebene. Meistens denken wir bei der Sucht daran, dass wir auf etwas Physisches oder Äußeres fixiert sind wie Zigaretten, Alkohol, Sex, Essen etc.

Auch wenn all diese Dinge physisch sind, so sind wir in Wahrheit oft auf das „Gefühl" süchtig. Zum Beispiel versucht ein Alkoholiker dem Schmerz, den er fühlt, zu entgehen und Essen kann als Ersatz für Liebe dienen oder um Gefühle zu unterdrücken. Wir sehen also, dass eine Sucht sehr oft dazu dient, einem negativen Gefühl zu entfliehen oder zu versuchen, ein neues Gefühl zu erzeugen. Ein Mensch kann tatsächlich auch nach dem Gefühl von Liebe, Macht, Aktivität (Unfähigkeit, still zu sitzen) süchtig sein. Wir sehen also, dass Menschen auf einen Strahl in seinem niederen Aspekt süchtig sein können. Eine Sucht kann auch mit Energie verbunden sein, beispielsweise wenn Menschen süchtig darauf sind, gefährliche Dinge zu tun wie Bungeespringen, Fallschirmspringen, Gleitschirmfliegen.

Eine Sucht kann auf einer mentalen, emotionalen, energetischen und physischen Ebene auftreten und sehr oft sind diese Aspekte des Selbst mit Sucht verbunden. Nehmen wir das Beispiel des Rauchens. Die Sucht hat einen mentalen Aspekt wegen der mentalen Gewohnheit, es zu tun. Es ist auch eine emotionale Sucht wegen des Gefühls, das es dem Menschen gibt, wenn er nervös, aufgeregt oder ängstlich wird. Und Rauchen macht süchtig auf einer physischen Ebene wegen des Nikotins. Je mehr du rauchst, umso verschmutzter wirst du, wie eine Endlosschleife, die vom Unterbewusstsein aufgenommen wird, und desto mehr Nikotin kommt in die Zellen. Dasselbe gilt für Heroin, Alkohol, Zucker, Drogen usw. Mit der Zeit führt das konstante Wiederholen dieser Aktivitäten dazu, dass im Unterbewusstsein immer tiefere Furchen entstehen und eine Gewohnheit gebildet wird, was dann in der Folge zu einer sehr schlechten Gewohnheit auf der mentalen, emotionalen, energetischen und physischen Ebene führt. Der Geist, die Gefühle und der Körper begehren tatsächlich die Giftstoffe aufgrund der falschen mentalen, emotionalen, energetischen und physischen Programmierung.

Was ist also die Ursache für eine Sucht? Die grundlegende Ursache ist immer dieselbe. Es beginnt immer mit einem negativen, auf Angst basierenden Gedanken des Egos, was zu einem negativen, auf Angst basierenden Gefühl des Egos führt. Der Mensch weiß nicht, wie er diesem negativen Gedanken, Gefühl und Leiden entgehen kann und versucht mit einer „äußere Quelle“ das Problem zu lösen, anstatt es spirituell zu meistern. Eine Sucht kann also durch die Art erzeugt werden, wie man Schmerz und Leiden entgehen möchte oder sie kann dadurch verursacht werden, keine gesunde Psychologie, Philosophie und Geisteshaltung zu besitzen. Die meisten Menschen haben keine Kontrolle über ihren Geist. Ihr Geist oder ihr Unterbewusstsein beherrscht sie.

Andererseits werden viele Menschen von ihrem Emotionalkörper beherrscht. Sie sind nicht die Meister und Ursache für ihre Gefühle und Emotionen. Und drittens werden viele Menschen von ihrem Begierdenkörper beherrscht. Wenn du zu sehr von deinem Emotionalkörper beherrscht wirst, so wirst du auch von deinem Begierdenkörper beherrscht, denn der Begierdenkörper ist mit dem Emotionalkörper verbunden und der Begierdenkörper ist immer mit Sucht verbunden. Wenn ein Mensch es zulässt, von seinem mentalen und emotionalen Körper zu sehr beherrscht zu werden, wird er mit der Zeit von seinen Begierden beherrscht. Wenn dich dein Geist und Emotionalkörper zu sehr beherrschen, wird das negative Ego der Direktor und Programmierer durch das psychologische Gesetz. Wenn ein Mensch es sich erlaubt, Opfer statt Meister zu sein, dann wird das negative Ego sein emotionales Leben programmieren. Dies erzeugt negative Gefühle und Emotionen wie Furcht, Sorge, Wut, Depression, Einsamkeit, Frustration usw. Diese Gefühle können zur Sucht führen. Weil der Emotionalkörper zu beherrschend ist, kommt der Begierdenkörper automatisch zu sehr in die Kontrolle, was zu übermäßigem Genuss führt und zu Gewohnheiten des niederen Selbst wie Rauchen, zu viel Alkohol, Drogen, zu viel Sex, Zucker, Junk Food usw. Lord Buddha sagte: „Alles Leiden entstammt dem Anhaften." Anhaften und Sucht sind sehr eng miteinander verbunden. Menschen haften an Alkohol, Zucker oder an was auch immer, anstatt diese Dinge gelegentlich zu bevorzugen. Das negative Ego veranlasst einen Menschen dazu, an einer gewissen Art von Verhalten anzuhaften und süchtig zu werden, was dann im Unterbewusstsein auf einer mentalen, emotionalen, energetischen und physischen Ebene zu einer Gewohnheit wird. Alle diese Faktoren zusammen bilden die Wurzel für jede Sucht. Eine Sucht ist tatsächlich eine sehr verunreinigte mentale und emotionale negative Gewohnheit oder entstammt falschem Denken und emotionalen Mustern, die sich von der mentalen und emotionalen Ebene in die physische und materielle Ebene bewegt haben. In der Essenz ist eine Sucht eine mentale, emotionale, energetische und physische schlechte Gewohnheit.

Was kannst du nun tun, um deine schlechten Gewohnheiten und deine Sucht zu meistern? Beanspruche zu 100 % deine persönliche Kraft und Selbstmeisterung über einen jeden Gedanken, jedes Gefühl, jedes Wort, jede Handlung, über das Unterbewusstsein, deinen Begierdenkörper, physischen Körper, dein inneres Kind und einen jeden Aspekt des Selbst und des Lebens auf der Erde. Lege ein spirituelles Versprechen ab, dass du ab diesem Moment deine schlechten Gewohnheiten offiziell beendest. Bleibe spirituell achtsam über jeden deiner Gedanken und jedes Gefühl, weise jeden Gedanken und jedes Gefühl ab, das nicht von Gott kommt und lass dies nicht in dein Bewusstsein eintreten und ersetze es mit dem gegenteiligen spirituellen Christus-/Buddha-Gedanken oder Gefühl. Spreche zwei Mal täglich Affirmationen für deine persönliche Kraft, Selbstliebe, Schutzblase und spirituelle Einstimmung. (Siehe auch mein Buch *Seelenpsychologie* und *Das 21-Tage-Programm zur Überwindung von Süchten & Gewohnheiten)* Rufe zwei Mal täglich 21 Tage lang das Matrixentfernungsprogramm der Kernangst an und bitte die Geistige Welt und die Meister darum, die schlechte Gewohnheit und Sucht aus deinem Energiefeld und Unterbewusstsein zu entfernen. Sie werden es tun. Bitte und es wird dir gegeben.

Bete zum Heiligen Geist und bitte die grundlegende Ursache für die schlechte Gewohnheit oder Sucht zu 100 % aufzulösen. Wenn du in Versuchung kommst, bete unmittelbar zu Gott, Christus, dem Heiligen

Geist, deiner mächtigen ICH BIN - Gegenwart und dem Höheren Selbst, dass sie die Versuchung aus deinem Bewusstsein entfernen. Bete zu Erzengel Michael und bitte ihn alle energetischen Schnüre, die in deinem Wesen mit dieser schlechten Gewohnheit und Sucht verbunden sind, zu entfernen. Kommuniziere 21 Tage lang mit deinem inneren Kind und sage ihm, dass du sehr stark dabei sein musst, diese schlechte Gewohnheit und Sucht zu beenden und bitte es um seine Kooperation. Bitte drei Mal täglich deine mächtige ICH BIN - Gegenwart um ein „goldenes Netz“, um deine Energiefelder zu reinigen. Halte deinen Geist stabil im Licht und bewahre stets eine positive mentale Einstellung und bleibe spirituell achtsam gegenüber Gott und seinem Reich. Befolge dieses einfache Programm 21 Tage lang (man braucht 21 Tage, um eine neue Gewohnheit im Unterbewusstsein zu festigen), und keine schlechte Gewohnheit oder Sucht in diesem unendlichen Universum wird deiner Kraft, Liebe, Weisheit und der Kraft Gottes widerstehen können. Wie das Sprichwort sagt: „Wisse um den Unterschied zwischen Instinkt und Gewohnheit. Vertraue deinen Instinkten – hinterfrage deine Gewohnheiten.“

91. Das universelle Gesetz der Meisterung des Erdenlebens, die Erde zu lieben und Verantwortung für sie zu übernehmen

Es gibt vier Antlitze Gottes: das spirituelle, mentale, emotionale und materielle. Man wird Gott nicht vollständig verwirklichen, wenn man das Leben auf der Erde nicht meistert, annimmt und liebt. Gott existiert ebenso im materiellen Universum wie in der mentalen, emotionalen und spirituellen Dimension. Wenn du nicht lernst, die Erde, die irdischen Energien und das Leben zu meistern, anzunehmen und zu lieben, dann wird dir buchstäblich ein Viertel der Gottesverwirklichung fehlen. Ein Teil des Meisterns, Annehmens und Liebens der Erde und des Erdenlebens besteht darin, Mutter Erde, das Tier-, Pflanzen- und Mineralreich,

Pan, die Naturgeister, die Pflanzendevas und die Elementarwesen zu lieben. Das spirituelle Meistern der Erde und der irdischen Energien ist wie das spirituelle, mentale und emotionale Meistern sowie das Meistern der Energie; es ist jedoch ein Meistern hinsichtlich des physischen Körpers, der Erdenergien und des Erdenlebens.

Im Sinne des physischen Vehikels bedeutet dies, zu lernen sich gesund zu ernähren, ausreichend zu bewegen, gute Schlafgewohnheiten zu entwickeln, das Verständnis für die eigenen Körperrhythmen zu entwickeln und mit ihnen umzugehen. Das Meistern der Erdenergien hat auch mit dem Umgang des Geldes zu tun und ein Wohlstand-bewusstsein zu entwickeln, sich in seinem Erdenleben zu organisieren, ein richtiges Zeitmanagement zu entwickeln und hinsichtlich der eigenen Ziele und Projekte Prioritäten zu setzen usw. Es bedarf des Wirkens auf drei verschiedenen Ebenen, um Gott vollständig zu verwirklichen - der spirituellen, psychologischen und physischen Ebene. Jede Ebene beinhaltet einen Zugang zur Gottesverwirklichung. Und jede Ebene ist gleich bedeutend.

Gott befindet sich ebenso in der materiellen Welt, wie in den astralen, mentalen und spirituellen Bereichen. Wie wir alle wissen, bedeutet der Aufstieg eigentlich Abstieg. Der Sinn des Lebens besteht nicht darin, die Erde zu verlassen, sondern die eigene mächtige ICH BIN - Gegenwart, das Höhere Selbst und die Seele im physischen Körper, auf der Erde und im Erdenleben zu verankern. Wir sollten das Erdenleben lieben und uns darum kümmern. Viele spirituelle Menschen kümmern sich nicht um Politik, soziale Belange oder um das Verändern unserer Gesellschaft, denn sie glauben, dass dies nicht wichtig sei. Sie glauben, dass nur die himmlische Welt von Bedeutung sei und nicht das, was auf der Erde vor sich geht. Dies ist falsches Denken. Es ist unser Ziel, diese Welt zu lieben und sie in eine fünfdimensionale Gesellschaft zu verwandeln. „Hände, die helfen, sind heiliger, als Lippen, die beten", wie Sai Baba sagte. Politik ist wichtig. Mahatma Gandhi sagte: „Diejenigen, die sagen, dass Politik nichts mit Religion zu tun hat, wissen nicht, was Religion bedeutet.“ Es ist sehr bedeutsam, auf eine Art politisch aktiv zu sein. Die Wale retten, den Regenwald retten, die Umweltverschmutzung reinigen, die Ozonschicht reparieren, den Müll vom Boden aufsammeln, Bäume pflanzen, die Welt spirituell unterrichten und Spiritualität auf der Erde manifestieren ist genauso wichtig wie jedes spirituelle Streben. Deshalb sind wir hier. Nicht um aufzusteigen, den Körper in Licht zu verwandeln und die Erde zu verlassen. Das ist eine Illusion. Du bist gekommen, um abzusteigen und eine neue spirituelle Zivilisation auf der Erde zu errichten.

Warum hast du einen physischen Körper, wenn du deine Mission nicht spirituell erdest? Du könntest spirituell und psychologisch ohne einen physischen Körper arbeiten. Fast jede Institution auf Erden wird von der Persönlichkeit und dem negativen Ego beherrscht und nicht von der Seele oder geistiger Perspektive. Wir sind hier, um all dies in Ordnung zu bringen. Eine große Zahl an Lichtarbeitern ist auf ihr eigenes spirituelles Wachstum konzentriert und nicht darauf, worauf sie sich konzentrieren sollten; sie haben ihren Kopf in den Wolken und sind zu wenig geerdet. Der erste Schritt besteht also darin, dass wir die Erde und die Erdenergien innerhalb unseres Wesens meistern. Dann sollten wir die Erde, die Erdenergien und das Erdenleben lieben, Verantwortung übernehmen und unsere spirituelle Mission, unser Ziel und Puzzleteil auf der Erde erfüllen. Ein Teil des Meisterns der Erde und der Erdenergien besteht im Verankern deiner spirituellen Mission auf Erden. Nicht nur darüber zu sprechen oder daran zu denken, es zu visualisieren, davon ergriffen zu sein und nicht nur darüber zu meditieren und dafür zu beten. Jetzt ist es an der Zeit, dass die Lichtarbeiter ihre Handlungen bündeln. Die Lichtarbeiter sind die Verwalter von Mutter Erde und der Erdenzivilisation. Unsere Zivilisation ist in vielerlei Hinsicht noch zurückgeblieben. Wenn es die Lichtarbeiter nicht in Ordnung bringen, wer dann? Es ist unsere Verantwortung. Wir alle haben eine spirituelle Verantwortung, diese Welt und die Gesellschaft zu verändern. Manche tun dies mit Politik, andere durch spirituelles Lehren, wieder andere durch den aktiven Dienst in der Welt, durch Kunst, Wissenschaft, Religion, im Geschäftsleben, in der Wirtschaft und verändern die Institutionen unserer Zivilisation.

Einer der Gründe, dass viele Lichtarbeiter die Erdenergien nicht gemeistert haben und für die Erde keine Verantwortung übernehmen besteht darin, dass sie nicht in den sieben Strahlen balanciert sind. Der dritte Strahl hat mit dem physischen Erden der spirituellen Energie in der Welt durch aktiven physischen Dienst zu tun. Bei einem Lichtarbeiter, der primär mit dem zweiten Strahl zu tun hat, fließt die spirituelle Energie oberhalb der Erdebene und wird niemals geerdet. Ein anderer Grund, dass so viele Lichtarbeiter Schwierigkeiten haben, ihre spirituelle Mission zu erden, liegt daran, dass sie nicht nur im dritten Strahl der aktiven Intelligenz, sondern auch im ersten Strahl schwach ausgeprägt sind. Sie sind nicht darin geschult, stets ihre persönliche Kraft zu 100 % zu beanspruchen. Die Unfähigkeit, seine persönliche Kraft anzunehmen, hindert den Menschen daran, die irdischen Energien zu meistern. Statt das Leben zu meistern, wird dieser Mensch dann vom Leben herumgestoßen werden. Es ist genauso wichtig, sich um seine physischen wie um seine spirituellen, mentalen und emotionalen Bedürfnisse zu kümmern. Wenn ein Mensch physisch krank ist, ausgezehrt und schlecht genährt, obdachlos oder am Existenzminimum lebt, dann ist es schwer, sich auf spirituelle Belange zu konzentrieren. Wie kann sich die Welt jemals ändern, wenn wir die Erdenergien nicht meistern, jeden Aspekt der Erde vollkommen lieben und physisch handeln, um sie zu heilen? Gott und die Meister werden dies nicht tun. Sie können es nicht, weil sie keinen physischen Körper haben. Erkennst du, dass wir deshalb hier sind? Wir sind die Instrumente und Kanäle Gottes und der Meister, um diese Erdenwelt zu ändern. Kontempliere darüber! Es ist an der Zeit, dass deine Hände etwas schmutzig werden.

92. Das universelle Gesetz der multidimensionalen Realitäten und der Kommunikation

In Wahrheit sind wir multidimensionale Wesen, da wir Söhne und Töchter Gottes sind und nach seinem Ebenbild erschaffen wurden. Gott ist multidimensional und wir sind es auch. Der Mikrokosmos ist wie der Makrokosmos. Wir empfangen konstant hunderte verschiedene Formen der Kommunikation auf einer unterbewussten und spirituellen Ebene. Wir erhalten Gedanken, Gefühle, Emotionen, Impulse, Begierden, Wahrnehmungen, Energie, Verlangen, Instinkte, Bilder von unserem Unterbewusstsein und Höheren Selbst und/oder der mächtigen ICH BIN - Gegenwart. Wir empfangen dies auf unterschiedlichen Ebenen, in unterschiedlichen Formen und Arten der multidimensionalen Kommunikation.

Unsere grundlegenden Formen der multidimensionalen Kommunikation mit Menschen beginnen mit verbaler Kommunikation. Dann kommunizieren wir in einer nonverbalen Art mit Gesten, Ausdruck und Körpersprache. Wir kommunizieren auch stets mit anderen mental oder telepathisch über eine kurze oder lange Entfernung. Wir kommunizieren durch unsere Gefühle und Emotionen, durch körperliche Berührung, durch Energie und Bildersprache. Wir kommunizieren mit unserer Welt auch durch unsere fünf physischen Sinne und ihr entsprechendes inneres unterbewusstes Gegenstück, was uns erlaubt, innerlich zu sehen, zu hören, zu schmecken, zu berühren und zu riechen. Deshalb erscheint auch alles so wirklich, wenn wir nachts im Schlaf träumen. Unsere äußeren Sinne schlafen und stattdessen nutzen wir unsere inneren Sinne, um zu sehen, zu hören usw. Das erklärt auch, weshalb Menschen immer noch sehen, hören, schmecken, berühren und riechen können, während sie eine Astralreise oder Seelenreise durchführen und wenn sie physisch sterben und in andere Dimensionen übergehen. Dies geschieht durch unterbewusste innere Sinne, die entwickelt werden können und das bezeichnen wir als mediale Fähigkeiten. Es erklärt auch den Prozess des Channelns in hellseherischer oder telepathischer Hinsicht. In manchen Momenten empfangen wir auch die Kommunikation von unserem inneren Kind, von verschiedenen Unterpersönlichkeiten, guten und schlechten Gewohnheiten, unserem negativen Ego und seinem illusorischen Gedankensystem und ebenso vom Christus-/Buddha-Gedanken-System. Wir empfangen auch Botschaften von Unterpersönlichkeiten und/oder Aspekten aus vergangenen Leben und von der äußeren Welt und dem Leben selbst in Form von Synchronizität und Zeichen. Wir bekommen jede Nacht Träume als ein anderes Mittel der Kommunikation und Feedback auf einer unterbewussten und spirituellen Ebene. Eine andere Form der multidimensionalen Kommunikation ist das luzide Träumen, bei der man bewusst im Traum aufwachen kann und den Verlauf des Traumes mit dem Willen ändern kann. Auf einer spirituellen Ebene kommunizieren wir nicht nur mit unserem Höheren Selbst und der mächtigen ICH BIN - Gegenwart, sondern auch mit den Aufgestiegenen Meistern der inneren Ebene, den Erzengeln und Engeln, den Elohim-Meistern und den christusbewussten Außerirdischen. Wenn unsere psychologische und spirituelle Einstellung und Frequenz nicht vollständig auf die Christus-/Buddha-Ebene ausgerichtet ist, können wir auch mit Entitäten auf der mentalen und/oder astralen Ebene kommunizieren, was nicht empfehlenswert ist. Dies erklärt auch, weshalb manche Menschen mit Entführungen und negativen Implantaten zu tun haben.

Wir empfangen auch direkte Mitteilungen von Gott, Christus und dem Heiligen Geist, wenn wir offen sind, um sie zu hören und zu empfangen. Unsere wahre Identität ist das ewige Selbst und gemäß dieser Tatsache gibt es Aspekte von uns, die in höheren Dimensionen Gottes existieren und dort bereits wirken, ob wir damit in Kontakt sind oder nicht. Dann kommunizieren wir mit unserer Seele und monadischen Familie, mit vergangenen und zukünftigen Selbsten und Aspekten von parallelen Leben. Wir kommunizieren mit unseren spirituellen Lehrern und Gurus, mit Freunden und Familie aus vergangenen Leben und ebenso aus zukünftigen Leben. Wir kommunizieren alle multidimensional mit der Natur, mit Mutter Erde, den Naturgeistern, den Devas, den Baumgeistern, den vier Elementen und den Elementalen – den Gnomen, den Sylphiden, den Salamandern und Undinen, Kristallen, Edelsteinen, Tieren. Auf der irdischen Ebene besitzen wir auch die Fähigkeit zur multidimensionalen Kommunikation mit subatomaren Teilen der Materie und unserer Körper. Wir können mit unseren Elektronen, Protonen, Neutronen, Molekülen, DNA und sogar mit den subatomaren Teilen, die als Quarks bekannt sind, und mit subatomaren Teilen, die aus dem äußeren Raum als Lichtpartikel kommen und Photonen heißen, kommunizieren. Dies erklärt, wie wir alle die Fähigkeit zu materialisieren und zu dematerialisieren haben und Substanz oder physische Dinge direkt aus dem Äther erschaffen können, wie es Sai Baba demonstrierte. Dann besitzen wir hunderte von subtilen Körpern, von denen jeder spezielle Fähigkeiten und Funktionen in einem multidimensionalen Sinn hat, die mit uns kommunizieren können und wir auf einer bewussten oder unbewussten Ebene mit ihnen. Auf einer spirituellen Ebene treten wir in multidimensionale Kommunikation mit Gott und den kosmischen Meistern der inneren Ebene durch die „Sprache des Lichtes", die sich sehr oft durch das Verankern der fünf Buchstaben, Schlüsselcodes und heiligen Geometrien manifestiert. Ist das Leben nicht spannend? Unsere wahre multidimensionale Natur und Kommunikation macht aus einer breit gefächerten Perspektive *Alice im Wunderland* langweilig. Erfreue dich daran!

93. Das universelle Gesetz der Gewaltlosigkeit

Dieses Gesetz beinhaltet die Gewaltlosigkeit nicht nur auf einer physischen Ebene, sondern auch auf der mentalen und emotionalen Ebene, in dem Sinne, dass man alle gewalttätigen Gedanken und Emotionen umwandelt. Wenn sie hochkommen, dann höre ihnen nicht zu, denn sie sind ein Produkt des negativen Egos. Das negative Ego erzeugt alle negativen Emotionen. Wenn du mit deinem Christusgeist denkst, bleiben deine Emotionen liebend, freudvoll und friedvoll. Vergiss dies niemals. Gott lebt in allen Dingen, selbst in Insekten. Wenn Insekten in dein Haus eindringen, so hast du das Recht, deinen Raum zu schützen. Jedoch musst du in der freien Natur ihren Raum respektieren. Praktiziere auf allen Ebenen Gewaltlosigkeit – physisch, psychologisch und spirituell. So verhält sich ein wahrer spiritueller Meister. Lord Buddha sagte: „Der wahre Meister lebt in Wahrheit, Güte, Zurückhaltung, Gewaltlosigkeit, Bescheidenheit und Reinheit." Und der Meister der Gewaltlosigkeit selbst, Mahatma Gandhi, sagte: „Gewaltlosigkeit ist nicht eine Waffe der Schwachen. Es ist eine Waffe der Stärksten und Tapfersten." Kontempliere darüber!

94. Das universelle Gesetz der Einheit

Wir sind eins mit allem Leben, und alles Leben sollte als Teil Gottes betrachtet werden. Du lebst in allen Dingen und alle Dinge leben in dir. Sai Baba sagte: „Es gibt viele Nationen, aber nur eine Erde; es gibt viele Wesen, aber nur einen Atem; es gibt viele Sterne, aber nur einen Himmel; es gibt viele Meere, aber nur ein Wasser; es gibt viele Religionen, aber nur einen Gott; es gibt viele Juwelen, aber nur ein Gold; es gibt viele Erscheinungen, aber nur eine Wirklichkeit." Wenn deine wahre Identität das ewige Selbst ist und die ganze Schöpfung ein Teil dieses ewigen Selbst, dann tun wir alles, was wir für einen anderen Teil der Schöpfung tun, buchstäblich für uns selbst. Genauso ist es, wenn man einem anderen etwas gibt, so gibt man es buchstäblich sich selbst. Wenn die Menschheit dieses Gesetz vollständig verstehen und praktizieren würde, dann würde sich die ganze Welt in einem Moment verändern. Jeder Mensch, jedes Tier, jede Pflanze, jeder Felsen ist Gott. Es gibt im Universum nur eine Identität für alles Leben in der ganzen Schöpfung – und das ist Gott. Wir alle teilen diese eine Identität.

„Derselbe Strom aktiviert alles." (Sai Baba) Wir müssen Glanz, Illusion, Maya und Erscheinungen loslassen, so dass wir die wahre Realität des Lebens sehen können. Unsere wahre Identität als das ewige Selbst lebt in der gesamten Schöpfung. Die ganze Schöpfung ist ein Teil von dir. Bemühe dich darum, in allen Dingen harmlos und verletzlich zu sein. Deine Brüder und Schwestern teilen deine Identität, so wie Christus sie mit dir teilt. Gott hatte nur einen Sohn und eine Tochter und wir sind alle ein Teil davon. Wir sind alle Lehrlinge Gottes, die im Prozess sind, dies auf einer immer tieferen Ebene zu realisieren. Das ist der Einweihungsprozess. Wir sind daher eins mit Gott, sind es immer gewesen und werden es immer sein. *Ein Kurs in Wundern* bekräftigt, dass es nur ein Problem im Leben gibt – die Trennung von Gott. Aber in Wahrheit sind wir niemals getrennt und waren es auch niemals. Dies ist eine Illusion. Das Gesetz besagt jedoch, dass wir dies als unsere Realität erleben, was wir denken.

Die Welt lebt in einer negativen Massenhypnose, die in Wirklichkeit gar nicht existiert. Alles existiert nur in unserem Geist. Erwache in diesem Moment aus diesem Alptraum, in dem du über viele Leben hinweg gelebt hast und erkenne die Wahrheit, die jedes Verständnis übersteigt. Wir sind alle eins. Es gibt nur eins. Du bist der Eine. „Ich, der ich um des Herrn willen im Gefängnis bin, ermahne euch, ein Leben zu führen, das des Rufes würdig ist, der an euch erging. Seid demütig, friedfertig und geduldig, ertragt einander in Liebe, und bemüht euch, die Einheit des Geistes zu wahren durch den Frieden, der euch zusammenhält. Ein Leib und ein Geist, wie euch durch eure Berufung auch eine gemeinsame Hoffnung gegeben ist; ein er, ein Glaube, eine Taufe, ein Gott und Vater aller, der über allem und durch alles und in allem ist." (Epheser 4:1-6) „Der Gott der Geduld und des Trostes schenke euch die Einmütigkeit, die Christus Jesus entspricht, damit ihr Gott, den Vater unseres Herrn Jesus Christus, einträchtig und mit einem Munde preist." (Römer 15:5-6)

95. Das universelle Gesetz des Öffnens des Dritten Auges

Viele Menschen meinen, dass das Dritte Auge mit Hellsichtigkeit verbunden sei. Dies ist jedoch nur ein extrem kleiner Teil dessen, was es bedeutet, ein geöffnetes Drittes Auge zu haben. Vergiss niemals, dass du nicht nur mit deinen physischen Augen siehst, sondern auch mit deinem Geist. Ein Teil des Öffnens des Dritten Auges besteht in der spirituellen Weisheit des esoterischen Wissens und Verständnisses. Ein weiterer Teil dessen liegt in der Weisheit auf einer psychologischen Ebene. Und ein weiterer Teil liegt in der Weisheit auf einer physischen Ebene. Das Denken mit dem Geist des negativen Egos verschließt das Dritte Auge und führt zu Blockaden und Unausgewogenheiten darin. Dies schafft blinde Flecken und ein begrenztes Sehen. Jesus sagte: „Dein Auge gibt dem Körper Licht. Wenn dein Auge gesund ist, dann wird auch dein ganzer Körper hell sein. Wenn es aber krank ist, dann wird dein Körper finster sein.“ (Lukas 11:34)

Jeder Mensch hat entweder eine Vision des negativen Egos oder eine spirituelle Vision. Wir sehen nicht nur mit unseren physischen Augen, wir sehen mit unserem Geist und Glaubenssystem. Ein Mensch kann mystische Hellsichtigkeit besitzen, jedoch spirituell, psychologisch und physisch nicht in Ordnung sein, was oft der Fall ist. Der Mangel an klarer Vision des Dritten Auges auf diesen anderen Ebenen verschmutzt und entstellt die mystische Vision. Es ist unmöglich, das Bewusstsein eines Menschen von seiner mystischen Vision oder Fähigkeiten zu channeln zu trennen. Deshalb gibt es viele Hellsichtige, die spirituell und psychologisch extrem unklar sind, obwohl sie die innere Ebene sehen können Es gibt sogar Medien und Hellsichtige, die nicht an Gott glauben. Hellsichtigkeit ist tatsächlich eine unterbewusste Fähigkeit und ein innerer Sinn. Deshalb verfangen sich viele Lichtarbeiter in der Faszination der medialen Welt und erkennen nicht, dass dies eine unterbewusste und astrale/mentale Welt ist und nicht die wahre spirituelle Welt. Dies hat nicht nur sehr wenig mit dem Öffnen des

Dritten Auges zu tun, es ist auch sehr oft ein medialer Bereich, der überhaupt keine Verbindung zum Spirituellen besitzt.

Das Öffnen des Dritten Auges hat auch mit der Entwicklung und Integration der 22 Übersinne Gottes zu tun wie Intuition, Wissen, Weisheit, spiritueller Idealismus, Wissen, Glückseligkeit, aktiver Dienst, göttliche Vision, Enthüllung, Heilung, spirituelle Telepathie, Antwort auf Gruppenschwingung, spirituelles Unterscheidungsvermögen, Diskriminierung, emotionaler Idealismus und Imagination usw. Ein Mensch kann in mystischer Hinsicht hellsichtig sein, doch in den anderen inneren Sinnen, welche zur Öffnung des Dritten Auges beitragen, nicht sehr weit entwickelt sein. Dies umfasst noch nicht einmal all das spirituelle und esoterische Wissen und die Weisheit, die psychologische, physische und psycho-spirituelle Vision und daher nur die physische Vision, was in Wahrheit eine Art von spiritueller Vision ist. Im Idealfall hat man auf allen diesen Ebenen eine gute spirituelle Vision und eine jede davon öffnet das Dritte Auge und sechste Chakra. Das dritte Auge wird niemals vollkommen geöffnet sein, solange all diese Faktoren nicht in Betracht gezogen werden. Es ist auch möglich, das Dritte Auge zu sehr oder zu wenig zu öffnen. Man benötigt auch einen Schutz im Leben, obwohl viele Lichtarbeiter meinen, dass dies unbedeutend sei. Dies ist natürlich nicht wahr. Das Dritte Auge ist in gewisser Hinsicht wie das physische Auge. Die Pupille des Auges öffnet und schließt sich in dem Maße, wie viel Licht in den Raum hereinkommt. Es gibt Zeiten, in denen man das Dritte Auge ein wenig schließt. Wenn du ins Kino gehst und es dort manche Gewaltszenen gibt, so schließt du es vielleicht ein wenig. Zuweilen können zu viele Stimuli hereinkommen. Dies sollte überwacht werden. Es gibt auch den Aspekt des Überstrapazierens des Dritten Auges.

Lichtarbeiter verbringen vielleicht zu viel Zeit damit, mit diesem Chakra zu arbeiten und die anderen zu vernachlässigen. Dies kann Kopfschmerzen, Überanstrengung der Augen oder Erschöpfung der Hirnanhangdrüse verursachen. Es ist sehr wichtig, hierauf zu achten, denn es ist die Meisterdrüse unseres Körpers und beeinflusst alle anderen Drüsen und Organe. Es ist interessant, dass das Dritte Auge oder sechste Chakra mit der Meisterdrüse verbunden ist, nicht wahr? Wir erkennen die unglaubliche Bedeutung dessen, eine klare spirituelle, psychologische und physische Vision in unserem Leben zu haben. Wir erkennen den enormen Effekt unserer spirituellen, psychologischen und physischen Vision auf unser Leben. Unsere Gedanken und Bilder in unserem Geist erschaffen unsere Wirklichkeit. Wenn man berücksichtigt, dass das Dritte Auge und sechste Chakra mit der Vision für unser ganzes Leben verbunden ist, würde es dann nicht Sinn machen, wenn es mit der Meisterdrüse unseres Körpers, der Hirnanhangdrüse, verbunden ist? Ist Gott nicht genial? Der Schlüssel besteht darin, das Dritte Auge und sechste Chakra nicht zu viel oder zu wenig zu nutzen, sondern es zu öffnen und in der Balance mit allen anderen Chakren zu halten. Wir wollen die Hirnanhangdrüse nicht zu sehr anregen oder vernachlässigen. Balance ist wie immer der Schlüssel.

96. Das universelle Gesetz des Optimismus

Du kannst einen Menschen mit einer guten inneren Haltung nehmen und ihn in die schlimmste Situation bringen und er mag eine Zeitlang entmutigt sein, doch er wird wieder glücklich werden. Andererseits kannst du jemanden mit einer schlechten inneren Haltung nehmen und ihn in die bestmögliche äußere Situation bringen und er wird eine Zeitlang glücklich sein, doch bald wieder in Verzweiflung verfallen. „Der Bedrückte hat lauter böse Tage, der Frohgemute hat ständig Feiertag.“ (Sprichwörter 15:15) Die spirituelle Haltung gegenüber dem Leben sollte stets optimistisch sein. Sei glücklich und verbreite Freude, wo immer du hingehst. Krankheit kann ansteckend sein, wenn Menschen Opfer sind und wenig Widerstandskraft haben. Viele

Menschen leben im Opferbewusstsein, weshalb sollte man sie nicht zum „Opfer“ von Freude und Glück machen“? Das Ziel des Lebens ist, Freude, Glück, Wohlbefinden und Liebe überall zu verbreiten, wo du hingehst, damit die Erde zu einem besseren Ort wird, wenn du sie verlässt, einfach weil du da warst. Werde zu einer wandelnden „Freudemaschine“, die das Antlitz der Erde segnet! Erinnere dich an die Weisheit von Winston Churchill: „Ein Pessimist sieht in jeder Gelegenheit eine Schwierigkeit; ein Optimist sieht in jeder Schwierigkeit eine Gelegenheit.“

97. Das universelle Gesetz des Annehmens der eigenen persönlichen Kraft

Von allen Haltungen und Qualitäten, die wir in unserer gesunden Persönlichkeit entwickeln müssen, ist keine wichtiger als die persönliche Kraft oder die Entwicklung des Willens. Persönliche Kraft oder der Wille ist die führende Kraft einer gesunden Persönlichkeit. Persönliche Kraft ist zunächst eine Haltung. Wir können eine Haltung der Schwäche oder der Stärke wählen, wenn wir den Tag beginnen. Unsere Kraft ist die Energie, die wir einsetzen, um unsere Entscheidungen durchzusetzen. Wenn du planst, etwas zu einer bestimmten Zeit zu tun, so brauchst du deine Kraft, um das zu tun, wofür du dich selbst verpflichtet hast. Du benötigst auch deine Kraft, um dein Unterbewusstsein zu kontrollieren. Dein Unterbewusstsein wird dich herumstoßen, solange du nicht in deiner Kraft bist, daher ist die persönliche Kraft der Durchsetzungsagent des Bewusstseins. Es ist die Energie, die der Geist aufbringt, um die Persönlichkeit zu bestimmen und zu lenken.

Persönliche Kraft wird äußerlich als Bestimmtheit ausgedrückt. Persönliche Kraft ist auch sehr eng verbunden mit Entschlossenheit. Wenn du nicht entschlossen bist, dann werden das Unterbewusstsein oder andere Menschen die Entscheidungen für dich treffen. Doch erinnere dich daran, dass das Unterbewusstsein keine Vernunft besitzt und die Entscheidungen anderer Menschen sind nicht immer in deinem besten Interesse. Wenn du also nicht bestimmend und durchsetzungsfähig bist, dann lässt du andere Menschen über dich bestimmen.

Wenn du nicht in deiner persönlichen Kraft bist, dann wirst du sie deinem Unterbewusstsein oder anderen Menschen abgeben. Wir wissen, dass Gott Kraft besitzt. „Die Kraft, die wir Gott nennen, widersetzt sich jeder Beschreibung." (Mahatma Gandhi) In Wirklichkeit bist du ein Mitschöpfer, daher besitzt du auch Kraft. Gandhi sagte auch: „Gott ist keine Kraft in den Wolken. Gott ist eine unsichtbare Kraft in uns, die uns näher ist als die Fingernägel dem Fleisch." Gott hilft denjenigen, die sich selbst helfen und du kannst dir nicht selbst helfen, wenn du nicht in deiner Kraft bist. Persönliche Kraft ist nichts anderes als das Channeln der Energie in deinen physischen Körper und Unterbewusstsein, um dein Leben zu kontrollieren. In deiner Kraft zu sein, ist wie ein spiritueller Krieger in deinem Leben zu sein. Niemals aufzugeben und den Lebenswillen in sich zu tragen, bedeutet das Beanspruchen des Willens zum Kampf.

Wenn du deine Kraft über eine lange Zeitperiode hinweg einsetzt, entwickelst du das, was man Disziplin nennt. Du wirst ohne persönliche Kraft und Selbstdisziplin niemals auf dem spirituellen Weg voranschreiten. Wenn du nicht in deiner Kraft bist, wirst du deprimiert. Jemand, der deprimiert ist, ist nicht in seiner Kraft. Es gibt zwei gegensätzliche Kräfte im Leben: gut und schlecht, hell und dunkel, positiv und negativ, Illusion und Wahrheit, egoistisches Denken und spirituelles Denken. Deine Kraft ist deine Waffe, womit du das Negative bekämpfen und dich selbst auf das Positive ausrichten kannst. Wie Edgar Cayce, der „schlafende Prophet" sagte: „Es gibt keine Kraft im

Universum, die stärker ist als deine Kraft oder dein Wille." Edgar Cayce sagte etwas anderes wichtiges über die Kraft. Er sprach über die Bedeutung des Entwickelns von positiver Wut. Positive Wut ist kontrollierte Wut, die nicht auf einen anderen Menschen oder auf dich selbst gerichtet wird, sondern auf die dunkle Kraft, die versucht, dich niederzudrücken. Sie wird genutzt, um dich zum Licht und zum Positiven zu katapultieren. Wut besitzt eine enorme Kraft. Der Schlüssel besteht darin, diese Kraft konstruktiv und kreativ zu kanalisieren. Wenn einer der Schüler sich zu beklagen begann, wandte sich Jesus zu ihm und sagte: „Weiche von mir, Satan." Anstatt den Menschen anzugreifen, wählt er den Kampf mit der Kraft hinter dem Menschen.

Die Erde ist eine schwierige Schule und wir müssen sehr stark im Leben sein oder wir könnten leicht überwältigt werden. Erinnere dich immer an die Worte von Jesus: „Siehe, ich schicke dich als Schaf inmitten von Wölfen; sei deshalb so weise wie Schlangen und so harmlos wie Tauben." Sei so weise wie Schlangen und so harmlos wie Tauben! Sei ein spiritueller Krieger! In der *Bhagavad Gita* kämpfen Krishna (Lord Maitreya) und Arjuna (Lord Buddha), Krishnas Schüler, auf dem Schlachtfeld gegen die Armee des schlechten Feindes, als Arjuna psychologisch abfällt und zum Opfer seines negativen Egos wird. Arjuna ist der Führer der Armee von rechtschaffenen Männern und sie hängen alle von ihm ab. Krishna, Arjunas Wagenlenker und spiritueller Meister, beginnt Arjuna über die Torheit seines Weges, sich dem negativen Ego zu überlassen und seine Kraft und Kontrolle über seine Energien zu verlieren, zu belehren. Krishna führt Arjuna daher in die spirituellen Mysterien ein, als er zu ihm sagte: „Steh auf, leg deine Feigheit ab und kämpfe. Dein Selbstmitleid und deine Nachgiebigkeit stehen einer solch großen Seele, die du bist, nicht zu!" Arjuna erwachte durch die spirituellen Worte von Krishna und er forderte seine persönliche Kraft zurück und führte seine Männer siegreich in den Kampf. Krishnas Feststellungen gelten für alles und jeden von uns im täglichen Leben.

Beanspruche daher jeden Morgen noch in der Sekunde, in der du aufwachst, deine Kraft, indem du diese geistige Haltung affirmierst. Beanspruche jeden Morgen, wenn du aufstehst, deine Kraft und lasse dich darauf ein, der Meister deines Lebens zu sein. Ein spiritueller Meister und Gott-verwirklichtes Wesen verweilt stets im Zustand der persönlichen Kraft. Wenn du nicht in deiner Kraft bist, so gibst du sie an andere Menschen oder an das Unterbewusstsein. Wenn wir nicht in unserer Kraft sind, können wir von fast allem im Universum beherrscht werden. Dies schließt auch nicht inkarnierte Geister ein oder andere Menschen, die dunkle Bruderschaft, das Ego, Gedanken, Begierden, Impulse, den physischen Körper, Karma von vergangenen Leben und das Massenbewusstsein. Es ist daher eindeutig gefährlich, nicht in seiner persönlichen Kraft zu sein. Gib also deine persönliche Kraft an nichts und niemanden ab!

Gib deine Kraft nicht ab an Astrologie, deine Träume, die Strahlen, irgendeine spirituelle Wissenschaft oder einen Weg oder an die Aufgestiegenen Meister. Gib deine Kraft auch nicht an Gott ab. Gott möchte sie nicht. Gott möchte, dass du sie und deine Liebe und Weisheit nutzt, um ein Meister zu werden. Bete mit Kraft, nicht wie ein Schwächling. Deine Gebete werden dann viel effektiver sein. Astrologie ist wunderbar, aber in Wahrheit bist du Gott und Gott hat die Astrologie erschaffen. Träume sind wunderbar, aber gib ihnen nicht deine Kraft und lass einen beunruhigenden Traum nicht deinen Tag ruinieren. Gib daher deine Kraft nicht an einen äußeren Kanal, selbst dann nicht, wenn gesagt wird, dass Aufgestiegene Meister gechannelt werden. Bei jedem Channeling, egal wer es durchführt, wird die Information durch die Persönlichkeit, das Bewusstsein und die Informationsdatenbank dieses Menschen gefiltert, selbst wenn wir dabei über Edgar Cayce, Alice Bailey oder andere große Channelmedien sprechen. Die Information mag zu der Zeit, zu der sie gegeben wird, wertvoll sein, aber nicht notwendigerweise zu einer späteren Zeit. Und noch einmal, du wirst nicht in der Lage sein, in deinem Leben innerlich oder äußerlich etwas zu manifestieren, wenn du nicht voll in deiner persönlichen Kraft bist. Deine persönliche Kraft stärkt alles, was du tust. Gewahrsein ohne persönliche Kraft ist vollkommenes Opferbewusstsein. Deshalb sagen manche Menschen, die einen Mangel an persönlicher Kraft haben: „Unwissenheit ist Segen." Niemand, der persönliche Kraft besitzt, würde etwas Derartiges sagen. Deine persönliche Kraft erlaubt dir, im Leben durchsetzungsfähig zu sein, aber nicht aggressiv. Persönliche Kraft erlaubt dir, Selbstmeisterung über deine Gedanken, Gefühle, Emotionen, das Unterbewusstsein, das negative Ego, innere Kind, den Begierdenkörper, physischen Körper und das Erdenleben zu behalten. Jede Manifestation beginnt mit der Notwendigkeit, in deiner persönlichen Kraft zu sein.

Die Lektion im Sinne der Kraft besteht darin, wie man sie beansprucht, ohne sie zu missbrauchen. Im Idealfall beansprucht man sie in einer rücksichtsvollen, unerschütterlichen Art. Durch unsere Kraft erlangen wir Selbstmeisterung über unsere Energien. „Denn Gott hat uns nicht einen Geist der Verzagtheit gegeben, sondern den Geist der Kraft, der Liebe und der Besonnenheit." (2 Timotheus 1:7)

98. Das universelle Gesetz des vergangenen, zukünftigen und ewigen Jetzt

Denke über die Vergangenheit nach. Was ist es? Es ist eine Erinnerung. Was ist eine Erinnerung? Eine Erinnerung ist ein Bild in unserem Geist. Was ist ein Bild? Ein Bild ist ein Gedanke. Das bedeutet, dass die Vergangenheit vollkommen unter unserer Kontrolle ist, denn es sind nur Bilder und Gedanken in unserem Geist. Du kannst der Meister über deine Vergangenheit sein, indem du deine Gedanken und Bilder in deinem Geist zu meistern lernst. Tatsächlich sind Gedanken und Bilder dasselbe. In gewissem Sinn sind es zwei Seiten derselben Medaille.

Manchmal entstehen sie in Form von Gedanken und manchmal in Form von Bildern. Dasselbe gilt für die Zukunft. Die Zukunft ist nur das Auftreten von Gedanken und Bildern in unserem Geist. Sie sind positiv oder negativ, was bestimmt, ob wir uns darüber Sorgen machen oder uns darauf freuen. Dies bedeutet, dass unsere Zukunft vollständig unter unserer Kontrolle ist. Die Zukunft existiert nicht wirklich, außer als Gedanken und Bilder in unserem Geist. Die Zukunft ist wie ein Dame-Spielbrett. Das Spielbrett ist da, jedoch die meisten Quadrate sind nicht besetzt. Sie werden durch deine freie Entscheidung besetzt. „Steh auf, sei mutig, sei stark. Nimm die ganze Verantwortung auf deine eigenen Schultern und wisse, dass du der Schöpfer deines eigenen Schicksals bist. Alle Stärke und Unterstützung, die du brauchst, liegt in dir. Gestalte daher deine eigene Zukunft." (Swami Vivekananda) „Jeder Mensch trägt seine Bestimmung in den eigenen Händen", wie Sai Baba sagte. Ein positiv ausgerichteter Mensch freut sich auf die Zukunft. Ein sorgenerfüllter Mensch fürchtet die Zukunft. Alles, was in Wahrheit wirklich existiert, ist das ewige Jetzt. Wie müssen nicht länger das Opfer unserer Vergangenheit oder einer sorgenvollen Zukunft sein, denn es besteht alles in unserem Geist. Die richtige Haltung gegenüber der Vergangenheit besteht darin, die goldene Erkenntnis der Weisheit aus den Fehlern und aus dem, was wir gut getan haben, zu ziehen, positive Erinnerungen zu bewahren und den Rest loszulassen. Im Disney-Film *Der König der Löwen* sagte Rafiki zu Simba: „Die Vergangenheit, was? Ich sehe es so, dass du entweder davor weglaufen kannst oder daraus lernen kannst." Im Sinne der Zukunft besteht die richtige Perspektive darin, einen Plan für die Zukunft zu kreieren, der uns dient und den Rest Gott zu überlassen. Die Zukunft ist vollkommen unter deiner Kontrolle. Erinnere dich an die Worte von Mahatma Gandhi: „Die Menschen werden zu dem, was sie selbst erwarten." Und Sai Baba sagte: „Die Einstellung von heute ist die Wurzel, auf der die Zukunft wächst." Warum sollte man sich sorgen, wenn man beten, in seiner persönlichen Kraft sein und Affirmationen und Visualisierungen durchführen kann, um alles anzuziehen, was man braucht? Ein altes Sprichwort sagt: „Meistere deine Vergangenheit in der Gegenwart oder deine Vergangenheit wird deine Zukunft meistern.“ Oder wie Lord Buddha sagte: „Der Vergangenheit sollte man nicht nachfolgen und für die Zukunft nichts begehren; das Vergangene ist tot und vorüber und die Zukunft noch nicht da.“ (Majjhima Nikaya III,131) Heile die Vergangenheit. Lebe die Gegenwart. Träume die Zukunft.

99. Das universelle Gesetz der Aufmerksamkeit für die Details

Gott ist im Detail. Gott wird vom Glanz nicht beeindruckt. Er richtet seine Aufmerksamkeit auf die kleinen Dinge ebenso wie auf die großen Dinge. Gott bemerkt eine kleine Geste der Freundlichkeit oder die Aufmerksamkeit für Details in einer Weise, wie wir es oft nur bei großen Dingen wahrnehmen. Für Gott ist die Erde ein Planet unter Milliarden Planeten in diesem Universum und Gott birgt eine unendliche Anzahl an Universen innerhalb seines kosmischen omniversalen Körpers. Gott blickt mehr auf die Essenz und die Absicht, als auf die Größe. In Wahrheit geht es nicht um den Umfang, sondern um jeden Moment, den man in rechter Weise im Dienste Gottes lebt; sei es in der Kommunikation mit einer Blume, einem Felsen, einer Ameise, einer Katze, einem Hund, dem Wind, einem Naturgeist, einem Menschen oder tausend Menschen. Gott kümmert sich nicht um Ruhm, Geld, Macht, sozialen Status oder Eitelkeit. Gott interessiert sich nur dafür, ob du in göttlicher Weise - in bedingungsloser Liebe und spiritueller Wahrhaftigkeit - lebst, wo auch immer du bist. Denkst du daran, deine Pflanzen zu gießen und deine Tiere zu füttern? Denkst du daran, deiner Angestellten ein Kompliment zu machen, wie hübsch sie an diesem Tag aussieht? Hast du deine Lieben umarmt und geküsst, bevor du sie am Morgen verlassen hast oder abends zu Bett gegangen bist und ihnen gesagt, wie sehr du sie liebst und schätzt? Eine der wahren Prüfungen auf dem spirituellen Weg besteht darin, ob ein spiritueller Führer, Lehrer oder Channel plötzlich damit aufhört, wenn er sich in einer Position der Macht und öffentlichen Anerkennung befindet? Wird sich seine Persönlichkeit verändern? Wenn ja, so bedeutet das, dass eine Korruption des negativen Egos stattfindet. Gott möchte dich wissen lassen, dass die „Details“ in jedem Moment deines Lebens deinen spirituellen Pfad ausmachen. Sei großartig in allem, was du tust. Ein Teil des Fokussierens der Aufmerksamkeit besteht darin, deine Kraft stets zu 100 % zu beanspruchen und deinen Geist zu kontrollieren, so dass du nicht zerstreut bist, die rechte Gehirnhälfte zu sehr betonst, zu wenig geerdet und abgehoben bist, zu sehr gefangen im Unterbewusstsein bist, zu sehr vom inneren Kind beherrscht wirst, zu sehr gefangen in deinem Emotionalkörper oder in deinem Begierdenkörper bist. Ein Teil der Aufmerksamkeit für Details besteht darin, stets zu 100 % in deiner persönlichen Kraft zu sein, stets bewusst zu sein und dir niemals zu erlauben, in den Zustand des Autopilotens zu gehen. Lichtarbeiter sollten sich stets daran erinnern, die dreifaltige Flamme der Liebe, Weisheit und Kraft zu beanspruchen. Dann wirst du fähig sein, den Details in einer balancierten Weise Aufmerksamkeit zu zollen, was Gott dann tatsächlich reflektiert. Und zum Abschluss: Vergiss niemals, dass Gott im Detail ist. Wenn du jeden Moment derart lebst, wie Gott es gerne hätte, in der völligen Ausrichtung auf Gott und den Dienst an ihm, dem Selbst und deinen Brüdern und Schwestern, dann wird sich der Rest deines Lebens gemäß deiner Bestimmung entfalten. Mutter Teresa sagte: „Einfache Handlungen der Liebe und das Gebet halten das Christuslicht entzündet.“

100. Das universelle Gesetz der Vollkommenheit und des Begehens von Fehlern

Mutter Teresa sagte: „Erlaube es dir nicht, entmutigt zu sein von einem Fehler, wenn du dein Bestes gegeben hast.“ Der spirituelle Weg, um den Berg zu erklimmen, erschließt sich aus fünf Schritten, die du hinaufgehst, dann vier Schritten, die du zurückgehst, dann wieder sieben Schritte hinauf und sechs zurück. „Falle sieben Mal hin und stehe acht Mal auf", wie ein japanisches Sprichwort lautet. Beteilige dich nicht an dem Spiel des Egos, das den unmöglichen Status der Perfektion vorgibt, bei dem Fehler nicht akzeptabel sind. Für die Geistige Welt ist es von Belang, sich um Vollkommenheit zu bemühen, Fehler jedoch als positiv und unvermeidlich zu betrachten. Es gibt also einen „negativen Perfektionismus" des Egos und einen „spirituellen Perfektionismus" der Geistigen Welt. Geht man hierbei noch einen Schritt weiter, so bedeutet wahre Vollkommenheit nicht, niemals Fehler zu begehen, sondern sie niemals *bewusst* zu tun. Mit anderen Worten, wir begehen alle stets unbewusst Fehler. Das passiert uns allen, denn wir alle werden zu Zeiten unbewusst. Jedoch besteht das spirituelle Ideal darin, nicht bewusst Fehler zu begehen. Jeder von uns besitzt ein spirituelles Ideal, einen moralischen Code, Ethik und Werte, nach denen er lebt. Im Idealfall wünschen wir uns, dass alle unsere Gedanken, Worte und Handlungen mit diesem spirituellen Ideal übereinstimmen. Unbewusste Fehler können dann vermieden werden, wenn du versuchst, dein Leben stets aus deiner persönlichen Kraft heraus zu leben, in freudvoller Achtsamkeit und völlig bewusst. Selbst wenn du dein Bestes im Rahmen deiner Fähigkeiten gibst, werden immer wieder Fehler auftreten. Dies ist kein Makel; es liegt einfach in der Natur der Existenz, wie Gott sie erschaffen hat. Solange du bewusst bist, entscheidest du dich das Rechte zu tun. Dies erfordert enorme Hingabe und das Engagement für deinen spirituellen Weg auf der höchsten Stufe. Das negative Ego, das niedere Selbst, der Begierden-Körper und die Trägheit des physischen Körpers werden dir konstant Gründe dafür liefern, warum du dieses spirituelle Ideal nicht aufrechterhalten kannst.

Warum kommt es zu Fehlern? Zunächst besitzen die Menschen keine Kontrolle über ihr Unterbewusstsein. Sie begehen konstant Fehler, vergessen Dinge oder verpassen etwas, weil das Unterbewusstsein die

Kontrolle übernommen hat. Zweitens glauben sehr viele Menschen immer noch an ein Opferbewusstsein – dass die äußeren Dinge die Ursache dafür sind, wie sie denken und fühlen – und sie verstehen nicht, dass sie ihre Realität selbst erschaffen und dass ihre Gedanken ihre Gefühle, Emotionen und ihr Verhalten bewirken. Drittens verstehen viele Menschen nicht den Unterschied zwischen spirituellem Denken und dem Denken des negativen Egos. Viertens mangelt es den Menschen an einer balancierten Entwicklung der dreifaltigen Flamme der Liebe, Weisheit und Kraft. Siehe auch *Das universelle Gesetz des Balancierens und Integrierens der dreifaltigen Flamme (Nr. 15)*. Kraft ohne Weisheit und Liebe wird zu Korruption führen. Liebe ohne Weisheit und Kraft wird korrupt werden und ist nicht wirklich Liebe. Jede Kombination, die nicht vollkommen balanciert ist, wird zu Glanz, Maya und Illusion führen und das negative Ego wird den Menschen beherrschen, ob es ihm bewusst ist oder nicht. Um Fehler nicht mehr auftreten zu lassen, musst du dein Unterbewusstsein kontrollieren. Arbeite daran, die absolute Meisterung über all deine Gedanken, Gefühle, Emotionen, Worte und Handlungen zu erlangen. Übe dich in der Unterscheidung zwischen dem spirituellen Christus-/Buddha-Denken und dem Denken des negativen Egos. Arbeite daran, deine dreifaltige Flamme vollständig auszugleichen. Nutze diese Informationen als Hilfe und spirituelles und psychologisches Ideal, um dich darauf zu konzentrieren, weniger Fehler zu begehen. Wenn Fehler auftreten, dann akzeptiere dies, lerne daraus, vergib dir selbst, liebe dich selbst bedingungslos, verurteile dich nicht. Wenn sich dein Fehler auf einen anderen Menschen ausgewirkt hat, dann erwäge in dir, diesen Fehler einzugestehen und dich dafür zu entschuldigen. Sei jedoch nicht neurotisch beim Zugeben und Entschuldigen. Es ist nicht nötig, deine Fehler anzupreisen. Andererseits ist es auch nicht nötig, diese zu verbergen. Bleibe bei diesem Thema ausgewogen und spirituell angemessen. Es gibt auch Lichtarbeiter, die einen Fehler nicht zugeben können, als würde ihr Leben davon abhängen. Ihr Ego wehrt sich so sehr, dass sie in einer kompletten Verleugnung leben. Ihr negatives Ego wird alles tun, um sich aus der Verantwortlichkeit herauszuwinden. Dies zeigt einen Mangel an göttlicher Reinheit. Menschen können sich nicht entschuldigen, weil sie ihr negatives Ego beherrscht und sie leben in einer Realität, in der sie denken, sie seien besser oder schlechter als jeder andere. Wenn sie einen Fehler zugeben würden, wären sie weniger wert als andere, was natürlich nicht wahr ist, aber in ihrem Glaubenssystem ist es so. Sie leben in einer Realität der Verleugnung und Egoverteidigung. Erinnere dich immer daran, dass die Erde eine Schule ist und sich unsere Fehler nicht gegen uns richten. Es gibt keine Sünden, nur Fehler. Und es gibt so etwas wie Erbsünde nicht, wie es uns manche Religionen vermitteln wollen. Jeder Fehler ist ein Segen in Verkleidung, weil es immer einen goldenen Schlüssel an Weisheit daraus zu lernen gibt. Wir sind in dieser Schule, um uns selbst und daher Gott kennen zu lernen. Gottes Universum wird von bekannten Gesetzen regiert – physischen, psychologischen und spirituellen Gesetzen. Wir lernen durch Fehler und dann durch Anpassung. Wann immer du also einen Fehler begehst, vergib dir selbst und geh voran. *Ein Kurs in Wundern* sagt: „Vergebung ist der Schlüssel zum Glück." Vergib dir stets selbst deine Fehler und auch den anderen. Verfalle nicht in Glanz. Sei ein Beispiel dafür, anderen einen Fehler einzugestehen und sie werden dieser Art folgen. „Wer niemals einen Fehler begangen hat, hat niemals etwas Neues ausprobiert." (Albert Einstein)

101. Das universelle Gesetz der Ausdauer

Das I Ging sagt: „Ausdauer fördert Erfolg." Ausdauer zahlt sich aus. Wenn man bedenkt, dass der spirituelle Weg sehr oft wie das Erklimmen eines Berges oder das Kämpfen in einem großen spirituellen Krieg erfahren wird, dann sind die Qualitäten der Ausdauer und Beharrlichkeit etwas, das jeder entwickeln muss. Der spirituelle Weg ist wie ein Marathonlauf; es geht darum, sich nicht gleich zu Beginn zu überfordern. Viele Suchende sind am Anfang enthusiastisch, doch sie sind nicht in der Lage, den göttlichen Enthusiasmus und die Ausdauer über eine längere Zeit aufrechtzuerhalten, da sie zu sehr in ihrem Emotionalkörper verankert sind und nicht genügend im mentalen und spirituellen Körper. Wahre Meister sind beharrlich in ihren Bemühungen. Sie wissen, wann sie etwas langsamer gehen sollten, doch nichts kann ihre Bemühungen aufhalten. Sie sind buchstäblich nicht zu stoppen, egal auf welches Hindernis sie treffen. Sie verhätscheln sich selbst nicht und unabhängig davon, welchem Hindernis sie begegnen, sie finden stets einen Weg, um angemessen damit umzugehen, sei es durch Gebet, Affirmation, Visualisierung und der entsprechenden Handlung. „Damit ihr nicht müde werdet, sondern Nachahmer derer seid, die aufgrund ihres Glaubens und ihrer Ausdauer Erben der Verheißungen sind." (Hebräer 6:12) „Was ihr braucht, ist Ausdauer, damit ihr den Willen Gottes erfüllen könnt und so das verheißene Gut erlangt." (Hebräer 10:36)

Sie sind vernünftig und praktisch in ihrem göttlichen Enthusiasmus. Ihre Bemühungen gleichen den Wellen des Ozeans, die so lange kommen, bis der Sieg erlangt ist. Der wahre Meister wird kein Nein als Antwort annehmen. Er weiß jedoch, wann er den Kurs und die Richtung ändern muss, um der göttlichen Führung zu folgen. Der wahre Meister erinnert sich an die Worte des Propheten Jesaja: „Deine Ohren werden es hören, wenn er dir nachruft: Hier ist der Weg, auf ihm müsst ihr gehen, auch wenn ihr selbst rechts oder links gehen wolltet." (Jesaja 30:21) Der wahre Meister trägt stets in seinem Geist was vor langer Zeit auf Papier geschrieben wurde: „Denen, die beharrlich Gutes tun und Herrlichkeit, Ehre und Unvergänglichkeit erstreben, gibt er ewiges Leben." (Römer 2:7) „Der Herr richte euer Herz darauf, dass ihr Gott liebt und unbeirrt auf Christus wartet." (2 Thessalonicher 3:5) „Seid voll Freude, meine Brüder, wenn ihr in mancherlei Versuchungen geratet. Ihr wisst, dass die Prüfung eures Glaubens Ausdauer bewirkt." (Jakobus 1:2-3)

102. Das universelle Gesetz der Polarität und Dualität

Die biblische Geschichte vom Baum der Erkenntnis von Gut und Böse ist eine wunderbare Metapher für das Verständnis des negativen Egos. Adam und Eva wird in dieser Geschichte verboten, den Apfel von Gut und Böse zu essen, doch sie tun es trotzdem, da Eva von der Schlange in Versuchung geführt wird. Das Essen vom Baum der Erkenntnis wird in der Bibel als Metapher für die Menschheit beschrieben, die ihren freien Willen, in Harmonie mit Gottes Willen zu denken nutzt. Der ursprüngliche göttliche Plan bestand darin, dass wir nur innerhalb der Bereiche des Guten eine Wahl treffen, ohne dass das Böse jemals auf der Bildfläche erscheint. Da wir jedoch den freien Willen besitzen, mit unserem negativen Ego zu denken, anstatt im spirituellen Buddha-/Christus-/Melchizedek-Bewusstsein zu bleiben, wurden Angst, Trennung und das ganze Spektrum an negativen Gefühlen erschaffen. Dies war nach der biblischen Geschichte die „Vertreibung aus Eden", wobei Eden als Anspielung auf psychologische Prinzipien ein frühes Lemuria und das erste Goldene Zeitalter auf diesem Planeten war. Aufgrund dieser Entscheidung, den freien Willen zu missbrauchen und den Apfel zu essen und das negative Ego-Denken, anstatt des göttlichen Denkens zu wählen, gerieten die weiblichen und männlichen Energien in eine Unausgewogenheit, begannen alle negativen Emotionen, übernahm das Patriarchat die Macht über die Energien der Göttlichen Mutter und wurde das Matriarchat zurückgewiesen. Dadurch entstand die ganze Selbstbezogenheit. Deshalb wuchsen an den Rosen Dornen. All dies wäre niemals geschehen, wenn die Entscheidung anders gewesen wäre. Doch auch wenn Adam und Eva den Apfel vom Baum der Erkenntnis niemals gegessen hätten, würde es dennoch Polarität und einen Entwicklungsprozess geben sowie die 352 Stufen der Einweihung. Es gäbe trotzdem das Weibliche und das Männliche, Gott/Göttin, Priester/Priesterin, Yin/Yang. Denn all dies war Teil des göttlichen Planes, jedoch würde jede Entscheidung im Bereich der

Polarität getroffen werden, aber nur im Kontext von „Güte“. Die Dunkelheit oder die Dualität des negativen Egos war niemals als Teil des göttlichen Planes gedacht. Glanz, Illusion und Maya waren eine Folge dieser Entscheidung. Die Schlange war auf einer psychologischen Ebene das negative Ego oder der auf Angst basierende Geist. Die gute Nachricht ist, dass wir nun nach 18,5 Millionen Jahren des Lebens in der Illusion der Trennung, zu einem weiteren Goldenen Zeitalter auf diesem Planeten zurückkehren, dem siebenten Goldenen Zeitalter. Bei der Rückkehr zum „Bewusstsein des Gartens Eden“ können wir alles Übel, alle Dunkelheit, Trennung, Angst, das negative Ego, die negative Selbstbezogenheit, negative Gefühle und Emotionen transzendieren. Dann können wir die Dualität des negativen Egos überwinden und im „Bewusstsein des Gartens Eden“ der alten Zeiten leben.

103. Das universelle Gesetz des richtigen Verstehens des Lebens auf einer spirituellen und psychologischen Ebene

Das Verstehen ist eine gewisse Art des Denkens. Es gibt verschiedene Arten, wie Menschen denken. Es gibt eine Art zu denken, die aus dem Unterbewusstsein, aus dem Bewusstsein oder aus dem Überbewusstsein stammt. Etwas zu verstehen, ist eine spezifische Art des Denkens, die dem Bewusstsein entspringt und zum Zweck der spirituellen und psychologischen Klarheit bezüglich eines gegebenen Themas dient. Es ist sehr wichtig, zu lernen das Leben effektiv zu verstehen, da ansonsten der Geist und die Gefühle konstant Achterbahn fahren.

Was ist der natürliche Idealzustand des Bewusstseins? Der grundlegende Zustand des Bewusstseins ist ein Zentrum reinen Gewahrseins: Der Geist ist still, die Emotionen und Gefühle sind ruhig; ein gedankenleerer Zustand, ein ruhiger Geist, in dem nichts vor sich geht. Viele Menschen erfahren dies nur gelegentlich. Statt eines Zentrums des reinen gedankenfreien Gewahrseins als Basis, ist der Geist stets aktiv und läuft eine Meile pro Minute, denkt fortwährend auf einer unterbewussten und bewussten Ebene und die Gefühle und Emotionen sind stets aufgewühlt und gehen wie auf einer Achterbahn auf und ab. Um effektiv zu verstehen, liegt das erste Ziel darin, eine gewisse Art des Denkens zu nutzen, welche den Geist beruhigt und ihn in den grundlegenden Zustand des reinen gedankenfreien Gewahrseins zurückzuführen. Das zweite Ziel liegt darin, sich zu vergewissern, dass alles aus dem spirituellen Christus-/Buddha-Geist interpretiert wird, was innerhalb des Selbst, des Lebens und all deinen Beziehungen vor sich geht, so dass du in einem Zustand der persönlichen Kraft, bedingungslosen Liebe, des Glücks und der Freude verbleiben kannst. Das Ziel des Verstehens liegt darin, den Geist zu beruhigen und die Gefühle und Emotionen an einen ruhigen Ort zurückzuführen. Denn wenn die Gefühle und Emotionen aufgewühlt oder unruhig sind, ist der Geist zu sehr damit beschäftigt in den Zustand des reinen gedankenfreien Gewahrseins und dann in den Zustand inneren Friedens und der Stille zurückzukehren. Das Leben ist mit Entscheidungen, plötzlichen Lektionen, Herausforderungen und Entschlüssen angefüllt. Es ist wichtig, über spirituelle und psychologische Werkzeuge zu verfügen, um sich selbst so schnell wie möglich zu klären. Was tust du, wenn du dich nicht ganz auf der Höhe fühlst? Versuche dich zunächst durch Innenschau und Selbstbefragung in deinem Bewusstsein zu zentrieren. Erforsche, was vor sich geht und versuche, eine entsprechende Anpassung der Einstellung vorzunehmen, um dich wieder zu zentrieren. Manchmal reicht dies aus und manchmal nicht, wenn beispielsweise das Verstehen ins Spiel kommt.

Das Verstehen ist eine ernsthaftere Art zu denken und wirkt dahingehend, dein Bewusstsein zu stärken und es zurück zu seinem normalen zentrierten Zustand zu bringen. Was tust du dann? Spreche Huna-Gebete, bitte um das „Matrixentfernungsprogramm der Kernangst“, bitte um das Platinnetz von Melchizedek und Erzengel Metatron.

Wenn du ein geringes Selbstwertgefühl hast, dann erstelle eine Liste, warum du dich gut fühlen kannst; wenn du traurig bist, dann erstelle eine Liste, wofür du dankbar bist. Wenn etwas falsch gelaufen ist, verspreche dir selbst zu vergeben, dich selbst bedingungslos zu lieben und niemals zu erlauben, dass eine derartige Situation wieder eintritt. Chante oder wiederhole die Namen Gottes. Organisiere dich innerlich und äußerlich. Erstelle einen spirituellen Schlachtplan, eine spirituelle Liste mit jeder erdenklichen Möglichkeit, um diese Herausforderung oder das Problem zu korrigieren. Schreibe einen Brief an dein Höheres Selbst. Praktiziere die Heilung deiner Einstellung (erforsche deinen Geist und versuche, jede Einstellung oder jedes Gefühl anzupassen, das dich niederdrückt). Das Ziel des Verstehens ist in Wahrheit nur die „Perspektive". Es gibt keine Situation im Leben, in der Gott und dein eigener kreativer Geist keine Perspektive eröffnen könnten, um dich wieder glücklich und freudvoll zu stimmen. Einer der vollkommenen Schlüssel für effektives Verständnis liegt darin, zu lernen wie man NICHT denkt und sozusagen etwas „auf die lange Bank zu schieben". Weitere Schlüssel bestehen darin, wie man stets zu 100 % im Zustand der persönlichen Kraft und der Selbstliebe und der bedingungslosen Liebe gegenüber anderen bleibt. Nur Vorzüge zu haben und keine Anhaftungen. Zu beten, Glauben, Vertrauen und Geduld zu haben. Der Schlüssel zum effektiven Verstehen liegt auch darin, mit der geringsten Bemühung die schnellsten und effektivsten Resultate zu erlangen.

104. Das universelle Gesetz des Wohlstandes

In der Bibel steht: „Bei jedem Unternehmen, das er im Dienst des Hauses Gottes oder für das Gesetz und die Gebote begann, um seinen Gott zu suchen, handelte er mit Hingabe seines ganzen Herzens und hatte Erfolg." (2 Chronik 31:21)

Gemäß der Interpretation des Lebens des negativen Egos haben wir niemals genug. Die Geistige Welt sieht ein üppiges Universum, in dem für jeden reichlich vorhanden ist und kein Bedürfnis zu negativer Konkurrenz erforderlich wäre. Das negative Ego lehrt, dass das Geld sowohl die Wurzel allen Übels als auch die Antwort auf alle Probleme ist. Was für ein Widerspruch! Geld ist in sich selbst göttlich. Wie du es nutzt bestimmt, ob es gut oder schlecht ist. Die Geistige Welt lehrt die Menschen, Geld zu schätzen und es zu erlangen, um es für physische Veränderungen in der Welt mit spiritueller Absicht einzusetzen. Je mehr Geld du hast, umso mehr kannst du geben. Das Wohlstandsbewusstsein umfasst auch das Verständnis, dass du einen Arbeitsplatz erhältst oder ein Geschäft manifestieren kannst und stets die passenden Gelegenheiten dazu bekommst. Wer ist wohlhabender? Eine Frau, die mit sieben Kindern im Ghetto lebt und absolutes Gottvertrauen hat, dass er ihr alles gibt, was sie wirklich braucht oder ein geiziger Millionär, der sich konstant Sorgen um sein Geld macht und die Gewohnheit hat, seine Kunden sowie seine Konkurrenten zu übervorteilen. Du kannst Multimillionär sein und in völligem Armutsbewusstsein leben.

Der erste Schlüssel, um Wohlstandbewusstsein zu entwickeln, liegt darin, eine rechte Beziehung zu dir selbst und zu Gott aufzubauen. Dadurch wirst du „die Berührung des Königs Midas“ entwickeln. Lass zweitens den Glauben los, dass Geld und materieller Erfolg schlecht seien. Geld ist göttlich. Dann lasse drittens den Glauben los, dass du alle deine Besitztümer aufgeben und in Armut leben musst, um Gott zu verwirklichen. Dies ist eine falsche Interpretation der Bibel und in Wahrheit ist genau das Gegenteil wahr. Verweigere viertens jedem Gedanken des Armutsbewusstseins deinen Geist zu betreten. Erlaube dir nur Gedanken des Wohlstandsbewusstseins. Sei fünftens kreativ und erwarte nicht von Gott und den Aufgestiegenen Meistern der inneren Ebene, dass sie dir auf den Kopf zusagen, was du tun sollst. Gott hilft denjenigen, die sich selbst helfen. Bitte um Hilfe, sei aber auch selbst kreativ. Setze sechstens Gott und deinen spirituellen Weg an erste Stelle und habe keine falschen Götter und Ideale; das schließt auch Geld mit ein. Mutter Teresa sagte: „Ich versuche, den armen Menschen das für Liebe zu geben, was die Reichen für Geld erhalten. Nein, ich würde einen Leprakranken nicht für tausend Euro berühren; jedoch würde ich ihn gerne für die Liebe Gottes heilen." Der einzige Weg, viel Geld zu erlangen besteht darin, nicht daran anzuhaften. „Trachte zuerst nach dem Reich Gott und alles andere wird dir zufallen", wie die Bibel enthüllt. Habe siebtens einen tadellosen Charakter und Integrität und setze immer den Kunden an die erste Stelle. Widme achtens dein Leben zu 100 % dem Dienst, was dich letztlich dazu bringt, ein reines Herz zu bewahren und das Universum dazu bringt, dich zu belohnen. Gib neuntens den Bedürftigen Geld und es ist dein völliges Recht, eine zehnfache Rückkehr zu erwarten. Richte zehntens dein Denken und Fühlen darauf aus dass, sobald du gebetet und deine Affirmationen und Visualisierungen durchgeführt hast, dein tägliches Denken, Fühlen und Sprechen deine makellose und vollkommene Gedankenform, die du bewusst zu halten versuchst, nicht sabotiert. Erinnere dich elftens stets daran, dass du in Wahrheit eins mit der ganzen Schöpfung bist. Du bist eins mit dem, was du zu manifestieren wünschst. Lass dein Geld zwölftens zirkulieren und halte nicht übermäßig daran fest. Sei dreizehntens nicht verängstigt, Risiken einzugehen und Fehler zu machen. Manchmal musst du fünf oder zehn Ideen ausprobieren. Lösche das Wort „Versagen" aus deinem Wortschatz. So etwas gibt es nicht. Versagen entstammt dem Glauben an Verurteilung, was es auch nicht gibt. Es gibt nur Fehler, und Fehler sind ein Teil des spirituellen Weges und unvermeidlich und angemessen. Wahres Wohlstandsbewusstsein wurzelt in dem Verständnis, dass Gott, deine persönliche Kraft und die Kraft deines Unterbewusstseins in Wahrheit die Quelle deiner finanziellen Sicherheit sind. Die einzige Sicherheit im Leben ist Glaube, Wissen und Verständnis bezüglich Gott und seinen Gesetzen. Gott ist dein Schatz und deine finanzielle Sicherheit. Im integrierten

Verständnis dieser vier Ebenen liegt die Wahrheit. Erlange den vollkommenen Glauben und das Vertrauen in die Fähigkeit, Geld und Wohlstand zu manifestieren, egal was im Leben geschieht. Gott (Gebet und Meditation), deine persönliche Kraft (Handlung), die Kraft deines Unterbewusstseins (Affirmationen und Visualisierungen für das Programmieren deines Unterbewusstseins, um finanzielle und materielle Gelegenheiten anzuziehen) sind ein unschlagbares Team. Praktiziere diese einfachen Schlüssel, um Wohlstand zu erlangen und es wird dir nicht nur unsäglicher Wohlstand und materieller Reichtum zuteil, sondern - was noch viel wichtiger ist - auch innerer Wohlstand und Erfolg, da du mit Geld und materiellen Dingen aus der Perspektive Gottes umgehst. „Wohlstand, der unrecht erlangt wurde, wird vergehen; doch wer rechtmäßig sammelt, dessen Wohlstand wird wachsen."

105. Das universelle Gesetz des Schutzes

Es ist von höchster Bedeutung, sich selbst zu schützen, denn es gibt in der Welt viel negative Energie und viele Menschen, die von ihrem negativen Ego beherrscht werden. Es ist nicht nur wichtig, spirituell achtsam zu sein und aufzupassen, dass dein negatives Ego nicht dein Bewusstsein und deinen Geist betritt; es ist auch wesentlich, jeden Tag eine goldene Schutzblase umzulegen, so wie du jeden Morgen deine Kleidung anlegst, um die negative Energie von anderen Menschen nicht aufzunehmen. Einfach weil die meisten Menschen nicht in spiritueller Psychologie trainiert sind und selbst Lichtarbeiter werden extrem von ihrem negativen Ego beherrscht. Sie sind in ihrem spirituellen Körper oder „Lichtkörper" sehr fortgeschritten, doch sie haben noch viele raue Ecken in ihrem psychologischen Selbst und Körper aus Mangel an richtigem spirituellem Training. Deshalb gibt es ständig Angriff, Kritik, Verurteilen, Niedermachen, Selbstzufriedenheit, Wettstreit, Wut, Intoleranz, Ungeduld, Irritation und Frustration, was natürlich alles

Qualitäten des negativen Egos sind. Wenn du deine goldene Schutzblase nicht aufrechterhältst, dann können diese äußeren Gedankenformen des negativen Egos und Energie als negative Programmierung wirken und deiner spirituellen Arbeit entgegen wirken.

Der Schlüssel besteht darin, jeden Morgen diese goldene Schutzblase aus deinem „energetischen oder ätherischen Kleiderschrank" anzulegen und sie so um dich herum aufzubauen, dass die negative Energie von anderen Menschen daran abperlt wie Wasser am Federkleid einer Ente. Es ist also wesentlich, eine innere Schutzblase zu entwickeln, um sich vom eigenen Inhalt des Unterbewusstseins zu schützen und ebenso eine äußere Schutzblase, um sich selbst von der negativen Energie anderer Menschen zu schützen. Im Idealfall sind wir der Programmierer unseres Unterbewusstseins. Erinnere dich stets daran, wenn wir nicht selbst die Verantwortung für unsere eigene Programmierung und unseren Schutz übernehmen, dann werden das Unterbewusstsein oder andere Menschen unser Leben beherrschen. Im Idealfall sind wir die Ursache, der Schöpfer und Meister unseres eigenen Lebens. Wenn diese psychologischen Gesetze nicht klar verstanden werden, dann werden andere Menschen unsere Programmierer sein. Nehmen wir an, dass dich jemand verurteilt oder kritisiert. Im Idealfall hast du eine imaginäre Blase um dich, so dass die Blase von der Kritik getroffen wird und sie davon abperlt wie Wasser vom Federkleid einer Ente. Man muss verstehen, dass diese Blase halb-durchlässig ist. Mit anderen Worten, sie lässt die positive Energie herein, hält aber die negative Energie draußen. Du triffst eine bewusste Wahl, ob die Energie von anderen in dein Unterbewusstsein eintritt oder nicht. Wenn du nicht beständig diese Schutzblase zur Verfügung hast, dann wirst du das Opfer der Kommentare, Behauptungen und der Energie anderer Menschen. Wenn deine innere und äußere Schutzblase nicht richtig funktioniert, dann lässt du dich hypnotisieren. Opfer sind in einer Art hypnotischem Zustand, die einen anderen Menschen seine Emotionen zu einem erwachten Zustand programmieren lassen. Es gibt eine Zeit, offen zu sein und eine Zeit, verschlossen zu sein. Es ist notwendig, sich zu schließen und zu schützen, wenn anderen Menschen negativ werden. Wenn jemand einen Speer auf dich werfen würde, dann würdest du physisch aus dem Weg gehen, wenn du könntest. Dasselbe gilt, wenn andere Menschen negative Energie auf dich richten, gleich einem psychologischen Speer. Du wirst verwundet, wenn du dies zulässt. Du würdest dir von anderen Menschen auch kein Gift einflößen lassen. Lass daher auch nicht zu, dass andere Menschen dich mental vergiften. Du willst schließlich nicht, dass dein Unterbewusstsein oder andere Menschen dein Leben beherrschen. Um sicher zu gehen, dass wir jeden Winkel und alle Filter *des universellen Gesetzes des Schutzes* abdecken, lass uns einen Schritt weitergehen und über Invasion sprechen, denn wir müssen alle lernen, unseren Raum vor der Invasion anderer zu schützen und stets unser Bewusstsein, unsere Gedanken, Worte und Handlungen überwachen, damit wir nicht in den Raum anderer auf irgendeiner Ebene eindringen. Invasion kann auf einer physischen, ätherischen, emotionalen, mentalen, psychischen und spirituellen Ebene stattfinden. Sei dir auf der physischen Ebene deines Raumes und des Raumes anderer bewusst und einfühlsam. Gib auf einer medialen Ebene keine medialen Readings, wenn du nicht darum gebeten wurdest. Sende auf einer astralen Ebene nicht deinen Astralkörper, ob bewusst oder unbewusst, in das Haus oder Schlafzimmer eines anderen Menschen und in dessen Raum. Dies ist unangemessen und eine Invasion. Manchmal geschieht dies unbewusst, weil der Mensch sein astrales Vehikel nicht unter Kontrolle hat. Dies kann auch in einer unangemessenen sexuellen Phantasie über einen anderen geschehen. Wenn man auf einer ätherischen/energetischen Ebene von einem anderen Menschen sexuell angezogen ist, so mag man seinen ätherischen oder energetischen Körper projizieren, was dasselbe ist für diesen Menschen, ohne ihn physisch zu berühren. Auf einer mentalen Ebene ist es das unbewusste oder bewusste Aussenden von negativen

Gedanken. Wenn du etwas denkst, so bleibt dies nicht in deinem physischen Körper. Das Bewusstsein von allen ist vernetzt. Wenn du also jemandem einen Gedanken schickst, so wird er sofort zu diesem Menschen gehen und ihn entweder aufrichten oder das Gegenteil tun. Daher ist es so wichtig, seine eigenen Gedanken achtsam zu beobachten und zu kontrollieren, wie auch die Tagträume. Deine Gedanken beeinflussen die Menschen. Wenn ein Mensch eine schwache Aura hat, so kannst du seine Leber und seinen Solarplexus mit Schmutz anfüllen, was man tatsächlich hellsichtig sehen kann. Auf einer emotionalen Ebene tritt Invasion auf, wenn man dem negativen Ego aggressive Emotionen erlaubt wie Wut, Ungeduld, Manipulation, Rache, Eifersucht und Frustration. Diese Emotionen können sofort gefühlt werden, wenn sie in das Feld eines anderen Menschen eindringen. Auf einer spirituellen Ebene muss man auch aufpassen, nicht den Raum eines anderen zu besetzen. Man kann mit seinem Seelenkörper reisen und andere bewusst oder unbewusst besuchen. Vergewissere dich, dass du willkommen bist. Sobald man eine flügge gewordener Aufgestiegener Meister ist, hat man viele Gaben. Man kann beispielsweise im Geist eines Menschen lesen oder in seine Akasha Chronik schauen. Nur weil man diese Fähigkeiten besitzt, bedeutet dies nicht, dass das eigene negative Ego dies nicht für selbstbezogene Absichten missbraucht. Wir müssen auf die Feinheiten der Invasion achten, denn es zeigt sich nicht immer so deutlich, wie wenn dir jemand etwas stiehlt oder dir auf die Nase schlägt. Negative ETs besetzen den Raum, indem Implantate eingepflanzt werden, die Energie aussaugen und astrale Entitäten hängen in deiner Aura wie Parasiten. Kontempliere darüber und achte darauf, dass du dich auf allen Ebenen schützt.

106. Das universelle Gesetz der psychologischen Gesundheit

Psychologische Gesundheit kann mit physischer Gesundheit verglichen werden. Wenn ein Mensch, den wir kennen, sich eine Erkältung oder eine Grippe einfängt, dann wollen wir dies sicher nicht bekommen. Wir nehmen zusätzlich Vitamin C, ernähren uns gesund und versuchen, ausreichend zu schlafen. Wir erhöhen, mit anderen Worten, unsere Widerstandskraft. Wenn wir unsere Widerstandskraft erhalten, werden wir nicht krank. Es gibt so etwas wie eine ansteckende Krankheit nicht. Es gibt nur Menschen mit wenig Widerstandskraft. Diese Analogie gilt genauso auf der psychologischen Ebene. Es gibt so etwas wie eine ansteckende psychologische Krankheit nicht. Es gibt nur Menschen mit wenig Widerstandskraft. Wie können wir unsere psychologische Widerstandskraft aufrechterhalten, so dass wir nicht die ansteckenden Krankheiten wie Wut, Depression, Eifersucht, Hass usw. bekommen? Wir erhalten unsere psychologische Widerstandskraft, indem wir eine positive mentale Haltung bewahren, die Schutzblase entwickeln und aufrechterhalten, bedingungslose Selbstliebe und Selbstwert entwickeln, ebenso wie Glaube und Vertrauen in Gott. „Jede Handlung muss Gott gewidmet sein, dem höchsten Guten. Dann führt dies zu Gesundheit in Körper und Geist.“ (Sai Baba)

107. Das universelle Gesetz der Reinheit

Lord Buddha hat gesagt: „So wie ein Silberschmied Staub aus Silber siebt, musst du deine eigenen Unreinheiten nach und nach beseitigen.“ Reinheit ist eine der seltensten Qualitäten auf der Erde. Das Erdenleben kann eine sehr raue Schule sein und die Lektionen des Erdenlebens und die Gemeinheit und Grausamkeit anderer Menschen erschweren es, unschuldig und rein im Charakter zu bleiben.

Was bedeutet es, seine Reinheit zu bewahren? Rein zu bleiben bedeutet, dass man Gott so sehr liebt und sich darauf ausrichtet, dass man ungeachtet der Gemeinheit und Grausamkeit anderer Menschen und der Lektionen des Erdenlebens seine bedingungslose Liebe und seinen

Glauben, sein Vertrauen und seine Geduld hinsichtlich Gott aufrechterhält. Man bleibt stets im Christus-/Buddha-Bewusstsein, egal wie der Grad der momentanen Niederlage oder wie groß der spirituelle oder weltliche Erfolg ist. Reinheit bedeutet, dass die Liebe und Ausrichtung auf Gott so groß ist, dass die Versuchungen, der Glanz und die falschen Götter des negativen Egos kein Interesse erwecken können. Die Entwicklung der Reinheit bedeutet, dass man zu jeder Zeit den Weg der Selbstlosigkeit geht, niemals einen Angriffsgedanken hat, Fehler zugibt, niemals aufgibt, stets an seinen spirituellen Idealen festhält, immer derjenige ist, der sich entschuldigt, der erste ist, der anderen und sich selbst vergibt, konstant achtsam gegenüber Gott und seinem Königreich ist und es jedem Gedanken, der nicht von Gott ist verwehrt, seinen Geist zu betreten. Man ist bescheiden und demütig, hat Mitgefühl für das Leiden anderer Menschen und ist bereit, es zu lindern. Man engagiert sich nicht in Egokämpfen. Man wetteifert nicht mit anderen. Man ist immer der Friedensstifter und sorgt für Harmonie, Einheit und Liebe in allen Situationen. Reinheit bedeutet, an deinen Idealen in Gedanken, Worten und Taten festzuhalten, selbst wenn du alleine, physisch müde oder erschöpft bist. Reinheit bedeutet, dass du immer derselbe Mensch bleibst, selbst wenn du der berühmteste Mensch auf der Welt in einem spirituellen und weltlichen Sinne werden solltest oder du in Zurückgezogenheit lebst und nur einen kleinen Einflussbereich hast. Reinheit bedeutet, dass man seine Motive in genauer und ehrlicher Weise untersucht. Wie wir alle wissen, ist das negative Ego sehr trickreich. Was ist es, was uns in den tiefsten Winkeln unseres Unterbewusstseins dazu motiviert, das zu tun, was wir tun? Man braucht viel Mut, um dies vollständig zu erforschen. „Die Aufrichtigkeit der Überzeugung und Reinheit der Motive werden sicher den Tag gewinnen und selbst eine kleine Minorität, die damit bewaffnet ist, ist sicher dazu bestimmt, gegenüber allen merkwürdigen Dingen zu siegen." (Swami Vivekananda) Um Gott wirklich zu erkennen und sich in die höchsten Stufen der Führerschaft zu bewegen, muss das Bewusstsein und das

Unterbewusstsein von den Unreinheiten des Egos gereinigt werden: von Selbstbezogenheit, Narzissmus, Begierden des niederen Selbst, Hedonismus und Materialismus. Dazu muss man vollkommen ehrlich mit sich selbst sein. Als Folge entsteht Reinheit auf allen Ebenen – Reinheit im mentalen Körper von den unreinen Gedanken; Reinheit im emotionalen Körper von unreinen, negativen Gefühlen und Begierden des niederen Selbst und Reinheit auf der physischen Ebene in Form von guter Ernährung, rechtem Umgang mit der Sexualität und jederzeit richtiger Handlung. „Jede Art von Bitterkeit, Wut, Zorn, Geschrei und Lästerung und alles Böse verbannt aus eurer Mitte." (Epheser 4:31) „Reinigen wir uns also von aller Unreinheit des Leibes und des Geistes." (2 Korinther 7:1) „Reinheit des Lebens ist die höchste und wahrste Kunst." (Mahatma Gandhi) Beachte diese Worte! Sie sind ihr Gewicht in Platin wert!

108. Das universelle Gesetz der Vorzüglichkeit und Fehlerlosigkeit bei allem, was man tut

Das Wort *kaizen* ist Japanisch und bedeutet „ständige Verbesserung". Die Idee besteht darin, dass du deine Leistungen schätzt, aber auf einer anderen Ebene niemals zufrieden bist. Das ist das wahre Verfolgen von Vorzüglichkeit. Kultiviere diese Haltung von *kaizen* oder „ständige Verbesserung", was bedeutet, dein Bestes zu geben und dann zu versuchen, es noch besser zu machen. Die Grundlage jeder spirituellen Arbeit ist die „Makellosigkeit Gottes und das Bestreben nach Vorzüglichkeit", die du in jedem Moment deines Lebens auf allen Ebenen deines Wesens beibehältst. In deinem äußeren Leben werden sich Klarheit, das Streben nach Vorzüglichkeit und Fehlerlosigkeit in deinem Bewusstsein oder der Mangel davon manifestieren. Viele Menschen auf dem spirituellen Weg halten sich selbst nicht an den hohen Standard und die hohe Bestimmung, wirklich zu versuchen, Gott,

Christus, Buddha und ein Sohn oder eine Tochter Gottes auf Erden zu sein. Dies bedeutet, jeden Gedanken zu beobachten, um sicher zu stellen, dass es ein Gedanke Gottes und nicht des negativen Egos ist; jedes Gefühl und jede Emotion zu beobachten, um sicher zu stellen, dass es aus dem spirituellen Bewusstsein und nicht aus dem des negativen Egos stammt; achtsam jedes Wort, das man spricht, zu beobachten und die Kraft des gesprochenen Wortes zu erkennen. Achtsam jede Handlung und jedes Verhalten zu beobachten, um sicher zu stellen, dass jede Bewegung eine Demonstration des höchsten Gottes ist. Sein Wort zu halten, wie Gott sein Wort hält. Integrität und Ehrlichkeit auf der höchsten Stufe in allem, was man tut zu wahren, hinsichtlich sich selbst und anderen. Sich darum zu bemühen, jederzeit selbstlos zu sein. Wenn es angemessen ist, spirituell selbstbezogen zu sein, dann bedeutet es, sicher zu stellen, dass du wirklich spirituell und nicht egoistisch selbstbezogen bist. Das Verfolgen von Vorzüglichkeit in allem, was du tust bedeutet, dass du mit dir selbst vollkommen ehrlich bist und jegliche Motivation für alles, was du tust, untersuchst und dich konstant überprüfst und deine Motivationen nur nach Gott richtest. Wenn es nötig ist, bist du in der Lage, dir selbst und anderen gegenüber Fehler einzugestehen. Du bist gewillt, deine Fehler zu entschuldigen. Du setzt Gott an die erste Stelle und hast in einem psychologischen Sinn keine falschen Götter neben ihm (wie Macht, Ruhm, Gier und Begierde des niederen Selbst). Auf einer überbewussten, bewussten und unterbewussten Ebene und der Ebene des physischen Körpers bist du in Übereinstimmung, so dass alle drei Bewusstseinsebenen und der physische Körper in Einklang sind. Es bedeutet, dass du in jedem Moment deines Lebens versuchst, die Gegenwart Gottes zu praktizieren und wie ein integrierter Aufgestiegener Meister auf Erden lebst.

Du hältst auf allen Ebenen an deinen spirituellen und psychologischen Idealen fest, egal wie die Umstände sind, auch wenn du physisch erschöpft, gestresst oder überfordert bist. Du gibst nicht der Versuchung nach. Du bemühst dich darum, vollkommen zu leben. Du hältst in jedem Moment deines Lebens so gut du kannst einen tadellosen Charakter aufrecht. Du erkennst, dass Fehler und Umstellungen in Ordnung sind. Du bist nicht faul und zauderst nicht. Du triffst Entscheidungen und stehst dazu. Du meisterst stets deine Gedanken, Gefühle, Emotionen, dein Unterbewusstsein, negatives Ego, inneres Kind, deine Begierden des niederen Selbst, Energien und physischen Körper im Dienst an Gott, in bedingungsloser Liebe und in Balance. Du besitzt die Reinheit Gottes in allen Aspekten und in jedem Moment deines Lebens. Du behandelst andere, die spirituell, psychologisch und physisch nicht auf deiner Ebene der Entwicklung sind, mit höchster Freundlichkeit, Großzügigkeit und Mitgefühl. Du verurteilst niemals einen anderen, der nicht den „makellosen Standard und die Demonstration" ausdrückt, die du lebst. Du gibst nicht dem leisesten Widerstand und der Gleichgültigkeit des Unterbewusstseins nach. Du kehrst in den Sattel zurück, wenn du fällst, verfällst nicht in Selbstmitleid oder Selbstgenuss, wenn du vom Karren herunter gestoßen wirst oder fällst, wie es zu Zeiten immer wieder vorkommen wird. Du betrachtest jeden Moment deines Lebens als spirituellen Test und versuchst, ihn bestmöglich zu bestehen. Verfolge Vorzüglichkeit in allem, was du tust. Das Verfolgen von Vorzüglichkeit muss auf allen drei Ebenen erfolgen: spirituell, psychologisch und physisch stets zu 100 % und in bestmöglicher Weise. Sei nicht eher zufrieden! Verfolge Vorzüglichkeit mit allen deinen Gedanken, Worten, Handlungen und du wirst schneller, als du es dir möglicherweise erträumt hast, mit Gottes Engeln im Himmel tanzen.

109. Das universelle Gesetz des Beruhigens des eigenen Geistes

Der Geist ist ein wundervolles System und wie wir alle wissen, erschaffen unsere Gedanken unsere Realität. Die Schlüsselfrage besteht also darin, wie wir dieses Werkzeug nutzen, so dass es für uns und nicht gegen uns arbeitet. Zunächst müssen wir mit unserem Buddha-/ Christus-/Melchizedek-Geist denken lernen und dann müssen wir lernen, unseren Geist zu beruhigen und überhaupt nicht zu denken.

Der erste Schlüssel, um zu lernen den Geist zu beruhigen, besteht darin, stets in seiner persönlichen Kraft und sich des Inhalts seines Bewusstseins gewahr und bewusst zu sein (deiner Gedanken, Gefühle, Begierden, ...). Das Annehmen deiner persönlichen Kraft hilft dir dabei, der Beobachter zu sein und die notwendige Distanz vom Inhalt des Bewusstseins zu erlangen, um ihn meistern zu können. Ein Großteil dieser Lektion des Beruhigens des Geistes liegt darin, zu lernen beständig freudvoll achtsam zu sein. Erinnere dich stets daran, dass du in deinem wahren Sein das Beobachterselbst bist, das kontrolliert, lenkt, wählt und verursacht. Der Schlüssel, um ein solcher Direktor zu sein, besteht darin, dass du es verstehst, einen Unterschied zwischen dir selbst und dem Inhalt deines Bewusstseins zu erkennen. Du bist nicht deine Gedanken, Emotionen, dein Körper, deine Handlungen, Persönlichkeit, Fehler, Erfolge, Fähigkeiten oder dein Glauben. Du bist die Essenz und nicht die Form. Du bist das Bewusstsein und nicht die Schöpfung. Du kannst nur das lenken und kontrollieren, womit du dich nicht selbst identifizierst. Womit auch immer du dich identifizierst – das Bewusstsein oder das „Ich" – das wird dein Meister sein. Identifiziere dich selbst nur mit dem ewigen Selbst, denn das ist dein wahres Selbst.

Die nächste wichtige Einsicht besteht darin, dass es unmöglich ist, vollkommen mit dem Denken des Geistes aufzuhören und man sollte es auch nicht wollen, denn es ist nicht Gottes Wille, dass es komplett gestoppt wird. Wir sind von Natur aus kreativ und wir erschaffen mit unserem Geist. Der Geist ist stets dabei zu erschaffen. Die Schlüsseleinsicht besteht jedoch darin, dass er beruhigt werden kann und er kann und muss gemeistert werden, so dass wir nicht von ihm beherrscht werden. Die meisten Menschen im Westen werden von ihrem Geist beherrscht; er beherrscht sie, statt umgekehrt. Im Osten ist es genau umgekehrt. In Wahrheit ist beides wichtig und es sollte balanciert und richtig integriert werden. Es gibt eine Zeit zu denken und eine Zeit nicht zu denken. Nun folgt die Schlüsseleinsicht. Der unterbewusste Geist ist immer dabei, in einer positiven oder negativen Weise zu denken und zu erschaffen, denn er besitzt keine Vernunft. Die Schlüsseleinsicht besteht hier darin, dass sich der bewusste Geist nicht am Strang der Gedanken, Gefühle und Impulse des unterbewussten Geistes engagieren muss. Es ist also wichtig im Leben, richtig denken zu lernen und ebenso überhaupt nicht zu denken. Der Geist bemüht sich stets um inneren Frieden und Verständnis. Das Problem ist, dass es nicht möglich ist, in allen Situationen im Leben dieses Verständnis zu haben. Es ist wesentlich, den Geist zuweilen "auf die lange Bank zu schieben" und nur in der Ruhe und Stille zu sein. Wenn der Geist immer plappert und der bewusste Geist sich darin engagiert, wie können dann der Heilige Geist, die mächtige ICH BIN - Gegenwart und das Höhere Selbst auf der Bildfläche erscheinen? Sie sind die „leise Stimme in uns“. Sie kämpfen nicht um Aufmerksamkeit, wie es der Geist, die Gefühle und das negative Ego tun. Es gibt eine Zeit zum Identifizieren und eine Zeit zum Nicht-Identifizieren mit dem Inhalt des Bewusstseins. Dies bringt uns zu der Wahrheit, dass der Geist Fesseln oder Befreiung erzeugt, je nachdem wie er genutzt wird.

Nun, da wir zu diesem grundlegenden Verständnis und dieser Perspektive gekommen sind, können wir die Methoden behandeln, einen ruhigeren Geist zu erlangen, den wir alle immer wieder suchen. Erstelle zunächst Listen. Der Geist wird so lange ruhig sein, wie er sich zu einem gewissen Grad geachtet fühlt. Trage immer ein kleines Notizbuch mit dir und schreibe nur die Dinge auf, die der Geist dir präsentiert, während du Fernsehen schaust oder was auch immer tust und der Geist wird so lange glücklich und ruhig sein, wie er für die Listen gebraucht wird. Dann führe eine Art Tagebuch in deinem

Notizbuch, in dem du Affirmationen aufschreiben kannst, wenn du gerade etwas verarbeitest und nicht darüber nachdenken möchtest. Eine solche Affirmation könnte in der Art lauten: „Ich werde nicht darüber nachdenken bis Montagfrüh.“ Selbst wenn dich etwas wirklich stört, solange der Geist weiß, dass sein Programm vermerkt wurde, wird er gewillt sein, sich zu beruhigen und deine Affirmation nicht zu denken beachten. Der Geist und die Emotionen sind erstaunliche Werkzeuge. In jedem gegebenen Moment erscheint das, was sie erschaffen, so bedeutend und wirklich. Das Verschieben des Nachdenkens über verschiedene Themen kann diese manchmal, aber nicht immer, lösen, ohne Zeit zum Nachdenken, Verarbeiten oder dafür etwas zu tun aufzubringen. An Themen, die im Moment so bedeutend erscheinen, kannst du dich unter Umständen nach einer Woche gar nicht mehr erinnern. Die Zeit heilt. Natürlich gibt es Themen, die man zu einem späteren Zeitpunkt angehen muss, egal wie lange wir sie aufschieben. Einer der Gründe, dass das Nicht-Denken oft gewisse Situationen löst ist, dass oft ein emotionaler Vorwurf extrem wichtig erscheint, doch eine Woche später ist er verflogen und daher muss der Gedanke, das Thema oder die Sache nicht mehr angegangen werden. Der dritte Schlüssel, um den Geist zu beruhigen ist folgender: Manchmal erledigst du etwas und hast vielleicht kein Schreibzeug dabei. Erstelle dann eine Zahlenliste in deinem Geist von eins aufwärts. Jede Zahl ist ein Thema auf der Liste des Geistes, um darüber nachzudenken oder es zu erledigen. Erstelle viertens spirituelle Listen. Es gibt eine unendliche Vielfalt spiritueller Listen. Wenn du unglücklich bist, dann erstelle eine Liste mit allen Gründen, die dir einfallen, weshalb du glücklich sein kannst. Zu Erntedank könntest du beispielsweise eine erbauliche Liste erstellen mit all den Gründen wofür du dankbar sein kannst. Was hat dies mit dem Beruhigen des Geistes zu tun? Der Geist ist ruhig, wenn sich der Emotionalkörper und der Mentalkörper friedlich fühlen. Wenn du dich selbst negativ fühlst oder du negative Interaktionen mit anderen Menschen oder der Welt hast, wird der Geist viel aufgeregter und überaktiv sein. Ein überaktiver Geist und zu viel Denken werden deine Adrenalindrüsen erschöpfen. Es ist auch wesentlich, richtig denken zu lernen, um den Geist zu beruhigen. Die fünfte Methode, um den Geist zu beruhigen sind spirituelle Gelübde. Wenn du einen Fehler begehst, dann solltest du dich deswegen nicht schlecht fühlen, sondern zunächst dabei verweilen und ihn dann loslassen. Lege dann ein spirituelles Gelübde ab, dies nicht noch einmal geschehen zu lassen. Siehe auch *Das universelle Gesetz von spirituellen Gelübden (Nr. 88).* Wenn du wegen eines Rückschlags oder Fehlers deprimiert oder aufgeregt bist, dann wird dein Geist überaktiv und versucht, dich wieder ins Gleichgewicht zu bringen. Spirituelle Gelübde und spirituelle Listen sind eine schnelle Methode, um dich in diesen Zustand des inneren Friedens zurückzubringen.

Zum Abschluss sei gesagt, dass zu viel Denken einen Tribut von den physischen Organen fordert. Wenn du bewusst denkst und konstant planst, so geht damit Energie durch deine Leber und Bauchspeicheldrüse. Metaphysisch ist die Leber bekannt als das Organ des Planens. Viele Menschen haben Verdauungsprobleme durch zu viel Denken, denn damit geht auch zu viel Energie durch das dritte und sechste Chakra. Zu viel Denken kann einen emotionalen Aufruhr erzeugen. Warum? Da unsere Gedanken unsere Gefühle und Emotionen erschaffen, erzeugt der Geist immer neue Geschichten. Nehmen wir an, du hast eine kleine Auseinandersetzung mit einem Freund. Es ist gut, dies mit deinem Geist zu verarbeiten und zu einer friedlichen Lösung zu kommen. Wenn es jedoch ungelöste Gefühle gibt, wird der Geist Szenen erschaffen, um seine Wut herauszulassen oder um Menschen zu beschimpfen. Es ist sehr wichtig, diese Szenen zu isolieren, denn sie werden vom negativen Ego und nicht von deiner Seele erschaffen. Der Schlüssel besteht darin, bewusst zu entscheiden, wann und wie du denken möchtest und in der Lage zu sein, nicht zu denken, wenn du es nicht möchtest. Lass den Geist für dich arbeiten, statt selbst für den Geist zu arbeiten. Wie Lord Buddha sagte: „Gut ist es, zu zähmen diesen Geist, den flüchtigen, schwer zu zügelnden, der hindrängt, wo es ihm beliebt; behütet führt der Geist zum Glück." (Dhammapada 35) Kontempliere darüber! Dies ist einer der goldenen Schlüssel, um das Königreich des Himmels zu betreten.

110. Das universelle Gesetz der Reinkarnation

Lasst uns zurückkehren zu den alten Zeiten von Lemuria und Atlantis, um die Reinkarnation zu verstehen. Der Grund, dass sich der Schleier der Reinkarnation über die Erde und die Menschen der Erde legte, begann vor über 18,5 Millionen Jahren in der Geschichte der Erde zu der Zeit von Lemuria, was noch vor Atlantis war. Dies war das erste Goldene Zeitalter auf dem Planeten und wird in der Bibel als Eden bezeichnet. Dies war die Zeit, als die Erde und die Menschen von Natur aus durchlässiger waren. Die Welt war physisch nicht so dicht, wie sie es jetzt ist. Die Erde und das Leben auf der Erde waren ein Garten Eden. Es gab keine Trennung zwischen den spirituellen Welten und der Welt auf der Erde. Es gab kein Einsteigen in die Dualität der Welt des negativen Egos, sondern nur Entscheidungen innerhalb des Geistes Gottes. Dann folgte das Essen der Frucht des Baumes von Gut und Böse und die Entscheidung, mit dem Geist des negativen Egos zu denken. Dies war die Entscheidung, sich zu sehr mit dem physischen Körper zu identifizieren und die Menschen vergaßen, dass sie als Gott in einem physischen Körper lebten. Als sich dieses Denken und Fühlen des negativen Egos ausbreitete, begann die Welt und der physische Körper dichter zu werden. Dies war nicht Teil des ursprünglichen Planes. Bald darauf schlief der größte Teil der Welt ein. Und so kamen vor 18,5 Millionen Jahren Sanat Kumara und die Anhänger Kumaras von der Venus, um dieses Problem zu korrigieren und zu heilen. Ein Teil des Planes, der von Gott und den göttlichen Kräften aufgestellt wurde, um diesen Abstieg in die Vergessenheit und spirituellen Schlaf zu heilen, war die Reinkarnation. Der Plan bestand darin, dass alle Seelen, die eingeschlafen waren, immer wieder reinkarnieren würden, bis die sieben Stufen der Einweihung in einer integrierten und balancierten Weise vervollständigt sind, so dass die Befreiung vom Rad der Wiedergeburt und der Abschluss erlangt wird. Die Idee bestand darin, dass die Zeit auf der inneren Ebene zwischen den Leben, den Seelen Zeit geben würde, sich daran zu erinnern, wer sie sind sowie Innenschau zu halten und zu reflektieren, bevor sie wieder inkarnieren. Jede Seele, die die psychologische Ebene (Geist und Emotionen) nicht meistert, wird gezwungen, wieder auf der mentalen oder emotionalen Ebene zu reinkarnieren, selbst wenn sie ihre sieben Stufen der Einweihung vollendet hat. Dies kommt nur vor, wenn ein ernstes Thema wie Nicht-Integration, Opferbewusstsein, Unterminierung des negativen Egos, Korruption oder Zersplitterung da ist. „Arjuna, es gibt zwei Wege, der die Seele zum Zeitpunkt des Todes folgen kann. Der eine führt zur Wiedergeburt und der andere zur Befreiung.“ (Krishna zu Arjuna in der Bhagavad Gita) Wenn du die sieben Stufen der Einweihung in einer integrierten und balancierten Weise erlangst, so bringt dir dies die Befreiung vom Rad der Wiedergeburt.

Der Sinn des Lebens ist, die Befreiung vom Rad der Wiedergeburt zu erlangen, Gott zu verwirklichen und der Menschheit zu dienen. „Ich werde leicht von dem Menschen erreicht, der sich immer an mich erinnert und an sonst nichts hängt. Solch ein Mensch ist ein wahrer Yogi, Arjuna. Große Seelen vervollkommnen ihr Leben und entdecken mich; sie sind von der Sterblichkeit und dem Leiden dieser getrennten Existenz befreit. Jede Kreatur im Universum wird wiedergeboren, Arjuna, außer dem einen, der mit mir vereint ist.“ (Krishna zu Arjuna) Man muss nicht vollkommen sein, um absolute Befreiung zu erlangen, du musst dich sozusagen nur im Bereich des „integrierten Aufstiegs“ befinden. Ist dies nicht eine interessante Sichtweise hinsichtlich des ganzen Themas? Vervollständige deine sieben Stufen der Einweihung in einer integrierten und balancierten Weise, und du wirst vom Rad der Wiedergeburt befreit werden.

111. Das universelle Gesetz der Beziehungen

Die beiden wichtigsten Beziehungen in unserem Leben sind die Beziehung zu uns selbst und die Beziehung zu Gott. Tatsächlich ist unsere Beziehung zu uns selbst noch wichtiger als die Beziehung zu Gott. Wenn wir keine rechte Beziehung zu uns selbst haben und es erlauben, vom Ego beherrscht zu werden, dann werden wir die falsche Beziehung zum Selbst auf alles in unserem Leben projizieren, einschließlich unserer Beziehung zu Gott und den Aufgestiegenen Meistern der inneren Ebene. Diese mangelhafte Beziehung zum Selbst ist die Ursache für den strafenden Gott des Alten Testamentes. Es ist auch die Ursache für Konzepte wie Erbsünde, die Idee, wir seien niedrige, sündige Würmer und die wertenden und selbstgerechten Qualitäten einiger fundamentalistischer Religionen. Erlange zuerst eine rechte Beziehungen zu dir selbst und zu Gott und alle anderen Beziehungen werden in göttliche Ordnung kommen. Bevor wir bereit sind, anderen zu dienen, müssen wir uns selbst verwirklichen. Es gibt viele Menschen, die versuchen zu dienen, obwohl sie keine rechte Beziehung zu sich selbst und zu Gott haben. Es ist edel, dass sie dienen wollen, aber es wäre besser, wenn sie zuerst eine rechte Beziehung zu sich selbst aufbauen würden. Dieses Gesetz der rechten Beziehung zu sich selbst und zu Gott als den beiden wichtigsten Beziehungen im Leben, ist ein goldener Schlüssel für die Gottesverwirklichung. „Lebe jede Sekunde im Bewusstsein deiner Beziehung mit dem unendlichen Universum.“ (Paramahansa Yogananda)

112. Das universelle Gesetz des Loslassens von Wut

Sai Baba sagt: „Wut ist die schlimmste Demonstration des Egos." Um Wut in unserem Leben loszulassen, müssen wir verstehen, welche Haltung, Gedanken und Glaubensmuster Wut erzeugen. Die Definition von Wut ist „der Verlust der Kontrolle und der Versuch, sie wieder zu erlangen". Wenn du immer zu 100 % in deiner persönlichen Kraft bist, dann verlierst du niemals die Kontrolle. Viele Menschen auf der Erde benutzen Wut als Ersatz für wahre persönliche Kraft und das ist nicht gut. Wut ist nicht persönliche Kraft und Selbstmeisterung, es ist eine Demonstration, außer Kontrolle geraten zu sein. Es ist ein falsches Empfinden von Kraft, das vom negativen Ego stammt. Um wirklich ein spiritueller Meister zu werden, musst du Wut durch wahre persönliche Kraft ersetzen. Wenn du immer im Besitz deiner persönlichen Kraft bist, dann brauchst du nicht wütend zu werden. Wenn du jemals beginnst, wütend zu werden, dann kanalisiere sofort diese Energie in einen kreativen Gebrauch persönlicher Kraft. Richte sie einfach neu auf die Kraft deines Geistes aus, so dass sie zu wahrer spiritueller Kraft und spiritueller Kriegerenergie wird, anstatt zu Wut. Mahatma Gandhi sagte: „Ich habe die eine höchste Lektion durch bittere Erfahrung gelernt – meine Wut zu sparen. So wie Hitze aufbewahrt und in Energie umgewandelt wird, kann aus kontrollierter Wut eine Kraft entstehen, die die Welt bewegen kann."

Dies nennt man „positive Wut". Buddha sagte: „Wut ist wie ein Wagen, der wild herumfährt. Wer seine Wut unter Kontrolle hat, ist der wahre Wagenlenker. Andere halten kaum die Zügel." Zunächst musst du zu 100 % im Besitz deiner persönlichen Kraft sein. Halte dann zweitens stets zu 100 % deine goldene Schutzblase aufrecht. Ohne diesen Schutz können die Angriffe, Kritik und negative Energie der anderen Menschen dein Unterbewusstsein und deinen Solarplexus betreten und eine Verteidigungs- und Wutreaktion verursachen. Im Idealfall antwortet man im Leben, anstatt zu reagieren. Lasse drittens Anhaftungen los. Lord Buddha sagte in seinen vier Edlen Wahrheiten: „Jedes Leiden kommt vom Anhaften." Wann immer du wütend bist, haftest du an und das ist eine Tatsache. Das spirituelle Ideal liegt darin, jede Haltung des Anhaftens in eine Haltung der Vorzüge zu verändern. Siehe auch *Das universelle Gesetz der Vorzüge statt Anhaftungen (Nr. 62)*. Betrachte viertens alles, was im Leben geschieht, als einen spirituellen Test und eine Lektion und nicht als eine Art Unglück oder Problem. Jedes Mal, wenn du wütend wirst, vergisst du, das Leben als spirituellen Test und Lektion zu betrachten. Alles, was im Leben passiert, geschieht aus einem bestimmten Grund. Mit allem was geschieht, lehrt dich Gott und das Leben etwas. Der wahre Sinn des Lebens auf der Erde liegt darin, zu erkennen ob du allem, was im Leben geschieht, in einer zentrierten, bedingungslos liebenden und vergebenden Art antworten kannst. In jeder Situation des Lebens antwortest du entweder mit deinem negativen, auf Angst basierten, trennenden Ego oder mit deinem spirituellen Christus-/Buddha-Bewusstsein. Entweder du realisierst Gott in diesem Moment oder du verlierst Gott, je nachdem wie du antwortest. Erinnere dich fünftens immer daran, dass du die Ursache deiner eigenen Realität bist und deine Gedanken deine Gefühle und Emotionen bestimmen. Nur du selbst kannst dich wütend machen. Sie haben dich vielleicht unfair angegriffen oder kritisiert, aber das verursacht nicht, dass du irgendetwas fühlst. Das nennt man „Katalysator". Versuche sechstens stets die Liebe im Selbst zu bewahren und sie zuerst von Gott zu erlangen, bevor du sie bei anderen suchst. Mit anderen Worten, liebe dich selbst und dein inneres Kind bedingungslos. Und erlaube dir selbst auch uneingeschränkt, die Liebe von Gott und den Meistern für dich zu erlangen. Bevor du die Welt betrittst, bist du in dir selbst vollkommen und vollständig und mit Liebe angefüllt. Wenn du dies nicht tust, dann fühlst du dich nicht geliebt und dann wirst du Liebe bei anderen suchen, anstatt sie zunächst in der Beziehung zum Selbst und zu Gott zu finden. Vollkommene Liebe vertreibt unsere Angst. Erinnere dich siebtens immer daran, dass Wut eine Form von Angriff ist. Jedes Mal, wenn ein Mensch angreift, fühlt er Angst. Es gibt nur zwei Emotionen: Liebe und Angst. Ein Angriff ist ein Ruf nach Liebe. Wut ist eine fehlgeleitete und falsche Art des negativen Egos zu denken, um Liebe zu erlangen. Mit Wut wirst du nicht das bekommen, was du möchtest. Sie wird das Gegenteil erschaffen. Der Schlüssel besteht darin, sowohl Angst als auch Wut zu transzendieren, was die beiden Seiten der Philosophie und des Denksystems des negativen Egos sind, anstatt mit deinem spirituellen Christus-/Buddha-Geist zu denken, der immer nur mit dem Herzen und mit bedingungsloser Liebe denkt. Meister Yoda von Star Wars sagte: „Gib dich nicht deiner Wut und Angst hin und lass dich nicht von der dunklen Seite der Kraft verführen." Schau nicht zurück in Wut oder nach vorne in Angst, sondern um dich herum im Gewahrsein.

113. Das universelle Gesetz des Loslassens von Angst und Sorge

Sorge ist eine negative Affirmation und Meditation. Ein Sprichwort lautet: „Sorgen sind das Verschwenden der Zeit von heute, um die Gelegenheiten von morgen mit den Schwierigkeiten von gestern zu mischen." Der erste Schlüssel, um Angst und Sorge loszulassen besteht darin, stets in deiner persönlichen Kraft und Selbstmeisterung zu sein. In der Sekunde, in der du deine persönliche Kraft und Selbstmeisterung verlierst, wird das auf Angst basierende Denken und Fühlen beginnen, sich in dein Bewusstsein einzuschleichen. Du musst deine Gedanken, Gefühle, Emotionen, Energie und deinen physischen Körper kontrollieren, um keine Angst zu haben. Der zweite Schlüssel besteht darin, an jedem Morgen zu Tagesbeginn eine halbdurchlässige goldene Schutzblase um dich herum aufzubauen, welche die Negativität von dir selbst und anderen draußen lässt und nur spirituelle und positive Gedanken, Gefühle und Energien zulässt. Dies gibt dir ein angemessenes Gefühl der Unverwundbarkeit. Es ist drittens unmöglich, Angst loszulassen, solange du nicht stets eine Haltung der bedingungslosen Liebe einnimmst, da das Gegenteil von Liebe Angriff und Angst ist. Wenn du dich dem Selbst, den Menschen und dem Leben nicht mit bedingungsloser Liebe annäherst, dann wirst du es mit Angriff und Verurteilen tun. Durch das Gesetz des Karmas innerhalb deines eigenen Geistes wirst du in Angst leben. Bete viertens. Warum machst du dir Sorgen, wenn du beten kannst? Spreche fünftens Affirmationen. Jedes Mal, wenn ein auf Angst basierender Gedanke oder ein Gefühl entsteht, wirf ihn aus deinem Geist hinaus und ersetze ihn mit einem auf Liebe basierenden Gedanken oder einem Gefühl oder einer Affirmation. Wenn du dies tust, wird mit der Zeit alle Angst losgelassen. Habe sechstens Vertrauen. Affirmiere beständig dein Vertrauen in dich selbst und deine eigenen Fähigkeiten alles zu meistern und dein Leben im Vertrauen auf Gott, die Aufgestiegenen Meister und die Engel zu führen. Deine Gedanken erschaffen deine Realität. Wenn du affirmierst, dann wird es so sein. Wenn stets Gedanken des Zweifels entstehen, dann erinnere dich an die biblischen Worte: „Blinde führe ich auf Wegen, die sie nicht kennen, auf unbekannten Pfaden lasse ich sie wandeln. Die Finsternis vor ihren Augen mache ich zu Licht; was krumm ist, mache ich gerade. Das sind die Taten, die ich vollbrachte und ich lasse nicht mehr davon ab." (Jesaja 42:16) Habe Vertrauen! Richte dich siebtens spirituell auf Gott, deine mächtige ICH BIN - Gegenwart, die Aufgestiegenen Meister der inneren Ebene und die Erzengel und Engel aus. Was sich in deinem Leben manifestiert, ist das, worauf du deine Aufmerksamkeit und Bewusstsein lenkst. Wenn du deinen Geist stabil im Licht hältst, was hast du dann zu befürchten? Ein altes Sprichwort sagt: „Konzentriere dich auf das Positive in deinem Leben, denn worauf du dich konzentrierst, das wird wachsen." Wie Jesus auf dem Berg der Glückseligkeit, der traditionell als der Ort bekannt ist, an dem er die Bergpredigt hielt, sagte: „Sorgt euch nicht um euer Leben und darum, dass ihr etwas zu essen habt noch um euren Leib und darum, dass ihr etwas anzuziehen habt. Ist nicht das Leben wichtiger als die Nahrung und der Leib wichtiger als die Kleidung? Seht euch die Vögel des Himmels an: Sie säen nicht, sie ernten nicht und sammeln keine Vorräte in Scheunen; eurer Himmlischer Vater ernährt sie doch. Seid ihr nicht viel mehr wert als sie?" (Matthäus 6:25-26)

114. Das universelle Gesetz der Entsagung oder der beteiligten Distanziertheit

Ein Entsagender entweicht der materiellen Welt und gibt der spirituellen Welt die erste Priorität. Dies bedeutet nicht, nichts mehr mit der materiellen Welt zu tun zu haben. Die Idee dabei ist, involviert zu sein, aber nicht anzuhaften. Man könnte dies beteiligte Distanziertheit nennen. Der Schlüssel besteht darin, jede materielle Anhaftung loszulassen, denn diese führt zum Leiden, wie Lord Buddha so wunderbar in einer seiner vier Edlen Wahrheiten beschrieben hat. „Jedes Leiden entstammt dem Anhaften. Und jedes Leiden entstammt einer falschen Sichtweise." Um Gott zu verwirklichen, ist es notwendig, an einem bestimmten Punkt jegliches Anhaften loszulassen und das materielle Leben – einschließlich aller Beziehungen – auf den spirituellen Altar zu legen und Gott zu übergeben. Setze dein spirituelles Leben an die erste Stelle und lasse alle falschen Götter und Idole los. Dadurch wirst du dir viel Leid ersparen. Gebe daher den materiellen Dingen nur einen Vorzug, aber hafte nicht an und du wirst immer Glück und inneren Frieden erfahren.

115. Das universelle Gesetz des Lösens von Konflikten

Eine der wichtigsten Fertigkeiten auf dem spirituellen Weg ist die Fähigkeit, in dir selbst und deinen Beziehungen Konflikte zu lösen. Es ist von höchster Bedeutung, innerhalb des Selbst Konflikte so schnell wie möglich zu lösen. Dies ist notwendig, um im Zustand der persönlichen Kraft, Selbstmeisterung und Entschlossenheit zu bleiben. Zu viele Konflikte in deinem Bewusstsein und Unterbewusstsein werden mit der Zeit deine Energien erschöpfen. Lass dies nicht zu. Achte in der Auseinandersetzung mit anderen, dass sie nur Gewinner hervorbringt. Die Philosophie der Geistigen Welt beruht auf dem Gewinner-Gewinner-Prinzip, wohingegen das Ego die Gewinner-Verlierer-Philosophie vorzieht. Wir werden sehen, wonach wir suchen. Wenn wir Schuld und Verurteilen sehen, dann beschuldigen und verurteilen wir in Wirklichkeit uns selbst, denn was wir in anderen sehen, ist nur ein Spiegel unseres eigenen Geisteszustandes. Wenn wir nur Gott, Liebe und Segen sehen, dann geben wir uns dies auch. Ob wir es sehen oder nicht, es ist da, denn Gott hat es erschaffen. Eine falsche Wahrnehmung erschafft nicht die Wahrheit; es erschafft lediglich die Realität, in der wir leben. Antworte, statt zu reagieren. Sei derjenige, der zuerst seinen Fehler zugibt und ihn entschuldigt. Sei derjenige, der zuerst vergibt, egal ob du falsch verstanden wurdest. Wähle deine Schlachten sorgfältig, denn es gibt gewisse Schlachten, die es nicht wert sind, gekämpft zu werden. Erinnere dich stets daran, dass es eine Zeit des Redens und des Schweigens gibt und manchmal ist die beste Form der Kommunikation die Stille. Ehrlichkeit bedeutet nicht, dass du alles sagen musst. Wahre, reife Ehrlichkeit bedeutet, dass du sagst, was angemessen ist, wie Gott gewollt hätte, dass du es tust, um ein Maximum an Resultaten in spiritueller und weltlicher Weise zu erlangen. Wenn der andere Mensch wütend wird, angreift oder aus seinem negativen Ego reagiert, dann nimmst du seine psychologische Krankheit nicht auf. Gib ein besseres Beispiel. Man braucht zwei für einen Krieg. Erinnere dich stets daran, dass der Mensch, mit dem du einen Konflikt hast, eine Inkarnation von Gott, Christus, Buddha und Atma ist. Behandle ihn auch so, selbst wenn er es nicht demonstrieren sollte. Halte die andere Wange hin, wenn es angemessen und notwendig ist. Kümmere dich mehr darum, deine Lektionen zu lernen, als anderen

Menschen ihre Lektionen beizubringen. Überlasse dies Gott. Erinnere dich stets an die Worte von Mutter Teresa:

Menschen sind oft unvernünftig, unlogisch und selbstsüchtig;
vergib ihnen in jedem Fall.
Wenn du freundlich bist, dann werfen dir die Menschen vielleicht vor, dass du selbstbezogen bist oder heimliche Motive hast;
bleibe trotzdem immer freundlich.
Wenn du erfolgreich bist, dann gewinnst du manche falschen Freunde und manche wahren Feinde;
bleibe trotzdem erfolgreich.
Wenn du ehrlich und aufrichtig bist, dann betrügen dich die Menschen vielleicht;
bleibe trotzdem ehrlich und aufrichtig.
Du magst Jahre damit verbringen, etwas aufzubauen und jemand könnte dies über Nacht zerstören;
baue trotzdem immer weiter auf.
Wenn du gelassen und glücklich bist, dann sind sie vielleicht eifersüchtig;
bleibe trotzdem immer glücklich.
Was du heute an Gutem tust, mögen die Menschen morgen vergessen haben;
tue trotzdem immer weiter Gutes.
Gib der Welt das Beste, was du hast und es wird niemals genug sein;
gib der Welt das Beste, was du jemals erhalten hast.
Die endgültige Klärung findet zwischen dir und Gott statt;
niemals zwischen dir und anderen.

Nutze jeden Konflikt als spirituelle Herausforderung, Test und Gelegenheit, um die Gegenwart Gottes und der Göttlichkeit zu praktizieren. Dadurch wirst du dir selbst nicht nur spirituell helfen, sondern auch bedingungslose Liebe, inneren Frieden und Einheit erlangen. Du gibst deinen Brüdern und Schwestern auch ein wunderbares Beispiel und dadurch wirst du der Welt bedingungslose Liebe, Frieden und Einheit bringen. Wie können wir Frieden zwischen den Nationen erlangen, wenn wir nicht wissen, wie wir bedingungslose Liebe und Frieden unter uns und unseren Brüdern und Schwestern erschaffen können, wenn ein Konflikt entsteht? Jeder dieser Konflikte ist nur ein kleiner spiritueller Test, eine spirituelle Herausforderung und Gelegenheit zur Übung. Bei allen Konflikten und Situationen im Leben kann man sich fragen, ob man in der Situation Gott oder das Ego möchte. Möchte ich bedingungslose Liebe oder Angst und Angriff? Möchte ich Einheit oder Trennung? Du wählst selbst! Die paradoxe Natur kommt jedoch gänzlich mit diesen biblischen Worten zum Ausdruck: „Trachte zuerst nach dem Reiche Gottes und alles andere wird dir zufallen." Wer Gott und den Weg der Ichlosigkeit wählt, kann vielleicht zu Zeiten so aussehen, als würde er aus der begrenzten dreidimensionalen Perspektive verlieren. Aber das ist natürlich eine Illusion. In Wahrheit hast du in diesem Moment und in den weiteren Momenten Gott gewonnen und verwirklicht. Bei dem langen Weg wirst du nicht nur Gott verwirklichen, was das größte Geschenk überhaupt ist, sondern dein selbstloses Beispiel wird dir auch materiellen Gewinn bringen. Die biblischen Worte enden so: „Du wirst alles andere empfangen." In umfassenderer Betrachtung wird das Wählen des Pfades des Egos und der Selbstbezogenheit nur dazu führen, dass du letztlich materiellen Wohlstand verlieren und nicht gewinnen wirst. Auf diese Weise Gott und die bedingungslose Liebe zu wählen, wird es dir erlauben, „die ganze Welt zu gewinnen und nicht deine eigene Seele zu verlieren." Die Bibel sagt auch: „Was nutzt es einem Menschen, der die ganze Welt gewinnt, aber seine Seele verliert?" Die beständige Wahl, in jedem Moment deines Lebens deine Seele und die Geistige Welt zu wählen, und besonders dann, wenn Konflikte entstehen, wird dir spirituellen, psychologischen und weltlichen Wohlstand bescheren, welcher das Verständnis übersteigt. Erinnere dich schließlich an die Worte des Buddhas: „Wer nicht angreift und andere nicht dazu anstiftet, wer nicht stiehlt und andere nicht dazu anstiftet, wer mit allen Lebewesen seine Liebe teilt, hat mit niemandem Feindschaft.“ (Lord Buddha, Itivuttaka 22)

116. Das universelle Gesetz des Respektierens des einzigartigen Schwerpunktes jedes Menschen

Jeder Mensch hat seinen einzigartigen Schwerpunkt in allen Aspekten des Lebens. Es ist im Leben sehr bedeutend, dass jeder nur für sich selbst spricht und niemals versucht, seinen Schwerpunkt einem anderen Menschen aufzudrücken. Der physische, emotionale, mentale und spirituelle Körper muss jeder für sich respektiert und richtig balanciert und integriert werden. Wenn etwas, das du in deinem Leben tust, deinen physischen Körper verletzt, denn beende dies. Der physische Körper ist ein Antlitz Gottes. Lausche der Weisheit deines physischen und emotionalen Körpers und versuche nicht, sie zu überfordern. Erinnere dich stets daran, dass Gott nicht jeden Menschen gleich erschaffen hat. Jeder Mensch besitzt einen anderen monadischen Strahl und Seelenstrahl. Manche Menschen wurden als Mystiker und manche als Okkultisten geboren. Manche Menschen wurden für physische Arbeit und manche für spirituelle Arbeit geboren. Manche Menschen wurden von Gott erschaffen, um Künstler zu sein und manche Wissenschaftler. Es gibt viele Menschen auf dieser Welt, die von ihrem negativen Ego beherrscht werden und sehr selbstgerecht sind und herumgehen und anderen Menschen erzählen, wie sie ihrem persönlichen Schwerpunkt folgen sollten. Dies ist eine Illusion und nur ein massiver Egotrip. Sei gegenüber dem negativen Ego achtsam, wenn es jemals versucht, dies zu tun. Der Schwerpunkt der Menschen wird sehr stark von ihrer physischen Gesundheit oder dem Mangel daran beeinflusst. Der Schwerpunkt eines Menschen wird auch stark von seiner spirituellen Entwicklung beeinflusst. Je fortgeschrittener du in spiritueller Hinsicht bist, desto unkonventioneller werden oft deine

Gewohnheiten. Auch spielt es hier eine Rolle, dass sich der Schwerpunkt der Menschen ständig verändert. Folge dem Schlag deiner eigenen Trommel. Vergleiche dich nicht mit anderen, sondern vertraue lieber deinem eigenen Schwerpunkt. Und lass dir vor allem von deinem negativen Ego nicht erzählen, dass der Schwerpunkt, den du für dich selbst herausgefunden hast, der Schwerpunkt ist, dem ein anderer folgen sollte. Jeder Mensch befindet sich in einem anderen Stadium der Entwicklung, was auch einen großen Einfluss auf den Schwerpunkt hat. Deshalb ist es oft gefährlich, starre und fixe Regeln aufzustellen. Die Mahlzeit eines Menschen ist das Gift eines anderen Menschen. Vergiss dies niemals!

117. Das universelle Gesetz der Liebesbeziehungen

Im Buch *Ein Kurs in Wundern* wird gesagt, dass „Beziehungen der Tempel des Heiligen Geistes“ sind. Wie bereits erklärt wurde, sind die beiden wichtigsten Beziehungen in deinem Leben, die zu dir selbst und die zu Gott. Eine Partnerschaft bildet die dritte Beziehung auf der Liste. Wenn dies nicht klar ist, dann steuerst du auf Leiden zu. Die Gefahr besteht hier darin, dass du versuchst, deine Ganzheit in einem anderen Menschen zu finden, anstatt deine Ganzheit in dir selbst und in Gott zu finden. Wenn du dies nicht tust, wird deine Beziehung zu einer Art abhängiger Liebe. Eine der wichtigsten Voraussetzungen für eine gesunde Liebesbeziehung mit einem anderen Menschen ist Selbstliebe. Im Idealfall liebst du dein inneres Kind und erlaubst dir selbst, Gottes Liebe zu fühlen und zu erhalten. Wenn dies nicht geschieht, wirst du Liebe, Wert, Bestätigung und Annahme bei einem anderen Menschen suchen, was wiederum zu einer Art abhängiger Liebe führt. Virginia Satir, die bekannte Familientherapeutin, sagte: „Kommunikation ist für eine Beziehung das, was Atmen für das Leben ist.“ Diese Feststellung bringt uns zu der nächsten wichtigen Zutat für eine gesunde Liebesbeziehung.

Kommuniziere mit deinem Partner über deine Gefühle, ansonsten wird die Beziehung nicht funktionieren. Eine Liebesbeziehung wird als der Meister aller Beziehungen bezeichnet. Dein Partner ist dein Meisterlehrer in allem, was er tut. Selbst wenn er sich falsch benimmt, gibt er dir die Gelegenheit, das Christusbewusstsein zu praktizieren und die Qualitäten zu demonstrieren, die deine Seele zu entwickeln wünscht. Du wirst ständig gelehrt, in deiner Kraft zu bleiben, liebend zu sein, zu vergeben, Demut zu praktizieren, die andere Wange hinzuhalten, die Ursache für deine eigenen Emotionen zu bleiben. Eine Liebesbeziehung stellt dir Lektionen in Geduld bereit, in emotionalem Schutz, Ehrlichkeit, kommunikativen Fähigkeiten, Nicht-Anhaften, Egolosigkeit, bedingungsloser Liebe und Zentrierung usw. Es ist leicht im Christusbewusstsein zu bleiben, wenn man in einer Höhle lebt, aber es ist eine ganz andere Geschichte, die Präsenz Gottes zu praktizieren, während man in einer Beziehung lebt. Dies bringt uns zum nächsten Thema der Trennung.

Das universelle Gesetz der Liebesbeziehungen betont die Wichtigkeit, niemals eine Beziehung zu beenden, solange du nicht die Lektionen der Erfahrungen gelernt hast. Sonst musst du die Lektionen in einer neuen Beziehung wiederholen. Es wird ein anderer physischer Körper sein, eine andere Seelenausdehnung und Persönlichkeit, aber es wird dieselbe Psychodynamik auftreten. In allen Beziehungen gibt es Zeiten, in denen dein Ego oder niederes Selbst angesprochen wird. Wie antwortest du? Über die Perspektive der Seele braucht man nicht zu sprechen. Wenn du in deinem Ego gefangen bist, dann verletzt du jeden anderen emotional. Du sagst Dinge, die du nicht wirklich meinst in einem sinnlosen Versuch, dem anderen Menschen etwas zurückzugeben. Das Spiel des negativen Egos ist nicht Liebe, sondern das Rechthaben. Frage dich selbst, ob du Recht haben oder lieben möchtest. Du kannst nicht beides haben. Wenn beide Partner gefangen sind, dann ist manchmal das Beste, was man tun kann, sich alleine Zeit zu nehmen, um sich zu beruhigen, wieder zu zentrieren und sich auf das Selbst und Gott einzustimmen.

Eine andere Schlüssellektion bei Liebesbeziehungen besteht darin, sich auf seine eigenen Lektionen zu konzentrieren und nicht auf die Lektionen, von denen du meinst, dass sie dein Partner lernen muss. Wie Meister Jesus sagte: „Verdamme nicht: So wie du andere richtest, wirst du selbst gerichtet werden. Bevor du den Splitter im Auge eines anderen kritisierst, entferne den Balken aus deinem eigenen Auge." Du bist nicht für die Lektionen deines Partners verantwortlich, sondern nur für deine eigenen Lektionen. Was tust du also, wenn dein Partner eine psychologische Krankheit hat wie Verurteilen, Wut, Depression, Sorge, Mangel an Selbstwert, Mangel an Vertrauen, Selbstzweifel? Im Idealfall fängst du dir die Krankheit nicht ein, sondern behältst eine starke psychologische Widerstandskraft. Wenn dein Partner physisch krank ist, dann tust du auch alles, um deine Widerstandskraft aufzubauen. Du nimmst zusätzlich Vitamin C, schläfst ausreichend, machst Übungen, gehst in die Sonne, behältst eine positive, mentale Haltung und nimmst die Krankheit nicht auf. Wie bildest du psychologische Widerstandskraft? Dies tust du, indem du an einem Ort der persönlichen Kraft und Selbstliebe bleibst, eine Schutzblase aufrichtest, eine positive Haltung beibehältst, meditierst, betest, spirituelle Texte liest und Tagebuch schreibst, um nur ein paar Möglichkeiten zu nennen. Wenn du diese psychologische Widerstandskraft behältst, dann hakt sich keine negative Energie an dein unterbewusstes Programm fest. Du setzt ein Beispiel und hilfst damit anderen, sich wieder zu zentrieren. Ansonsten könntest du dir die psychologische Krankheit zuziehen. Die Welt ist wie ein Krankenhaus, das von den Patienten beherrscht wird: Der Sinn des Lebens ist es, ein Heiler und Lehrer Gottes zu sein, um ein gutes Beispiel zu geben.

Was tust du, wenn du und dein Partner bei der Wahrnehmung einer bestimmten Situation nicht übereinstimmen? Das ist ganz einfach!

Akzeptiere es, nicht mit ihm einzustimmen und bleibe in der Liebe und Einheit. Das ist so lange möglich, so lange du das Ego nicht hereinlässt. Keine zwei Menschen sehen die Dinge stets in derselben Weise. Erinnere dich daran, dass du mit deinem Geist siehst und nicht allein mit deinen Augen. Du siehst durch deine Glaubenssysteme, da deine Gedanken deine Realität erschaffen.

Sind Beziehungen nicht das beste Übungsfeld, um aus deinem Ego heraus zu kommen? Zu Beginn dieses Abschnittes erwähnten wir die Bedeutung, dass die beiden wichtigsten Beziehungen in deinem Leben die zu dir selbst und die zu Gott sind. Wenn du deine innere Arbeit nicht tust und diese beiden Beziehungen aufbaust, bekommst du Vater-Tochter oder Mutter-Sohn - Beziehungen. Im Idealfall bildet man natürlich reife, unabhängige Beziehungen von Erwachsenem zu Erwachsenem und keine abhängigen Beziehungen. Wenn du keine Ganzheit in dir und Einheit mit Gott findest, dann wirst du dies bei einem Partner suchen. Und dies führt zu zwei Hälften, die zusammengefügt werden, statt zu zwei Menschen, die sich vereinen. Wenn du psychologisch eine Tochter oder ein Sohn bist, dann wirst du durch die Energiegesetze Menschen anziehen, die Mutter oder Vater in der Beziehung sein wollen. Und wenn du psychologisch Vater oder Mutter bist, dann wird die einzige Art von Menschen, die du möglicherweise anziehst, psychologisch Sohn oder Tochter sein.

Wie würde nun die ideale Beziehung aussehen? Der Dalai Lama sagte: „Erinnere dich daran, dass die beste Beziehung darin besteht, dass die Liebe füreinander das gegenseitige Brauchen übersteigt." In einer idealen Beziehung haben beide Individuen eine rechte Beziehung zu sich selbst und zu Gott. Beide Menschen sind in sich ganz und vollständig und dann werden sie einen ganzen Menschen anziehen, der seine Einheit mit Gott verwirklicht. Sie verursachen beide ihre eigene Realität und sind nicht das Opfer. Beide Individuen stellen ihren spirituellen Weg an die erste Stelle. Und der Grund, weshalb sie zusammen sind ist der, dass sie schneller wachsen und mehr Liebe und Freude erfahren können, wenn sie den Weg miteinander teilen. Der Schlüssel, um deinen wahren Partner zu finden besteht darin, dass du dich vollständig auf deinen spirituellen Pfad und den Dienst an der Menschheit konzentrierst. Deine völlige Verpflichtung Gott und deinem spirituellen Weg gegenüber, werden den idealen spirituellen Partner anziehen.

118. Das universelle Gesetz der Sicherheit

Das negative Ego erschafft Unsicherheit, denn es lehrt dich, deine Sicherheit außerhalb von dir in anderen Menschen, in Besitztümern, Häusern, Geld usw. zu finden. Die einzige wahre Sicherheit, die dir nicht genommen werden kann, ist die Sicherheit, die auf deiner persönlichen Kraft, auf Gott, auf der Kraft deines Unterbewusstseins und auf den göttlichen Gesetzen basiert. „Wahre Sicherheit ist nicht die Abwesenheit von Gefahr, sondern die Gegenwart Gottes, egal welche Gefahr besteht." Die folgenden Zitate aus der Bibel sprechen für sich selbst und brauchen keine weitere Erklärung. „Wir wissen: Wenn unser irdisches Zelt abgebrochen wird, dann haben wir eine Wohnung von Gott, ein nicht von Menschenhand errichtetes ewiges Haus im Himmel." (2 Korinther 5:1) „Wenn ich durch den Schatten des Todes gehe, höre und spreche ich kein Übel, denn der Herr ist mit mir." „Wenn du durchs Wasser schreitest, bin ich bei dir, wenn durch Ströme, dann reißen sie dich nicht fort. Wenn du durchs Feuer gehst, wirst du nicht versengt, keine Flamme wird dich verbrennen." (Jesaja 43:2) „Er fürchtet sich nicht vor Verleumdung; sein Herz ist fest, er vertraut auf den Herrn." (Psalmen 112:7) „Der Herr behüte dich vor allem Bösen, er behüte dein Leben." (Psalmen 121:7) „Ein fester Turm ist der Name des Herrn, dorthin eilt der Gerechte und ist geborgen." (Sprichwörter 18:10) „Der Herr wird mich allem Bösen entreißen, er wird mich retten und in sein himmlisches Reich führen.“ (2 Timotheus 4:18) Erinnere dich immer an diese Worte in Zeiten, in denen du sie benötigst. Sie sind ihr Gewicht in Gold wert.

119. Das universelle Gesetz der Rettung

Eine der Lektionen in *Ein Kurs in Wundern* lautet: „Meine Rettung liegt an mir.“ Das ist für manche verwirrend, denn die meisten meinen, dass Gott sie errettet. In Wahrheit muss Gott nicht retten, denn Gott muss nicht erretten. Wie *Ein Kurs in Wundern* sagt: „Der Sündenfall geschah niemals wirklich, wir denken nur, dass es so war.“ Mit anderen Worten, wir waren immer Christus oder Buddha. Wir waren es immer und werden es immer sein. Egal, wie sehr wir dem Denken des negativen Egos nachgeben, das uns erzählt, dass wir von Gott und jedem anderen getrennt und nur der physische Körper seien, es verändert nicht die Wahrheit. In der Einführung zu *Ein Kurs in Wundern* steht: „Nichts Wirkliches kann bedroht werden. Nichts Unwirkliches existiert. Hierin liegt der Frieden Gottes.“ Gott hat uns also bereits alles gegeben. Wir haben uns selbst von Gott getrennt, indem wir auf die Stimme des Egos gehört haben und gedacht haben, wir seien nur ein physischer Körper. In Wahrheit waren wir niemals getrennt von Gott, jedoch sind wir es in unserem Bewusstsein oder in unserer Wahrnehmung der Wirklichkeit. Wir können diese Situation leicht heilen, indem wir unsere Gedanken ändern. Die Bibel lehrt uns: „Werde durch die Erneuerung deines Geistes transformiert.“ Ändere deine Gedanken und du änderst deine Wirklichkeit. Das negative Ego erzählt uns, dass Gott nicht existiere, weil wir ihn mit unseren physischen Augen nicht sehen können, und deshalb ist das Ego die letzte Autorität. Das Ego erzählt uns, dass jeder von uns nur ein physischer Körper sei und nicht Christus, der in einem physischen Körper lebt. Wir haben es zugelassen, dass das Ego zur höchsten Autorität wird. Es ist Zeit für uns, unsere Autorität über uns selbst zu erkennen und zu beanspruchen und unseren Geist, unsere Emotionen, unseren physischen Körper und unser Ego zu meistern. Es ist nicht Gottes Angelegenheit, das Ego zu überwinden, sondern unsere. Wir haben es erschaffen, also können wir es auch überwinden. Gott könnte dies tun, aber das wäre so, als ob man ein Kind zur Welt bringt und dann alles für es tut. Wenn wir dies täten, dann würde das Kind vollkommen unfähig werden und es gäbe keinen Grund, in diese Schule, genannt Erde, zu inkarnieren. Gott muss diese Lektionen nicht lernen, sondern wir. Also erkenne und nimm deine persönliche Kraft in Besitz und meistere deinen Geist, deine Emotionen, deinen physischen Körper und dein Ego und „rette dich selbst“. Deine Rettung liegt an dir. Gott hat dir bereits alles gegeben. „Herr, du mein Fels, meine Burg, mein Retter, mein Gott, meine Feste, in der ich mich berge, mein Schild und sicheres Heil, meine Zuflucht.“ (Psalmen 18:3) „Zur Vollendung gelangt, ist er für alle, die ihm gehorchen, der Urheber des ewigen Heils geworden.“ (Hebräer 5:9)

120. Das universelle Gesetz der Selbstverwirklichung

Es gibt drei unterschiedliche Ebenen unserer spirituellen Zusammensetzung – Monade, Seele und Persönlichkeit – und von daher gibt es drei verschiedene Ebenen der Selbstverwirklichung. Unsere wahre Identität ist die Monade – ein individueller spiritueller Funken des Schöpfers, der unsere erste Kernintelligenz und unsere erste individualisierte Identität repräsentiert. Es gibt 60 Milliarden Monaden in unserem Planetensystem und jede dieser Monaden erschuf zwölf Überseelen, wovon jede wiederum zwölf Seelenausdehnungen oder inkarnierte Persönlichkeiten erschuf. Wir sind auf der Erde Persönlichkeiten oder Seelenausdehnungen unserer Seele, genauso wie unsere Seele eine Erweiterung eines größeren Bewusstseins ist, das unsere Monade ist. Unsere Monade ist eine Erweiterung eines sogar noch größeren Bewusstseins, das Gott ist. Ein selbstverwirklichter Mensch auf der Persönlichkeitsebene ist jemand, der psychologisch selbstverwirklicht ist, aber nicht notwendigerweise spirituell selbstverwirklicht ist, zum Beispiel ein berühmter Filmschauspieler oder ein Psychologe. Die zweite Ebene der Selbstverwirklichung ist die Selbstverwirklichung auf der Seelenebene. Ein auf dieser Ebene selbstverwirklichter Mensch ist eins mit der Seele oder dem Höheren Selbst geworden und lebt diese Realität im täglichen Leben. Ein selbstverwirklichter Mensch auf der dritten Ebene der Selbstverwirklichung, der monadischen Ebene, wurde eins mit der Monade und der mächtigen ICH BIN - Gegenwart und lebt diese Realität im täglichen Leben.

121. Das universelle Gesetz der Selbstbefragung

Dieses Gesetz drückt die Bedeutung der Entwicklung einer rückhaltlosen Hingabe an die Selbstbefragung aus. Selbstbefragung ist die Verpflichtung, seine Gedanken zu überwachen und zu jeder Zeit spirituell achtsam zu sein. Dies bedeutet, niemals in den „Autopiloten" zu gehen. Es bedeutet auch, keinem Angstgedanken oder einem anderen Gedanken, der nicht von Gott stammt, zu erlauben, den eigenen Geist zu betreten. Diese spirituelle Praxis ist von einer solchen Bedeutung, dass Sai Baba tatsächlich sagte, dass sie 75 % des spirituellen Weges ausmache. Es ist die Praxis, zu erkennen, dass es keine neutralen Gedanken gibt. Alle Gedanken sind entweder vom Höheren Selbst oder vom Ego. Es ist das Ego, das Angst hat, denn das Höhere Selbst weiß, dass es ewig ist. Es liegt an jedem von uns, zu wählen, wem wir dienen wollen.

122. Das universelle Gesetz des Dienens

Ein Zitat von Mahatma Gandhi besagt, dass es die beste Art sei, sich selbst zu finden, wenn man sich selbst im Dienst an anderen verliert. Ein altes Sprichwort lautet: „Wer im Herzen rein ist, hat die Stärke von zehn." Deine Kräfte zu manifestieren werden tausendfach verstärkt, wenn dein Leben auf Gott und den Dienst an deinen Brüdern und Schwestern in Christus ausgerichtet ist. „Es ist ein wahres Vergnügen, Gott zu dienen", sagt Jesus in *Ein Kurs in Wundern*. Gibt es etwas Aufregenderes, als dem Einen zu dienen, der die ganze Schöpfung erschaffen hat und verkörpert? Ist der Dienst an Gott nicht das Herrlichste im Universum? Und er setzte sich nieder, rief die zwölf und sprach zu ihnen: „Wenn ein Mensch es wünscht, der Erste zu sein, so wird er der Letzte und Diener von allen sein." Gehe nicht zur Arbeit! Gehe zum Dienst! Es ist egal, was du tust. Du kannst Toiletten putzen oder Mülleimer leeren. Dies ist ein besonders heiliger und geheiligter Dienst an Gott. Jede Reinigung auf jeglicher Ebene ist eine spirituelle Praxis. Es ist egal, welche Art von Arbeit du tust, auf die Haltung und Perspektive, die du ihr gegenüber hast, kommt es an. Mutter Teresa sagte: „Liebe kann nicht für sich bleiben – sie hat keine Bedeutung. Liebe muss in Handlung umgesetzt werden und diese Handlung ist Dienen. Es kommt nicht darauf an, welche Form wir haben, ob wir fähig oder unfähig, reich oder arm sind, wie viel wir tun, sondern mit wie viel Liebe wir etwas tun; ein lebenslanges Teilen von Liebe mit anderen." Sai Baba sagte: „Liebe muss sich selbst als Dienen ausdrücken." Betrachte jeden Kunden als Gott, egal wer und was er ist, und behandle ihn als solchen. Betrachte dich selbst als Gott. Betrachte den Prozess als Sohn und Tochter Gottes, der Sohn und Tochter Gottes im Dienst an Gott dient. Gandhi sagte: „Ich bemühe mich, Gott durch den Dienst an der Menschheit zu erkennen, denn ich weiß, dass Gott weder im Himmel noch hier unten ist, sondern in jedem Einzelnen." Zu dienen ist eine edle Angelegenheit. Trotzdem solltest du eine kleine Sache berücksichtigen. Es gibt viele Menschen, die versuchen aus einer Haltung zu dienen, bei der sie keine rechte Beziehung zum Selbst und zu Gott haben. Wenn du sozusagen mit "verrückter Natur" handelst, wie kannst du dann tatsächlich dienen und zentriert und im Selbst ganz und vollständig bleiben? Es ist edel, dienen zu wollen, aber man sollte besser zuerst eine rechte Beziehung zu sich selbst aufbauen. „Zuerst sicherer spiritueller Segen und dann bringe dies denen, die dürsten. Wie kann der Wasserhahn Wasser geben, wenn der Tank trocken ist?", wie Sai Baba sagte. Sobald wir spirituelle Meister geworden sind, besteht jedoch der Hauptgrund, hier zu sein im Dienen. Mit dieser Haltung ist die Arbeit keine Arbeit, sondern eine spirituelle Praxis, was die Freude des Dienens an Gott und deinen Brüdern und Schwestern ausmacht. Krishna sagte: „Die Arbeit wird geheiligt und gereinigt, wenn sie als Dienst an Gott verrichtet wird." Vergewissere dich stets, dass du, wenn du dienst, dies mit reinem Herzen und reinen Motiven tust. In der *Bhagavad Gita* belehrt Krishna Arjuna: „Diene und konzentriere dich nicht auf die Früchte deines Dienstes." Und die Bibel lehrt uns: „Daher, geliebte Brüder, seid standhaft und unerschütterlich, nehmt immer eifriger am Werk des Herrn teil und denkt daran, dass im Herrn eure Mühe nicht vergeblich ist." (1 Korinther 15:58) Wir dienen nicht für Macht, Ruhm, Selbstliebe, Selbstwert, Bestätigung oder Stolz; wir dienen, weil „der Dienst an Gott das wahre Vergnügen" ist. Erlange also die rechte Beziehung zu dir selbst und zu Gott und sei in der Nähe der Angelegenheiten deines Vaters und deiner Mutter. „Für mich und mein Haus gilt: Ich diene dem Herrn."

123. Das universelle Gesetz des siebenfachen Schutzes gegen psychische Angriffe auf allen Ebenen

Die erste Ebene des psychischen Angriffs geschieht durch unser negatives Ego. Das ist sehr verbreitet und viele Menschen auf der Welt leiden daran in Form von kritischen inneren Eltern, Mangel an Selbstliebe, Denken des negativen Egos und Sabotage usw. Die zweite Ebene des psychischen Angriffs entsteht durch Menschen, die dich entweder in deiner verbalen Konversation mit ihnen angreifen oder die dies auf der psychischen Ebene ohne deine Achtsamkeit tun. Sie tun dies entweder bewusst oder unbewusst. Erinnere dich stets daran, dass die meisten Menschen auf der Erde in Angst leben, weil sie nicht richtig darin trainiert wurden, wie sie ihren Geist und ihre Emotionen meistern und ihr Denken des negativen Egos transzendieren und mit dem spirituellen Christus-/Buddha Denken ersetzen können. Angstvolle Menschen greifen an. So wird jeder auf der Erde zeitweise damit zu tun haben, angegriffen und kritisiert zu werden. Es ist wichtig, in der Lage zu sein, konstruktive Kritik im Leben anzunehmen und es ist sogar wichtig, aus dem Feedback der Menschen zu lernen, selbst wenn sie es mit ihrem negativen Ego ausdrücken. Lass jedoch nicht zu, dass gestörte, negative, egoistische Menschen Dinge tun, um dich anzugreifen, die irgendeine Wirkung auf dich haben. Bleibe stabil in der Wahrheit und lass ihre Negativität an deiner goldenen Lichtblase abperlen wie Wasser vom Federkleid einer Ente. Die dritte Ebene des psychischen Angriffs entspringt einigen niederen astralen Entitäten oder einer Gruppe von Entitäten auf der inneren Ebene. Die vierte Art des Angriffs kommt von negativen Außerirdischen. Warum leiden so viele Menschen an diesem Problem? Das Schlüsselverständnis, um auf allen Ebenen für psychische Angriffe unangreifbar zu werden, besteht darin, dass du auf allen sieben Ebenen einen Schutz errichten musst. Diese sieben Ebenen sind die spirituelle, mentale, emotionale, psychische, ätherische, physische und weltliche Ebene. Der Grund, weshalb viele Lichtarbeiter an psychischen Angriffen leiden ist, dass sie um Schutz bitten, aber nicht auf allen sieben Ebenen. Die wichtigste Ebene, um psychischen Angriffen auf jeglicher Ebene vorzubeugen, ist zu lernen, deine eigenen Gedanken, Emotionen, Begierden, dein Unterbewusstsein, inneres Kind, deinen physischen Körper, deine Energie und vor allem das negative Ego zu meistern. Wenn du dies nicht lernst, wird jede andere Form des Schutzes in ihrer Effektivität sehr begrenzt sein. Die meisten Menschen auf dieser Welt werden von ihren eigenen Gedanken, Emotionen, innerem Kind und negativem Ego psychisch oder psychologisch angegriffen. Wenn das negative Ego, statt des Melchizedek-/Christus-/Buddha-Geistes deine Gedanken und Emotionen programmiert, dann wirst du dich nicht nur schlecht fühlen, sondern es wird dich auch für Angriffe durch andere Menschen, astrale Entitäten oder negative Außerirdische öffnen. Wenn diese erste Ebene gemeistert wird, so wird fast jeder psychische Angriff gestoppt, ohne etwas Weiteres zu tun. Jedoch nimmt das Meistern dieser Ebene ein wenig Zeit in Anspruch und geschieht nicht an einem Tag. Es erfordert hohe Konzentration, Engagement und spirituelle Achtsamkeit. Auf der mentalen Ebene lässt du keinen Gedanken des negativen Egos deinen Geist betreten und reagierst auf ihn mit spirituellen Melchizedek-/Christus-/Buddha-Gedanken. Auf einer emotionalen Ebene erschaffst du Melchizedek-/Christus-/Buddha-Emotionen, denn du denkst nur noch mit dem Melchizedek-/Christus-/Buddha-Geist. Du erkennst, dass deine Gedanken deine Gefühle und Emotionen erzeugen. Du übernimmst Verantwortung dafür, ob du dich negativ oder positiv fühlst und dies erlangst du dadurch, wie du eine Situation interpretierst. Sobald du deine Energien derart konzentrierst hast, dass du die psychologische Ebene vollständig meisterst, ist es Zeit, die spirituellen Kräfte um Schutz anzurufen. Führe folgende Meditation durch: *„Schutzmeditation - Tempel Gottes“ (Erhältlich auf CD im Lippert-Verlag).* Dies wird ein Kraftfeld des Schutzes aufbauen, das so tief wirkt, dass nichts hindurchgelangen kann, es sei denn, du erlaubst es. Diese Meditation bewirkt eine sehr intensive Hilfe der kosmischen und planetaren Hierarchie sowie von Erzengel Michael und Faith, deren Aufgabe im Schutz liegt, da sie Erzengel des ersten Strahles sind. Auf der physischen Ebene stärkst du dein physisches Immunsystem durch gesunde physische Ernährung, körperliche Übungen, Schlafgewohnheiten, Ruhe, Sonnenschein, frische Luft, positive Affirmationen, positive Visualisierung und das Anrufen der Aufgestiegenen Meister der inneren Ebene und Engel, um deinen physischen und ätherischen Körper (Energiekörper) in perfekter strahlender Gesundheit zu halten. Das ist wichtig, weil der physische Körper genauso von Bakterien, Viren, Parasiten, Pilzen usw. angegriffen werden kann und wenn man ein starkes physisches Immunsystem hat, so kämpft dies gegen eine potenzielle Krankheit. Wenn du den Körper physisch stark erhältst, dann ermüdest du nicht so schnell und es fällt dir leichter, stets in deiner persönlichen Kraft, Selbstmeisterung und freudvoller Achtsamkeit zu bleiben. Du verschließt auf der weltlichen Ebene auch dein Auto und deine Haustür. Du betest zu Gott, aber du musst auch dein Kamel anbinden. Auf einer energetischen Ebene bewirkt das Anrufen von Gott, den Meistern und den Engelenergien, ebenso wie deine eigene Fähigkeit, die Energie in deinem aurischen Feld und Körper zu verändern, dass dein ätherischer Körper klar, stark und voller Energie und Vitalität bleibt. Tue auf der psychischen Ebene jeden Tag und jede Nacht Folgendes: Meditiere und bitte dabei auch um Schutz für die anderen Ebenen, die in diesem Absatz besprochen wurden. Sprich ein Schutzgebet und lege dein mentales Schutzschild an. Was bedeutet es, sein mentales Schutzschild anzulegen? Es reicht nicht nur Gott und die Meister zu bitten, dich zu schützen. Du musst bewusst auf der psychischen Ebene ebenso deinen Teil tun. Gott hilft denjenigen, die sich selbst helfen. Viele Lichtarbeiter beten sich ihre Herzen aus dem Leib und können nicht verstehen, warum die Geistige Welt und die Meister ihnen nicht helfen. Dies ist natürlich eine Projektion, denn die Geistige Welt und die Meister helfen ihnen. Das Problem ist jedoch kein spirituelles, sondern ein psychologisches. Es lässt zu, dass die psychischen Angriffe fortgesetzt werden. Selbst die Geistige Welt und die Meister können die psychischen Angriffe nicht stoppen, wenn die Psychologie nicht gemeistert ist. Wenn du also am Morgen aufstehst, dann visualisiere als erstes mit deinem geistigen Auge dein Kraftschwert, deine goldene Schutzblase, die du selbst mit der Kraft deines Geistes und Herzens erzeugst. Visualisiere symbolisch Selbstliebe, indem du beispielsweise in deinem Herzen eine rote Rose platzierst. Visualisiere deine Ausrichtung auf Gott und die Meister, indem du deine Antakarana oder Lichtbrücke von deinem Herzchakra zu Gott bildest. Nimm dein Melchizedek-/Christus-/Buddha-Denken an und siehe dich selbst, wie du vollständig von dem Denken des negativen Egos befreit bist. Visualisiere die dreifaltige Flamme der Liebe, Weisheit und Kraft, die hell in deinem Herzen brennt. Dies beschützt dich auf der psychischen Ebene.

Abschließend sei gesagt, dass die erste Art des psychischen Angriffs durch deine Gedanken, Emotionen und dein inneres Kind, welche aus dem negativen Ego heraus wirken, stammt. Du kannst damit umgehen, indem du alle Gedanken des negativen Egos loslässt und nur noch mit deinem Christusgeist denkst. Wenn du verbal von anderen Menschen angegriffen wirst, so bist du darauf so lange vorbereitet, wie du jeden Morgen deinen geistigen Schutzschild anlegst, dein Schutzgebet sprichst und deine Hausaufgaben auf einer psychologischen, spirituellen und physischen Ebene machst. Warum? Wenn du vollkommen in deiner persönlichen Kraft bist und eine Schutzblase um dich trägst und Selbstliebe und Selbstwert in dir hast und auf Gott und die Meister eingestimmt bist, dann werden die verbalen Angriffe der anderen Menschen an deiner Blase abgleiten wie Wasser vom Federkleid einer Ente. Du wirst es nicht erlauben, dass sie deine Emotionen verursachen oder dich in irgendeiner Art verletzen. Du reagierst nicht als Opfer, du antwortest als spiritueller Meister. Schau, wie Meister Jesus reagiert hat, als er kritisiert und gekreuzigt wurde. „Liebe deine Feinde", wie Jesus sagte. Siehe auch *Das universelle Gesetz der Konzentration auf die eigene Lektion, anstatt der Belehrung anderer Menschen mit ihrer Lektion (Nr. 50).* Schaue durch den Schleier des negativen Egos hindurch, den sie manifestieren und schenke ihnen bedingungslose Liebe, worum sie wirklich bitten. Die Menschen greifen an, weil sie in Angst leben. Ein Angriff ist ein Ruf nach Liebe. Was tust du, wenn du von einer negativen astralen Entität angegriffen wirst? Die einzige Art, wie eine astrale Entität mit dir in Verbindung bleiben kann, ist es, wenn du es dir selbst erlaubst, von deinem negativen Ego, negativen Gedanken, negativen Emotionen beherrscht zu werden und du dein inneres Kind nicht mit einer strengen Form der Liebe behandelst. Wenn du dies tust, ist es für eine astrale Entität unmöglich, in deiner Aura zu bleiben. Deine eigenen negativen Gedanken, negativen Emotionen und dein negatives Ego ziehen die astrale Entität an. Die Angriffe der negativen Außerirdischen kommen in Form von Implantaten und Entführungen, höre also sehr genau zu. Niemand im Leben ist ein Opfer. Kein Außerirdischer kann dich entführen oder in dir ein Implantat einpflanzen, außer du lässt es zu. Gott hat dich nicht zur Erde gebracht, damit du ein Opfer bist oder zum Opfer gemacht wirst. Gott hat dich zur Erde gebracht, damit du ein spiritueller Meister und auf jeder Ebene die vollständige Ursache deiner Realität bist. Das ist dein Geburtsrecht als Melchizedek/Christus/Buddha, was du in Wirklichkeit bist. Weder Gott noch du sind das Opfer von negativen ETs, wenn du dein Geburtsrecht beanspruchst. Wenn du deine persönliche Kraft zu 100 % beanspruchst sowie zu 100 % bedingungslose Liebe und zu 100 % spirituelle und psychologische Weisheit und dies niemals loslässt, dann kannst du nicht berührt werden. Du bist unverwundbar! Kontempliere darüber!

124. Das universelle Gesetz der Sexualität

Sind wir Meister über unsere Sexualität oder ist sie Meister über uns? Dient der Fluss unserer Sexualität dem niederen Selbst oder dem Höheren Selbst? Was kommt an erster Stelle: Gott oder Sexualität? Sind wir angemessen in unseren sexuellen Praktiken? Dient die Sexualität der Liebe und Intimität oder nur dem animalischen Vergnügen? Ist der Zweck selbstbezogen oder selbstlos? Wird unsere Sexualität auch dazu genutzt, um die Kundalini zu erwecken und das Gehirn zu erleuchten oder dient sie nur dem zweiten Chakra? Sexualität ist eine wunderbare Sache. Gott hat sie für uns erschaffen, um sie als Kommunikationsmittel im Dienst an der Liebe zu genießen. Sexualität ist nichts Schlechtes, jedoch wird sie negativ, wenn sie vom niederen Selbst oder fleischlichen Selbst oder negativen Ego benutzt wird. Lord Buddha sagte: „Wenn jemand seine Sinnesbegierde erfüllt, dann ist er im Herzen entzückt. Der Sterbliche bekommt, was er will. Aber wenn für diese Menschen die Sinnesvergnügen nachlassen, dann zerbricht er, als wäre er mit einem Pfeil getroffen." (Sutta Nipata IV,1) Nutze sie im Dienst am Höheren Selbst und der Liebe und sie wird zu einer heiligen Weihe. Eine der großen Prüfungen auf dem spirituellen Weg hinsichtlich der Sexualität kommt auch, wenn wir Macht, Geld und Ruhm erlangen. Wie gehen wir dann mit unserer Sexualität um? Viele spirituelle Lehrer sind gefallen, als sie mit dieser Situation konfrontiert wurden und ihre Macht dazu benutzten, um Sex mit ihren Schülern und Anhängern zu haben. Das Sprichwort lautet: „Lerne aus den Fehlern anderer. Du kannst nicht lange genug leben, um sie alle selbst zu machen." Lerne durch Gnade, anstatt durch Karma. Gnade löscht Karma aus. Kontempliere darüber!

125. Das universelle Gesetz der Stille

Sai Baba lehrte uns: „Praktiziere Stille, denn die Stimme Gottes kann nur dann im Herzensbereich gehört werden, wenn die Zunge und der Sturm beruhigt und die Wellen still sind." Es gibt zwei Arten, das Thema der Stille zu betrachten. Dies ist die horizontale und die vertikale Sichtweise. Die vertikale Sicht hat mit der eigenen Beziehung zu Gott zu tun. Die horizontale Sicht hat mit dem Thema der Stille in einem eher zwischenmenschlichen und sozialen Sinn zu tun. Auf einer horizontalen Ebene gibt es eine Zeit zu sprechen und eine Zeit zu schweigen. Die meisten Menschen auf der Erde sprechen zu viel, weil sie sich nicht selbst meistern und kontrollieren und zu sehr von ihrem emotionalen und mentalen Körper beherrscht werden, was sie dazu veranlasst, viel mehr zu sprechen als angemessen ist. Der emotionale Körper und der Geist wollen sich immer engagieren und antworten, so dass sie sich bezüglich sich selbst gut fühlen können. In jeder Situation im Leben gibt es eine angemessene und eine unangemessene Antwort. Schweigen kann die stärkste und kraftvollste Haltung sein, die du einnehmen kannst. Kommuniziere jedoch, wenn es nötig ist. Edgar Cayce nannte dies die „Sünden des Unterlassens und des Durchführens." Erinnere dich daran, dass die innere Stimme oft als die „leise Stimme in uns" bezeichnet wird. Das negative Ego schreit, aber die „leise Stimme in uns" wartet in Stille und kämpft nicht um Aufmerksamkeit. Auf einer tieferen Ebene hat *das universelle Gesetz der Stille* nicht nur mit der Bedeutung des Lernens, wann es angemessen ist zu reden und wann es angemessen ist zu schweigen, zu tun, sondern auch mit dem Beruhigen des Geistes und der Emotionen. Wenn deine Emotionen ständig in Bewegung sind, wirst du die Stille niemals schätzen; der Geist der meisten Menschen geht eine Meile pro Minute. Siehe auch *Das universelle Gesetz des Beruhigens des eigenen Geistes (Nr. 109)*. Auf einer vertikalen Ebene entsteht der innere Friede auf zwei Arten. Die eine ist, zu lernen richtig zu denken und die Dinge in der richtigen Perspektive zu sehen. Die andere ist, keine Gedanken zu haben und nur in Stille zu sein, in der Gott, der Heilige Geist, deine eigene mächtige ICH BIN - Gegenwart, dein Höheres Selbst und die Aufgestiegenen Meister gefunden werden können. „Stille ist der Altar Gottes." (Paramahansa Yogananda) „Die Anwesenheit Gottes fühlt man in der Stille." (Sai Baba) Der Geist will stets in einem gewissen Maße aktiv sein. Das ist seine Natur. Ihn zu meistern geschieht, indem man lernt, sich nicht bei jedem Impuls zu engagieren. Das Bewusstsein hat eine Wahl, ob es sich an dem konstanten Fluss des Unterbewusstseins beteiligen möchte. Es gibt immer eine Ausgewogenheit dessen, wann man sich identifizieren soll und wann nicht. Stille lernt man, wenn man es lernt, sich nicht zu identifizieren. Erschrecke nicht davor, die Stille zu genießen. Es ist ein Ort des Friedens und der Pause. „Das göttliche Radio ertönt immer, wenn wir uns nur selbst zum Zuhören bereit machen könnten, aber es ist unmöglich, ohne Stille darauf zu lauschen." (Mahatma Gandhi)

126. Das universelle Gesetz der Wiederherstellung der Seele und der Seelenfragmente

Wenn wir uns im Leben mit anderen Menschen verbinden, erschaffen wir Schnüre und Fäden und lassen so Aspekte unserer Energie bei ihnen. Dies ist in gewissem Sinne etwas Gutes und ein Geschenk eines Gottes für einen anderen Gott. Manchmal gibt es jedoch gewisse Energieteile, die man besser zur eigenen Seele zurücknimmt. Man nennt diese Seelenfragmente. Dies brauchst du nicht selbst bewusst herausfinden, du kannst einfach Gott, Mahatma, Melchizedek und Erzengel Michael darum bitten, es für dich zu tun. Die grundlegende Bitte sollte sein, alle deine Seelenfragmente zurückzuerhalten, für die es spirituell angemessen ist zurückzukehren und diejenigen als spirituelles Geschenk dort zu belassen, die als Energieteile bei all den anderen Menschen bleiben sollten, die du geliebt und in gewisser Weise berührt hast. Rufe auch derart Erzengel Michael und Faith an und bitte darum, dass alle Energieschnüre und Energiefäden aus diesem Leben und aus allen vergangenen Leben und alle Verbindungen auf der inneren Ebene zwischen den Leben seit deiner Erschaffung, die spirituell nicht angemessen sind, durchtrennt werden. Auch hier gilt, dass du nicht selbst herausfinden musst, welche dies sind, du kannst einfach darum bitten und mit der Gnade von Erzengel Michael und Faith kann es in einem Moment geschehen. Einfach, aber tief gehend!

127. Das universelle Gesetz der spirituellen Alchemie

Einer der absoluten Schlüssel zur Selbstmeisterung und Selbstverwirklichung ist die Fähigkeit, Zitronen in Limonade zu verwandeln. Dies nennt man den Prozess der spirituellen Alchemie. Man muss verstehen, dass das Leben niemals nur nach unseren Vorlieben funktioniert. Deshalb ist das Konzept der Vorzüge statt Anhaftungen so wichtig. Wenn jemand daran anhaftet, dass die Dinge so funktionieren, wie er es möchte, dann wird dieser Mensch sehr leiden in seinem Leben. Wenn wir nur Vorzüge haben, dann sind wir glücklich; egal, was geschieht. Wir wollen immer noch, dass sich unsere Vorlieben erfüllen, aber unser Glück ist nicht davon abhängig. Neben dem sehr wesentlichen Konzept der Vorzüge, müssen wir auch verstehen, dass aus Gottes Perspektive alles Geschehen positiv ist und als Geschenk betrachtet werden sollte. Die richtige Haltung allem im Leben gegenüber lautet: „Nicht mein Wille geschehe, sondern deiner, danke für die Lektion." Egal was im Leben geschieht, egal wie entsetzlich, das ist die richtige Haltung. Wie Seine Heiligkeit, Lord Sai Baba sagte: „Willkommen Elend!" Aus Gottes Perspektive gibt es keine Zufälle im Universum und alles geschieht aus einem bestimmten Grund. Der Grund besteht oft darin, spirituell eine Lektion zu lernen, die gelernt werden muss. Manchmal werden die „negativen" Dinge vom persönlichen Karma verursacht, manchmal vom planetaren Karma und manchmal vom Karma aus einem vergangenen Leben. In Wahrheit kommt es nicht darauf an, warum etwas geschieht oder woher etwas kommt, denn wenn es geschieht, kannst du ganz sicher sein, dass du diese Lektion aus einem Grund gebraucht hast und die richtige Haltung ist es, sie willkommen zu heißen und als Geschenk zu betrachten. Aus der Perspektive Gottes ist alles, was im Leben geschieht, ein spiritueller Test. In jeder Situation im Leben können wir mit dem Bewusstsein von Gott oder dem negativen Ego antworten. Die Erde ist also eine Schule, um Gott, Melchizedek, Christus oder Buddha zu repräsentieren. In Wahrheit gibt uns das Leben ständig Zitronen. Das Schlüsselprinzip besteht hier, sie in Limonade zu verwandeln oder möchtest du weiterhin den bitteren Geschmack der Zitronen schmecken?

Wie verwandelt man aber ein negatives Geschehen in etwas Positives? Das Erste, das jede Situation im Leben, die nicht deinem Vorzug entspricht, in etwas Positives verwandelt, ist es, sie als spirituelle Lektion und Test zu betrachten. Das Zweite, das diesen Prozess der spirituellen Alchemie erzeugt, ist Vergebung und bedingungslose Liebe dir selbst und anderen gegenüber. Das Dritte, das etwas Negatives in etwas Positives verwandelt, ist die „goldene Weisheit", aus den eigenen Fehlern oder denen der anderen und aus den spirituellen Lektionen, die du erhältst zu lernen. Als Viertes muss man erkennen, dass alles in Gottes unendlichem Universum zum Guten wirkt und dass Gott immer etwas Gutes aus allem macht. Wir kennen alle den Ausspruch: „Dies war ein Segen in Verkleidung." Egal was im Leben geschieht, der Schlüssel besteht darin, sich darauf zu konzentrieren, was man tun kann, anstatt darauf, was man nicht tun kann. Konzentriere dich darauf, was du gewonnen hast und nicht darauf, was du verloren hast. Wenn du deine Stimme verlierst und nicht mehr sprechen kannst, dann werde ein Schriftsteller. Wenn du krank bist und nicht mehr rausgehen kannst, dann widme dein Leben der Entwicklung deines inneren Lebens. Wenn du eine große Summe an Geld verlierst und jemand hat dich betrogen, dann hast du die wunderbare Gelegenheit, nicht nur Vergebung zu praktizieren, sondern auch, nicht am Geld anzuhaften. Egal wie viel weggenommen wurde und wie viele Dinge du nicht tun kannst, es gibt immer noch etwas, das du tun kannst. Konzentriere dich selbst und dein Bewusstsein auf das, was du tun kannst. Ein Mensch mit einer negativen, pessimistischen Haltung wird einen Weg finden, sich unglücklich zu fühlen, selbst wenn die Dinge äußerlich gut laufen. Ein Mensch mit einer optimistischen, positiven Haltung wird positiv bleiben, egal was in seinem Leben geschieht. Ein Mensch, der die Buddha-/Christus-/Melchizedek-Philosophie praktiziert, könnte ins Gefängnis kommen und dies als spirituelles Retreat betrachten. Er würde sagen, dass man sich um seine Mahlzeiten kümmert und er nicht arbeiten muss. Welch großartige Gelegenheit, Vergebung und bedingungslose Liebe zu praktizieren! Er würde sagen, dass er seine Tage mit körperlichen Übungen, Lesen, Studium der Bibel oder anderen Büchern wie *Die universellen Gesetze Gottes* verbringt und sich innerlich zum Aufstiegsplatz Gottes begeben kann. Er würde die Lichtdusche und Liebesdusche der Meister anrufen und auf der inneren Ebene dienen. Er würde alles Geschehen als spirituellen Test betrachten. Man könnte erkennen, wie christusbewusst ein Mensch unter den schlimmsten Umständen sein kann. Mahatma Gandhi sagte, als er mitten in der Nacht verhaftet wurde: „Ich stehe euch zu Diensten, ich bin nun bereit." Er putzte seine Zähne, betete kurz und ging ins Gefängnis. Gandhi konnte in Wirklichkeit nicht eingeschlossen werden, denn er betrachtete Gefangenschaft als Geisteszustand und nicht als eine Frage von Schloss und Riegel. Das Physische hieß Yeravda und Gandhi bezog sich darauf als Yeravda Tempel.

Der AIDS-Patient verändert schließlich seine Prioritäten völlig. Leben im Augenblick! Dadurch wird das Leben eine Million Mal mehr geschätzt. Jesus wurde gekreuzigt und getötet und er betrachtete es als Gelegenheit, Vergebung zu praktizieren. „Vergib ihnen Vater, denn sie wissen nicht, was sie tun." Ein Mensch verliert sein Bein und wird ein besonderer olympischer Athlet. Wenn du ein chronisches gesundheitliches Problem hast, dann „schließe dich dem Club an". So tat es Mutter Teresa, die ein schwaches Herz hatte. So tat es der Heilige Franziskus. Alle diese so genannten Herausforderungen oder Kreuze, die zu tragen sind, sind vorübergehend. Das Leben geht in Wahrheit in einem Augenzwinkern vorbei. Gott hat mit einer Ausdehnung der Zeit von „100 Milliarden Jahren von Brahma" zu tun. Eine Lebensspanne ist wie ein Sandkorn hinsichtlich des unendlichen Universums. Was ist das Schlimmste, das passieren kann? Ist der Tod nicht der schlimmste Fall? Wenn es so sein soll, dass wir (früh) gehen, dann soll es so sein. Dies ist vielleicht nicht unser Vorzug, aber es gibt so etwas wie den Tod nicht und du wirst deine ganze Familie und alle deine Freunde bald auf der inneren Ebene wiedersehen. Manche betrachten dies als einen Segen, denn wir sind zu Besuch hier und es ist nicht unser wahres Zuhause. Unser wahres Zuhause ist im Himmel. Du kannst jeden Test bestehen, denn wenn du es nicht könntest, hätte Gott dich nicht hierher geschickt. Die Welt ist nur eine Projektionsleinwand für unsere Haltungen und Interpretationen. Gott möchte, dass wir zu 100 % positiv und optimistisch sind, egal was im Leben geschieht. Was immer im Leben geschieht, soll uns gewisse Christus-/Buddha-Qualitäten lehren. Alles, was jemals auf dieser Welt geschah, geschieht oder jemals geschehen wird, ist ein Segen (manchmal in Verkleidung). Wenn es geschieht, dann bedeutet es für unsere Seele, dass sie diese Lektion benötigt. Man kann nicht wegen verschütteter Milch weinen. Sie ist verschüttet und nichts ändert etwas daran. Es gibt so etwas wie Glück oder Unglück nicht in dieser Welt. Das ist eine vollkommene Illusion. Das Konzept des Glücks ist eine Illusion des Denksystems des negativen Egos. Alles in Gottes Universum funktioniert aufgrund von Gesetzen auf einer spirituellen, mentalen, emotionalen, ätherischen und physischen Ebene. Wenn etwas geschieht, dann gibt es dafür eine Ursache. Dies ist das unveränderliche Gesetz von Karma oder Ursache und Wirkung.

Wir können nicht immer kontrollieren, was auf der äußeren Ebene in unser Leben tritt, jedoch können wir zu 100 % unsere Haltung, Interpretation und Perspektive darüber, was uns geschieht, kontrollieren. „Lass dich durch die Not des Lebens niemals stören. Niemand kann Probleme vermeiden, noch nicht einmal Heilige oder Weise“ (Nichiren) Er fährt fort: „Das Leben hat nicht damit zu tun, was uns geschieht, sondern, wie wir wahrnehmen, was uns geschieht.“ Egal wie sauer die Zitronen sind, die du bekommst, du kannst Gott danken und diese Erfahrung segnen, denn er hat dir die Gelegenheit gegeben, dein negatives Ego zu transzendieren und das Melchizedek-/Christus-/Buddha-Bewusstsein zu praktizieren. Selbst wenn dir auf jeder Ebene alles genommen wurde, dann liegt dies alles an Gott, und DU kannst sagen: „Nackt kam ich aus dem Schoß meiner Mutter und nackt werde ich wieder gehen. Der Herr hat es gegeben und der Herr hat es wieder genommen. Gesegnet sei der Name des Herrn.“

128. Das universelle Gesetz der spirituellen Aufgabe

Im Prozess der Entfaltung deines spirituellen Weges, integrierten Aufstieges und der Entwicklung der Gottesverwirklichung werden dir die Geistige Welt und die Meister gewisse „spirituelle Aufgaben" geben, die du auf der irdischen Ebene ausführen sollst. Die Geistige Welt und die Meister beobachten sehr genau, wie du diese spirituellen Aufgaben erfüllst und vollendest und je nachdem wie du sie erfüllst, werden dir größere Aufgaben übertragen. Der erste Schritt auf dem spirituellen Weg liegt darin, eine rechte Beziehung zu dir selbst, zu Gott, den Meistern und den anderen Menschen aufzubauen. Dann musst du deine sieben Stufen der Einweihung in einer integrierten und balancierten Weise vollenden. In diesem Prozess wirst du spirituelle Aufgaben erhalten, in der deine Fähigkeit zur spirituellen Führerschaft im planetaren Weltdienst geprüft wird. Wenn du jede spirituelle Aufgabe ausgezeichnet vollendest, dann erwägen die Geistige Welt und die Meister, ob du für den nächsten Schritt bereit bist. Sie geben dir nur das, wofür du bereit bist. Jedoch sind sie gewillt, dich zu fordern. Du musst verstehen, dass in dem Maße, in dem du dich entwickelst, viel gegeben, aber auch viel erwartet wird. Je fortgeschrittener du bist, desto mehr erwarten die Geistige Welt und die Meister von dir hinsichtlich des Voranschreitens in Richtung spiritueller Führerschaft und planetarem Weltdienst. Es gibt viele Posten der spirituellen Führerschaft, welche die Meister gerne besetzen möchten. Man muss verstehen, dass die spirituellen Meister der inneren Ebene nicht in ihre nächste Position auf solarer und galaktischer Ebene gelangen, solange sie keinen geeigneten Ersatz aus den Rängen der Erde bei den Meistern, Eingeweihten und Schülern bekommen. Also beobachtet die Geistige Welt und die Meister deinen Fortschritt bei jeder spirituellen Aufgabe, die du bekommst. Wenn du sie kompetent erfüllst, wird deine nächste spirituelle Aufgabe größer. Daher bedeutet die Vollendung der Einweihungsstufen und des Aufstiegs nicht den Abschluss, sondern nur den Beginn. Dann folgen „spirituelle Führerschaft und planetarer Weltdienst". Man muss auch verstehen, dass die Aufgestiegenen Meister der inneren Ebene denselben Prozess durchschreiten hinsichtlich der spirituellen Aufgaben. Meister wie Lord Buddha, Mutter Maria und Quan Yin haben alle ihre spirituellen Aufgaben und sie werden von galaktischen oder universellen Meistern geleitet. Im Jahr 1995 übernahm Lord Buddha die Position des Planetaren Logos, die Sanat Kumara für 18,5 Milliarden Jahre innehatte. Sanat Kumara stieg dann zur nächsten kosmischen Position und spirituellen Aufgabe auf. Selbst Melchizedek, der Universelle Logos, hat eine spirituelle Aufgabe und kosmische Position, um das gesamte Universum am Laufen zu halten. Und wenn er seine spirituellen Aufgaben vollendet hat, wird auch er weitergehen und eine noch größere spirituelle Aufgabe bekommen. So wie wir unsere gegenwärtigen spirituellen Aufgaben und Positionen richtig erfüllen, werden wir gegebenenfalls spirituelle Verantwortung für Planeten, Sonnensysteme, Galaxien, Universen, Multiuniversen und dann den Kosmos selbst erhalten. Das ist unsere Bestimmung. Doch bevor es soweit ist, müssen wir zuerst die spirituellen Aufgaben, die vor uns liegen, erfüllen und dann werden wir weitere erhalten. Warte daher nicht auf die Meister, dass sie dir deine Aufgabe auf den Kopf zusagen und dir erklären: „Dies ist deine spirituelle Aufgabe! Voilà!" Gott hat dir einen Christusgeist gegeben, der unglaublich kreativ ist, ebenso wie der von Gott und den Meistern.

Einer der Schlüssel, die Aufmerksamkeit der Meister zu erlangen ist, deine eigenen spirituellen Aufgaben zu kreieren, so dass die Meister davon Notiz nehmen. Die Vorstellung, dass wir nur als Channel und Roboter für die Geistige Welt und die Meister gedacht seien, ist eine Illusion. Sie wollen, dass jeder Mensch ein selbstständiger, flügge gewordener spiritueller Meister wird. Der Schlüssel hier besteht darin, spirituelle Aufgaben zu generieren und von der Geistigen Welt und den Meistern zu erbitten, damit du deine derzeit anstehende spirituelle

Aufgabe bekommst. Führe sie so perfekt aus wie du kannst, denn du bekommst neue spirituelle Aufgaben, wenn die vorhergehenden vollendet sind. Mach dich selbst nützlich für die Geistige Welt und die Meister. Ist das Leben nicht spannend? Für mich und mein Heim gilt: „Yuppee und Hurra!"

129. Das universelle Gesetz der spirituellen Unterscheidungskraft und des Verurteilens

Die Entwicklung der spirituellen Unterscheidungskraft ist eine der wichtigsten Christus-/Buddha Eigenschaften, die ein Mensch entwickeln muss, um ein vollkommen flügge gewordener Aufgestiegener Meister zu werden. Viele Lichtarbeiter haben nicht genügend spirituelle Unterscheidungskraft entwickelt, um gewisse Aussagen für sich zu prüfen, die bestimmte Menschen treffen. Es gibt Menschen, die behaupten, Gott auf der 352ten Ebene realisiert zu haben, auch wenn dem nicht so ist. Manche Menschen behaupten, dass sie mit Aufgestiegenen Meistern der inneren Ebene verheiratet seien und andere behaupten sogar, dass sie ihren kosmischen Aufstieg vollendet haben. Viele Leute glauben dann, dass es stimmen würde, wenn Menschen so etwas behaupten. Nichts könnte weiter von der Wahrheit entfernt sein! Die Wege, die das negative Ego wählt, um sich selbst bedeutend zu fühlen, machen den Geist sprachlos. Die meisten Lichtarbeiter sind auch zu naiv, wenn sie Bücher lesen. Die Hälfte der gechannelten Information ist lächerlich und falsch, jedoch steht auf dem Buch, dass es gechannelt sei, „also muss es richtig sein". Oder der Mensch hat einen amüsant klingenden spirituellen Namen, also muss es stimmen. Das Bedürfnis des negativen Egos, sich wichtig zu fühlen, erfüllt die Menschen mit derart viel Müll, Glanz und Illusion, dass es unglaublich ist. Spirituelle Unterscheidungskraft ist wesentlich, denn das negative Ego meldet sich mit der bizarrsten Philosophie und mit ganz eigenen Glaubensystemen, um das Leben zu betrachten. Denke nur mal an die sehr naive Philosophie einer Gruppe, die es sich auf ihrem spirituellen Weg nicht erlaubt, irgendetwas negativ zu sehen. Es ist absolut wesentlich zu wissen, wie das negative Ego innerhalb des Selbst arbeitet und zu erkennen, wie es in anderen wirkt und sich ausdrückt. Wenn man dies nicht beachtet, wird nicht nur Karma und Unausgewogenheit erzeugt, sondern man wird auch an vielen Interaktionen und Beziehungen beteiligt, die für einen schädlich sind, denn das falsche Denken und Glaubenssystem blockiert die Bereitschaft, spirituelle Unterscheidungskraft auf dem spirituellen Weg zu entwickeln. Ohne spirituelle Unterscheidungskraft kann man die Täuschung und Illusion des Gedankensystems des negativen Egos in seiner unendlichen Ausprägung der Korruption nicht entfernen. Dies in der gesamten Lebenszeit mit all den Lektionen, die das Leben auf diesem Planeten bringt, und all den Lektionen, welche die spirituelle Führerschaft bringt, zu erlangen, benötigt enorme spirituelle Unterscheidungskraft.

Es gibt logische Konsequenzen, die damit verbunden sind, welche das negative Ego verzerrt hat, weil es sie nicht verstanden hat. Eine davon ist spirituelle Unterscheidungskraft gegenüber dem Verurteilen. Es gibt viele Menschen, die meinen, dass wir überhaupt keine Unterscheidungskraft haben sollten und dass es jedes Mal, wenn man Negativität beobachtet und darauf negativ reagiert, ein Ausdruck des Verurteilens sei. So stellen sie sich selbst blind, wenn sie Negativität sehen. Dann gibt es andere, die urteilen, das heißt, dass sie ohne bedingungslose Liebe wahrnehmen. „Wenn du Menschen verurteilst, dann hast du keine Zeit, sie zu lieben.“ (Mutter Teresa) Erinnere dich an die Worte von Meister Jesus bei der Bergpredigt: „Verurteile nicht: So wie du andere verurteilst, wirst du selbst verurteilt werden. Bevor du den Splitter im Auge eines anderen kritisierst, entferne zuerst den Balken aus deinem eigenen Auge.“ „Verurteile nicht, auf dass du nicht verurteilt wirst. Mit welchem Urteil du verurteilst, wirst du verurteilt werden; und mit welchem Maß du misst, wirst du gemessen werden." Beides ist das negative Ego. Sich selbst für die Existenz des Bösen blind zu machen, ist eine Verschreibung dafür, davon beherrscht zu werden. Sich selbst blind zu machen und sich keine spirituelle Unterscheidungskraft zu erlauben, ist auch eine Verschreibung dafür, vollkommen vom negativen Ego beherrscht zu werden. Andere zu verurteilen mit „unschuldiger Wahrnehmung" oder bedingungsloser Liebe für jeden, egal wie schlecht er ist, ist eine Verschreibung dafür, vollkommen vom negativen Ego beherrscht zu werden. Die richtige Integration entsteht, wenn man sich selbst erlaubt, spirituelle Unterscheidungskraft zu besitzen und zu beobachten, während man simultan jeden Menschen als Gott oder Christus sieht und nur mit dem Herzen und mit bedingungsloser Liebe beobachtet. Vergiss niemals die meisterhaften Worte von Jesus Christus: „Sei achtsam, damit dich niemand betrügen kann, denn viele werden in meinem Namen kommen und sagen: ‚Ich bin Christus' und werden viele betrügen. Sei dir der falschen Propheten gewahr, die in der Kleidung der Schafe kommen, aber innerlich reißende Wölfe sind. Du wirst sie an ihren Früchten erkennen." Lass diese Worte von Jesus Christus immer in deinem Wesen nachklingen und dich liebend daran erinnern, stets spirituelle Unterscheidungskraft zu bewahren.

130. Das universelle Gesetz der spirituellen Ehrlichkeit

Es gibt zwei Arten von Ehrlichkeit. Es gibt die Ehrlichkeit eines Kindes und die Ehrlichkeit eines Erwachsenen oder Meisters. Ein Kind hat seinen vernünftigen Geist noch nicht entwickelt und seine Intuition noch nicht verfeinert. Was in ihm ist, kommt heraus. Die Ehrlichkeit eines spirituellen Meisters oder Erwachsenen basiert auf der richtigen Integration der Ausrichtung auf Gott und die Intuition, den vernünftigen

Geist, die spirituelle Unterscheidungskraft und die emotionalen und psychischen Gefühle. Aus der Perspektive Gottes gibt es in jeder Situation im Leben eine angemessene und eine unangemessene Antwort. Du kannst mit deinem negativen Ego antworten oder mit deiner Seele und mächtigen ICH BIN - Gegenwart. Wahre spirituelle Ehrlichkeit teilt das, was bedingungslose Liebe statt Angst und Einheit statt Trennung erzeugt; was andere heilt, statt zu verletzen. Ein Kind platzt heraus, egal ob es andere verletzt oder angemessen ist. Wenn das, was du mit anderen teilen möchtest, andere verletzt, Unfrieden erzeugt und dir nicht das gibt, was du möchtest, warum solltest du es dann sagen? Dann ist Schweigen vielleicht die angemessene Haltung. Ein spiritueller Meister versteht, dass dies wahre Ehrlichkeit ist. In anderen Situationen ist die kindgemäße Ehrlichkeit unangemessen, weil es der Mensch missbraucht. Er wird es nicht diskret für sich behalten oder in Zukunft gegen dich verwenden. Wie Meister Jesus sagte: „Wirf die Perlen nicht vor die Säue." Wenn Menschen „ehrlich" sind, dann geben sie häufig ihrem Emotionalkörper und negativen Ego nach und nehmen „Ehrlichkeit" als Ausrede, um auf Kosten anderer Menschen ihre Wut abzulassen, zu bestrafen oder eine Egoschlacht zu gewinnen. Beachte die heiligen Worte der Bibel: „Vor ihm bleibt kein Geschöpf verborgen, sondern alles liegt nackt und bloß vor den Augen dessen, dem wir Rechenschaft schulden." (Hebräer 4:13) „Herr, du bist mein Gott, ich will dich rühmen und deinen Namen preisen. Denn du hast wunderbare Pläne verwirklicht, von fern her zuverlässig und sicher." (Jesaja 25:1)

131. Das universelle Gesetz des Spiritualisierens des Egos

Jeder Mensch besitzt ein Ego oder eine Persönlichkeit, durch welche die Seele und die Geistige Welt wirken. Was ist das Ego? Das Ego ist der Teil des Selbst, der uns ein Gefühl der Identität und Individualität gibt. Mit dem physischen Körper besitzen wir gleichzeitig ein Ego. Die wahre

Funktion des Egos ist, Informationen zu erlangen und die Seelenausdehnung, die im Körper lebt, daran zu erinnern, sich um den physischen Körper zu kümmern. Das Ego ist der Experte der materiellen Ebene. Wenn wir kein Ego hätten, könnten wir sogar vergessen, dass wir überhaupt inkarniert sind. Das Ego erinnert uns daran, dass wir Nahrung, Wasser und Schlaf brauchen. Weil das Ego niemals dazu gedacht war, unser gesamtes Leben für uns zu interpretieren, entstand das Problem. Unser Leben sollte von unserer Seele und der Geistigen Welt definiert und interpretiert werden. Wir haben das Ego unsere Wirklichkeit interpretieren lassen, die auf dem falschen Glauben basiert, dass wir der Körper sind (denn das ist alles, was es weiß) und wir haben das Ego die intuitiven Arten, um Informationen der Geistigen Welt zu verarbeiten, steuern lassen. Bei der Interpretation unserer Wirklichkeit hat das Ego den bewussten, vernünftigen Geist missbraucht und ein illusionäres Glaubenssystem, das auf Angst, Trennung, Selbstbezogenheit und Tod beruht, erschaffen. Deshalb haben wir das negative, auf Angst beruhende, trennende Ego. Der Sündenfall aus der Bibel geschah, als wir als Monaden oder individualisierte Funken Gottes gewählt haben, in die Materie zu kommen. Es war nicht das Eintreten in die Materie, welche den „Sündenfall" verursachte, sondern die Überidentifikation mit der Materie. Es war der Moment, in dem wir dachten, wie seien ein physischer Körper, statt eines göttlichen Wesens, das einen physischen Körper bewohnt oder benutzt. Indem wir denken, dass wir ein physischer Körper seien, sind wir auf die Illusion der Trennung von Gott und von unseren Brüdern und Schwestern hereingefallen. Dann kamen Selbstbezogenheit, Angst und tatsächlicher Tod. Aus diesen falschen Voraussetzungen entstand ein ganzes Denksystem, das aus Illusion, Maya und Glanz entwickelt wurde. Das erstaunliche Werk *Ein Kurs in Wundern* lehrt uns, dass der „Sündenfall" niemals wirklich geschah. Wir denken nur, dass dem so war. Das grundlegende Gesetz des Geistes besteht darin, dass unsere Gedanken unsere Realität erschaffen. Unsere Gefühle, Emotionen, unser Verhalten und alles, was wir in unserem Leben anziehen, entstammt unseren Gedanken. Unsere Gedanken erzeugen unsere Wirklichkeit, aber unsere Gedanken erschaffen keine Wahrheit. Das negative Ego kam nicht von Gott, sondern durch den Missbrauch des menschlichen freien Willens. Wir waren immer Christus, Buddha, Atman, das ewige Selbst und mit Gott vereint. Unser ganzes negatives egoistisches Denken hat dies keinen Deut verändert. Der „Sündenfall" geschah nie wirklich. Wenn du also denkst, dass du nur ein physischer Körper bist, statt eines geistigen Wesens, das in einem physischen Körper lebt, dann wird dies deine Realität sein; eine Realität, die auf Angst, Trennung, Selbstzentriertheit basiert, was in Wahrheit Illusion ist. Denn du warst immer eins mit Gott und du warst immer Christus und Sohn oder Tochter Gottes. Jedoch erschaffen unsere Gedanken unsere Realität. Wie Sai Baba sagte: „Dein Geist erzeugt Fesseln oder Befreiung." Er sagte auch: „Wenn du denkst, du wärst Gott, dann bist du es. Wenn du denkst, du wärst Staub, dann bist du es. Was du denkst, das wirst du. Denke Gott. Sei Gott." Die Realität mit dem Ego zu interpretieren bedeutet, die Realität nur mit den physischen Augen zu interpretieren.

Wir haben dem Ego nicht erlaubt, spirituell zu werden; es wurde ein negatives Ego. Nun müssen wir unser Ego spiritualisieren. Wie machen wir das? Da unsere Gedanken unsere Realität erschaffen, besteht der Schlüssel darin, jeden Gedanken, der nicht von Gott ist, vom Betreten deines Geistes abzuhalten. Der Schlüssel ist, stets wachsam gegenüber Gott und seinem Königreich zu sein und niemals in den „Autopilotenen" zu verfallen. Immer wenn ein negativer Gedanke versucht, in deinen Geist zu gelangen, hindere ihn daran einzutreten und werfe ihn hinaus. Schalte deinen Geist wie mit einer Fernsteuerung auf einen positiven Gedanken um. Dies ist das Konzept des Leugnens und der Affirmation. Du bist der Direktor deiner Persönlichkeit und es ist deine Entscheidung, mit deinem illusionären, negativen, auf Angst basierenden trennenden Ego zu denken oder mit deinem spirituellen

Christus-/Buddha-Geist, indem du erkennst, dass du Christus, Buddha, Atman, das ewige Selbst bist. Gott und die Aufgestiegenen Meister werden dies nicht für dich tun, egal wie sehr du darum bittest. Das ist deine Arbeit!

Jeder Mensch auf dem Planeten Erde hat nur ein wirkliches Problem: Du kannst es negatives Ego nennen, Angst oder Trennung. Es ist alles dasselbe. Jedes Problem im Leben hat hier seinen eigentlichen Ursprung. Das negative Ego ist die Ursache für alle negativen Emotionen, alle negativen Gedanken, jedes negative Verhalten, jede psychologische Krankheit, jedes Beziehungsproblem, für Armutsbewusstsein, Krieg und Terrorismus. Im Wesentlichen hindert dich das negative Ego an der Gottesverwirklichung. Sai Baba sagte: „Gott ist im Berg des Egos versteckt." Das negative Ego, mit all seinen infantilen Variationen und Manifestationen, öffnet uns für negative Implantate und Elementale, Parasiten, negative Eindrücke, ätherische Schäden, ätherischen Schleim, astrale Entitäten, die Kernangst, graue Felder und negative Archetypen. Es hängt alles davon ab, auf welche Stimme du hörst. Ist es die Stimme der Trennung oder der Einheit, der Angst oder der Liebe? *Ein Kurs in Wundern* sagt: „Wähle erneut." In jedem Moment unseres Lebens wählen wir entweder Gott oder das Ego. Wie Paramahansa Yogananda sagte: „Wenn du Gott verwirklichen möchtest, dann musst du ihn so sehr wollen, wie ein Ertrinkender, der um Luft ringt." Du wirst Gott nicht finden, wenn du unentschlossen bist oder neutral bleibst.

Nun gibt es logischerweise konsequente Lektionen, die erforderlich sind und von dieser Schlüssellektion des Leugnens des negativen Egos und des Wählens des Buddha-/Christus-/Melchizedek-Bewusstseins ausgehen. Die hauptsächlichen Lektionen bestehen darin, zu lernen dein Vierkörpersystem zu balancieren, dich richtig um dein inneres Kind zu kümmern, Selbstliebe und Selbstwert zu entwickeln, stets in deiner persönlichen Kraft zu bleiben, dein Unterbewusstsein neu zu programmieren, die sexuellen Energien zu kontrollieren, psychische Selbstverteidigung aufrechtzuerhalten, rechte menschliche Beziehungen zu unterhalten, fürsorglich gegenüber deinem physischen Körper zu sein und den Begierdenkörper zu meistern. Beachte dies einfach und praktiziere die universellen Gesetze Gottes, wie sie hier beschrieben sind und spiritualisiere dein Ego in umfassender Weise. Wenn du Gott in jedem Moment deines Lebens wählst, dann wird dies dein Ego spiritualisieren. Wenn man ein Leben nach Sai Babas Definition von Gott führt, so wird dies dein Ego spiritualisieren: „Gott gleich Mensch minus Ego. Das Ego lebt durch Bekommen und Vergessen. Die Liebe lebt durch Geben und Vergeben. Liebe ist Ausdehnung. Selbst ist Zusammenziehen. Selbst ist lieblos. Liebe ist selbstlos."

132. Das universelle Gesetz der unterbewussten Einmischung

Wenn du zwölf Menschen nimmst, die einen Unfall sehen, so werden alle zwölf eine andere Geschichte erzählen. Wie kann das sein? Liegt es an den physischen Augen? Vielleicht haben einige von ihnen ein schlechtes physisches Sehvermögen, aber sicher nicht alle. Gewöhnlich ist es das eigene psychologische Bewusstsein, das die tatsächliche Wahrnehmung der Wirklichkeit verzerrt. Das nennt man unterbewusste Einmischung und dies ist tatsächlich ein neu zu erforschendes Gebiet im Bereich der Psychologie und der Vorstellung. Das ist Legasthenie. Deshalb fügen Menschen Worte hinzu oder lassen sie weg, wenn sie etwas laut vorlesen. Dasselbe machen wir auch oft beim Schreiben. Oder wir kennen alle den „Freud'schen Versprecher", bei dem Worte herauskommen, die ein Mensch gar nicht sagen wollte, aber trotzdem rausrutschen, um das eigene wahre Denken zu offenbaren. Ein Mensch kann sein Auto im Einkaufszentrum parken und bei seiner Rückkehr vom Einkaufen danach suchen. Er hat eine fixe Idee im Geist, wo das

Auto sein könnte, doch er läuft daran vorbei, obwohl es genau vor seinen physischen Augen ist. Wir kennen alle das Telefonspiel, bei dem eine Botschaft von einem zum anderen weitergegeben wird. Wenn dann die Runde beendet ist, dann hat die Botschaft nichts mehr mit der ursprünglichen Botschaft zu tun. Das ist unterbewusste Einmischung.

Die Menschen projizieren konstant ihre Gedanken und Bilder auf einer bewussten und unterbewussten Ebene auf die Welt und auf etwas, das nicht da ist. Sie erlauben es auch konstant anderen Menschen, Gedanken und Bilder in ihren Geist zu pflanzen und Dinge zu sehen, die nicht da sind. Jemand schaut sich einen unheimlichen Film an und meint in der darauffolgenden Nacht sämtliche unheimliche Dinge zu sehen und zu hören. Erkennst du worum es hierbei geht? Die Menschen halluzinieren konstant und sehen, hören, schmecken, berühren und riechen Dinge, die nicht da sind, was durch die „unterbewusste Einmischung" verursacht wird. Wie kommt das? Der Grund dafür besteht darin, dass die meisten Menschen auf der Erde zu 99 % der Zeit in Hypnose leben, obwohl ihre Augen weit offen sind. Das meiste, was die Menschen auf der Erde sehen – einschließlich der Lichtarbeiter – ist eine massive Halluzination ihres Unterbewusstseins. Auf dem Gebiet der Hypnose, das wir alle aus Darstellungen kennen, kann ein Mensch allein durch eine Suggestion an das Unterbewusstsein dazu gebracht werden, mit einem der fünf Sinne zu halluzinieren sowie jeden Gedanken oder jedes Bild, das in seinen Geist gepflanzt wurde, zu halluzinieren. Er sieht tatsächlich Dinge, die nicht da sind. Die meisten Menschen sehen, schmecken, berühren, riechen und hören in Hypnose Dinge, die nicht da sind, aufgrund der unterbewussten Einmischung. Die Menschen halluzinieren konstant Dinge, Gedanken und Bilder, die aus der Vergangenheit durch sie selbst und durch andere Menschen in der Gegenwart in ihren Geist programmiert wurden, die nicht wirklich da sind. Wenn ein Mensch von seinem Unterbewusstsein beherrscht wird, dann wird er auch automatisch vom Emotionalkörper,

Astralkörper und Begierdenkörper beherrscht. Das bedeutet, dass du deine Emotionen nicht verursachst, die dich zum Opfer machen. Das bedeutet auch, dass das negative Ego den Menschen und sein Leben beherrscht, denn der Emotionalkörper kontrolliert, was automatisch bedeutet, dass das negative Ego der Programmierer ist. Dies ist eine unanfechtbare Tatsache und ein Gesetz des Geistes. Wenn du deinen Gefühlen und Emotionen erlaubst, dich zu beherrschen, dann wird der Begierdenkörper die Oberhand übernehmen und zu sehr in der Kontrolle sein. In den meisten Fällen bedeutet es auch, dass das innere Kind das Leben des Menschen beherrscht und dass der Geist den Menschen beherrscht und er keinen inneren Frieden findet. Dies führt zu vielen Fehlhandlungen. Das Unterbewusstsein wird Katastrophen erschaffen. Und der Mensch weiß nicht warum. Es geschieht, weil er sein Unterbewusstsein, den Emotionalkörper und das Bewusstsein nicht unter Kontrolle hat. Daher übernimmt das negative Ego die Kontrolle und sabotiert den Menschen. Der Mensch lässt sein Leben von einem unvernünftigen Geist beherrschen und erkennt es nicht einmal. Kontempliere darüber!

133. Das universelle Gesetz des Erfolges

Was in deinem Bewusstsein ist, will sich in deiner äußeren Realität manifestieren. Gott ist in allem, was er tut zu 100 % erfolgreich. Du bist Gott in deinem Kern, also musst du in allem, was du tust, auch erfolgreich sein. Wie kann Gott, der alles ist, keinen Erfolg haben? „Mein Verbündeter ist die Kraft. Und sie ist ein mächtiger Verbündeter. Das Leben erschafft sie. Lass sie wachsen.“ (Yoda, Krieg der Sterne Trilogie)

Halte dieses spirituelle Ideal aufrecht und wisse, dass du in allem, was du tust, erfolgreich sein wirst und es ist unmöglich, dass etwas anderes geschieht. Bleibe jedoch balanciert und integriert in dem Prozess, wie du dies umsetzt. Arbeite auf allen Ebenen Gottes, um dies zu erlangen. Halte jedoch das perfekte Ideal aufrecht. Was das Bankkonto oder deine Erfahrungen des äußeren Lebens hinsichtlich deines Erfolges sagen, ist bedeutungslos. Lass deine äußeren Umstände nicht bestimmen, was du bist. Lass dein Bewusstsein, das auf Gott und deine wahre Identität als Sohn oder Tochter Gottes eingestimmt ist bestimmen, wer und was du bist. Es ist unmöglich für Gott, nicht in jedem Aspekt des Lebens wohlhabend und erfolgreich zu sein. Der Schlüssel zum Erfolg besteht darin, das perfekte Ideal aufrechtzuerhalten, aber auch einen gesunden Menschenverstand und eine entsprechende Umsetzung, während du handelst. Manche haben das Ideal der Vollkommenheit, sind aber nicht integriert und werden blockiert. Andere bemühen sich um Integration und Balance, halten aber nicht immer das vollkommene Christus-Ideal aufrecht. Achte also darauf, dass du in allem, was du tust, integriert und balanciert bist und erkenne, dass du alle Ebenen Gottes nutzen solltest, um wirklich erfolgreich zu sein und nicht irgendwo stecken zu bleiben. Die vier Eckpfeiler zum Erfolg lauten: „Gott, meine persönliche Kraft, die Kraft meines Unterbewusstseins und die Kraft meines physischen Körpers sind ein unschlagbares Team!" In dieser Affirmation liegt viel Tiefe und du solltest sie oft wiederholen. Auf diese Weise manifestieren die integrierten Aufgestiegenen Meister. Sie arbeiten auf allen vier Ebenen. Sie nutzen persönliche Kraft und das spirituelle Christus-/ Buddha Denken und Fühlen auf der bewussten Ebene, das Gebet auf der spirituellen Ebene, Affirmationen, Visualisierungen und Selbstsuggestionen auf der unterbewussten Ebene und richtige physische Handlung auf der physischen Ebene. Erinnere dich stets daran, dass jeder von uns in sich einen Aspekt des göttlichen Geistes trägt. Der Schlüssel zum Erfolg liegt im mitschöpferischen Prozess, die Geisteskraft von Gott und den Meistern anzurufen und deine eigene Geisteskraft dazu zu nutzen, die Realität zu erschaffen, die du wünschst. Das negative Ego wird versuchen, dich eine dieser Ebenen vergessen zu lassen. Wenn dies geschieht, wird es den Prozess sabotieren. Alle vier

Ebenen müssen aufrechterhalten und strukturiert, selbstdiszipliniert und kontinuierlich einbezogen werden und der Erfolg wird dir sicher sein. „Über dieses Gesetzbuch sollst du immer reden und Tag und Nacht darüber nachsinnen, damit du darauf achtest, genauso zu handeln, wie darin geschrieben steht. Dann wirst du auf deinem Weg Glück und Erfolg haben.“ (Josua 1:8)

134. Das universelle Gesetz der physischen Handlung

Große Gedanken sprechen nur zu dem gedankenvollen Geist, aber große Handlungen sprechen zu der ganzen Menschheit. Buddha sagte: „Weder ist jemand aufgrund seiner Geburt niedrig, noch macht die Geburt jemanden heilig. Nur die Handlungen machen jemanden niedrig, nur Handlungen machen jemanden heilig.“ (Sutta Nipata 136) Eine der vielen Arten, wie das Gedankensystem des negativen Egos deine Fähigkeit zu manifestieren sabotiert liegt darin, dich passiv, gleichgültig und zögerlich sein zu lassen. Wie Carl Gustav Jung, der berühmte Schweizer Psychologe, sagte: „Die größte Sünde des Menschen ist seine Gleichgültigkeit.“ Verschiebe nicht auf später, was du gleich tun kannst. Wer zögert, ist verloren. Ein Teil der Manifestation liegt darin, im Besitz der eigenen Kraft zu sein und physisch zu handeln. Dies nennt man „aktive Intelligenz“. Es genügt nicht, nur deine persönliche Kraft zu besitzen (erster Strahl) und dich selbst und andere zu lieben (zweiter Strahl). Du musst auch physisch handeln (dritter Strahl). Viele bekommen die Gelegenheiten, die sie suchen, sie schreiten jedoch nicht zur Tat, wenn die Gelegenheit erscheint. „Es gibt Risiken und Kosten für ein Handlungsprogramm, aber sie sind weit geringer als die langfristigen Risiken und Kosten des bequemen Nicht-Handelns.“ (John F. Kennedy) Um den Himmel individuell in deinem Bewusstsein und kollektiv auf der Erde zu erschaffen, musst du physisch handeln. Wir sind die Hände und Füße Gottes auf dieser Erde.

„Wir sind alle Stifte in der Hand Gottes", wie Mutter Teresa sagte. Erinnere dich an die Weisheit von St. Germain, wie sie durch Godfré Ray King gebracht wurde: „ICH BIN die Gegenwart Gottes in der Handlung dieses Tages." Möge dies dein neues Mantra sein!

135. Das universelle Gesetz der Versuchung

Was bedeutet Versuchung? Versuchung ist die Führung des negativen Egos, uns vom geraden und schmalen Pfad abzubringen. Versuchung ist das unangemessene Denken des negativen Egos und das Missinterpretieren der Realität. Versuchung ist die Führung des negativen Egos, dass du negativen Emotionen nachgibst, dich in dein niederes Selbst zu ziehen, den niederen Weg zu nehmen, wobei Gott möchte, dass du den höheren Weg nimmst. Versuchung ist der Versuch des negativen Egos, dass du fleischlicher Sexualität nachgibst, doch Gott möchte, dass du Sexualität nur im Dienste der bedingungslosen Liebe nutzt sowie in einer angemessenen und nicht übertriebenen Weise. Das negative Ego möchte, dass du den Pfad des Hedonismus und der übertriebenen Leidenschaft und des Vergnügens gehst. Gott führt dich so, dass es im Leben einen höheren Sinn gibt, als nur die Suche nach Vergnügen. Versuchung ist die Führung des negativen Egos, damit du schlechten Gewohnheiten nachgibst, während Gott dich zu Selbstmeisterung, Selbstverwirklichung und Bescheidenheit in allen Dingen führt. Versuchung ist die Führung des negativen Egos, deinen Körper, deinen Geist, deine Gefühle mit Dingen, die nicht von Gott sind, zu verschmutzen, während dich Gott zur Reinheit des Bewusstseins auf allen Ebenen führt. Im Christentum sagt man, dass die Versuchung vom Teufel oder Satan stammt, was nur ein Symbol oder eine Metapher für das negative Ego ist. Im Hinduismus wird das negative Ego Illusion oder Maya genannt. In den Lehren der westlichen Esoterik nennt man es Glanz. Wenn die Versuchung kommt, besteht der Schlüssel darin, deine

Achtsamkeit davon abzuziehen. Dies kannst du in deinem Bewusstsein tun und/oder durch eine andere physische Handlung. Es kann durch positive Affirmation oder Visualisierung geschehen, durch Gebet, durch Wiederholen der Namen Gottes, einfach ihr zu sagen, dass sie gehen soll. Es ist immer ein Prozess der Verleugnung und der Affirmation. Ein träger Geist ist die Werkstatt des Teufels.

Der Schlüssel, um erfolgreich zu leben, besteht darin, stets seine Konzentration und Aufmerksamkeit in Gedanken, Gefühlen und Handlungen auf Gott zu richten. Es gibt keine Sünde in der Versuchung. Die Versuchung ist die Lektion. Es geht im Kern darum, wenn dir bewusst wird, dass du dem negativen Ego und der Versuchung nachgibst, dies einfach sofort ohne zu verurteilen zu beenden und dir zu vergeben. Vollkommenheit heißt nicht, keine Fehler zu machen. Vollkommenheit bedeutet, bewusst keine Fehler zu machen. Gott erwartet keine Vollkommenheit. Selbst wenn wir bewusst dem negativen Ego oder der Versuchung nachgeben, dann ist dies nicht das Ende der Welt. Es ist nur ein Fehler und Fehler sind in Ordnung. Rechtschaffenheit liegt in den Augen Gottes im Versuch. Du musst im Besitz deiner persönlichen Kraft sein. Viele Menschen sind bewusst, aber sie besitzen keine persönliche Kraft. Sie sind Opfer und sich dessen bewusst und das macht es sogar noch schlimmer. Ein wahrer spiritueller Meister besitzt Bewusstsein und zu 100 % persönliche Kraft, Weisheit und bedingungslose Liebe, um seine bewusste Unterscheidungskraft zu verstärken.

Manche Menschen machen den Fehler, wenn ihnen bewusst wird, das sie der Versuchung nachgegeben haben und das negative Ego ihnen sagt, dass sie es schon vollkommen verpatzt haben, gleich damit weiterzumachen. Verschlimmere einen kleinen Fehler nicht mit einem größeren. Alles ist von Gott vergeben. Der Schlüssel ist, dir selbst zu vergeben. Wie *Ein Kurs in Wundern* sagt: „Meine Rettung liegt an mir."

Gott hat uns bereits alles gegeben, die Frage ist, werden wir uns selbst Gott geben? Das tun wir, wenn wir wählen, nicht dem negativen Ego und der Versuchung nachzugeben und wenn wir es doch tun, uns selbst zu vergeben, uns selbst bedingungslos zu lieben und aus unseren Fehlern zu lernen. „Noch ist keine Versuchung über euch gekommen, die den Menschen überfordert. Gott ist treu; er wird nicht zulassen, dass ihr über eure Kraft hinaus versucht werdet. Er wird euch in der Versuchung einen Ausweg schaffen, so dass ihr sie bestehen könnt." (1 Korinther 10:13)

136. Das universelle Gesetz der Göttin

Es gab eine Zeit auf der Erde während der alten Zivilisation Lemuriens, was vor Atlantis war, als die Energien von Gott/Göttin in perfekter Balance waren. Als jedoch die Frucht des „Baumes von Gut und Böse" gegessen wurde, kam es zum ersten Mal auf der Erde dazu, dass der Mensch die freie Entscheidung und den Gedanken an die Einheit mit Gott missbraucht hat. Dies war der Beginn des negativen, auf Angst basierenden Egos. Es war die Entscheidung für Angst, Trennung, Selbstbezogenheit, Begierde des niederen Selbst, bedingter Liebe, Schuldgefühle, Verletzen, Depression und Wut und es begann der Prozess der Zurückweisung und der Beschimpfung der Göttlichen Mutter und der Energie der Göttin auf der Erde. Es begann auch der Prozess des Massenbewusstseins auf der Erde, sich übermäßig mit den männlichen Energien, statt auch mit den weiblichen Energien zu identifizieren. Geist über das Herz! Denken über Intuition! Denken und Wissenschaft über Spiritualität! Denken, Selbstbezogenheit und Technologie über alles hinsichtlich Mutter Erde und Natur!

Dies verursachte eine zu starke Identifikation des Patriarchats über das Matriarchat. Die linke Gehirnhälfte wurde wichtiger als die rechte Gehirnhälfte. Die Männer begannen, die Gesellschaft zu kontrollieren und die Frauen wurden nicht mehr als gleichwertig angesehen. Die Frauen wurden dazu gezwungen, Dienstmädchen zu werden und Bürgerinnen der niederen Klasse. Das Abschneiden des Weiblichen schnitt auch zu einem großen Teil die Spiritualität ab. Es verursachte eine vollkommene Trennung von Mutter Erde, den Tieren, den Pflanzen und dem Mineralreich. Selbst Gott wurde als männlich betrachtet. Es wurde uns beigebracht, „ihn" den „Himmlischen Vater" zu nennen. Der weibliche Aspekt wurde als Mutter Erde gesehen. In der New Age Bewegung gibt es eine große Konzentration auf die Spiritualität, jedoch in übermäßiger Identifikation mit den himmlischen Energien und mangelnder Ausrichtung auf das materielle Antlitz Gottes. Es gibt Millionen von Beispielen. Die Göttliche Mutter wurde komplett von der Spiritualität getrennt. Der weibliche Weg zu Gott sollte viel stärker bei den Menschen und Lichtarbeitern auf der ganzen Erde entwickelt werden, um die richtige Balance hinsichtlich der Gott/Göttin-Energien zu finden, die sowohl die wahren Götter als auch Göttinnen wollen. Der weibliche Weg zu Gott wurde verleugnet. Die Lichtarbeiter auf der Erde sind extrem unbalanciert. Ihre spirituellen Körper sind hoch entwickelt, jedoch nicht ihre Bankkonten. Ihre Lichtkörper sind hoch entwickelt, aber ihre Liebeskörper sind nicht ausgeglichen. Die Göttliche Mutter und die Energie der Göttin bringt uns nicht nur eine neue Verbindung zu unserer fühlenden Natur, sondern auch die Fähigkeit, unsere Spiritualität zu erden. Die Göttliche Mutter und die Energie der Göttin helfen uns auch, Gott durch die Verkörperung Gottes auf Erden vollkommen zu realisieren. Frauen müssen jetzt natürlich vorsichtig sein und sich nicht zu sehr mit dem Pfad der Göttin identifizieren, um nicht matriarchalisch in ihrer Natur zu werden, feministisch im Sinne von anti-männlich, zu emotional, wobei wir dann Opfer des Emotionalkörpers und des negativen Egos sind. Frauen müssen darauf achten, nicht zu sehr in der rechten Gehirnhälfte zu sein, in der sie ihren gesunden Menschenverstand oder die Logik verlieren und zu empathisch werden. Der wahre Pfad der Göttin versucht, nicht gegen den männlichen Pfad

Gottes zu sein, sondern ihn nur richtig zu integrieren. Dasselbe gilt für den männlichen Pfad Gottes. Gottesverwirklichung, der göttliche Plan und der integrierte Aufstieg werden nicht erlangt, wenn die Göttliche Mutter, die Energie der Göttin, die Aufgestiegenen Meisterinnen und Mutter Erde, Pan, die Naturgeister, Pflanzendevas und Elementale nicht zurückgebracht werden an ihren rechtmäßigen göttlichen Platz innerhalb des Selbst und unserer Gesellschaft als Ganzes. Niemand auf der Erde wird im wahren Sinn des Wortes tatsächliche Gottesverwirklichung erlangen, mit der Integration der vier Antlitze Gottes (spirituell, mental, emotional und materiell), wenn er nicht den männlichen und den weiblichen Pfad Gottes vollständig annimmt. Nur dann ist die „Ganzheit Gottes“ erfahrbar.

137. Das universelle Gesetz der heiligen Begegnung

Jedes Mal, wenn wir einen anderen Menschen treffen, ist es eine heilige Begegnung. Jede Begegnung mit einem anderen Menschen ist in Wirklichkeit das Treffen von Christus mit Christus, Buddha mit Buddha, Atman mit Atman, ewigem Selbst mit ewigem Selbst, Gott mit Gott. Jeder Mensch, den wir treffen, ob wir ihn kennen oder nicht, ist Gott, der uns in physischer Form besucht. Dieses Konzept gilt auch für das Reich der Tiere, Pflanzen und Mineralien. Es gibt nur ein Wesen im Universum und das ist Gott. So ist also jede Begegnung in der Tat eine heilige Begegnung. Schaue hinter die Erscheinung des physischen, emotionalen und mentalen Körpers und erkenne den wahren Kern eines jeden Wesens. Die Welt ist ein Spiegel unseres eigenen Denkens. Was wir in unseren Brüdern und Schwestern sehen, ist in Wahrheit das, was wir in uns selbst sehen. Du kannst Gott nicht verwirklichen, solange du deine Brüder und Schwestern nicht als Gott erkennst. Wir sind alle Gott, ob wir es wollen oder nicht. Darin haben wir keine Wahl, weil wir uns nicht selbst erschaffen haben. Gott tat es. Dies ist eine Tatsache und jegliches Denken des negativen Egos wird diese Wahrheit in diesem unendlichen Universum nicht ändern. „Vergesst die Gastfreundschaft nicht; denn durch sie haben einige, ohne es zu ahnen, Engel beherbergt." (Hebräer 13:2)

138. Das universelle Gesetz des Heiligen Geistes

In mancher Weise ist der Heilige Geist der beste spirituelle Meister, denn er ist der Aspekt Gottes, der direkt aus ihm selbst erschaffen wurde und im Wesentlichen die „Antwort" auf alle unsere Herausforderungen und Lektionen im Leben. Gott hat sich selbst in drei Aspekte aufgeteilt. Dies ist die Dreieinigkeit von Gott, Christus und dem Heiligen Geist. Der Heilige Geist ist der Aspekt Gottes, den er in uns als die Antwort auf alle unsere Probleme gelegt hat. In Wahrheit sind alle Probleme vom negativen Ego oder trennenden Geist erschaffen. Alle Antworten und Lösungen kommen vom Heiligen Geist. „Wenn man euch vor die Gerichte der Synagogen und vor die Herrscher und Machthaber schleppt, dann macht euch keine Sorgen, wie ihr euch verteidigen oder was ihr sagen sollt. Denn der Heilige Geist wird euch in der gleichen Stunde eingeben, was ihr sagen müsst." (Lukas 12:11-12) Der Heilige Geist spricht für die Buße oder für die Einheit. Buße bedeutet, etwas ungeschehen zu machen. Von den vielen Gaben des Heiligen Geistes und des unendlichen Universums, Wissen, Liebe und Kraft, die er besitzt, ist eine der tiefsten die Fähigkeit, vergangene Fehler und negative Interaktionen und Situationen ungeschehen zu machen. Der Heilige Geist kann es nicht nur in deinem Unterbewusstsein und Bewusstsein und aurischen Feld ungeschehen machen, er kann auch die Wirkungen, die deine Fehler auf andere Menschen oder Situationen haben können, ungeschehen machen. Es gibt keine Situation im Leben, die er nicht ungeschehen oder neu bilden kann, wenn du ihn darum bittest. Es gibt keine Situation im Leben, für die es keine Antwort gibt.

Rufe Gott und die gesamten göttlichen Kräfte an, vergesse jedoch nicht, den Heiligen Geist anzurufen. Der Heilige Geist ist der höchste kosmische Meister, den Gott in dich gelegt hat als Antwort auf alle deine Herausforderungen und Lektionen, und die höchste Kraft im Universum, die Hindernisse hinsichtlich jeden Aspekt des Lebens ungeschehen machen kann. Dies gilt für die physische Ebene, die ätherische Ebene, die astrale Ebene, die mentale Ebene und die spirituelle Ebene. Solange deine Bitten ehrlich und rein und nicht vom negativen Ego motiviert sind, wird er dir helfen und ist wörtlich der Arm Gottes. Lasst uns an die Worte aus der Heiligen Schrift erinnern: „Der Gott der Hoffnung aber erfülle euch mit aller Freude und mit allem Frieden im Glauben, damit ihr reich werdet an Hoffnung in der Kraft des Heiligen Geistes." (Römer 15:13) „Die Hoffnung aber lässt nicht zugrunde gehen; denn die Liebe Gottes ist ausgegossen in unsere Herzen durch den Heiligen Geist, der uns gegeben ist." (Römer 5:5)

139. Das universelle Gesetz der unglaublichen Kraft der Ideen

Die meisten Menschen erkennen nicht, dass sie buchstäblich eine Inkarnation Gottes sind und einen Aspekt von Gottes Geist in sich tragen. Dieser Geist ist erfüllt von der Inspiration und Kreativität Gottes, die sich jeder Mensch zu Nutze machen kann. Die Kraft einer guten Idee kann die ganze Welt verändern und revolutionieren. Die Kraft einer guten Idee kann dich reich und erfolgreich machen. Die meisten Menschen erkennen nicht, welch kostbare Quelle sie in sich tragen. Die ganze Schöpfung begann als einfacher Gedanke in Gottes Bewusstsein. Wir haben dieselbe Kraft wie Gott, unsere Realität zu verursachen und zu erschaffen. Wir sind im Wesentlichen Miniaturen Gottes, die wachsen, um wie Gott zu werden. Jedes kleine Ding, das auf der Erde manifestiert wurde, begann als Gedanke. Die Sixtinische Kapelle von Michelangelo begann als Gedanke in seinem Geist. Jesus stand von den

Toten auf mit der Kraft eines Gedankens. „Alle deine Gedanken sprengen deine Grenzen, wenn du inspiriert bist von einem großen Ziel, einem außergewöhnlichen Projekt; dein Geist transzendiert Begrenzungen, dein Bewusstsein dehnt sich in jeder Richtung aus, und du findest dich selbst in einer neuen, großen und wunderbaren Welt. Schlafende Kräfte, Fähigkeiten, Talente werden erweckt, und du entdeckst, dass du selbst ein weit größerer Mensch bist, als du es selbst erträumt hast." (Patanjali)

Kannst du mit der Kraft deines Geistes, Gottes Geistes, des Geistes der Meister, deines monadischen Geistes, deines Geistes des Höheren Selbst und deines unterbewussten Geistes (siehe *Das universelle Gesetz des Balancierens und Integrierens deiner vier Bewusstseinsebenen Nr. 20*) erkennen, wie kreativ Gedanken, Inspirationen und Ideen potenziell sein können, die jeden Tag durch dich fließen? Schreibe alle deine Ideen auf, denn die Natur des Geistes ist sehr flüchtig, und wenn du sie nicht aufschreibst, wirst du sie vergessen, denn der Geist strömt dann weiter zu einem anderen Bereich von Kreativität und Ausdruck. Gott gibt dem unendlichen Universum kreativen Ausdruck durch die Kraft seines Geistes. Wir geben unserem Leben kreativen Ausdruck als Inkarnationen Gottes durch die Kraft unseres Geistes. Arbeite mit dieser Kraft zusammen und benutze sie, denn sie ist ein goldener Schlüssel, um Gott zu verwirklichen, glücklich und erfolgreich zu sein und deine spirituelle Mission auf Erden zu erfüllen.

140. Das universelle Gesetz der Merkabah

Die Merkabah ist wie ein Körper, der das aurische Feld eines Menschen umgibt. Im Gegensatz zur üblichen Meinung muss sie nicht vom Menschen bewusst aufgebaut werden, denn sie wird automatisch im Prozess der Evolution errichtet. Die Merkabah wird für viele Dinge benutzt. Zum einen als ein starker Schutz für die Energiefelder.

Andererseits als ein Vehikel, um damit zu reisen. Es ist ein Lichtfahrzeug, das automatisch funktioniert, selbst wenn man nicht bewusst darin trainiert wurde, wie man es benutzt. Wenn ein Mensch in der Nacht oder auch bewusst eine Seelenreise unternimmt, befindet er sich in seiner Merkabah. Man muss es nicht bewusst tun, denn es geschieht automatisch. Die Merkabah verändert ihre Form nach jeder Einweihung, die du erhältst. Die Merkabah eines jeden Menschen ist anders, denn ihre Form wird bei der Einweihung erschaffen, entsprechend der Entwicklung des Bewusstseins. Bei jeder Einweihung verändert sie sich, um das Wachstum in deinem Bewusstsein zu reflektieren. Du musst die Merkabah nicht drehen, um deine Felder zu reinigen. Das Platinnetz anzurufen, funktioniert viel besser. Jedoch ist es zuweilen eine gute Idee, um Ausrichtung und Klärung der Merkabah zu bitten. Ein Teil des Bildens des Lichtkörpers liegt in der Verankerung der höheren Lichtkörper, und zwar nach und nach in den Energiefeldern und im gesamten System, wobei die Merkabah der äußere Körper ist, der alle Energiefelder umgibt. Die Merkabah ist von Natur aus halb durchlässig und erlaubt es, dass sich die anderen Lichtkörper so weit, wie es ihnen möglich ist, auszudehnen, während sie gleichzeitig einen vollkommenen Schutz darstellt. Im gedankenfreien Sitzen breitet sich die Merkabah etwa 3 bis 15 Meter weit aus. Je nachdem was du denkst, dehnt sie sich noch viel weiter aus. Die Merkabah kann sich potenziell ins Unendliche erweitern, je nach deinem spirituellen Entwicklungsgrad. Wenn man auf der Erde ein sehr weit fortgeschrittener Meister ist, sozusagen ein „integrierter spiritueller Meister“ und die Integration und das Transzendieren des negativen Egos zu einem hohen Grad beherrscht, dann ist es für einen solchen Menschen möglich, seine Merkabah bis zu einer universellen Ebene auszudehnen. Dies wird alles vom eigenen Denkprozess, der Ebene und des Grades der eigenen spirituellen Führerschaft und dem planetaren Weltdienst gesteuert. Die Merkabah ist unzerstörbar und von Gott erschaffen. Wenn die anderen Lichtkörper potenziell aus der Balance geraten können, so geschieht dies bei der Merkabah nicht. Sie hilft auch, die Energien der Lichtkörper zu channeln und wird automatisch von Gott programmiert, um mit all den Codes, Frequenzen, Funktionen und der Weisheit all der verschiedenen Lichtkörper aller 352 Ebenen Gottes zu funktionieren. Wer als spiritueller Meister im Dienst an Gott und den Meistern integriert und balanciert ist und ein reines Herz hat, kann mit der Merkabah jenseits der integrierten Lichtkörperebene nach Belieben Gottes und der Meister dienen; dies kann jedoch nur dann stattfinden, wenn der Mensch wirklich ein „integrierter spiritueller Meister" ist.

141. Das universelle Gesetz des Platinnetzes

Wenn man auf der Erde lebt, auf der es so viel Negativität gibt, ist es wichtig, konstant seine Felder zu reinigen. Die einfachste Art dafür ist, Melchizedek, Mahatma und Metatron anzurufen und um das Platinnetz zu bitten. Dieses Platinnetz wird sich durch dein Zwölfkörpersystem bewegen und alle Unreinheiten beseitigen. Die Farbe Platin ist die höchste Farbfrequenz, die der Erde zur Verfügung steht. Gemäß deiner Bitte, kann das Platinnetz an allen Türen, Fenstern und Durchgängen deines Hauses und Büros platziert werden. Jedes Mal, wenn du durch eine Tür oder einen Torbogen gehst, wirst du auf diese Art sofort von dem Platinnetz gereinigt, und jegliche negative Energie wird von diesem Netz in eine höhere Lichtfrequenz des Göttlichen transformiert. Es stellt die Reinheit deiner aurischen Felder sicher und schützt auch dein Haus davor, dass ungewollte Energien eintreten. Einfach, aber tief gehend!

142. Das universelle Gesetz des potenziellen Glanzes spiritueller Gaben

Dies ist in der Tat ein interessantes Gesetz, das hier zur Sprache kommt. Es gibt viele Menschen, die über verschiedene Arten spiritueller Gaben verfügen, die in diesem oder in vergangenen Leben entwickelt wurden und die wunderbar sind. Jedoch ist es wesentlich zu verstehen, dass eine entwickelte spirituelle Gabe oder spirituelle Kraft in einem Bereich noch lange nicht bedeutet, dass dieser Mensch ein spiritueller Meister oder integriert ist oder auch in anderen Bereichen seines Lebens Fähigkeiten besitzt. Lichtarbeiter müssen hierbei ein großes spirituelles Unterscheidungsvermögen haben. Zum Beispiel kann jemand ein Channel für die Aufgestiegenen Meister sein und vollkommen von seinem negativen Ego beherrscht werden, ein vollkommenes emotionales Opfer sein und auf einem Egotrip und Weg der Selbsterhöhung sein, und trotzdem kann er zu Zeiten wunderbare Channelings bringen. Die Hälfte der Zeit channeln diese Personen noch nicht einmal die Meister, sondern ihr eigenes Glaubenssystem und bezeichnen dies als Durchgaben der Meister. Dieser ganze Prozess läuft natürlich unbewusst ab. Oder eine andere Person hat vielleicht ein sehr populäres Buch geschrieben, mit dem sie berühmt wurde, aber wenn du das Buch mit spiritueller Unterscheidungskraft liest und den Menschen kennst, dann erkennst du vielleicht ein ausgeprägtes negatives Ego und dieser Mensch ist noch nicht einmal annähernd ein integrierter spiritueller Meister. Ein anderes Beispiel ist vielleicht eine Person, die ein vergangenes Leben als Schüler von Jesus oder eines anderen großen Heiligen oder Gurus hatte. Die Hälfte von dem was Menschen sagen, ist vollkommen illusorisch und ein massiver Egotrip und die Informationen, die sie empfangen, stammen von einem anderen unterminierten äußeren Channel. Selbst wenn dies wahr wäre, so kümmert es die Meister weniger, was du in der Vergangenheit getan hast, als vielmehr das, was du jetzt tust. Es gibt viele Beispiele, aber ich denke, du verstehst, um was es geht.

Abschließend sei noch erwähnt, dass man in Indien diese spirituellen Gaben und/oder spirituellen Kräfte „Siddhas" nennt. Es ist nichts falsch daran, spirituelle Gaben oder Kräfte zu haben, mache diese Gaben oder Kräfte jedoch nicht zu deinem Ziel. Wenn sie kommen, dann sei es so. Wenn sie nicht kommen, dann sei es so. Lass dein Ziel die Gottesverwirklichung in einer integrierten und balancierten Weise sein.

Stelle auch andere Menschen nicht auf einen Podest und projiziere Kräfte, Gaben und Ebenen der spirituellen Meisterung auf Menschen, nur weil sie in einem oder zwei Bereichen ihres Lebens über wunderbare spirituelle Gaben verfügen. Nutze spirituelle Unterscheidungskraft und gehe den Weg clever auf einer spirituellen, psychologischen und physischen Ebene. Achte andere mittels deiner Unterscheidungskraft nicht zu sehr, aber auch nicht zu wenig. Lass deine spirituelle Unterscheidungskraft die Dinge auf diesen vier Ebenen genau so sehen, wie sie sind, mit bedingungsloser Liebe, wie Gott es sich wünschen würde.

143. Das universelle Gesetz des spirituellen Sinn des Lebens

Der Sinn des negativen Egos im Leben ist im Wesentlichen hedonistisch – es sucht Vergnügen, Erfüllung der fleischlichen Begierden, Macht in einem hierarchischen Sinn, materiellen Wohlstand und Kontrolle über andere, statt sich selbst zu kontrollieren. Die Antwort der Geistigen Welt ist die biblische Feststellung: „Welchen Profit hat ein Mensch, der die ganze Welt gewinnt, aber seine eigene Seele verliert?" Der spirituelle Sinn des Lebens ist es, Befreiung vom Rad der Wiedergeburt zu erlangen, Gott zu verwirklichen, ein integrierter Aufgestiegener Meister zu werden und der Menschheit zu dienen. Der spirituelle Sinn des Lebens liegt auch darin, glücklich zu sein und sich wohlzufühlen, in Balance mit dem eigenen spirituellen Wachstum. Swami Sivananda entdeckte das Mysterium des Lebens. Er sagte: „Du kamst zur Erde, um spirituelle Vollkommenheit zu erlangen. Du kamst hierher, um höchsten und reinen Segen zu erlangen. Der Sinn dieser menschlichen Geburt ist das Erlangen des göttlichen Bewusstseins. Das Ziel des Lebens ist die Selbstverwirklichung." Seine Heiligkeit, Sai Baba, lehrt: „Der Sinn des Lebens ist es, in Gott zu leben."

144. Das universelle Gesetz des gesprochenen Wortes

Wer in der Lage ist, das „innere Sehen" zu nutzen, würde genau wie die Meister sehen, dass Worte weit mehr sind als sie scheinen. Jedes einzelne Wort hat nicht nur eine Schwingungsfrequenz, sondern auch im ätherischen Bereich ein Gewicht, eine Form, eine Farbe und einen Ton. Jedes einzelne gesprochene Wort ist eine geballte Kraft einzigartiger Substanz. Wenn wir Worte in Sätzen aneinanderreihen, besonders wenn sie mit emotionalen und mentalen Bildern geformt sind, können wir als menschliche Wesen ein großes dynamisches Kraftfeld nutzbar machen und manifestieren. „Beschließt du etwas, dann trifft es ein, Licht überstrahlt deine Wege." (Hiob 22:28) Es ist für uns alle an der Zeit, uns der vitalen Kraft und Macht des gesprochenen Wortes bewusst zu werden, so dass diese umfassende Energie nicht mehr im Müßiggang verschwendet wird, wertlos und ohne nachzudenken und absichtslos dazu genutzt wird, um zu verletzen. „Benutze keine vergifteten Worte gegenüber anderen, denn Worte verwunden mehr als Pfeile." (Sai Baba)

Tatsächlich sprechen wir Menschen allgemein viel zu viel und denken über das, was wir sagen, viel zu wenig nach. Wir alle kennen den Aufprall verletzender Worte durch andere aus eigener Erfahrung. Wir haben ebenso die Wirkung unserer eigenen negativen und schädlichen Worte auf andere erlebt. Wie in der Heiligen Schrift steht: „Nicht was ein Mensch in den Mund nimmt, verschmutzt ihn, sondern was aus seinem Mund heraus kommt." Denke, bevor du sprichst. Meditiere sogar und richte dich aus auf deine Seele, Monade und mächtige ICH BIN - Gegenwart, bevor du denkst. Mutter Teresa sagte: „Bevor du sprichst, ist es notwendig, dass du lauschst, denn Gott spricht in der Stille des Herzens." Dies wird dein Motiv auf das von Gott ausrichten. Die Gedanken, die dann in dein Wesen eintreten, werden dann von einer höheren Ordnung sein, und die Worte, die diesen Gedanken folgen, werden mit diesen synchron gehen. Sie werden in sich die Form, den Ton, die Farbe und die Frequenz dessen tragen, was für dich der höchste und beste Ausdruck Gottes ist. Deine Worte werden dann aufrichten, nicht nur die Menschheit, sondern jedes Reich und jede Evolution, die auf diesem Planeten existiert. „Amen, das sage ich euch: Wenn jemand zu diesem Berg sagt: 'Hebe dich empor und stürze dich ins Meer!', und wenn er in seinem Herzen nicht zweifelt, sondern glaubt, dass geschieht, was er sagt, dann wird es geschehen." (Markus 11:23) „Am Anfang war das Wort und das Wort war mit Gott und das Wort war Gott." Dies ist die Kraft, die in jeder Äußerung von uns schwingt. Kontempliere darüber! Lasst uns unsere Worte weise wählen! „Dein Wort ist meinem Fuß eine Leuchte, ein Licht für meine Pfade." (Psalmen 119:105) „Es steht geschrieben, dass der Mensch nicht vom Brot allein leben soll, sondern mit dem Wort Gottes." (Jesus)

145. Das universelle Gesetz der drei Ebenen des spirituellen Sehens

Es gibt drei Ebenen des spirituellen Sehens. Die meisten Menschen meinen spirituelles Sehen sei Hellsichtigkeit. Jemand, der fähig ist, die Aura und spirituelle Wesen zu erkennen und in die inneren spirituellen Welten zu sehen. Spirituelles Sehen ist nicht unbedingt ein Zeichen für fortgeschrittenes spirituelles Wachstum. Spirituelles Sehen auf dieser Ebene ist verbunden mit der Entwicklung der unterbewussten inneren Sinne, nicht notwendigerweise einer überbewusste Ebene. Es gibt Menschen, die schizophren und hellsichtig sind und in astrale Welten sehen können. Man muss verstehen, dass es auf dieser Ebene tausende verschiedener Grade des spirituellen Sehens gibt. Die Hellsichtigkeit der Menschen ist nicht gleich. Manche Menschen können in die astrale Ebene sehen, manche in die mentale Ebene, manche in die buddhische oder kausale Ebene, manche in die Seelenebene, manche in die spirituelle Ebene. Manche Menschen können eine Schicht der Aura sehen, manche zwei, manche drei bis ins Unendliche. Manche Menschen können in die Chakren sehen, anderen können es nicht. Manche Menschen können die Geistige Welt sehen, andere können es nicht. Manche Menschen sehen Licht und Farbe, andere können klar die Welten der inneren Ebene sehen. Man muss dabei eine Sache verstehen, und zwar, dass man nicht die Entwicklung des Bewusstseins von der Hellsichtigkeit trennen kann. Wie entwickelt oder unentwickelt jemand ist, wird die hellsichtigen Fähigkeiten dieses Menschen stark beeinflussen, weil die Gedanken die Realität erschaffen und dies dient als Filter für die eigene Hellsichtigkeit. Es wird gewisse Arten des Sehens anziehen und andere abstoßen. Es ist also von höchster Bedeutung, dass jeder Mensch sein Bewusstsein auf einer bewussten, unterbewussten und überbewussten Ebene entwickeln, denn dies bewirkt in jedem Moment des Lebens das Manifestieren, Erschaffen und Filtern von allem im eigenem Leben.

Die zweite Art des Sehens ist das physische Sehen. Es ist auch eine Art von spirituellem Sehen, denn Gott ist genauso im physischen Körper und im materiellen Universum wie im himmlischen Universum. Genauso wie spirituelle Hellsichtigkeit bedeutende Informationen darüber bringen kann, was in und um die Realität herum geschieht, gibt das physische Sehen Information. Es gibt sämtliche Dinge in der physischen Realität, die alle Arten an wichtiger spiritueller Information geben. Die Erscheinung eines Menschen, seine Körpersprache, die Art, wie er spricht, die Art, wie er sich anhört, die Kleidung, die er trägt, sein Gebaren, seine Haltung, seine Augen, sein Gang, wie er sein Haus schmückt, seinen Schreibtisch, nur um ein paar Beispiele zu nennen.

Die dritte Ebene des spirituellen Sehens ist die wichtigste Ebene und beeinflusst die anderen beiden Ebenen des Sehens enorm. Wie schon öfter bemerkt wurde, sehen wir nicht nur mit unseren physischen Augen, sondern auch mit unserem Geist. Wir sehen auch mit den

Bildern in unserem Geist und durch unsere Gefühle und Emotionen. Wir sehen nicht nur durch unseren bewussten Geist, sondern auch durch unseren unterbewussten Geist. Der Letztere ist der Störenfried. Denn der unterbewusste Geist ist das Lagerhaus all unserer Programmierungen aus diesem Leben und sogar aus den vergangenen Leben. Die meisten Menschen sehen nicht in diesem gegenwärtigen heiligen Augenblick, sondern durch ihre vergangene Programmierung. Dies ist eine sehr tief gehende Feststellung. Nimm dir einen Moment Zeit und kontempliere darüber!

In diesem heiligen Augenblick bin ich Christus, bist du Christus, und wir sind alle vereint und eins mit Gott. In Wirklichkeit ist alles andere eine Illusion. Deshalb sagt *Ein Kurs in Wundern*: „Nichts Wirkliches kann bedroht werden. Nichts Unwirkliches existiert. Hierin liegt der Frieden Gottes." Du musst nicht versuchen, Gott zu werden. Du bist bereits Gott, jetzt in diesem heiligen Augenblick. Diese dritte Art des spirituellen Sehens beeinflusst die anderen beiden Arten des Sehens sehr, denn das Channeling und die Hellsichtigkeit eines Menschen werden durch das Bewusstsein und durch die unterbewusste Programmierung des Menschen, der diese Fähigkeiten hat, gefiltert. Deshalb wenden sich psychologisch sehr gestörte Individuen mit diesen Fähigkeiten gewöhnlich an die astrale Ebene und channeln astrale Entitäten. Ihr Bewusstsein richtet sie aus und zieht ihre Ebene des Verständnisses und der Entwicklung an. Die Welt ist in Wahrheit tatsächlich eine neutrale Leinwand und wir projizieren alle unsere Gedanken und Programmierungen auf diese Welt, und wir sehen, erfahren und fühlen das, was wir projizieren, aber all das geschieht so schnell, dass wir denken, es käme von außerhalb. Wir geben der Welt die Bedeutung, die sie für uns hat. Alle Gefühle und Emotionen, die wir hinsichtlich der Welt und den Menschen empfinden, kommen von uns selbst, nicht von außerhalb. Warum? Entweder interpretierst du das Leben mit deinem spirituellen Geist oder mit deinem negativen Ego. Dies und nicht was außerhalb von uns selbst liegt bestimmt deine Erfahrung und wie du dich im Leben fühlst. Jede Bedeutung der äußeren Welt kommt von deiner Interpretation, Wahrnehmung und deinem Glaubenssystem. Es ist nicht in der Welt, es ist in deinem psychologischen Sehen, deiner Wahrnehmung, Interpretation, Programmierung und deinem Glaubenssystem. Siehe auch *Das universelle Gesetz des Entwickelns einer gesunden Psycho-Erkenntnistheorie (Nr. 33)*, *Das universelle Gesetz der Hypnose (Nr. 70)* und *Das universelle Gesetz der unterbewussten Einmischung (Nr. 132)*, um das spirituelle Sehen zu verstehen.

Unsere Filter sind unsere Religion, Rasse, sozioökonomische Ebene, unser Land und unsere Stadt, in der wir leben, unsere Schulausbildung, Eltern, spirituelle Psychologie, Philosophie, Programmierung der vergangenen Leben, unterbewusste Programmierung, unser Geschlecht, Beruf, unsere Freunde, politische Einstellung, Erziehung, unser astrologisches Horoskop, unsere numerologische Konfiguration, archetypische Identifikation der zwölf Hauptarchetypen, um nur ein paar Beispiele zu nennen. Wenn man all diese einschränkenden Faktoren dem spirituellen Sehen hinzufügt, kannst du erkennen, wie sehr unser psychologisches Sehen unser physisches Sehen beeinflusst und dass die meisten Menschen auf der Erde das Leben durch einen Millionstel Teil der Linse, durch die Gott das Leben betrachtet, sehen. Spricht die Bibel nicht davon, wenn sie sagt: „Wenn Menschen Augen zum Sehen und Ohren zum Hören haben"? Jeder hat Augen und Ohren, aber die meisten Menschen können nicht sehen oder hören. Dieser biblische Vers spricht von deinen spirituellen und psychologischen Augen und Ohren und nicht nur von den physischen.

Die Wahrheit ist, dass, wenn Christus zur Erde zurückkäme, er nicht erkannt werden und vom größten Teil der Welt abgelehnt werden würde. Die meisten Menschen auf dieser Welt glauben, sie hätten ein exzellentes spirituelles Sehen und würden genau erkennen, was vor sich geht. In Wahrheit haben sie nicht die leiseste Idee, wie ihr negatives Ego sie kontrolliert oder ihr Glaubenssystem, ihre Philosophie, Psycho-

Erkenntnistheorie, unterbewusste Programmierung, Unterpersönlichkeiten, Strahlenstruktur, Archetypen, Identifikation des Vierkörpersystems, ihr Horoskop, Filter, ihre Erziehung usw. ihr Sehen beschränkt. Die Menschen können ihre eigenen blinden Flecken und Begrenzungen nicht erkennen, so dass sie glauben, es gäbe sie nicht. Beachte dieses Gesetz!

Ein spiritueller Psychologe sieht aufgrund seines Trainings viele Dinge, die andere nicht sehen. Ein Künstler sieht im Bereich der Schönheit viele Dinge, die andere nicht sehen. Ein Hellsichtiger sieht viele Dinge, die andere nicht sehen. Was zeigt uns das? Wir sehen durch das, worin wir in diesem und in vergangenen Leben geschult wurden und worauf wir uns konzentrieren, und wir haben in den Bereichen blinde Flecken, in denen wir nicht geschult sind. Dies öffnet uns den Schlüssel zum Verständnis der unglaublich tiefen Wirkung, die deine Psychologie und dein Bewusstsein auf dein Sehen hat und die Wirkung, die es auf jedes Channeling, Hellsehen und jegliche spirituelle Arbeit hat. Ebenso die außergewöhnliche Wirkung, die es sogar auf dein physisches Sehen der Realität hat. Wenn du wirklich Gott verwirklichen möchtest und ein wahres spirituelles Sehen erlangen möchtest, so musst du dies auf der höchstmöglichen psychologischen Ebene und in deinem Bewusstsein auf der spirituellen Ebene und auch auf einer physischen Ebene entwickeln. Im Idealfall entwickelt man eine effiziente Wahrnehmung der Realität. Dies erlangt man nicht, ohne spirituell, psychologisch und physisch balanciert und integriert zu sein. Nur dann wirst du ein voll verwirklichter „integrierter Melchizedek/Christus/Buddha" auf Erden.

146. Das universelle Gesetz der zwölf Stränge der DNS, des Biostratus und der super genetischen Superhelix

Normalerweise haben wir zwei Stränge der DNS. Der Glaube, dass wir einst zwölf Stränge der DNS hatten und Außerirdische in vergangenen

Zeiten kamen und sie uns wegnahmen, ist eine Illusion. Dies geschah niemals und ist ein Mythos, den viele Lichtarbeiter als Tatsache akzeptiert haben. Es geschah niemals. Ja, es wurde mit der DNS gearbeitet und experimentiert, aber sie haben niemals die zwölf Stränge auf zwei reduziert. Viele Lichtarbeiter versuchen zudem mehr als zwei Stränge der DNS aufzubauen. Es ist möglich, zwölf der DNS zu bilden, doch erst auf der ätherischen Ebene. Würdest du untersucht werden, so würde man nichts sehen. Es ist nur möglich, physisch bis zu sieben Stränge aufzubauen. Das ist die Grenze, die eine Existenz auf der Erde zu dieser Zeit erlaubt. Menschen, die behaupten, dass sie den Aufbau aller physischen Stränge unterstützen können, haben ein falsches Verständnis, ohne dies werten zu wollen. Metatron bezieht in dem Buch *Die Schlüssel des Enoch* auf die Verankerung und Aktivierung der super genetischen Superhelix als das Verankern und Aktivieren des „Biostratus". Um die sieben Stränge der physischen DNS und den Biostratus vollständig zu verkörpern und „neue Elektronen" im Energiefeld zu verankern, die von Erzengel Metatron erbeten werden können, muss man ein „integrierter spiritueller Meister" sein. Auf die Bitte hin wird es in einem allmählichen Schritt-für-Schritt Prozess geschehen, wenn der Eingeweihte und Meister auf Erden soweit ist um dies zu empfangen und wenn er spirituelle Meisterung, spirituelle Führerschaft und das Erden seiner spirituellen Mission des Dienens auf der Erde demonstriert. Das ist der Schlüssel!

147. Das universelle Gesetz des „Du sollst deinen Vater und deine Mutter ehren!"

Dies ist das fünfte Gebot. Es ist ein wunderbares und abgemessenes Gebot in seiner eigentlichen Bedeutung. In einem esoterischen Sinn schließt dies auch alle Väter und Mütter mit ein, die du in vergangenen Leben gehabt hast. Ehre Mutter Erde! Ehre Vater/Mutter Gott! Es ist an der Zeit, die göttliche Mutter und die Energien der Göttin richtig zu ehren. Dieses Gebot bedeutet auch, nicht nur die männlichen Meister zu ehren, sondern auch die weibliche Verkörperung der Mutter, wie Mutter Maria, Quan Yin und Isis, um nur einige von ihnen zu nennen. Ehre Helios und Vesta, unsere solare göttliche Mutter und solarer göttlicher Vater. Dasselbe gilt auf einer galaktischen, universellen, multiuniversellen und kosmischen Ebene. Ehre Gott, Christus und den Heiligen Geist, wobei der Heilige Geist ein eher weiblicher Aspekt der Schöpfung ist. Ehre die Mutter und den Vater in dir selbst und Yin und Yang, die weiblichen und männlichen Energien. Es bedeutet auch zu lernen, dass du für dein inneres Kind richtig spirituell balancierte Eltern bist. Ehre deinen Vater und deine Mutter!

148. Das universelle Gesetz des „Du sollst kein falsches Zeugnis wider deinem Nächsten ablegen!"

Dies ist das neunte Gebot. Von einem esoterischen Standpunkt aus betrachtet, legt jedes Mal, wenn jemand gegenüber einem anderen Menschen nicht integer oder unehrlich ist, dieser ein falsches Zeugnis ab. Jedes Mal, wenn du nicht integer und unehrlich mit dir selbst bist, legst du falsches Zeugnis ab für dein eigenes Selbst. Sei in jedem Fall ehrlich zu deinem eigenen Selbst!

149. Das universelle Gesetz des „Du sollst keinen Ehebruch begehen!"

Dies ist das siebte Gebot. Die äußere Bedeutung ist offensichtlich. Die esoterische Bedeutung ist es, keinen Ehebruch zu begehen, weder mit deinen Gedanken, Gefühlen noch Energien. Sinneslust, Pornographie, fleischliche Begierde sind alles Formen von Ehebruch. Wenn man sexuell phantasiert, muss man sehr aufpassen, denn alles ist Gott und wenn du phantasierst, so beeinflussen deine Gedanken, Gefühle und Energie diesen Menschen. Selbst wenn du physisch keinen Ehebruch begehst, so ist es doch möglich, dies mental, emotional und energetisch zu tun. Mentaler Ehebruch ist, zu denken oder sich vorzustellen, dass man Sex mit jemand Unangemessenem hat, selbst wenn du es nicht physisch tust. Emotionaler Ehebruch ist, wenn man dies nicht nur mental sondern auch emotional tut. Energetischer Ehebruch ist dasselbe mit deinen Gedanken, Vorstellungen, Gefühlen und auch mit all deiner Energie. Spiritueller Ehebruch könnte sein, wenn jemand keinen physischen Ehebruch begangen hat, aber eine Seelenreise zu diesem Menschen unternimmt und versucht, sexuellen Kontakt mit seinem Körper zu haben. Das klingt seltsam, aber dies kann geschehen und es geschieht auch und ist spirituell nicht richtig. Es ist also immer wichtig, deine Energien konstant auf allen Ebenen zu halten. Das bedeutet, dass wenn du keinen physischen Ehebruch begehst, wirst du dies auch nicht auf einer mentalen, emotionalen, ätherischen oder spirituellen Ebene tun. Es bedeutet, im Leben stets entschlossen zu sein. Was immer du auf einer Ebene tust, musst du genauso auf allen anderen Ebenen tun. Du musst in allem, was du auf jeglicher Ebene deines Wesens tust, zu 100 % entschlossen sein. Dies ist einer der Schlüssel zur Erlangung der Gottesverwirklichung.

150. Das universelle Gesetz des „Du sollst nicht begehren deines Nächsten Haus, Frau, Mann, Diener oder Dienerin!“

Dies ist das zehnte Gebot. Bei der esoterischen Bedeutung kommt man in den Bereich des psychologischen Begehrens. Jedes Mal, wenn du eifersüchtig, neidisch oder konkurrierend in einem egoistischen Sinne bist, begehrst du auch. Du willst das, was die anderen haben, in einer selbstbezogenen Art und freust dich nicht wirklich für sie. Wenn alles Gott ist und wir alle Inkarnationen Gottes sind, dann solltest du dich, wenn du in deinem spirituellen Christus-/Buddha Bewusstsein bist, über den Erfolg anderer und dass sie glücklich sind freuen. Ein anderes Beispiel von Begehren ist das Anhaften an etwas, sei es an einem Menschen oder etwas anderes. Du begehrst dies, denn du willst es zu sehr. Wandle deine Anhaftungen in Vorzüge um!

151. Das universelle Gesetz des „Du sollst keine anderen Götter neben mir haben!"

Dies ist das erste der zehn Gebote, die Moses auf dem Berg Sinai von Gott erhalten hat. Klassisch wurde dies im Geist der Menschen zur Zeit der physischen Körper interpretiert. In diesen modernen Zeiten ist es sehr viel weniger verbreitet. Jedoch ist eine andere Art von Idolanbetung und falschen Göttern verbreitet und „heimtückischer". Das ist die Anbetung der „Macht, des Ruhmes, des Geldes, der Gier, der Lust, des Anhaftens, der Begierde des niederen Selbst, der Wut, der Selbstbezogenheit, des falschen Stolzes, der Selbsterhöhung, des Materialismus, der Eitelkeit, des Egoismus und der zu großen Nachgiebigkeit", um nur ein paar Beispiele zu nennen. Dies sind viel gefährlichere Götter, als die physische Idolanbetung es jemals war.

Jedes Mal, wenn du an etwas anhaftest, anstatt ihm einen Vorzug zu geben, ist dies ein falscher Gott und Idolanbetung. Es ist nichts falsch an Geld, Erfolg und materiellen Dingen. Jedoch musst du dich fragen, was zuerst kommt: Gott oder diese Dinge? Was sind deine wahren Motive, nicht nur bewusst, sondern auch unbewusst? Bist du wirklich ehrlich mit dir selbst? Suchst du Gott über allem anderen? Hast du zu diesen Dingen eine richtige Perspektive oder willst du diese Dinge mehr, als du Gott willst? Was immer du an die erste Stelle in deinem Leben setzt, dies ist der Gott, den du anbetest. Manche Menschen machen falsche Götter aus Menschen, aus ihren Beziehungen, Kindern oder Freunden. Dies zeigte die ganze Geschichte der Einweihung von Abraham in der Bibel. Wer kam zuerst: Gott oder sein Sohn Isaak? Zu einer Zeit stellte Abraham sein Kind über Gott. Als er schließlich dazu gezwungen wurde zu entscheiden, wählte er zuerst Gott und dann brauchte er seinen Sohn nicht zu töten. Gott will nicht, dass du das tötest, was du über ihn stellst, sondern du willst es. Dein Anhaften und Denken deines eigenen negativen Egos wird das zurückweisen, was du willst. Bist du durch die „Einweihung von Abraham“ gegangen? Sagt nicht die Bibel: „Trachte zuerst nach dem Reich Gottes und alles andere wird dir zufallen.“ Einer der Schlüssel zur Manifestation liegt darin, nur Gott zu suchen und Gott wird derjenige sein, der manifestiert. Gib Gott in deinem Leben die uneingeschränkte Priorität und du wirst alles andere erhalten.

152. Das universelle Gesetz des „Du sollst dir keine falschen Bilder machen!“

Dies ist das zweite Gebot. Die tiefere esoterische Bedeutung dieses Gebotes bedeutet nicht nur physische Idolanbetung, sondern auch Anbetung des Materialismus. Manche Menschen machen sich falsches Bild von einem Menschen, nur weil sie sein Auto gesehen haben. Es geht um das Anhäufen von materiellen Dingen, die über der Bedeutung von Gott und dem spirituellen Pfad stehen. Das Überbetonen der Erscheinungen. Die Menschen nach ihrem Aussehen zu beurteilen und nicht in jedem Menschen Gott/Christus/Buddha zu erkennen. In Wahrheit spricht dieses Gebot von jeder Form des Materialismus und davon, in Erscheinungen und Glanz gefangen zu sein, anstatt die Wahrheit und das Wesentliche zu sehen.

153. Das universelle Gesetz des „Du sollst nicht töten!“

Dies ist das sechste Gebot. Die Bedeutung dieser Lektion ist offensichtlich. Jedoch kann Töten auch auf viel subtileren Ebenen geschehen. Damit hat die esoterische Bedeutung zu tun. Wenn wir zum

Beispiel als Bewohner dieses Planeten die Erde missbrauchen, indem wir giftigen Müll wegwerfen, Flüsse, Seen, Meere verschmutzen, den Regenwald abholzen und Löcher in der Ozonschicht erschaffen, dann töten wir damit die Erde. Dieses Gebot und Gesetz gilt auch dafür, dass man keine Insekten oder Ungeziefer tötet, solange sie nicht ins Haus eindringen. Töte auch auf der mentalen und emotionalen Ebene keine Gedanken von Gott in deinem eigenen Herzen. „Du hast gehört, dass gesagt wurde, du sollst nicht töten. Aber wer mörderische Gedanken in seinem Geist hat, sollte auch beschuldigt werden. Du musst in der Lage sein, jedem zu vergeben, der dich wütend gemacht hat." Töte nicht deine Verbindung zur Geistigen Welt, indem du dich in Glanz, Illusion, Maya und dem Denken und Fühlen des negativen Ego verlierst. Töte nicht in Beziehungen, indem du angreifst und verletzend bist, was Vertrauen, bedingungslose Liebe und Freundschaft abtötet. Töte nicht das Selbst durch schlechte Gewohnheiten wie Rauchen, Alkoholmissbrauch oder Drogenabhängigkeit. Töte nicht deine persönliche Kraft, indem du sie in einer schlechten Weise missbrauchst. Töte nicht deine Gefühle und Emotionen, indem du betäubende Dinge benutzt, um Schmerz zu vermeiden. Lerne, deine Gefühle und Emotionen zu meistern, lerne aber auch, sie richtig zu integrieren.

154. Das universelle Gesetz des „Du sollst nicht stehlen!"

Dies ist das achte Gebot. Das esoterische Verständnis von diesem Gesetz konzentriert sich nicht nur darauf, keine materiellen Dinge zu stehlen, sondern auch darauf, keine Gedanken, Ideen, Gefühle oder Energie von anderen zu rauben. Dies geschieht ständig in der Welt. Ein Mensch hat eine Idee für eine Erfindung, und ein anderer Mensch stiehlt sie ihm. Menschen lesen Bücher oder besuchen Workshops und beanspruchen dann die Information als ihre eigene und verweisen nicht auf die Quelle. Dies ist ein sehr subtiles und schwieriges Thema. Menschen stehlen Energie von anderen Menschen. Menschen stehlen auch emotional von anderen. Es passiert permanent, dass Menschen mit einem verdeckten Motiv emotional benutzt werden. Menschen können sich auch spirituell oder physisch bestehlen. Menschen mit medialen oder spirituellen Gaben lesen im Geist eines Menschen, ohne dessen Erlaubnis. Sie versuchen vielleicht, gewisse Information zu erhalten, ohne dessen Erlaubnis. Das ist stehlen.

155. Das universelle Gesetz des „Du sollst nicht den Namen des Herrn missbrauchen!“

Dies ist das vierte Gebot. Die offenkundige Bedeutung ist es natürlich, den Namen Gottes nicht durch dein Sprechen zu missbrauchen. Es gibt sämtliche Ausdrücke, die Menschen benutzen, die den Namen Gottes nicht in rechter Weise zum Ausdruck bringen. Die esoterische Bedeutung betrachtet dies auf einer noch tieferen Ebene. Benutze auch den Namen Gottes aus irgendwelchen Inkarnationen wie den Namen von Jesus oder anderer. Gottes Name ist ein Mantra und er ist heilig und alle seine Inkarnationen sind auch heilig. Dieses Gebot und Gesetz spricht auch die „Kraft des gesprochenen Wortes“ an und wie wichtig es ist, jedes Wort, das aus deinem Mund kommt, genau abzuwägen und zu kontrollieren. Denn wir sind in Wahrheit Götter und unsere Worte haben Kraft. Dieses Gebot gilt auch dafür, die Namen von Menschen nicht zu missbrauchen, denn alle Menschen sind auch Inkarnationen von Gott. Missbrauche daher keinen Namen in Gottes unendlichem Universum, denn Gott inkarniert und lebt in jedem Wesen. Jedes Schimpfen, Fluchen oder Angreifen mit dem Namen eines Menschen ist in Wahrheit ein Brechen dieses Gebotes; auch vom esoterischen Verständnis her. Denn alles, was benannt wird, ist in Wahrheit eine Inkarnation Gottes, denn jede Substanz ist von Gott geschaffen und wir leben und bewegen uns und haben unser Sein in Gott. Wir sind in Wahrheit Inkarnationen Gottes, die im Prozess sind, Gott vollkommen zu verwirklichen.

156. Das universelle Gesetz des „Du sollst den Sabbat heiligen"!

Im klassischen Sinn war dies dazu gedacht, dass man einen Tag frei nimmt und nicht arbeitet und einen heiligen Tag für Gott hat. Die esoterische Bedeutung dieser Lektion besteht darin, dass die Menschen im Leben sehr beschäftigt sind und mit der Realität und dem Leben der dritten Dimension zu tun haben. Dieses Gesetz erinnert dich daran, dich nicht so sehr vom Leben gefangen nehmen zu lassen, um den Sinn, weshalb du all dies tust, nicht aus den Augen zu verlieren. Den Sabbat einzuhalten soll uns daran erinnern, dass alles Geschehen ein spiritueller Test und eine Lektion ist. Wenn man sich zu sehr auf alles, was im Leben abläuft, einlässt, könnte dies während eines Herzschlages wieder vergessen werden. Lass also den Sabbat stets auf dem „Altar deines eigenen Herzens" brennen, dann erinnerst du dich immer an den Grund und den Sinn dessen, was du mit jedem Gedanken, Wort und Handlung manifestierst.

157. Das universelle Gesetz des Transzendierens von Armageddon im Selbst und in der Gesellschaft

Nur wenige Menschen haben bisher daran gedacht, dass Armageddon in ihnen selbst auftreten könnte. Armageddon könnte nicht auf einer planetaren Ebene geschehen, wenn es nicht zuvor im Bewusstsein der Menschen auf der Erde geschehen würde. In Wahrheit ist einer der Hauptzwecke im Leben das Transzendieren des Armageddon Bewusstseins im Selbst und innerhalb des Planeten als Ganzem. Was ist das Armageddon Bewusstsein innerhalb des Selbst? Es ist die Schlacht im Bewusstsein jedes Menschen zwischen dem negativen Ego-Denken und dem Christus-/Buddha-Denken, zwischen dem niederen Selbst und dem Höheren Selbst. In christlicher Terminologie ist es die Schlacht zwischen Satan, Luzifer oder dem Teufel und Christus. Im Buddhismus ist es die

Schlacht zwischen der Wahrheit und der Unwissenheit, im Hinduismus ist es die Schlacht zwischen Brahma, Vishnu und Shiva und den Kräften der Illusion. Für Laien ist es die Schlacht zwischen Gut und Böse. Das Böse ist nur ein extremer Fall des negativen Denkens. Der Teufel ist nur eine Metapher für das negative Ego oder für den trennenden Geist.

In Wahrheit existiert das negative Ego und sein Gedankensystem nicht einmal. Es ist eine Illusion. Die Schlacht von Armageddon ist die Schlacht in deinem eigenen Bewusstsein in jedem Moment deines Lebens, die sich darum dreht, ob du auf die Christus-/Buddha-Interpretation jeder Situation im Leben hörst oder auf die des negativen Egos. Unsere Gedanken erschaffen unsere Wirklichkeit. Denke mit deinem negativen Ego-Geist und du wirst negative Emotionen haben. Denke mit deinem Christus-Geist und du wirst Christus Gefühle erschaffen. Wenn wir dies verstehen, können wir erkennen, dass das Transzendieren des Armageddon Bewusstseins nur ein Transzendieren der Dualität des negativen Egos im Selbst ist. Sobald du Armageddon im Selbst transzendierst, wirst du inneren Frieden finden. In der Welt gibt es keinen Frieden, solange die Menschen keinen Frieden in sich tragen.

Der erste Schritt ist das Erlangen einer rechten Beziehung zu sich selbst und zu Gott und im Selbst inneren Frieden zu erlangen. Der zweite Schritt liegt dann darin, friedvolle, bedingungslos liebende und harmonische Beziehungen mit deinem Ehepartner, deinen Kindern, Eltern, Freunden und so weiter aufzubauen. Wenn du das tust, wirst du ein Leuchtfeuer an Licht, Liebe und Weisheit für die Welt. Wenn jeder dies in sich praktizieren würde, hätten wir Frieden auf dem Planeten. Auf einer planetaren Ebene war der erste Weltkrieg der erste Armageddon. Der zweite Weltkrieg war der zweite Armageddon. Wir warnen vor schlimmen Voraussagen. Manche halten unbewusst an einer alten Gedankenform fest. Andere tun dies bewusst oder unbewusst, um Macht über andere zu erlangen, indem sie Angst erzeugen. Es wird keinen weiteren Krieg mehr in dieser Art geben. Glücklicherweise gibt es nicht so viele Kriege auf dem Planeten. Unglücklicherweise gibt es immer noch einen großen Mangel an bedingungsloser Liebe und Christus-/Buddha-Bewusstsein zwischen den Nationen und den Menschen auf der Erde.

Es ist nun an der Zeit, auf der psychologischen Ebene das Armageddon-Bewusstsein zu transzendieren, nicht nur auf der physischen Ebene der Gewalt. Und dies beginnt damit, dass jeder Mensch bei sich selbst beginnt und dieses Beispiel demonstriert. Man muss auch verstehen, dass die Schlacht von Armageddon nicht nur in Gottes unendlichem physischem Universum geschieht, auf der Erde, während der Orionkriege und anderen galaktischen Schlachten, sondern auch auf der inneren Ebene oder inneren Dimension auftritt. Wer auf diesem Planeten oder anderen Planeten physisch gestorben ist und auf der astralen oder mentalen Ebene existiert, ist immer noch in der Schlacht zwischen dem niederen Selbst und dem Höheren Selbst. Nur weil du physisch gestorben bist, bedeutet das noch nicht, dass die Schlacht von Armageddon vorbei ist. Deshalb ist Selbstmord in Wahrheit kein Entrinnen von der eigenen Lektion. Dieselben Lektionen, die du auf dieser Seite nicht gemeistert hast, werden auf der anderen Seite weitergehen. Das negative Ego kann sich selbst in spirituellen Dimensionen der Realität manifestieren. Der Grund dafür ist, dass Gott all seine Söhne und Töchter im unendlichen Universum mit freiem Willen und freier Entscheidungskraft erschaffen hat. Wir sind die einzigen Wesen, die einen von Gott getrennten Willen erschaffen können, was der Wille des negativen Egos im Gegensatz zu Gottes Willen ist. Gott hat das negative Ego nicht erschaffen, die Menschen haben es getan durch den Missbrauch ihres freien Willens. *Ein Kurs in Wundern* sagt in seiner Einleitung: „Nichts Wirkliches kann bedroht werden. Nichts Unwirkliches existiert. Hierin liegt der Frieden Gottes.“ Das höchste Ziel von Gottes Schöpfung ist es, das Armageddon

Bewusstsein in jedem Sohn und jeder Tochter, innerhalb jedes Planeten, jedes Sonnensystems, jeder Galaxie, jeden Universums, jeden Multiuniversums und in jeder Dimension von Gottes unendlichem Körper zu beenden. Wir können sicher sein, dass wir siegen werden. Könnte Gott diese Schlacht mit den Kräften der Illusion verlieren, die in Wahrheit überhaupt nicht wirklich existieren? Natürlich nicht! Unser ganzer Kampf ist die Illusion des negativen Ego-Denkens, was nur ein Papiertiger ist. Das Resultat für alle Seelen auf dieser Reise ist unvermeidlich eine Rückkehr zur Gottheit. Also sei guten Mutes, denn die Schlacht ist so gut wie gewonnen!

158. Das universelle Gesetz des Transzendierens der Dualität

Wer die transzendente Wirklichkeit sucht, ohne Namen, ohne Form, das Unmanifestierte betrachtet, jenseits der Gedanken und Gefühle, mit beherrschten Sinnen und ruhigem Geist und sich um das Gute von allen Wesen bemüht, soll wahrhaft zu mir kommen. *(Bhagavad Gita)*

Das Transzendieren der Dualität ist eine der Schlüssellehren jeder östlichen Religion. Dualität ist eine andere Art, das negative Ego zu beschreiben. Einer der klarsten Wege zu verstehen, wie das negative Ego arbeitet, hat mit dem Verständnis zu tun, dass das Ego eine höhere und eine niedrigere Seite hat. Es sind wie zwei Seiten einer Münze. Wenn du in einer Seite der Münze gefangen bist, dann wirst du auch unvermeidlich von der anderen Seite der Münze gefangen. Die Realität des negativen Egos bietet dir nur eine Entweder-Oder-Möglichkeit an. Liebe oder Angst, am Groll festhalten oder Gedanken der Vergebung haben, Schuld oder Unschuld und so weiter. Wir können es uns selbst nicht erlauben, zwischen den beiden hin und her zu schwanken. Das negative Ego *will* in der Dualität gefangen sein. Wir müssen das ganze System transzendieren. Das ist die einzige Art, um Christusbewusstsein und inneren Frieden zu erlangen.

Um das negative Ego-Denken zu überwinden, transzendierst du beide Seiten des negativen Egos, die höhere und die niedrigere. Wie die Bibel sagt: „Nach dem Hochmut kommt der Fall." Du musst lernen, über beide Seiten zu lachen. Das nennt man Transzendenz. Dies ist eine Art zu denken, die diesen Bewusstseinszustand transzendiert. Der Schlüssel liegt im Transzendieren der Dualität. Krishna sprach davon in der *Bhagavad Gita*. Er würde uns raten, stets Gleichmut, Gelassenheit, Frieden, Freude und Liebe zu bewahren, egal ob bei Gewinn oder Verlust, Vergnügen oder Schmerz, Krankheit oder Gesundheit, Sieg oder Niederlage, Lob oder Kritik, gutem Wetter oder schlechtem Wetter. Es ist gut, Vorlieben zu haben, aber wenn es nicht erlangt wurde, können wir trotzdem Freude und inneren Frieden bewahren. Das ist das Geheimnis der Gottesverwirklichung. Und diese Art zu denken erlaubt uns, im inneren Frieden zu bleiben, egal was außerhalb von uns selbst vor sich geht. Es ist ein Bewusstseinszustand, der vom Aufruhr der Welt oder der Negativität der anderen nicht beeinflusst wird. Djwhal Khul nannte diesen Bewusstseinszustand göttlichen Gleichmut. Andere nennen es beteiligte Distanziertheit. Im Wesentlichen ist es ein Zustand, der Dualität transzendiert. Niedrigere Formen des Bewusstseins konzentrieren sich auf Dualität und Polarität.

Wenn wir unser Bewusstsein vollständig entwickeln, nutzen wir unser Christus oder Buddha-Bewusstsein, was uns dabei helfen kann, das dualistische Denken zu transzendieren, während wir voll im Leben beteiligt bleiben. Das Christusbewusstsein erlaubt es uns, unablässig derselbe zu bleiben, stets in unserer Kraft, liebend, glücklich, gleichmütig, gelassen und vergebend, unabhängig von der Schwankung der Dualitäten in unserem Leben. Dies ist das Bewusstsein des göttlichen Selbst. Es erlaubt uns, derselbe zu bleiben, ob uns die Menschen loben oder verleumden. Das ist möglich, weil das negative Ego nicht involviert ist. Die Stürme des äußeren Lebens beeinflussen die Stabilität oder den Gleichmut unseres Denkprozesses nicht mehr. „Lasst die Welle der Erinnerung, den Sturm der Begierde, das Feuer der Emotion durch euch hindurch gehen, ohne dass eure Gelassenheit beeinflusst wird." (Sai Baba) Es sollte uns nicht interessieren, was im äußeren Leben geschieht, sondern nur, wie unsere innere Haltung dazu ist. Alles im Leben ist eine Wahrnehmung und Interpretation durch unser Glaubenssystem. Unsere Rettung liegt nicht an Gott, sondern an uns. Gott hat uns von Beginn an alles gegeben. Die Frage ist, ob wir uns selbst retten, indem wir unser negatives Ego vollständig loslassen und das Christusbewusstsein gänzlich annehmen. Der Prozess ist sehr einfach. Jedes Mal, wenn ein negativer Ego-Gedanke oder ein solches Gefühl in deinem Bewusstsein aufsteigt, wirf ihn aus deinem Geist hinaus und ersetze ihn mit der inneren Ausrichtung und dem Gegenmittel des Christusbewusstseins. Das Unkraut wird sozusagen in drei Wochen sterben, wenn man ihm keine Energie und Wasser mehr gibt. So lange braucht man, um eine neue Gewohnheit im Unterbewusstsein zu festigen. Wenn man dem Denken und Fühlen des negativen Egos kein Wasser mehr gibt, sondern stattdessen die Haltung und Gefühle des Christusbewusstseins nährt, wird dies wachsen, und bald hast du eine Gewohnheit des Denkens und Fühlens des Christusbewusstseins entwickelt, um stets von innerem Frieden und Freude erfüllt zu sein. Das Glück, das du suchst, ist eine Haltung und Perspektive, das an nichts Äußerem hängt und nichts mit einem anderen Menschen zu tun hat. Ändere deine Gedanken und du änderst dein Leben, denn deine Gedanken erschaffen deine Wirklichkeit, deine Emotionen, dein Verhalten und das, was du anziehst in deinem Leben. Wie die Bibel sagt: „Sei transformiert durch die Erneuerung des Geistes." „Lass den Geist von Jesus Christus in dir sein." Beachte dieses Gesetz! Die Entscheidung, die du an diesem Tag triffst, das negative Ego zu transzendieren, ist vielleicht die wichtigste Entscheidung, die du jemals in deinem gesamten Leben getroffen hast. „So lange wir denken, wir seien das Ego, fühlen wir uns gebunden und sorgenvoll. Erkenne jedoch, dass du das Selbst bist, der Herr des Lebens, und du wirst von

Sorgen befreit sein. Wenn du erkennst, dass DU das Selbst bist, die höchste Quelle des Lichtes, die höchste Quelle der Liebe, transzendierst du die Dualität des Lebens und betrittst den Zustand der Einheit.“ (Upanishaden)

159. Das universelle Gesetz der Wahrheit

Was ist Wahrheit? Es gibt einen verbreiteten Glauben auf dieser Welt, dass die Wahrheit relativ sei. Aus einer gewissen Sicht stimmt dies, jedoch aus einer breiter gefächerten und höheren Perspektive ist es nicht wahr. Aus einer einseitigen Perspektive gibt es so etwas wie relative Wahrheit. Wir kennen alle die Aussagen: „Schönheit liegt im Auge des Betrachters.“ oder „Über Geschmack lässt sich streiten.“ Viele Unstimmigkeiten der Menschen liegen nicht daran, dass der eine Recht hat und der andere Unrecht, sondern weil sie die Situation durch verschiedene Filter betrachten; vielleicht durch die Rasse, das Glaubensbekenntnis, die Farbe oder die Religion. Die meisten Menschen auf der Erde meinen, dass alles, was sie denken oder sagen, die Wahrheit sei. Das liegt daran, dass unsere Gedanken unsere Realität erschaffen, und selbst wenn wir mit unserem negativen Ego denken oder aus einer begrenzten Perspektive, so fühlt sich dies für uns zu 100 % richtig an. Für viele Menschen basiert die Wahrheit darauf, wie sie sich fühlen, doch dies ist kein gutes Barometer der Wahrheit, denn unsere Gefühle werden von unserem Geist erzeugt, und unser Geist ist in der Lage, mit dem negativen, auf Angst basierenden, trennenden Ego Aspekt oder mit dem spirituellen Christus-/Buddha-/Gott Aspekt zu denken. So fühlt sich diese Person vielleicht wütend und das ist ihre Wahrheit. Es ist vielleicht ihre persönliche Wahrheit, jedoch ist es auch die Wahrheit, die darauf basiert, vom negativen Ego zum Opfer gemacht worden zu sein, aber es ist nicht die „höhere Wahrheit“, die auf Gottes Realität der Wahrheit basiert.

Es ist die „höhere Wahrheit“, die oft die begrenzte Perspektive der Wahrheit transzendiert, welche die Menschen für wahr halten. Die einzige Art, sich auf die tatsächliche „Wahrheit“ auszurichten, ist das Transzendieren von jeglichem negativen, auf Angst basierenden, trennenden und unbalancierten Ego-Denken. Dann kannst du mit den spirituellen Christus-/Buddha-/Gottes Augen sehen und dich auf die „höhere Wahrheit Gottes“ einstimmen. Die meisten Menschen erkennen nicht, dass wir nicht nur mit unseren physischen Augen sehen, sondern auch mit unserem Geist. Das Bewusstsein lenkt die Wahrnehmung. Die Wahrheit ist sehr trickreich, denn Integration, Balance, die Stufe der Entwicklung, die breit gefächerte Perspektive, der gesamte Kontext der Situation müssen betrachtet werden. Jedoch gibt es gewisse Prinzipien, an denen wir festhalten, die man als „ewige Wahrheiten“ bezeichnen könnte, und darauf sollten die Menschen ihr Leben tatsächlich aufbauen. Zum Beispiel: „Gott gleich Mensch minus Ego! Vollkommene Liebe vertreibt unsere Angst! Richte nicht, auf dass du nicht gerichtet wirst! Liebe den Herrn deinen Gott mit deinem ganzen Herzen, deiner Seele, deinem Geist und deiner ganzen Kraft und liebe deinen Nächsten wie dich selbst! Jedes Leiden kommt vom Anhaften! Jedes Leiden kommt aus einer falschen Sichtweise! Der Herr dein Gott ist eins!“

Erlaube anderen Menschen, ihre Wahrheit zu haben, selbst wenn sie deiner Meinung nach falsch ist. Viele Menschen haben in einem Aspekt ihres Lebens eine Wahrheit, aber manifestieren sie nicht in einem anderen. Dies ist keine Wahrheit, sondern Zersplitterung. Ein Mensch ist sich beispielsweise bewusst, dass Eifersucht und Konkurrenz zum negativen Ego gehören, doch auf einer unterbewussten Ebene oder in seinem Verhalten ist er eifersüchtig oder konkurrenzierend. Ein Teil der Wahrheitssuche liegt darin, ehrlich zu sich selbst zu sein und die eigenen Motive für alles, was man tut, wirklich zu untersuchen. Ein weiterer Teil liegt darin, das negative Ego nicht zu verteidigen oder nicht das Bedürfnis haben zu müssen, deine Wahrheit zu verteidigen oder andere nicht davon überzeugen zu müssen, deiner Wahrheit zu folgen.

Dies zu tun, wäre ein sicheres Zeichen dafür, dass man seiner eigenen Wahrheit nicht traut. Das negative Ego kann auch die Wahrheit missbrauchen, um andere zu bekehren oder ihnen seine Wahrheit aufzuzwingen. Oft ist es besser, einfach nur die Wahrheit und das Beispiel zu sein. Teile nur dann deine Wahrheit, wenn es willkommen und gewünscht ist. Unterscheide auch spirituell, mit wem du deine Wahrheit teilst, denn Wahrheit ist spirituell betrachtet eine sehr wertvolle Sache. Wie die Bibel sagt: „Wirf keine Perlen vor die Säue", vor unbewusste Seelen, die es nicht schätzen oder alles niedertrampeln. Das Wichtigste ist, stets deine Wahrheit zu leben. Denn eine Wahrheit, die man nicht lebt, ist überhaupt keine Wahrheit. Es ist ein unbelebtes, mentales Konzept. Eine Wahrheit wird zu einer tatsächlichen Wahrheit, wenn man sie nicht nur denkt und fühlt, sondern sie zu demonstriert, lebt, praktiziert und auf jegliche Weise verkörpert, wie es Gott gewollt hätte. „Wenn Wissen nicht in Praxis umgesetzt wird, so ist dies wie Nahrung, die nicht verdaut wird." (Sai Baba)

Es ist von höchster Wichtigkeit, dass wir praktizieren, was wir predigen, denn wir wissen alle, dass Handlungen lauter sprechen als Worte. Durch das Demonstrieren der Wahrheit zum Besten unserer Fähigkeiten in unserem täglichen Leben wird die Wahrheit „verwirklicht" und wir werden lebendige Verkörperungen dieser integrierten und balancierten Wahrheit Gottes auf Erden. „Folge der Wahrheit auf dem Fuß. Denke darüber nach. Mache sie zu deiner eigenen. Lebe sie. Sie wird dich immer aufrechterhalten." „Gott allein ist Wahrheit und alles andere ist vergänglich und illusorisch." (Mahatma Gandhi) Und Jesus sagte: „Ich bin der Weg und die Wahrheit und das Leben. Niemand kommt zum Vater, denn durch mich." (Johannes 14:6)

160. Das universelle Gesetz des Hinhaltens der anderen Wange

Meister Jesus sagte: „Es wurde gesagt, Auge um Auge und Zahn um Zahn. Ich aber sage euch, widersteht nicht dem Übel. Wer dich auf die rechte Wange schlägt, dem halte auch die andere Wange hin." Als er diese Worte sprach, meinte er dies sowohl in einem psychologischen als auch in einem physischen Sinn. Spirituelle Meister gehen nicht in einen Gegenangriff über, doch sie erlauben es sich selbst auch nicht, in die Defensive zu gehen. Sie stehen so vollkommen in ihrer persönlichen Kraft, Selbstliebe, Selbstwert, Ganzheit, Christus-/Buddha Bewusstsein, Transzendenz des negativen Egos, Ausrichtung auf Gott, Mitgefühl, Weisheit und Verständnis, Schutz und darin die Ursache ihrer Realität zu sein und nicht die Wirkung, dass Angriff oder Kritik einfach an ihnen abprallt wie an einem Gummikissen, und sie lassen es nicht zu, dass diese Energie in ihr Unterbewusstsein oder ihren Emotionalkörper eingebracht wird. Der spirituelle Meister erkennt, dass ein solches Verhalten aus Angst und der Kontrolle des negativen Egos entsteht, und hat Mitgefühl, Verständnis und wahrt Distanz und antwortet, anstatt zu reagieren, um ein besseres Beispiel zu geben. Wenn man reagieren würde, so würde man sich die psychologische Krankheit des anderen einfangen, anstatt ein gesundes Beispiel zu geben. Der spirituelle Weg nimmt immer den höheren Weg und nicht den niedrigen Weg. Der spirituelle Weg gibt immer das Christus-/Buddha-Beispiel und erniedrigt sich selbst nicht auf die Ebene des niederen Selbst und negativen Egos. Ein spiritueller Meister ist nicht im Geringsten ein Opfer, wenn er die andere Wange hinhält. In Wahrheit ist es genau das Gegenteil; er ist vollkommen ermächtigt, denn er bleibt auf Gott ausgerichtet und behält seine Gottesverwirklichung bei. „Ein Mensch mit reinem Herzen hat die Stärke von zehn." Man ist in Wahrheit ein Opfer, wenn man zurückschlägt und sich selbst erlaubt, in erster Linie ein Opfer zu sein. Das heißt nicht, dass es nicht zu Zeiten angemessen sein kann, einem Menschen zu antworten, der dich psychologisch oder physisch angreift. Die Antwort des spirituellen Meisters kommt stets aus einem sehr ruhigen, rationalen, distanzierten, bedingungslos liebenden, vergebenden, mitfühlenden Bewusstseinszustand. Wenn er physisch angegriffen wurde, hält der spirituelle Meister psychologisch und physisch die andere Wange hin und verlässt dann in vollkommenem Frieden, bedingungsloser Liebe und Vergebung die Situation. Lord Buddha sagte: „Der Schlimmste der beiden ist derjenige, der sich rächt, wenn er beschimpft wird. Wer sich nicht revanchiert, gewinnt eine Schlacht, die schwer zu gewinnen ist.“ (Samyutta Nikaya I,162) Am Anfang dieses Abschnittes haben wir die Worte von Meister Jesus zitiert und wir werden ihn auch damit beenden: „Und wenn dich ein Mensch vor dem Gesetz verklagt und dir deinen Mantel nimmt, dann gib ihm auch deinen Umhang.“

161. Das universelle Gesetz von zwielichtigen Meistern und Kulten

Ein zwielichtiger Meister ist ein Lichtarbeiter, der sowohl für das Licht als auch für die dunkle Seite des Lebens arbeitet. Ein Lichtarbeiter, der auf einer persönlichen oder psychologischen Ebene nicht klar ist oder dessen negatives Ego oft ein Mitglied der dunklen Bruderschaft anzieht, der ihn in einer Art überschattet, wie es die Aufgestiegenen Meister tun. Ein vollständig flügge gewordener zwielichtiger Meister, der unter der Herrschaft des negativen Egos steht und für die Kräfte der Dunkelheit offen genug ist, um eine intensive Grauzone zu erschaffen, ist im Allgemeinen ein Meister, der nicht einfach nur "ein wenig verloren ist" und mit dem Unterbewusstsein arbeitet, sondern der sich ganz bewusst auf unreine Motive ausrichtet. Sobald er dies tut, wird er alles tun, um seine Schüler und Nachfolger in seinen Bann zu bringen. Gemischte Botschaften zu geben, ist sein größtes Werkzeug, um Schüler an sich zu ziehen und zu binden. Um es klar auszudrücken, nur weil ein Mensch bis zu einem gewissen Ausmaß von seinem negativen Ego beherrscht wird, bedeutet dies noch nicht, dass er ein zwielichtiger Meister ist. Der zwielichtige Meister ist sozusagen der nächste Schritt in die falsche Richtung, wenn er tatsächlich Menschen in einem negativen Sinn manipuliert, damit sie seinem niederen Selbst dienen. Es sind Menschen, die oft physisch attraktiv sind und großes Charisma haben und sogar Brillanz im spirituellen und psychologischen Lehren aufweisen können. Lichtarbeiter sehr hierfür sehr empfänglich. Manchmal ist es der Glanz der medialen Fähigkeiten, was die Lichtarbeiter regelrecht aufsaugt. Manchmal sind es magische psychologische Fähigkeiten oder hypnotische Fähigkeiten, welche die Menschen anziehen. Ein anderes Mal sind es sogar tiefe spirituelle Lehren, sogar von den Aufgestiegenen Meistern oder alte Weisheiten, welche die zwielichtigen Meister benutzen, um manipulierbare und nicht unterscheidungsfähige Lichtarbeiter zu schaden.

Die beste und effektivste Methode, um einen zwielichtigen Meister zu erkennen, besteht darin, in sich selbst so klar wie möglich zu sein. Dann muss man sich bewusst sein, dass es in der Tat zwielichtige Meister gibt, und versuchen, diese aus seinem eigenen Energiefeld fernzuhalten. Es passiert sehr leicht, sich von dem Licht blenden zu lassen und zu meinen, dass jeder, der ähnliche Worte, eine ähnliche Sprache und Begriffe wie du verwendet, sich auf dem Pfad des Aufstiegs befindet und sich auf das Zentrum von Licht, Liebe und Kraft der Quelle ausrichtet. Obwohl es ihre höchste Bestimmung sein kann, sollte man gewarnt sein, dass es viele gibt, die diesen Pfad der Divergenz gehen. Verurteile diese Menschen nicht, richte dich jedoch auch nicht auf sie aus. Wenn das negative Ego, die Persönlichkeit und das Bedürfnis zu kontrollieren vorrangig sind, dann konzentriere dich auf deinen eigenen integrierten Aufstieg und du wirst unverletzbarsein. Lass dich von ihnen nicht verführen durch das Angebot toller Projekte oder durch den Glauben, dass sie dich in Geheimnisse einweihen, die sie lehren und die sie nur dir alleine geben. Sei dir bewusst, dass ein zwielichtiger Meister seine Energie dadurch erhält, dass er Energiefelder von anderen anzapft, die in ihrem Fluss von Licht, Liebe, Kraft und Weisheit fest verwurzelt sind. Zwielichtige Meister können als eine von Gottes kreativen Arten betrachtet werden, um die Unterscheidungskraft eines Eingeweihten zu prüfen. Die Unterscheidungskraft brauchen wir auf jedem Schritt unserer Reise. Erkenne Individuen als das, was sie sind, und nicht als das, was sie sagen, dass sie es seien. Die Bibel warnt uns auch: „Sei dir falscher Propheten bewusst, die zu dir in der Verkleidung von Schafen kommen, aber innerlich reißende Wölfe sind. Du wirst sie an ihren Früchten erkennen." Beachte diese Worte! Meister Jesus sagte auch: „Kein Mensch kann zwei Herren dienen: Denn entweder hasst er den einen und liebt den anderen oder er wird an dem einen festhalten und den anderen ablehnen. Du kannst nicht Gott und dem Mammon dienen." „Wähle, wem du dienen willst", wie *Ein Kurs in Wundern* sagt.

162. Das universelle Gesetz der bedingungslosen Liebe

Mahatma Gandhi sagte: „Wenn dir das Wohlergehen eines anderen Menschen mehr bedeutet als dein eigenes, selbst wenn dir sein Leben mehr bedeutet als dein eigenes, nur dann kannst du sagen, dass du liebst. Alles andere ist nur Geschäft, geben und nehmen." Sai Baba lehrt, dass Liebe die wichtigste spirituelle Praxis ist. Er sagt, dass die Art zu leben sein sollte, „den Tag mit Liebe zu beginnen, den Tag mit Liebe zu füllen, den Tag mit Liebe zu verbringen und den Tag mit Liebe zu beenden – denn das ist der Weg zu Gott." Und der heilige Franz von Assisi sagte: „Wenn wir Liebe geben, bekommen wir Liebe." Die einzige Bedingung zu lieben ist es, ohne Bedingungen zu lieben. Der Schlüssel ist, bedingungslos zu lieben, ohne Konditionen, Urteile, Anhaften, Begrenzungen, Restriktionen oder Meinungen. Jesus enthüllte: „Ob ihr einander lieben könnt, daran werden die Menschen wissen, ob ihr meine Schüler seid." Er sagte auch: „Das ganze Gesetz könnte derart zusammengefasst werden: ‚Liebe den Herrn deinen Gott mit deinem ganzen Herzen und Seele und Geist und Kraft und liebe deinen Nächsten wie dich selbst.'" Gott möchte immer, dass wir bedingungslos lieben, in der Erkenntnis dessen, dass jeder Mensch in Wahrheit

Ausdruck des einen Geistes ist, selbst wenn seine Gefühle, Gedanken und sein Verhalten dies nicht demonstrieren. Jesus sagte: „Liebe deine Feinde." Unsere Lektion ist größer, unschuldige Wahrnehmung und Vergebung zu praktizieren, denn was wir geben, bekommen wir wieder. Wenn wir Gott wollen, müssen wir Gott geben, sonst werden wir ihn nicht verwirklichen. Jeder ist Gott, jedoch realisiert nicht jeder Gott in Gedanken, Gefühlen und Handlungen. Die Erde ist eine Schule, in der wir Gottesverwirklichung im Alltag praktizieren. „Liebe wandelt auf der goldenen Spur, die zu Gott führt", wie Paramahansa Yogananda sagte. „Ich gebe euch ein neues Gebot, dass ihr euch einander so liebt, wie ich euch geliebt habe." (Jesus)

Bedingte Liebe bedeutet, dass ein anderer Mensch Voraussetzungen erfüllen muss, um unsere Liebe zu verdienen. Bedingungslose Liebe bedeutet, dass man einen anderen ohne Bedingungen liebt, mit dem Verständnis, dass jedes Mineral, jedes Tier, jede Pflanze, jedes menschliche Wesen eine Inkarnation Gottes ist. „Liebe sucht keine Belohnung; Liebe ist ihre eigene Belohnung. Der Mensch liebt, weil er Liebe ist. Er sucht Freude, weil er Freude ist. Er dürstet nach Gott, weil er aus Gott zusammengesetzt ist und ohne ihn nicht existieren kann. (Sai Baba)

Eines der Grundprinzipien von *Ein Kurs in Wundern* ist es, unsere Angriffsgedanken aufzugeben. Gib dir selbst und Gott das Versprechen, niemals anzugreifen, selbst wenn du von anderen angegriffen wirst. Bemühe dich eine Haltung von Liebe zu bewahren, egal wie sehr du angegriffen oder beschimpft wirst. Das heißt nicht, dass du dich nicht erheben und in deiner eigenen Kraft bleiben sollst. Aber tue es mit starker Liebe. Sie ist mit der Qualität der Demut verbunden und damit, was Jesus über das Hinhalten der anderen Wange gesagt hat und über das Lieben seiner Feinde. Es hat auch damit zu tun, alles durch deinen Christus-Geist zu sehen. Entweder lieben wir oder wir greifen an – es gibt keine neutralen Gedanken. Wenn wir bedingte Liebe demonstrieren, greifen wir unbewusst an und der andere Mensch erlebt diesen Angriff auf einer energetischen Ebene. Es ist wie ein Pfeil, der in seine Aura dringt. Wenn er schwach ist oder ein Opfer, kann es ihn ziemlich ungünstig beeinflussen. Wir dürfen nicht vergessen, dass der Geist der Menschen miteinander verbunden ist. Unsere Gedanken sind nicht in unserem physischen Körper wie etwa hinter einem Zaun. In der Sekunde, in der wir etwas über einen anderen Menschen denken, sei es positiv oder negativ, streift dieser Gedanke oder dieses Gefühl sein Energiefeld. Wenn wir Angriffsgedanken nachgeben, dann operieren wir durch das Gesetz des Karma innerhalb unseres eigenen Geistes und leben in Angst. Wenn wir angreifen, haben wir Angst, denn wir erwarten, dass andere uns angreifen, was uns verängstigt. Wenn wir in Liebe leben, dann werden wir durch das Gesetz des Karma Liebe zurück erhalten und haben nichts zu fürchten. Bedingte Liebe kommt vom Ego. Bedingungslose Liebe kommt von Gott. In jeder Situation unseres Lebens können wir uns fragen: „Will ich in dieser Situation Gott oder mein Ego?“ Wähle erneut! Lasst uns an die Worte von Mutter Teresa erinnern: „Verbreite Liebe wohin auch immer du gehst; zuerst in deinem eigenen Haus. Schenke deinen Kindern, deinem Ehepartner, deinem Nachbarn Liebe ... Lass niemand jemals zu dir kommen, der nicht besser und glücklicher wieder geht. Sei der lebende Ausdruck von Gottes Freundlichkeit, Freundlichkeit in deinem Gesicht, Freundlichkeit in deinen Augen, Freundlichkeit in deinem Lächeln, Freundlichkeit in deinem warmen Gruß.“ Möge ihre Weisheit jeden von uns inspirieren, um eine lebendige Verkörperung der bedingungslosen Liebe zu werden. „Die Liebe ist langmütig, die Liebe ist gütig. Sie ereifert sich nicht, sie prahlt nicht, sie bläht sich nicht auf. Sie handelt nicht ungehörig, sucht nicht ihren Vorteil, lässt sich nicht zum Zorn reizen, trägt das Böse nicht nach. Sie freut sich nicht über das Unrecht, sondern freut sich an der Wahrheit. Sie erträgt alles, glaubt alles, hofft alles, hält allem stand.“ (1 Korinther 13:4-7)

163. Das universelle Gesetz der bedingungslosen Selbstliebe und des Selbstwertes

Der Channel des Universellen Geistes Paul Salomon sagte: „Wenn es ein Wundermittel gibt, das alles im Leben heilen kann, so ist es Selbstliebe." „Liebe ist die Medizin für die Krankheit der Welt; sie wird oft verschrieben, aber zu selten eingenommen." (Karl A. Menninger)

Die wichtigste Beziehung in unserem Leben ist die Beziehung zu uns selbst. Wenn wir zu uns selbst keine richtige Beziehung haben, werden wir sie auch zu allen anderen nicht haben. Wenn wir mit uns selbst nicht in unserer Mitte sind, wie können wir es dann mit anderen sein? Selbstliebe beginnt mit dem Verständnis, dass es zwei Arten von Liebe in der Welt gibt: bedingte und bedingungslose Liebe. Liebst du dich bedingt oder bedingungslos? Bedingungslose Liebe basiert auf dem Verständnis, dass wir wertvoll und liebenswert sind, weil Gott uns erschaffen hat. Wir sind Söhne und Töchter Gottes, und Gott macht keinen Ramsch. Wenn wir keinen Wert hätten, dann hätte Gott keinen Wert. Mit anderen Worten, unser Wert und unsere Liebenswürdigkeit ist ein spirituelles Erbe. Aber das Ego sagt, dass unser Wert von gewissen Bedingungen abhängt. Wir müssen eine bestimmte Art von physischem Körper haben, ins College gehen und so weiter. Sich darum zu bemühen, ist sicher ein edles Ziel, jedoch hat dies nichts mit unserer Selbstliebe oder unserem Selbstwert zu tun.

Selbstliebe und Selbstwert entstehen dadurch, wer wir sind, und nicht dadurch, was wir tun. Selbstwert wird dadurch verbessert, dass man sich auf seine Siege, anstatt auf seine Niederlagen konzentriert. Es ist auch sehr wichtig, dass man sich selbst nur mit sich selbst vergleicht. Vergleiche dich nicht mit anderen, denn jeder von uns trägt in sich ein besonderes Puzzleteil des göttlichen Planes. So sind wir vollkommen einzigartig und wertvoll. Es gibt keine Bedingungen, die wir erfüllen müssen. Wir können alles in unserem Leben richtig oder falsch tun und unser Wert und unsere Liebenswürdigkeit bleiben immer gleich. Es geht darum, dass es zwischen der Seele und dem Verhalten einen Unterschied gibt. Die Seele ist immer liebenswert und wertvoll, das Verhalten ist es nicht immer. Egal was du getan hast, du bist ein Kind Gottes und daher wertvoll und liebenswert. Wir müssen uns selbst genauso lieben, wie Gott uns liebt – bedingungslos. Jesus sagte: „Du sollt deinen Nächsten lieben wie dich selbst." Liebe dich selbst! Wir müssen auch lernen, uns selbst zu erlauben, Gottes Liebe zu fühlen. Gottes Liebe ist wie die Sonne. Sie scheint immer. Es geht nur darum, ob wir uns selbst die Erlaubnis geben, aus der Dunkelheit hervor zu treten und sie zu empfangen. Vergiss niemals, dass unsere wahre Identität Christus, Buddha, Atman, das ewige Selbst ist. Es ist nur die falsche, negative, pessimistische Interpretation des Egos über uns, was uns nicht wertvoll und nicht liebenswert fühlen lässt. „Ihr seid Gott und wisst es nicht", wie uns die Bibel enthüllt.

Wenn du in dir keine bedingungslose Liebe hast, dann suchst du sie automatisch außerhalb von dir selbst. Liebe ist zum Überleben notwendig; es ist bekannt, dass Kinder in Institutionen an Liebesmangel starben. Im Idealfall schenkt man sich selbst Liebe und erlaubt es sich, die unveränderliche und bedingungslose Liebe von Gott zu empfangen. Wenn du dies nicht tust, wirst du Liebe, Bestätigung und Akzeptanz bei anderen Menschen suchen. Aber damit kommst du in eine schwierige Lage, weil andere Menschen die Programmierer und Erschaffer deiner Realität werden. Dein Wert liegt dann in ihren Händen. Möchtest du, dass andere Menschen diese Macht über dich haben? Im Idealfall wirst du dir selbst so viel Liebe schenken und dir erlauben, so viel göttliche Liebe zu empfangen, dass du jeden Tag kraftvoll und liebend beginnst, bevor du ein anderes menschliches Wesen triffst.

Da bedingungslose Selbstliebe und Selbstwert zu den wichtigsten spirituellen Qualitäten, die es im Leben zu entwickeln gilt, gehören, ist hier nun ein ganz praktisches Programm, um deine gegenwärtige bedingungslose Selbstliebe und Selbstwert zu der höchstmöglichen Stufe anzuheben. Als erstes ist es wichtig stets im Leben zu 100 % deine persönliche Kraft, bedingungslose Liebe und Weisheit zu beanspruchen. Siehe auch *Das universelle Gesetz des Balancierens und Integrierens der dreifaltigen Flamme (Nr. 15)*. Zweitens ist es wichtig, dein inneres Kind richtig zu umsorgen, es zu stärken und zu lieben. Siehe auch *Das universelle Gesetz der inneren und äußeren spirituellen Elternschaft (Nr. 72)*. Drittens gibt es zwei Ebenen oder Arten von bedingungsloser Selbstliebe und Selbstwert – die Ebene der Essenz und der Form. Die Ebene der Essenz bedeutet, dass du bedingungslos liebenswert und wertvoll bist, weil Gott dich erschaffen hat. Die Ebene der Form bedeutet, dein Verhalten deine Realisierung und bewusste Demonstration deiner Göttlichkeit. Du kannst nicht wirkliche bedingungslose Selbstliebe und Selbstwert entwickeln, solange du nicht auf beiden Ebenen arbeitest. Rechtschaffenheit liegt in den Augen Gottes darin, es zu versuchen. Selbst wenn du Fehler machst, dann ist das für Gott in Ordnung, solange du versuchst, die Gegenwart Gottes in deinem täglichen Leben zu demonstrieren. Wir wissen alle, wie das negative Ego Gold in Müll verwandeln kann. Selbst wenn du in Wahrheit aus der objektiven Perspektive Gottes alles wundervoll machst und Gott und deine mächtige ICH BIN - Gegenwart sich vollkommen an deinem Fortschritt und Bemühungen erfreuen, so kann dich dein eigenes negatives „Ego" all deinen Erfolg und deine Bemühungen auf der Ebene der Form vergessen machen. Erkenne viertens, dass alles, was im Leben geschieht, nur eine Lektion ist und keine Sünde. Siehe auch *Das universelle Gesetz, dass alles im Leben eine spirituelle Lektion, eine Prüfung und Herausforderung ist (Nr. 45)*. Lerne fünftens, Zitronen in Limonade zu verwandeln – die Wissenschaft der spirituellen Alchemie. Siehe auch *Das universelle Gesetz der spirituellen Alchemie*

(Nr. 127). Erkenne sechstens, dass ebenso wie wir spirituelle Eltern für unser inneres Kind und inneres Selbst sind, Gott und unsere mächtige ICH BIN - Gegenwart und Höheres Selbst unsere spirituellen Eltern sind. Auf diese Weise liebst du dein inneres Kind und Selbst bedingungslos, und Gott, Christus, der Heilige Geist, deine mächtige ICH BIN - Gegenwart und dein Höheres Selbst lieben dich bedingungslos. Halte abschließend deine spirituelle Achtsamkeit und stets deine goldene Schutzblase um dich herum aufrecht. Siehe auch *Das universelle Gesetz des Schutzes (Nr. 105)*. Befolge diese einfachen Schritte, und du wirst zu 100 % Selbstliebe und Selbstwert entwickeln. „Zu lieben bedeutet, zu dem Zuhause zurückzukehren, das wir niemals verlassen haben, sich daran zu erinnern, wer man ist.“ (Sam Keen)

164. Das universelle Gesetz des Arbeitens mit den Aufstiegsplätzen

Bitte die kosmischen und planetaren Aufgestiegenen Meister darum, dass sie dich in deinem Seelenkörper oder spirituellen Körper im Sinne der Bilokation zu verschiedenen Aufstiegsplätzen mitnehmen. Das Arbeiten mit diesen Aufstiegsplätzen wird buchstäblich deinen Aufstieg und Einweihungsprozess tausendfach beschleunigen, wenn du mit ihnen auf regelmäßiger Basis arbeitest. Das Reisen zu diesen Aufstiegsplätzen ist so einfach wie das Bitten deiner eigenen mächtigen ICH BIN - Gegenwart oder der Aufgestiegenen Meister der inneren Ebene deiner Wahl, dich dorthin mitzunehmen, und du wirst sofort dort sein. Du wirst auch unmittelbar das Fließen deines spirituellen Stromes fühlen. Es gibt nicht nur planetare Aufstiegsplätze, sondern auch solare, galaktische, universelle, multi-universelle und kosmische. Und wenn das noch nicht genug ist, so ist es sogar möglich, die kosmischen und planetaren Meister darum zu bitten, diese Aufstiegsplätze in deinem Zuhause zu verankern und zu aktivieren. Auf diese Art lebst und schläfst du tatsächlich 24 Stunden am Tag in diesen Aufstiegsplätzen, ohne dass du sonst irgendwohin gehen musst. Bitte und du wirst empfangen – wenn es verdient wird durch das Demonstrieren der Meisterung auf allen Ebenen und durch Dienen. Das ist das Gesetz!

Über die Autoren

Dr. Joshua David Stone war Doktor für Transpersonale Psychologie und ein anerkannter Ehe-, Familien- und Kinderberater in Kalifornien. Auf der spirituellen Ebene verankerte er die I AM University - einen integrierten Ashram auf der inneren und äußeren Ebene, der alle Wege zu Gott repräsentiert. Er diente als einer der Sprecher der planetaren Aufstiegsbewegung. Dr. Joshua David Stone ging 2005 in die Geistige Welt hinüber.

Rev. Gloria Excelsias ist spirituelle Lehererin, Heilerin und Autorin, die in der Melchizedek Synthesis Light Akademie als eine der Hauptassistentinnen von Dr. Stone arbeitete.

DR STONE - DIE LEICHT ZU LESENDE ENZYKLOPÄDIE DES SPIRITUELLEN PFADES
IN DER ÜBERSICHT

Die leicht zu lesende Enzyklopädie des spirituellen Pfades von Dr. Joshua David Stone gilt als die Standardliteratur für den Aufstieg. Sie umfasst das breite Spektrum des spirituellen Wissens, leicht verständlich zusammengefasst und praxisnah aufbereitet. Daher sind diese Bücher von Dr. Stone absolute Perlen für die eigene geistige Entwicklung. Sie beinhalten den gesamten Einweihungsweg, den Aufstieg selbst (6. & 7. Einweihung), den integrierten Aufstieg, den kosmischen Aufstieg und die Bereiche darüber hinaus.

Es ist die dritte Dispensation der großen Lehren der Aufgestiegenen Meister, die bereits in den Werken von Alice Bailey 1940 angekündigt wurde.

Wie man die 7 Einweihungsstufen vollendet

Br., 320 S., EUR 24,90
ISBN 978-3-933470-62-1

Das Durchschreiten der sieben Einweihungsstufen, um dadurch den Aufstieg (6. & 7. Einweihung) zu vollenden, bildet den Kern dieses weiteren großartigen Buches von Dr. Stone. Dieses Buch enthält revolutionäre neue Informationen und Durchgaben darüber, wie man den Aufstieg vollendet, die 50 Chakren öffnet, verankert und aktiviert und den Lichtquotienten auf enorme Weise erhöht und stabilisiert.

Es werden viele neue wichtige Aufstiegstechniken und deren Anwendung vorgestellt. Der Umgang mit dem Thema Aufstieg für sich selbst und das Umfeld, was kommt nach dem Aufstieg, was ändert sich im eigenen Leben, wie setze ich meine spirituelle Entwicklung nach dem Aufstieg fort...?

All diese und weitere wichtige Fragen zum Thema Aufstieg werden in diesem Buch ausführlich und kompetent beantwortet. Ein unverzichtbares Werk für alle, die den Aufstiegsweg beschreiten!

Aufstiegsaktivierungs CD Vollendung des 6. und 7. Einweihungsgrades

CD EUR 21,90 ISBN 978-3-933470-77-5

Meditationen auf der CD

1. Die ultimative Aufstiegsmeditation 16:25
2. Kabbalistischer Baum des Lebens 28:33
3. Meditation zur Vollendung des sechsten und siebten Einweihungsgrades 21:30

Diese CD ist DAS Kraftpaket zur Vollendung der 6. und 7. Einweihung! Insbesondere die 3. Meditation enthält alle wichtigen Anrufungen, um das spirituelle Wachstum enorm zu beschleunigen und den Aufstieg, der in der Vollendung des sechsten und siebten Einweihungsgrades liegt, zu erlangen. Ein kontinuierliches Arbeiten mit dieser Meditation beschleunigt den eigenen Aufstiegspfad in enormer Weise.

Buch und CD im Set ! SET-Angebot!

Das Buch:
Wie man die 7 Einweihungsstufen vollendet

& die
Aufstiegsaktivierungs CD
Vollendung des 6. und 7. Einweihungsgrades

Zusammen bestellt für EUR 39,90
Set nur direkt beim Verlag erhältlich!

Kosmischer Aufstieg

Gebunden, 416 S. EUR 29,90
ISBN 978-3-933470-74-4

Nahezu alle Bücher zum Thema Aufstieg befassen sich mit dem planetaren Aufstieg, doch durch die momentanen außergewöhnlichen Zeiten entstand auch die Möglichkeit, mit dem kosmischen Aufstiegsprozess zu beginnen. Den planetaren Aufstieg erlangen wir mit Vollendung der 7. Einweihung. Beim kosmischen Aufstieg kehren wir die 352 Ebenen zu Gott zurück. Jede Einweihung bedeutet eine Erweiterung des Bewusstseins und eine Zunahme der Frequenz und des Lichts. Dabei sind alle Schritte von Bedeutung. Jede Ebene gilt es zu stabilisieren, sie zu erhöhen und auf ihr zu dienen, bis wir auf die nächste Ebene gelangen können.

Wenn wir den planetaren Aufstieg erlangt haben, sind wir erst ein Zehntel bezüglich des kosmischen Aufstiegs vorangekommen. Doch was kommt danach? Diese spannende Frage und wie wir uns auf diesen Weg begeben können klärt Dr. Stone in diesem Buch.

CD Kosmischer Aufstieg

CD 75:25 Min. EUR 19,90
ISBN 978-3-933470-36-2

CD Kosmischer Aufstieg

Inhalt dieser CD:
1.) Einführung 2:48
2.) Die 18 Klärungstechniken 51:42
3.) Das Übungsprogramm für den kosmischen Aufstieg / - Spirituelles Training und die Aufstiegstechniken 17:01
4.) Die Invokation des Yod-Spectrums 3:36

Durch die momentanen außergewöhnlichen Zeiten entstand auch die Möglichkeit, mit dem kosmischen Aufstiegsprozess zu beginnen. Den planetaren Aufstieg erlangen wir mit Vollendung der 7.Einweihung. Beim kosmischen Aufstieg kehren wir die 352 Ebenen zu Gott zurück. Jede Einweihung bedeutet eine Erweiterung des Bewusstseins und eine Zunahme der Frequenz und des Lichts. Dabei sind alle Schritte von Bedeutung. Jede Ebene gilt es zu stabilisieren, sie zu erhöhen und auf ihr zu dienen, bis wir auf die nächste Ebene gelangen können.

Buch und CD im Set !
SET-Angebot!

Das Buch und die CD:
Kosmischer Aufstieg
Zusammen bestellt für EUR 47,90 Nur direkt beim Verlag erhältlich!

Dein Weg zu finanziellem Erfolg auf spiritueller Basis

Broschur, 360S., EUR 24,90
ISBN 978-3-933470-76-8

Dies ist ein sehr außergewöhnliches Buch darüber, wie man finanziellen und geschäftlichen Erfolg aus spiritueller Sicht erlangen kann! Es enthält wirklich die inneren Geheimnisse der Zeitalter, wie man die Gabe des Königs Midas erhält, alles Berührte in Gold zu verwandeln! Es ist ein meisterhaft zusammengefasstes Buch aus spiritueller, psychologischer und irdischer Perspektive darüber, wie man wirklich finanziell erfolgreich in seiner Arbeit wird, indem man die enthaltenen spirituellen Geheimnisse anwendet.
Viele Lichtarbeiter und Menschen haben Probleme in diesem Bereich. Dieses Buch offenbart die Schlüssel zur Überwindung dieser Probleme auf allen drei Ebenen.

Buch und CD im Set !
SET-Angebot!

Das Buch und die CD:
Dein Weg zu finanziellem Erfolg auf spiritueller Basis
Zusammen bestellt für EUR 39,90 Nur direkt beim Verlag erhältlich!

Dein Weg zu finanziellem Erfolg auf spiritueller Basis

CD, 73:27 Min. EUR 19,90
ISBN 978-3-933470-82-9

Inhalt dieser CD:
1.) Einführung 4:57 2.) Die Einheit ist der Schlüssel 2:48 3.) Wie du manifestieren kannst 2:40 4.) Dein Weg zu finanziellem Erfolg 27:48 5.) Anwendung des Gesetzes der Anziehung 4:48 6.) Die "Berührung des König Midas" 3:44 7.) Wer bin ich? 22:34 8.) Gebet um Versorgung und Fülle 3:33

Autoren: Renate & Rudolf Lippert, Sprecher: Rudolf Lippert

Diese Wohlstands-CD ist gefüllt mit praktisch umsetzbaren Grundlagen für den finanziellen Erfolg auf spiritueller Basis, wertvollen Übungen & Meditationen! Sie enthält spezielle Übungen und Meditationen, in denen wir uns bewusst in Verbindung mit unseren persönlichen geistigen Helfern und den Aufgestiegenen Meistern bringen.
Wir rufen eine „spirituelle Konferenz" ein und verwenden eine ganz spezielle Flammentechnik, um den äußeren Erfolg unserer inneren und äußeren Arbeit zu manifestieren. Diese Methode ist besonders wertvoll, da sie äußeren und finanziellen Erfolg auf Grundlage der Anwendung geistiger Gesetze bewirkt. Dies öffnet doch die Schleusen für die Fülle im Leben.

Wie man sich vom negativen Ego befreit

Gebunden, 320 Seiten
EUR 26,90
ISBN 978-3-933470-69-0

Dieses herausragende Buch von Dr. Stone geht auf die Grundlage des spirituellen Weges und des Aufstiegs ein - Die Überwindung des negativen Egos - und ist daher ein absoluter Klassiker in der leicht zu lesenden Enzyklopädie des spirituellen Pfades!

Die Überwindung des negativen Egos gehört zu den am wenigsten verstandenen Aspekten in der geistigen Entwicklung und ist doch überaus wichtig. Um diese „Schwachstelle" vieler Lichtarbeiter zu beseitigen, wurde dieses Buch geschrieben. Es gibt umfassende Hilfestellung, um das negative Ego zu überwinden und den „Hüter der Schwelle" zu meistern, indem es das Thema eingehend erklärt und eine Vielfalt an praktischen Möglichkeiten zur Überwindung des negativen Egos aufzeigt.

Zudem werden die fünfzehn Hauptprüfungen auf dem spirituellen Weg, die unser Ego regelrecht herausfordern und zu wahrhaftigen Prüfsteinen für uns werden können, erläutert und Wege zu ihrer Meisterung aufgezeigt.

Set: Buch 64 S., CD: 79:15 min.
EUR 24,90
ISBN 978-3-933470-51-5

METHODEN ZUM KRAFTVOLLEN GEISTIGEN SCHUTZ

Autoren: Dr. Stone & Rudolf Lippert

Dieses Buch und die beiliegende CD bieten alles, was man für einen umfassenden kraftvollen geistigen Schutz benötigt. Man könnte es auch „Wie man ein starkes physisches, emotionales, mentales und spirituelles Immunsystem aufbaut" nennen.

Ein geistiger Schutz, der alle Aspekte integriert beeinhaltet. Es ist ein „Wie wird es genau gemacht"- Buch mit einer randvollen „Wie wird es genau gemacht"- CD. Alle Übungen sind geführt gesprochen, so dass sie sehr praktisch umgesetzt werden können.

Inhalt der beiliegenden CD - besprochen von Rudolf Lippert:

1 Mentale Rüstung 2 Schutzgebet Vater Unser 3 Schutzgebet Lichtmantel 4 Schutzgebet Christuslicht 5 Extrem kraftvoller geistiger Schutz 6 Seelenmantra 7 Lichtdusche 8 Befreiungsgebet 9 Affirmationen zur eigenen Stärkung 10 Gebet zum Schutz 11 Gebet zur Schwingungserhöhung 12 Lichtsäulengebet 13 Die Große Invokation 14 Durchtrennen der negativen Verbindungen.

Aufstiegskurse

Broschur, 224 S., EUR 23,90
ISBN 978-3-933470-66-9

Der gesamte Aufstieg in Kursen für Zuhause oder in einer Gruppe!

Dieses Buch ist der ideale Aufstiegskurs - sowohl für sich selbst, wie auch als Basis zur Leitung von Gruppen. Die Grundlage für dieses Buch ist die leicht zu lesende Enzyklopädie des spirituellen Pfades. Neben der Arbeit an sich selbst ist die Gruppenarbeit einer der wichtigsten Dienste, den man seinen Freunden, Schülern und der Familie erweisen kann. Mit diesem Buch ist dies einfach!

Es enthält 131 Gestaltungsmöglichkeiten für die einzelnen Gruppentreffen und geht auf die Eröffnung, den Abschluss und alle notwendigen Details ein.

Für die tägliche Selbstanwendung bietet dieses Buch Material für 18 - 24 Monate!

"Du hast dieses Buch gefunden, so wie es dich gefunden hat, weil du bereit dazu bist, den Himmel auf Erden zu verankern..."

Sanandas Aufstiegslehren
für das neue Zeitalter

Broschur, 240 S., EUR 19,90
ISBN 978-3-933470-73-7

Sanandas Aufstiegslehren bilden eine Brücke zwischen seinen Lehren aus dem Neuen Testament zum Neuen Zeitalter der Aufstiegsbewegung. Dieses tief berührende und mit Weisheit erfüllte Buch öffnet die Tore zum spirituellen Verstehen, da die einzigartige Schwingung von Sananda direkt in das Herz des Lesers einströmt.

Durch tiefe Kontemplation und Gebete näherte sich Dr. Stone dem Thron des Meisters der Herzen, dem Thron Sanandas. Er überbrachte 16 wertvolle Lektionen, in denen Sananda in tiefer Liebe und Klarheit den Weg aufzeigt und wertvolle Aufstiegslehren vermittelt, auf die der Autor mit einer vertiefenden Erklärung eingeht.

ICH BIN der Weg, die Wahrheit und das Leben – folgen wir IHM nach und wir werden sicher und behütet unser Ziel des Aufstiegs erlangen!

Das 21-Tage Programm
zur Überwindung von Süchten & Gewohnheiten

Broschüre, EUR 9,90
ISBN 978-3-933470-52-2

Das Thema Sucht ist weit verbreitet und im Rahmen der geistigen Entwicklung ein Thema, mit dem wir uns alle auseinandersetzen müssen.

Es gibt vielerlei Arten von Süchten, die man entwickeln kann. Eine Sucht ist eine „Verhaftung" oder „schlechte Angewohnheit", die von Gedanken, Gefühlen oder dem Körper ausgeht. Um ungute Gefühle zu vermeiden, suchen wir einen Ersatz, der uns zeitweise von diesen Gefühlen befreit. Daraus entsteht eine Gewohnheit, welche das Unterbewusstsein sehr schnell als solche erkennt. Das negative Ego bringt uns dann dahin, an dieser Gewohnheit festzuhalten und so nimmt die Sucht ihren Lauf.

In diesem Büchlein geht Dr. Stone auf die Hintergründe und Zusammenhänge in uns ein, die zur Sucht führen und sie erhalten. Er weist uns auf das Ungleichgewicht unserer Körper hin, denn bei der Sucht hat der Emotional- und Begierdenkörper die Oberhand übernommen.

Verborgene Mysterien

Die alten Mysterienschulen, Außerirdische und der Aufstieg

Gebunden, 448 Seiten
EUR 31,90
ISBN 978-3-933470-68-3

Dieses Buch enthüllt eine Fülle an Informationen über altes, verborgenes Wissen der Erde, spirituelle Lehren, alte Mysterienschulen und einen Überblick der außerirdischen Zivilisationen. Die aufgeführten grundlegenden spirituellen Lehren, die vielen Menschen unbekannt sind, stellen eine wertvolle Quelle für jeden dar, der auf dem geistigen Weg voranschreiten möchte. Dazu gehören das Engelreich, Pan und das Naturreich, die Huna-Lehren, die mächtige ICH BIN - Gegenwart, die Veden und Upanischaden, die Kabbala, die Essener, der Yoga-Pfad und die Yoga Sutras von Patanjali, die Ägyptischen Mysterien, die Schlüssel des Enoch, die Wissenschaft des Seelenreisens, Heilung durch Farben und Klänge und vieles mehr. Eine umfassende Auflistung der außerirdischen Zivilisationen und deren Vertuschung durch die Regierung sowie das Thema der geheimen Regierung wird in diesem Buch enthüllt. Es geht um Agartha und die hohle Erde, Walk-Ins, die Plejaden, Orion, Ummo, Mars, die Venus, das Ashtar-Kommando, Arcturus, Sirius, die Grauen, die reptilische Rasse, Alpha Centauri, Antares, Andromeda, Zeta Reticulum, Implantate, Sternenmenschen, den Aufbau des physischen Universums und vieles mehr.
Dieses Buch ist eine wahre Fundgrube verborgener Mysterien!

Quan Yins Meisterprinzipien

für Gesundheit, Kraft und Fülle

Broschur, 224 Seiten,
EUR 19,90
ISBN 978-3-933470-72-0

In diesem Buch gibt Quan Yin eine Übersicht der Meisterprinzipien für Gesundheit, Kraft & Fülle, die in Form eines Übungsprogrammes praktisch in das Leben eines jeden integriert werden können. Die Aufgestiegene Meisterin Quan Yin beschenkt den Leser mit ihrer auf anmutige und sanfte Weise überbrachten Weisheit, die das Herz berührt. Die wichtigen Themen Gesundheit, Kraft und Fülle werden von ihr eingehend aus spiritueller Sicht erläutert und in den übermittelten Meisterprinzipien wird verdeutlicht, wie man praktisch mit diesen Bereichen im irdischen Leben umgehen kann, um bewusst auf dem Pfad des Aufstiegs voranzukommen. Quan Yin zeigt in diesem Buch zudem auf, wie die buddhistischen Lehren perfekt in die integrierten Lehren der Aufgestiegenen Meister des Neuen Zeitalters passen und ist hierbei auch über den außerordentlichen Weg des Buddhismus hinausgegangen, um den Suchenden und Meistern aller spiritueller Wege und Religionen dieses tiefgründige Übungsprogramm darzubringen.

Goldene Schlüssel

für Aufstieg und Heilung

420 Goldene Schlüssel

Broschur, 248 Seiten
EUR 24,90
ISBN 978-3-933470-71-3

Die 420 goldenen Schlüssel enthalten die Essenz der Lehren der Aufgestiegenen Meister, kompakt zusammengefasst und praktisch anwendbar, als wertvolle Hilfe für Heilung, Aufstieg und den Dienst in der Welt. Sie beinhalten praktische Methoden für die Meisterschaft, spirituelle Kernprinzipien wie Liebe, Hingabe und Dienen, die höhere Entwicklung, Manifestationsarbeit, Spiritualität in unserem täglichen Leben, Heilung aus höheren Dimensionen, Zusammenarbeit mit den Aufgestiegenen Meistern und vieles mehr.
Dieses großartige Nachschlage- und Basiswerk, das Dr. Stone zu Ehren von Sai Baba geschrieben hat, steht dem Lichtfreund täglich inspirierend zur Seite. Dieses Buch kommuniziert und gibt Antworten auf Fragen in schwierigen Lebenslagen, indem man seine Frage stellt und das Buch intuitiv öffnet und zu lesen beginnt. Die Antwort ist ein „goldener Schlüssel".

Der Integrierte Lichtkörper

Broschur, 288 Seiten,
EUR 24,90
ISBN 978-3-933470-70-6

Was bedeutet der Lichtkörper? Wie wird er aufgebaut? Wie viele Stufen des Lichtkörpers gibt es? Was ist beim Aufbau zu beachten? Wie wird jede neue Lichtkörperstufe ausbalanciert und integriert? Wie wirkt sich der Lichtkörper auf die geistige Entwicklung und auf das tägliche Leben aus? Diese und viele weiteren Fragen werden in diesem umfassenden Buch eingehend und ausführlich erklärt. Das Schlüsselprinzip zur Erlangung und Verankerung der höheren Lichtkörper liegt in der integrierten und ausgewogenen Bewusstseinserhöhung.

Was unter einer integrierten und ausgeglichenen Bewusstseinserhöhung zu verstehen ist und wie man mit dem Lichtkörperprozess praktisch umgeht, wird in diesem weiteren faszinierenden Buch von Dr. Stone klar dargelegt.

Set: 3 Bücher für EUR 69,90
Set nur direkt beim Verlag erhältlich!

Das komplette

Aufstiegshandbuch

Gebunden, 416 S., EUR 29,90
ISBN 978-3-933470-60-7

Wie man den Aufstieg in diesem Leben erreicht.

Ein Rundumbegleiter, der alles für den sicheren Aufstieg enthält! Dieses Kompendium enthält ausführliches spirituelles Wissen, Aufstiegstechniken, die Beschreibung der Einweihungen, der Seele und Monade, der Strahlen und der kosmischen Hierarchie, Meditationen, Anrufungen, eine klare Beschreibung des Aufstiegspfades und alle Mittel, um ihn erfolgreich zu gehen!

Der Aufstieg steht nicht mehr nur als Begriff im Raum, sondern ist Teil des persönlichen Entwicklungsweges. Dr. Stone holt uns dort ab, wo wir in unserer spirituellen Entwicklung stehen, nimmt uns an die Hand und führt uns Schritt für Schritt, mit enormem spirituellem Wissen, sicher wie ein Lotse, durch die einzelnen Stadien auf dem Weg zu unserem eigenen Aufstieg.

Seelenpsychologie

Die Schlüssel zum Aufstieg

Gebunden, 448 S., EUR 32,90
ISBN 978-3-933470-61-4

Mit diesem Buch dringen wir zu den tieferen Schichten unserer Seele und Persönlichkeit vor, was für unseren Aufstiegspfad von größter Bedeutung ist. Wir erkennen die Dinge und Zusammenhänge, die uns und unser Leben beeinflussen und wie wir ihnen durch Bewusstsein, Klarheit und die Entwicklung unserer persönlichen Kraft begegnen können.

Die Funktion des Bewusstseins und Unterbewusstseins und dessen Umprogrammierung, die Entwicklung der persönlichen Kraft, bedingungslose Selbstliebe und das Innere Kind, das Christusbewusstsein, die Aura und die Chakren, die Schwierigkeiten und Fallen auf dem Weg zum Aufstieg, Liebesbeziehungen und Sexualität, das Emporsteigen der Kundalini, Heilung der Emotionen, die Ausbalancierung und Integration der vier Körper und der drei Verstandesebenen, Channeling, geistige Gesetze und vieles mehr gehört zu den interessanten Themen dieses Buches.

Der Pfad des Aufstiegs

Ein Wegbegleiter

Broschur, 228 S., EUR 22,90
ISBN 978-3-933470-63-8

Dieses Buch enthält all das Wissen über die Menschen als spirituelle Wesen, ihren Entwicklungsweg und die verschiedenen Reiche, die auf unserem Planeten koexistieren. In seiner übersichtlichen Weise dient dieses Buch den Fortgeschrittenen auf dem spirituellen Pfad ebenso wie den Einsteigern.

Die Themen des Buches umfassen: die Menschen als spirituelle Wesen, ihre niederen und höheren Körper und die verschiedenen höheren Reiche, die Spirituelle Hierarchie, den Einweihungspfad, den Aufstieg und die Praxis im Alltag, eine umfassende Betrachtung des Karma, die Transformation des negativen Egos, die Entwicklung höherer Sinne, das Engelreich, das Tierreich, unsere Sternengeschwister, Methoden und Techniken zum persönlichen Wachstum, hilfreiche Meditationen und Übungen, welche die Prinzipien des Aufstiegs integrieren und vieles mehr.

Wesentliches Wissen für den Aufstieg, klar und umfassend dargestellt!

Aufgestiegene Meister weisen den Weg

Gebunden, 320 S., EUR 27,90
ISBN 978-3-933470-64-5

Die Schlüssel zur spirituellen Meisterschaft von denjenigen, die sie erlangt haben.

In diesem interessanten Buch von Dr. Stone erfahren wir über die Leben von 39 Meistern und Heiligen, die diesen Planeten beehrt haben. Ein jedes ihrer Leben war einzigartig, sowohl in ihrer Entwicklung wie auch in ihrer Mission - und doch haben sie alle von ihrem Platz und ihrer Situation aus ihr Ziel der Meisterschaft erlangt. Und so inspiriert uns dieses Buch und verleiht uns Hoffnung und Mut, dass auch wir aus unserer Situation im Leben das große Ziel anstreben und erlangen können.

Wir erfahren über das Leben von Saint Germain, Buddha, Quan Yin, Mutter Maria, Konfuzius, Hermes Thoth, Shirdi Sai Baba, Ramana Maharshi, Paramahansa Yogananda, den theosophischen Meistern wie Kuthumi, Djwahl Khul, El Morya und vielen anderen Meistern und Heiligen.

Set 1: 2 Bücher *für EUR 59,90*

Set nur direkt beim Verlag erhältlich!

Set 2: 4 Bücher *für EUR 99,90*

Set nur direkt beim Verlag erhältlich!

* *Das komplette Aufstiegshandbuch*
* *Seelenpsychologie*
* *Der Pfad des Aufstiegs*
* *Aufgestiegene Meister weisen den Weg*

Integrierter Aufstieg

Die Ausbildung wichtiger Quotienten, um am eigenen integrierten Aufstieg zu arbeiten und das Thema Gesundheit, einschließlich dem physischen Körper, werden ausführlich besprochen und wichtige Heilmethoden sowie Dr. Lorphans Heilerakademie auf den inneren Ebenen vorgestellt.

Integrierter Aufstieg

Offenbarungen für das neue Jahrtausend

Gebunden, 448 S., EUR 31,90
ISBN 978-3-933470-65-2

In diesem Klassiker von Dr. Stone geht es darum, die psychologische Ebene in die Aufstiegsarbeit zu integrieren, um somit die persönliche Entwicklung zu stabilisieren. Bildlich gesprochen stellt das Erdgeschoss die psychologische Ebene und das erste Stockwerk die spirituelle Ebene dar. Wenn die gesamte Energie auf das erste Stockwerk konzentriert wird, droht das Gebäude einzustürzen. Viele Lichtarbeiter konzentrieren sich vorwiegend auf die Ausbildung des spirituellen Körpers.

Die Entwicklung des mentalen, emotionalen und psychologischen Selbst verläuft jedoch langsamer und dadurch kann ein Ungleichgewicht entstehen. Dieses Buch beschreibt den integrierten Aufstieg, der in harmonischer Balance alle Facetten und Ebenen des eigenen Wesens integriert und zum Aufstieg führt und deckt die Schwierigkeiten auf, die durch einen nicht-integrierten Aufstieg entstehen.

CDS IN DER ÜBERSICHT - SET-ANGEBOTE

Dr. Joshua David Stone war Doktor für Transpersonale Psychologie und ein anerkannter Ehe-, Familien- und Kinderberater in Kalifornien. Auf der spirituellen Ebene verankerte er die I AM University und diente als Sprecher der planetaren Aufstiegsbewegung. Wir lernten ihn als einen Menschen kennen, der sich stets mit Leib und Seele für den Aufstieg engagierte und unermüdlich daran arbeitete, sein großes Wissen leicht verständlich und für jeden anwendbar weiterzugeben.

Darüber hinaus war er als Freund und Ratgeber jederzeit für uns und die Menschen da. Dr. Stone ging 2005 in die Geistige Welt hinüber. Er hat uns mit seinem Werk einen wahren Schatz hinterlassen. Es ist uns eine Ehre, diese Enzyklopädie mit all dem Wissen und den Lehren der Aufgestiegenen Meister herauszugeben und wir werden sie fortlaufend durch die Herausgabe weiterer Bände bereichern.

„Es ist meine bescheidene Bitte, dass diese Bücher dazu dienen mögen, euren Einweihungsweg und die Realisierung eurer Einheit mit Gott zu beschleunigen." Dr. Joshua David Stone

Nachfolgend eine Übersicht der aktuell verfügbaren CDs von Dr. Stone,
in Deutsch gesprochen von Renate/Rudolf Lippert.

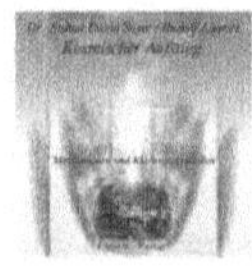

3 SET Angebote aus unserem Verlag

CD SET 3 CDs: Dr. J. D. Stone *In der Goldenen Kammer von Melchizedek, Aufstiegsaktivierungen & Aufstieg.*
Sprecher alle 3 CDs: Rudolf Lippert.
3 CDs für EUR 59,90

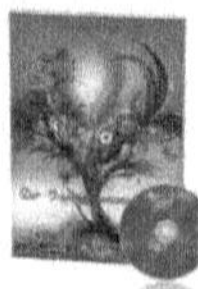

Transformations-SET
Buch1: Wie man sich vom negativen Ego befreit
Buch2: Der Transformationsprozess incl. CD
EUR 45,90

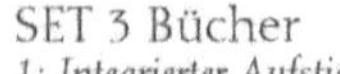

SET 3 Bücher
1: Integrierter Aufstieg
2: Wie man sich vom negativen Ego befreit
3: Quan Yins Meisterprinzipien für Gesundheit, Kraft & Fülle. 3 Bücher für EUR 69,90

Die Aufstiegs-Aktivierungs-Meditationen von Dr. Stone, in Deutsch gesprochen von Renate & Rudolf Lippert, wirken sehr beschleunigend für den eigenen Aufstieg. Diese speziellen Meditationen führen den Meditierenden energetisch zum Aufstieg. Die regelmäßige Wiederholung dieser Aufstiegsaktivierungen bewirkt eine rasante Beschleunigung der individuellen spirituellen Entwicklung!

Mit unseren CDs erhalten Sie eine optimale Unterstützung für Ihren geistigen Entwicklungs- und Aufstiegsprozess. Einfühlsam gesprochen, begleitet von entspannender Meditationsmusik, vermitteln sie eine direkte Anbindung an die höheren Energien der jeweiligen Meister, Engel und Lichtkräfte. Neben der direkten Kontaktaufnahme mit den höheren Energien wirken diese CDs bewusstseinserweiternd, indem sie komprimiert höheres Wissen in Form einer spirituellen Schulung vermitteln. Sie verbinden den Meditierenden mit den Aufgestiegenen Meistern, seiner eigenen Seele und seinen Geistführern und seinem Schutzengel. Diese sofortige durchgreifende energetische Anbindung ist das bewirkende Element in allen unseren Meditationen!

Aufstieg

1. Die Große Aufstiegsmeditation 48:00
2. Die 50 Punkte umfassende kosmische Reinigungsmeditation 21:00

Mit rhytmischer Musik unterlegt.
Sprecher: Rudolf Lippert

EUR 21,90
ISBN 978-3-933470-39-3

In der Goldenen Kammer von Melchizedek

1. In der Goldenen Kammer von Melchizedek 30:00
2. Aktivierung der göttlichen Mutter und der Meisterinnen 37:00

Mit rhytmischer Musik unterlegt.
Sprecher: Rudolf Lippert

EUR 21,90
ISBN 978-3-933470-38-6

ISIS

1. Isis, die Große Pyramide und die Sphinx - Aufstiegsaktivierungs-Meditation 48:51
2. Die Verschmelzung deines Christusselbst mit deinem niederen Selbst 10:16

Sprecherin: Renate Lippert

EUR 21,90
ISBN 978-3-933470-35-5

Aufstiegsaktivierungen

1. Aufstiegsaktivierungen 17:00
2. Aufstiegsplatz Gottes 21:00
3. Verankerung der kosmischen Strahlen 23:00
4. Anrufung der Heilengel 10:00

Mit rhytmischer Mmusik unterlegt.
Sprecher: Rudolf Lippert

EUR 21,90
ISBN 978-3-933470-37-9

SET Angebot 3 CDs

CD Aufstieg
CD Aufstiegsaktivierungen
CD In der Goldenen Kammer von Melchizedek
Im Set zu EUR 59,90
Nur direkt beim Verlag erhältlich.

ISIS

Diese sehr energiereiche Aufstiegsaktivierungs-Meditation mit Isis in der Großen Pyramide leitet uns durch die sieben Einweihungen zum Aufstieg hindurch. Wir verbinden uns energetisch mit den großen Meistern und erfahren ihre hohe Lichtschwingung und energetische Unterstützung während dieses Prozesses. Die zweite Meditation der CD *Verschmelzung deines Christusselbst mit deinem niederen Selbst* wirkt ebenfalls sehr schwingungserhöhend.

Aufstieg & Chakrenreinigung

1. Meditation für den Aufstieg und zur Chakrenreinigung 58:49
2. Die Aufstiegs- und Auferstehungsflamme 8:30

Sprecherin: Renate Lippert
EUR 21,90
ISBN 978-3-933470-78-2

1 Während dieser Meditation führen wir mit Hilfe der Aufgestiegenen Meister und geistigen Führer eine Klärung und Reinigung eines jeden einzelnen Chakras durch. Hierbei widmen wir uns den damit verbundenen emotionalen Themen und setzen gezielt Heilungsaffirmationen ein. Abschließend verbinden wir die sieben Chakren zu einer weißen Lichtsäule und lassen uns von dieser wundervollen gereinigten Energie durchdringen. Das Reinigen der Chakren bewirkt eine verstärkte Durchlässigkeit für die höheren Energien und fördert den eigenen Energiefluss, was den Aufstiegsprozess sehr beschleunigt. Diese Meditation wirkt sehr unterstützend für den Aufstiegsprozess und ist besonders hilfreich, wenn emotionale Themen an die Oberfläche kommen.

2 Während dieser Meditation erfahren wir eine tief greifende Reinigung all unserer Körper und Chakren sowie eine wundervolle Schwingungserhöhung durch die Aufstiegs- und Auferstehungsflamme.

Die kosmische Meditation

der Großen Pyramide
2 CDs

Die kosmische Meditation der Großen Pyramide zur Verankerung der 12 Körper. CD1: 66:37, CD2: 32:34

Sprecher: Rudolf Lippert
EUR 21,90
ISBN 978-3-933470-30-0

Im Booklet ist der Grundverankerungsablauf abgedruckt, da der Verankerungsprozess über 7 Tage empfohlen wird. Erinnert Euch daran, dass ihr, wenn ihr den zehnten Strahl integriert, den Lichtkörper verankert. Diese sind in Wahrheit zwei Lichtkörper: der Seelen- und Monaden- Lichtkörper wird bei der fünften, sechsten und siebten Einweihung integriert.

Die kosmische Meditation der Großen Pyramide ist speziell dazu entwickelt worden, die zwölf Körper zu verankern, insbesondere den monadischen, solaren, galaktischen und universalen Lichtkörper. Sie bezieht sich auf das Buch *Wie man die 7 Einweihungsstufen vollendet*, von Dr. Joshua David Stone und auf die Arbeit mit dem Buch des Wissens: *Die Schlüssel des Enoch* und ist als Unterstützung für diesen Prozess gedacht.

Aufbau des Lichtquotienten & Huna Meditation

1 Meditation zum Aufbau des Lichtquotienten 14:06
2 Das ultimative kabbalistische Hunagebet und die Huna Meditation für den Aufstieg 41:45

Sprecher: Rudolf Lippert
EUR 21,90
ISBN 978-3-933470-29-4

1 Die Erhöhung des Lichtquotienten ist für den Einweihungsweg und den Aufstieg von zentraler Bedeutung. Diese sehr effektive Meditation dient dazu, den Lichtquotienten anzuheben und auf einem erhöhten Niveau zu stabilisieren. Sie kann regelmäßig, auch täglich durchgeführt werden und wird die besten Ergebnisse erzielen.

2 In dieser Meditation richten wir ein umfassendes Hunagebet zur persönlichen Aufstiegsaktivierung an die kosmischen und planetaren Meister. Anschließend bitten wir um die darauf folgenden speziellen kosmischen Aktivierungen, die unser spirituelles Wachstum enorm beschleunigen. Eine äußerst kraftvolle Meditation zur persönlichen Aufstiegsaktivierung.

Gott und Mahatma

1. Gott und Mahatma 60:51

Sprecher: Rudolf Lippert
EUR 21,90
ISBN 978-3-933470-79-9

Durch die Gnade des Mahatma und die wundervolle Mahatma-Energie werden wir in dieser sehr energiereichen Aufstiegsaktivierungs-Meditation durch die 352 Ebenen hindurch direkt zum Thron Gottes geführt und empfangen hierbei höchste energetische Segnungen und Aktivierungen, die unseren Aufstiegsprozess entscheidend bestimmen.

Bitte nicht verwechseln mit der CD „Mahatma".

Schutzmeditation & Tempel Gottes

1 Die Schutzmeditation der kosmischen und planetaren Hierarchie 39:42
2 Kosmische Aufstiegs-Aktivierung im Tempel Gottes 38:15

Sprecher: Rudolf Lippert
EUR 21,90
ISBN 978-3-933470-55-3

Durch die kraftvollen Schutzrituale der verschiedenen Meisterinnen und Meister, Engel und geistigen Wesen errichten wir in dieser intensiven Schutzmeditation einen permanenten Schutz um uns und unser Heim. Dieser umfassende Schutz kann in sekundenschnelle täglich reaktiviert werden. Wir erfahren durch diesen beständigen Schutz auch eine Zunahme unserer persönlichen Kraft! Eine äußerst wertvolle Hilfe für den Aufstiegsprozess! Im Tempel Gottes empfangen wir die wundervollen schwingungserhöhenden Segnungen verschiedener Aufgestiegener Meister, Erzengel und wundervollen geistigen Wesen, welche unseren Aufstiegsprozess aktivieren.

Kosmische Reise

1 Kosmische Reise 60:54
2 Aufstiegsaktivierung mit den sieben mächtigen Elohim 10:00

Sprecher: Rudolf Lippert
EUR 21,90
ISBN 978-3-933470-43-0

Während dieser Meditation unternehmen wir gemeinsam eine kosmische Reise von der Talsohle bis zum Gipfel der Schöpfung. Unter der Leitung von Erzengel Metatron und Erzengel Michael reisen wir vom Zentrum der Erde, über Shamballa, zu den Ashrams der verschiedenen Aufgestiegenen Meister durch die verschiedenen Ebenen immer weiter empor zum Avatar der Synthese - dem Mahatma - bis wir schließlich zum Thron Gottes gelangen.

Wir erfahren eine wundervolle kosmische Reise, die uns in die höchsten Lichtschwingungen emporträgt, die wir durch diese Aufstiegsaktivierung in uns verankern können!

* Antakarana: „Das Bilden der Antakarana ist wie die Verbindung zwischen drei großen Ländern (Persönlichkeit, Seele, Monade) durch ein Leitungskabel oder eine Brücke." Meister Kuthumi.

Bei der zweiten Aufstiegsaktivierung dieser CD treten wir mit den sieben mächtigen Elohim der sieben Strahlen in Kontakt und empfangen ihre jeweilige spezielle Aufstiegssegnung.

Die heiligen Flammen

1 Die heiligen Flammen 72:09
Sprecher: Rudolf Lippert,
EUR 21,90
ISBN 978-3-933470-57-7

In dieser Aufstiegsaktivierungs-Meditation reisen wir zu den zwölf heiligen Flammen und ihren Meistern und integrieren ihre jeweilige spirituellen Qualitäten und Frequenzen. Nach dem Besuch weiterer wundervoller Flammen und Meister der inneren Ebenen kommen wir als Krönung in Kontakt mit der Flamme Gottes, welche die gesamte Schöpfung durchdringt und erhält.

Verankerung der göttlichen Mutter/Vater Energien

1 Die Meditation zur Verankerung der göttlichen Mutter- und Vaterenergien 32:00
2 Die Meditation mit den zwölf Strahlen 18:00
3 Die Aufstiegsaktivierung mit den sieben mächtigen Erzengeln 13:07
Sprecherin: Renate Lippert
EUR 21,90
ISBN 978-3-933470-53-9

1 Diese Meditation dient dazu, eine ausgewogene Balance zwischen den weiblichen und männlichen göttlichen Energien im eigenen Wesen herzustellen. „Der Fokus dieses Goldenen Zeitalters liegt auf dem Herzen. Wenn du aus einem göttlich ausbalancierten Herzen sprichst, wird deine Welt von größerer Freude, Harmonie und Frieden erfüllt. Du wirkst aus einer Position, in der umfassendes, liebevolles Mitschöpfertum stattfinden kann."

2 Diese Meditation dient dazu, mit Hilfe der zwölf Strahlen die Energien auszugleichen.

3 Während dieser Meditation treten wir in Kontakt mit den sieben mächtigen Erzengeln und öffnen uns für ihre jeweiligen speziellen Segnungen und Aufstiegsenergien.

Gott und die Erzengel

1 Gott und die Erzengel 55:57
Sprecherin: Renate Lippert,
EUR 21,90
ISBN 978-3-933470-56-0

Erzengel Metatron begleitet uns zu den Erzengeln der sieben Strahlen, von denen wir in besonderen heiligen Ritualen die jeweiligen Segnungen ihrer persönlichen Energiequalitäten erfahren. Die Qualitäten des Schutzes, des Willens, der Kraft, Liebe, Intelligenz, Harmonie und Kreativität, Heilung und Weisheit, Hingabe und Transformation werden in dieser Aufstiegsaktivierungs-Meditation tief in uns verankert.